数据之巅

大数据革命，历史、现实与未来

涂子沛◎著

BIG DATA
HISTORY, REALITY
AND FUTURE

中信出版集团 · 北京

图书在版编目（CIP）数据

数据之巅：大数据革命，历史、现实与未来 / 涂子沛著. -- 2 版. -- 北京：中信出版社，2019.1（2024.1重印）
ISBN 978-7-5086-9710-9

I. ①数… II. ①涂… III. ①信息经济学－研究
IV. ①F062.5

中国版本图书馆CIP数据核字（2018）第245890号

数据之巅——大数据革命，历史、现实与未来

著　　者：涂子沛
出版发行：中信出版集团股份有限公司
（北京市朝阳区东三环北路27号嘉铭中心　邮编　100020）
承 印 者：北京盛通印刷股份有限公司

开　　本：787mm×1092mm　1/16　　印　　张：28　　字　　数：328千字
版　　次：2019年1月第2版　　印　　次：2024年1月第10次印刷
书　　号：ISBN 978-7-5086-9710-9
定　　价：88.00元

数据文化是尊重事实、强调精确、推崇理性和逻辑的文化。数据文化的匮乏，是中国之所以落后的一个重要原因；建设这种文化，中华文明的面貌将焕然一新。

给奕奕、捷克和炜婷，时时温暖的爱和快乐

To Yiyi, Jack and Weiting for the warm love and happiness

导 读

《数据之巅》全书共分为两个部分：小数据之历史和大数据的崛起。

全书以美国为主体，横跨东西方两个文明来阐述数据文化的形成、发展和未来。作者把美国200多年的历史划分为7个时代，第一个百年的3个时代——初数时代、内战时代、镀金时代——按时间点来划分，有起点也有终点；进入20世纪之后的4个时代分别为：量化时代、抽样时代、开放时代、大数据时代。一定程度上，这4个时代至今仍在延续并产生影响，所以这本书只按标志性的事件标记起点，而没有设定终点。

第一部分以美国的历史为主线，展现了在历史的长河中数据文化如何形成、数据技术如何兴起，数据治国的理念如何深入人心的宏伟画卷。这一部分按照时间序列共分为5章，每一章集中阐述了该历史阶段内发生的代表性事件，并对中国的相关问题进行了分析和思考。

第二部分共分为3章，分别是开放时代、大数据时代和智慧城市。作者详细地考证了大数据浪潮的来龙去脉，并结合第三次工业革命分析了大数据对商业运营、社会治理的深远影响。作者认为，有数据，还要有计算，更大的数据爆炸正在到来，计算型社会即将兴起，而人类使用数据的巅峰形式，是通过数据赋予机器“智能”。大数据浪潮最终将引领人类社会迈进一个新的形态：智能型社会，当下智慧城市的建设正是这一转型的要求和表现。作者最后立足现实，对当前中美两国智慧城市建设中的若干问题和挑战进行了对比和探讨。

结语部分，作者总结了大数据的重要性，展望了数据文化的未来，认为世界范围内的一切竞争，归根结底都是国家之间国民素质和文化的竞争。没有一个健康、理性、与时俱进的文化，一个国家就难以变得强大。作者提出，中国社会要将大数据这个科技符号转变为文化符号，才能改变国民面貌、提高民族竞争力。

全书的篇章时序结构

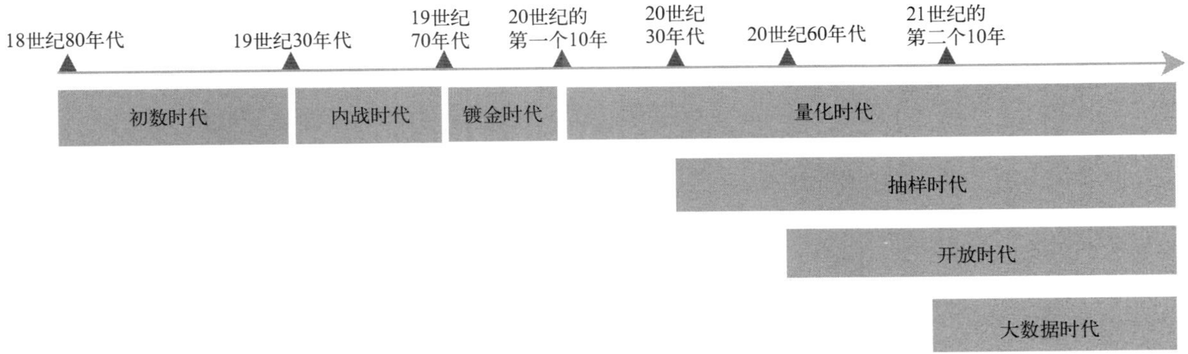
18世纪80年代
19世纪30年代
19世纪
70年代
20世纪的
第一个10年
20世纪
30年代
20世纪60年代
21世纪的
第二个10年
初数时代
内战时代
镀金时代
量化时代
抽样时代
开放时代
大数据时代

专家热评

数据本无大小，运用数据的立场却分出大小，是谓大数据。数据表示的是过去，但表达的是未来，所以观察数据需要有历史观。涂子沛先生的这本新作《数据之巅》以大历史、大数据、大社会、大进步的格局，通过数据将遥远拉近，将悠久缩短，将巨大归聚，将过程简化。无论你从事何业或研究何题，这部巅峰之作都值得你认真阅读。

——朱小黄　中信银行前行长

涂子沛先生《数据之巅》一书的历史高度和现实意义，超出了他的《大数据》。如果说他上部书开启了中国人对大数据的认识，此书则从历史的角度来说明，对数据的理解和掌握是人类文明进步的标志。中国人在“初数时代”是被动的、落后的，黄仁宇在他的名著《万历十五年》中也将中国明朝未能走向资本主义归结为中国人不能在“数目字上管理国家”。在新世纪的大数据时代，我们能否成为参与者甚至领导者？子沛这本书中有诸多可贵的思考和启示，我向读者推荐阅读。

——田溯宁　中国宽带资本基金董事长

大数据的江湖有两派：国家治理派和产业升级派。涂子沛先生无疑是国家治理派的宗师，这本书在美国200多年的政界商海、刀光剑影中勾勒出雄浑的数据思维、文化、价值观和方法论。临到尾处，我的期待愈来愈强。他的第一本书《大数据》在通篇的历史视角、西方视角后，煞费苦心附上一篇“挑战中国”的尾声，把人拉回当下，令人掩卷忧思；这次果不其然，子沛以整整一章的浓墨重彩，挑战了“智慧城市”这一兼具进行时和未来时的话题，而当涉及中国元素时，子沛的行文中出现了暖色调，那种欣赏和希冀让人宽慰之极、意犹未尽！期待《数据之巅》之后，山不穷，峰更高。

——吴甘沙　驭势科技联合创始人、CEO

涂子沛先生已经成为中国大数据和数据分析领域的前沿思想者和专家，如果你想了解大数据的历史、现实和未来，这本书将是你的常备书目。

——托马斯·H.达文波特　美国巴布森学院教授

麻省理工学院数字商务中心研究员

涂子沛先生不仅在写书，还在用书传递他的炽热激情：大数据时代是上天恩赐给中国人的，国人切切不可错过这个经济发展和社会进步的时代机遇。如其书中所言，在这个新的时代，我们不仅要“用数据说话”，还要“用数据创新”。

——刘鹰　清华大学社会科学学院教授

在全球化、信息化和市场化的今天，国际竞争本质上是软实力的竞争，即制度和文化的竞争。涂子沛先生倡导的客观、精确、理性和逻辑的“数据文化”理念，不仅是挖掘中国传统优秀文化、吸纳西方文明、重塑中华文化的新范式，也是推进国家治理体系和治理能力现代化的利器。

——周超　中山大学公共政策研究中心主任、教授

《数据之巅》以数据为轴线洞察人类社会的发展规律，描绘未来的趋势

和走向，力透纸背的还有作者严谨的治学风格及其赤子情怀。涂子沛老师的这本新书就是一座桥梁，实现了中西方之间、历史与现实之间、政治与商业之间的贯通融合，深入研读，可以帮助我们进入通达无碍的智慧境界！

——付伟　中国银联支付学院院长

身处国内喧嚣浮华的互联网金融蜃景，此书恰似拨云见日，涂子沛先生跨洋而来的目光深邃地看清了中华文明与西方文明在虚与实上的认知鸿沟。民主的细节在于数据，金融的血液中流淌的也是数据，《数据之巅》，众心向往！

——郭宇航　点融网创始人、CEO

作为《大数据》最早的一批读者，我曾于2012年10月专程前往美国拜会涂子沛先生。涂先生的格局和视野、勤奋和雅静以及时代的责任感令我印象深刻。这本新书立意高远、数往知来，把数据从科技符号演进为文化符号，在今天这样一个尤其需要高瞻远瞩的大变革时代，相信《数据之巅》会再次成为热点话题，推动中国数据文化的普及。

——陈登坤　有米科技股份有限公司总裁

涂子沛先生的新作《数据之巅》揭示了在人类近现代文明进程中，在民主和共和体制的创立演化中那无形的数据之手。国内鲜有类似的作品。把数据与人类社会的进步、民主体制的演化联系起来，这是真正的人文关怀。当下的中国，从不缺“民主自由”的口号，但口号建不起先进的人类文明，数据才能。

——赵嘉敏　译言网联合创始人、CEO

通过《数据之巅》，涂子沛先生再次深入美国历史中的细节，以真正治学之人的责任与良心，发掘“数据”所凝聚的可以再生的思想文化资源。数据文化是一个全新的视角，非常值得教育工作者探索和思考。在智能型社会、人机共生的时代敲响鼓点、加速到来的时刻，对这本书的阅读，也是一场自我启蒙之旅，它将为我们推开那扇未来世界之门。

——潘江雪　上海真爱梦想基金会理事长

数据自古存在。这本书截取历史长卷中的数据剖面，或古今中外，或政经产学，案例生动，立意高远，令人心生钦敬。

——赵国栋　中关村大数据产业联盟秘书长

目 录

第三章 **爆发：镀金时代的三重崛起**

第四章 **量化：进步时代的数据大潮**

第五章 **抽样时代：统计革命的福祉**

第二部分 大数据的崛起

第六章 **开放时代：内开放的历程**

推荐序一　进入一个重要的现代文化园地

涂子沛先生所著的这部大作，是大数据时代的应时之作。

他将数据用在管理和研究方面的发展史，以数据在美国的发展过程作为主要内容。他将美国开国时期的人口普查作为起点，讨论民主制度如何经过数据的调查才能发展成为“一人一票”的制度。接着，19世纪中叶，美国向西开发，美国的工程兵团进行丈量和调查，使美国的地理状况和疆域都有明白的依据。20世纪“打孔”计算方法的发明，开创了后世计算器管理大量数据的技术。到今天，我们日常生活中，因为计算机和网络的普及，数据无处不在。以治病为例，要判断疾病的性质或药物的效果，必须将大量的数据作为诊断和治疗的依据。凡此，都是数据的应用。

美国的社会愈来愈复杂，在资本主义的国家，证券交易乃是一桩大事。单单用统计来管理证券，已经不太够用。最近30来年，许多大证券商为了预测经济的起落和某一种产业的兴衰，大量地使用不同产业之间的关系，也顾及国际贸易的情形。这些私营的企业，几乎都能相当精准地判断市场的情形。于是，美联储实际上就是美国的中央银行，也必须更细密地运用许多数据，以掌握经济的全貌，然后再决定对市场供应的货币是从宽还是从紧。这才是大数据的第一次应用。

中国古代兵书《孙子兵法》就说过："算则胜，不算则不胜；多算胜，少算则不胜。"此处的"算"字，就是指如何利用数字估计各种因素。一个能干的将领打一次战役，要考虑到天时、地利、人和，这都是可以用数字表现的。但是，一个治国的领袖，在上述因素以外，还得考虑许多其他的条件。1942年，日本偷袭珍珠港，以为可以一棒打死美国。他们没算到，美国工业的实力有充分的再生力量，三个月之内，美国立刻就能恢复足够的海空实力。这就是日本军人，他们只知道计算战役，不会计算战争。到今天，安倍野心勃勃，处处挑衅，他志在日本复兴。他的计算，大概又是计算自己现在的兵力和科技能力；他没有算到，自己的原料供应不够，能源不能自主，人口结构老化：这就是"算"得不够。

大数据之"大"，就在于将各种分散的数据彼此联系，由点而线，由线而面，由面而层次，让人瞻见更完整的覆盖面，也更清楚地理解事物的本质和未来的取向。人脑的结构，足够发挥联想力和推论。在每天的日常生活中，我们时时刻刻在不知不觉中做大数据的工作，将许多因素综合在一起，作为行动和决定的依据。只是，一个国家或一个社会的发展，不能全靠眼睛看得见的一些讯息。有许多事物，必须依靠全面和长期的发展情况，才能真实地反映当时一切决定的背景和条件。

今天，信息科学的发展已经能够产生、存储并实时地分析处理大量的信息，整合多个源头的数据，形成全面的多项关系，指出线性的发展方向，引导我们拥有广阔的视野了。计算机今天处理数据的能力和速度，已经超过最聪明的个人。可是，使用计算机的还是"人"，如何驾驭这些数字，还是“人”在设计。只是，我们必须要有此认识：今天的世界，已经千丝万缕，将各地、各种行业、各种条件，纠缠成一个复杂的全球网络。管理大企业和管理国家，必须要有足够的信息，了解多种多样的情况，以全面地理解各种问题及其彼此的关联。即使是对个人而言，因为越来越多的行为已经转变为电子化的记录，其生活也变得和大数据息息相关。大数据这个课题十分重要，我盼望有更多的学者在这方面写出更多的作品。

涂子沛先生的大作，是讨论大数据较早的中文作品；在此以前，还罕见讨论数据作为管理方式的书籍。这本书主要以美国社会中数据的使用为例。我知道他一心想用这些例子提醒中国的读者：在信息科学高度发展的今天，我们不能再忽略数据的使用。涂子沛先生开启了一扇大门，我相信，后面他会开启更多扇门，让大家进入这一个重要的现代文化园地。

著名历史学家、美国匹兹堡大学历史系荣誉讲座教授

2014 年 3 月 31 日

推荐序二　一部精彩纷呈的时代杰作

好看的作品，出色的作家

认识涂子沛先生，源于他的第一本著作《大数据》。2012年，我在机场书店无意间看到这本书，一读起来，就不忍释卷。我当时很惊讶，没想到对信息技术产业内的大数据技术，竟然可以这样写。这本书如此自然流畅地与美国的社会发展、民主进程融合在一起，有观点、有故事，读来引人入胜，掩卷引人深思。

之后，我主动联络了涂子沛先生，邀请他来神州数码参观考察。涂先生欣然接受，他不仅给神州数码的员工做了非常好的演讲，而且，还与我们围绕中国智慧城市建设的话题，进行了深度碰撞，对我启发很大。

正是那个时候，他告诉我，他已经在构思下一本书，还是以大数据为主题，但会和中国有更多的结合。我非常兴奋，马上向他表示，神州数码非常愿意向他敞开大门，我们在大数据和智慧城市建设方面的所有思考、探索和实践，毫无保留地向他公开，欢迎他来了解、见证我们的发展。在这之后一年多的时间里，涂先生果然多次来访神州数码，亲自走访了佛山、苏州、张家港、武汉等地，认真访谈了我们的业务负责人、技术带头人，也多次登门拜访各地的政府用户、企业和市民。他表现出的敬业精神和专业能力让我非常感动，也令我相信他一定能够再次完成一本具有社会影响力的作品。

亲眼看到《数据之巅》这部书稿时，我承认，我再次被震惊了。这本书再一次超出了我的预期，除了承袭《大数据》一书中科学历史观的叙事方式，这一次，涂先生还跳到了哲学思考的层面，以统计学的社会应用为切入点，解构数据文化在美国政治、经济乃至军事发展领域起到的关键作用，一环扣一环，构思精巧，故事生动，逻辑清晰，读起来实在“解渴”。而且，正如他曾经和我说的，“要和中国有更多的结合”，在每一章的最后，他都讲述了中国历史上相对应的数据事件。最后一章的视线更是完全转向中国，用独具中国特色的智慧城市建设案例，理性昭示着中华民族自己的未来。其间，亦庄亦谐的“子沛曰”，也体现了涂先生的幽默和智慧。

说涂先生是中国当代文坛最出色的科学作家之一，这毫不为过，在信息技术领域，他也是前沿的思想者。

捅破东西方哲学的窗户纸

众所周知，理性化、体系化、强调批判精神和实证精神，是西方哲学的特征；感性、体验、直觉，则是东方人的思维方式。中国的传统文化，喜欢用道、术、器对事物的本质进行模糊的归纳总结，而西方则在数据文化的基础上，形成了严谨、理性、体系化的实证科学，如统计学、心理学、社会学等。

站在历史长河上来看，东西方哲学都曾经而且正在创造辉煌。在各自哲学思想的引领下，每一个民族、每一个国家都是独一无二的。正如中央电视台的纪录片《大国崛起》的开放式结尾，对于未来的发展，每一个国家、每一个民族都在思考。

也许涂子沛先生并非刻意，但他在《数据之巅》一书里“中美对比”的结构设计中、在对数据文化的倡导中，体现出了他写作此书的目的——“我试图在历史的纵轴上，写出数据时代的全景；在和美国的横向对比中，思考我们的现状和未来”。这些都让他在不经意间捅破了隔在东西方哲学中间的那层虽薄却韧的窗户纸。

中国社会的持续发展，必然要在中国哲学思想的引导下，对数据文化这一典型西方哲学特征加以融合，譬如在中国传统文化中谈到的道、术、器各层面，融入数据文化的基因。正在到来的大数据时代，为这种融合提供了切实的可能性。

中国道路与数据治国

历史的发展，总是存在这样或那样的契机。如果说，美国现代社会治理体系肇始于人口普查，那么，大数据的到来，已经显示出强烈的征兆，它将成为中国全面现代化的契机。

涂子沛先生在书中，对大数据有通俗易懂的图解。简单说，大数据的特征，首先是海量，而且是多种格式并存的海量，如文字、图片、音频、视频等。其次是多源，大数据的来源，一是商业企业，如电信、金融、电商平台、社交网站等；二是政府，如人口普查、户籍登记、社保、医保等。伴随着物联网、移动互联网、云计算的快速发展，全球数据总量每年以超过40%的速度成长，几乎每两年就翻一番。

2013年，中国产生的数据总量超过0.8泽字节（ZB），是2012年的2倍，相当于2009年全球数据总量。预计到2020年，中国产生的数据总量将超过8.5泽字节，相当于2013年的10倍。另据国家统计局公布的2013年数据，我国已拥有6.18亿互联网用户，几乎是美国的2倍；拥有超过12.29亿部手机，是美国的3倍，但每年新增的数据量不及美国的1/10。所以，与发达国家相比，中国是数据大国，但还不是数据强国。中国缺乏的不是可供收集的数据，而是对大数据进行收集、分析、应用及有效管理的手段和意识。

神州数码曾提出“虚拟映像”理论，尝试从技术角度阐释大数据革命的本质。在我们看来，随着网络泛在化，各种社会关系和生产关系逐步映射到其中，形成了与现实社会平行的网络空间。由于网络的拓扑性，各种关系通过数据的方式多维度地体现出来，给社会发展、社会治理、经济活动带来了巨大的变化。这种变化直接体现在大数据对各个行业的颠覆式创新上，而且已经在政府、金融、贸易等领域初现端倪。涂子沛先生在这本书的第八章中，对城市公共信息服务平台在改善民生、繁荣经济和优化社会治理结构方面的成效进行了生动的描述，也对下一步政府运营外包进行了创新思考。互联网金融的出现，委实给全社会带来了一场“地震”。制造业乃至各行各业，在可预见的未来，也将受到大数据颠覆式的影响。众创、众智、众筹等商业创新模式，也在大数据时代呼啸而来。

大数据时代，信息安全是头等大事。没有数据的开放，就难以形成大数据应用和大数据革命，与此同时，网络和数据安全就显得尤为重要。没有网络安全就没有国家安全；没有数据安全，就没有社会稳定。必须把网络安全纳入法制的轨道。因此，首先要建立个人信息安全保护、信息主权方面的法律，用法律界定信息主体、信息主权的边界；其次，作为有影响力的大国，中国应该积极推动全球信息安全公约的建立，使网络安全能够像核安全一样，在联合国的协调下，各国在法律体系下相互制约、共谋发展；最后，中国要做强，在大数据应用、大数据安全和信息安全上，一定要增强自主创新的能力。

大数据正在从道德、文化、制度、产业和生活的方方面面重构现实社会。没有信息化就没有现代化。我们欣喜地看到，中国正在抓住这一契机，倡导数据文化，做好制度建设，全面推进中国现代化的进程。我相信，涂先生这本书，一定会推动中国向数据强国不断迈进。

感谢涂子沛先生用自己的智慧，为时代贡献了一部杰作。在倡导数据文化和数据治国上，我们永远是同行人！

神州数码控股有限公司董事局主席

2014 年 4 月 2 日

推荐序三　大数据可以创造未来

读好书是愉快的，这是涂子沛先生的新书，与他第一本《大数据》一样，我也一气呵成地读完。

美国的独立与宪政、扩张与夯实、创新与制度，这都是耳熟能详的历史进程，不过200多年，我们可以用各种维度来梳理，不免老生常谈。从大数据起步，居然别开生面，令人欣喜。涂先生善于讲故事，在他的演绎中，大数据所奠定的一个个里程碑令人信服地在繁杂错乱的社会文化与伦理的演化中挺拔而出。

数据思维以泰勒模式在100年前统御了美国企业与产业管理之道，也在半个世纪前以戴明模式契合并促进了日本企业全球竞争的能力。对于大而化之、不谙“数目字管理”（黄仁宇言）的中国民族而言，这个突然降临的大数据时代，我们如何应对，如何起步，又如何融入？

涂先生在这本书中为这些问题提供了许许多多深入的思考和有见地的观点。他深思熟虑，用语殷殷，穿行在中美两国的历史中，努力发掘各个大数据改变观念、改造社会、改革制度的故事，无论人还是事件，都栩栩如生，发人深省。从商业运作、社会治理到技术创新，我们都确信大数据不可或缺，必须开放，面向全球，更要面向我们自己。我们也甚至同意要如涂先生所言，努力“把科技符号变成文化符号”。

这本书十分厚重，但读下来，还是令人意犹未尽，我认为还可以发展出第三部分，即大数据的市场基础或机制。大数据观念不只是明智领导的选择，也不只是精英人士的忧患意识，更是千千万万人能够在一个稳定而宽容的创业环境中的竞争过程。我们需要郭为、林杨们的披荆斩棘，需要政府官员们的视野通达，更需要去中心化的开放市场，允许创业者、投资者与消费者真正将大数据作为资产、资本和生态空间去开发、增值和交易，而不是简单视其为工具和便利。

大数据可以承载信息、知识和历史，而信息、知识和历史就是人类生存和发展的平台、资产和财富。大数据可以梳理历史，可以颠覆现实，当然就可以创造未来。

停留在思维和观念上的大数据是无解的，创造大数据社会是这一代人的使命和行动。这本书让我们有目标、有信心，也给了我们创新的无限空间。

中国金融博物馆理事长

2014 年 4 月 2 日

Big Data

History, Reality and Future

第一部分　小数据之历史

日光之下，并无新事。

——《圣经·传道书》

世上唯一的新事，就是你所不知道的历史。[1]

——杜鲁门（1884—1972），第三十三任美国总统

注释

1　英语原文为：“The only new thing in the world is the history you don’t know.”—Harry S. Truman

第一章　初数时代：奠基共和

让我们建立一个标准，让智慧的人、诚实的人都可以信赖它；其余的事，尽付上帝手中。

——乔治·华盛顿（1732—1799，美国第一任总统），

在立宪会议上的演讲，1787 年 5 月 14 日

美国是个年轻的国家，其开国至今不过 200 多年，但数据在其国家生活中的历史，几乎和其建国史相生相伴，准确地说，是和其宪法的制定同步。立宪，解决的是政治体制和权力配置的问题，这听起来和数据风马牛不相及，但美国的建国者在两者之间找到了关系，这就是人口普查。

美国的建国者把人口普查写进了宪法。他们认为，国家权力应该在人口之间平均分配，这个平均，必须用数据来说话。因此，分权之前，需要通过普查把国民数量点算清楚，也就是逐一清点人头。

无论古今中外，每个国家最基本的要素都是其国民和土地，因此，点人头一直是一个国家最基本、最原始、规模最大的社会活动。即使在高度电子化、专业化的今天，要想确切地掌握人口的数量，除了逐一清点，也没有更好的办法。而逐一清点所产生的数据量，对任何一个国家而言，即使按照今天的标准，也是庞大的数据。

200 多年前的北美大陆地广人稀、交通不便，点人头的工作必须通过挨家入户问询登记这种原始的方法来完成，其浩大、烦琐和复杂可想而知。

伴随着建国者唇枪舌剑的辩论，普查人员走街串巷、敲门入户地奔波，统计人员对上百万张表格进行手工加总，这个新生的国家拉开了初数时代的序幕。

克服民主的劣势：用数据分权

1787 年 7 月 4 日，美国费城。

这是美国的独立纪念日，在盛夏酷暑中，美国的立宪会议陷入了僵局。

这时候，距离美国建国，已经整整 11 年了，独立战争的胜利，也是 4 年前的事了。英国早已退出北美的统治，但所谓的美国，还没有一个中央政府。国防外交、贸易税收以及 13 个州之间的州际纷争，都由国会来协调处理。

国会由各州派出的代表组成，其议事原则是一人一票、平等协商，这造成了很多事久拖不决，即使决定了的事，国会也缺乏强有力的执行力。需要建立一个能够号令四方、令行禁止的中央政府，已经成为各个州的共识。但中央政府如何组建？国家权力如何分配？各项职务又由谁担任？这些问题，立宪会议的 55 名代表已经争论了将近两个月，依然无法达成共识。13 个州大小不一，有的坐拥繁华的经济中心，有的地处偏远；实力强大的州当仁不让，认为理应由自己执天下之牛耳，而小州也针锋相对，表示决不充当大州的附庸。

作为大会的主席和主持人，华盛顿充分体会到了这次会议的冗长和艰难。他曾经担任大陆军的总司令，领导美国取得了独立战争的胜利，但这一次，他面临的不是千军万马和刀光剑影，而是围绕观点和利益的思想交锋和口舌之争。在 55 名会议代表中，有一半以上做过律师，雄辩滔滔，还有 25 名拥有大批黑奴。因为奴隶制，南方和北方之间已经出现了严重的分歧。

华盛顿深知其中的困难，他的态度是务实、诚恳、平和。会议第一天，他就在致辞中说道："我们提出的建议和计划，很可能都通不过，也可能激烈的冲突依然存在。但是，如果仅仅为了取悦人民，就提出我们自己都不相信的意见，那我们以后如何捍卫自己的工作？让我们建立一个标准，让智慧的人、诚实的人都可以信赖它；其余的事，尽付上帝手中。"[1]

经过两个多月的争论，意见和分歧越来越清楚，那就是国家权力如何分配。重中之重是立法权的分配，也就是国会如何构成。

参与会议的 13 个州中出现了两种大相径庭的意见。一种是弗吉尼亚、宾夕法尼亚等大州主张的两院制：国会由两院组成，一院是上层精英，一院是大众代表，席位都按各州的人口数量分配。他们的理由振振有词：更多的人口应该享有更大的权力。

而另一种是小州主张的一院制，他们认为，各州不论大小，主体一律平等，国会的席位应该在各州之间平均分配。例如，特拉华州就公开声明，自己的人口虽然不及弗吉尼亚州的 1/10，但既然以平等之身份结成联邦，在国会就必须拥有相同的席位。

大州的代表认为，国家权力来自公民的授权和委托，国会的议员就是人民权利的受托者，人口多的州，当然议员代表就要多，这是民主制度的基本要求。

另外一些代表却认为，民主制度并不是十全十美的，甚至是靠不住的，不应该成为大州冠冕堂皇的理由。双方进行了激烈的辩论，一些代表历数了民主的种种劣势，认为多数人的意见虽然代表了多数人的利益，但“多数”恰恰可能就是平庸的多数，精英永远是少数，大众民主并不能保证人类社会向正确的方向发展。马萨诸塞州的代表格里（Elbridge Gerry）回顾了美洲大陆的历史，甚至得出结论说：“我们所经历过的种种邪恶，就是因为民主过于泛滥。人民并不具备高尚的品德，他们总是被伪装成爱国者的人愚弄、蛊惑。”[2]

格里的意思是，别有用心的政客往往以“爱国主义”为幌子鼓动大众，挟持国家走上歧途，他的这个看法得到了一些重量级人物的肯定，其中一位就是联邦党的核心人物亚历山大·汉密尔顿（Alexander Hamilton）。汉密尔顿说，他对各个州的议会做过长期观察，他发现，议员们做得最多的，正是华盛顿所指出的“为了取悦人民，就提出我们自己都不相信的意见”，而人民，又常常被政客的承诺所蒙蔽、被非理性的热情所煽动。

拓展话题：个人权利如何转化为国家权力

“权力”一词多用于国家和组织层面，是指依法律、依约定享有的支配指挥他人的力量。“权利”多用于个人层面，指一个人依法享有的利益。

国家权力是用来治理公共事务的，既然是公共事务，那么每个人都有权利参与，但公共事务必须集中治理，也不需要每个社会成员都来参与。因此，绝大多数社会成员可以把这个治理公共事务的权利“转让”出去，“委托”一个自己信任的人代理行使这份权利。这个委托的过程，最常用的方式就是选举，选出一个大部分社会成员都认可的人，代理行使大家的权利。而社会的其他成员可以去从事其他工作、承担别的社会分工。也就是说，国家权力来自个人权利的让渡，通过这个让渡的过程，分散的个人权利转化为集中的国家权力。

另外一位代表约翰·亚当斯（John Adams）甚至担心：如果普通大众拥有更多的立法权，也就是在立法机构中占据支配性的优势地位，他们就会通过投票剥夺富人的财产。

亚当斯后来成为美国第二任总统，他的担忧被政治学者概括为“多数人暴政”：一个社会，有钱人永远是少数，没钱人总是多数，如果绝对按“少数服从多数”的规则行事，那少数有钱人的钱，最终会被没钱的人经投票的民主程序而分光。也就是说，民主程序极有可能成为多数穷人欺负少数富人的工具，如果是这样，有钱人刚冒出来，就会被打压，经济发展就会停滞。

小州的代表因此认为，如果按人口的多少来投票，他们永远是少数，利益根本没办法得到保证，正确的意见也无处伸张，所以民主是远远不够的，必须在民主的基础上，对大州的权力加以限制，杜绝“多数人暴政”，实现“共和”。

拓展话题：共和不同于民主

民主：从严格的意义上理解，是指少数服从多数的票决制，其目的是通过投票这种手段，维护绝大多数人的利益。然而一投票，社会就会分裂为“多数”和“少数”两个阵营，从这个角度来说，民主导致了分裂。

共和：强调如何杜绝“多数人暴政”，保障因民主而分裂的“多数人”和“少数人”能够和谐共处。一个社会要和谐发展，在贯彻多数人意见的同时，还必须保护少数人的利益，否则“少数人”就会成为“多数人”的羔羊，被“多数人”宰割，根本谈不上“和”。

油灯越拨越亮，道理越辩越明。在冗长的辩论中，制宪会议逐渐达成了共识：民主只是基础，共和才是目标。为了克服民主体制固有的劣势，达成共和，必须设计一种规则[3]，这个规则一经设计，就必须人人遵守，且不能随意更改，因为如果可以随意更改，多数人就会利用少数服从多数的原则，不断修改规则，让规则永远符合多数人的利益，最终堕落为“多数人暴政”。

1787 年 7 月 16 日，大州和小州之间终于达成妥协，之所以称为妥协，是因为大州和小州都各让了一步：美国国会实行参众两院制，众议院的席位按人口比例在各州之间分配，这体现了民主原则，照顾了大州的利益；参议院的议席每州两名，平均分配，这体现了共和精神，突出了小州的平等权利。所有议员都由各州的选举自行产生，更重要的是，任何一项法案，都必须在参众两院同时以多数通过才能生效。

这次妥协打破了立宪会议的僵局，被后世称为“伟大的妥协”。

其伟大之处在于，这个设计确实可以实现民主与共和的统一，杜绝“多数人暴政”的可能。如表 1–1 所示，不妨假设美国只有两个州，一个州8万人，一个州2万人，每1万人产生1个国会席位，那么根据美国宪法，大州在众议院分得8席、在参议院分得2席，共10席；小州在众议院分得2席、在参议院分得2席，共4席，小州的席位总数虽然没有和大州一样多，但两者的比例为4∶10，远高于其人口比例2∶8。更关键的是，一个议案必须在两院同时通过才能生效，设想，大州如果提出一个不利于小州的议案，那么在众议院，由于大州的席位多，可以轻易通过，但在参议院，大州只占50%的表决权，它必须说服至少一名小州的代表，议案才可能以半数以上的多数通过，成为法律。

但事实上，美国不止两个州，而且小州的数量更多，这就意味着，小州的代表占了美国参议院的绝对多数。到2005年，小州的总人口不到美国总人口的20%，但其参议员占据了参议院50%以上的席位。毫不夸张地说，小州主导了参议院的话语权，任何不利于小州的决议都不可能在参议院通过。

表1-1　参众两院的分权机制（以两个州为例）

	众议院		参议院	
	大州	小州	大州	小州
议席数量	8	2	2	2
最终分享权力的比例	80%	20%	50%	50%

众议院的席位按各州的人口多少进行分配，大州自然占据主导地位，其分配过程也更为复杂。会议最后决定，由中央政府牵头，在各州开展人口普查，并以其数据为标准，对各州的议席进行分配。考虑到人口的动态变化，人口普查必须每10年进行一次，各州的议席多少

再根据新的普查结果进行调整。

凭借这种制度设计，大州和小州之间的矛盾得到了解决，但这之后，南方和北方的矛盾又成为争论的焦点。既然人口的多少在一定程度上决定了权力的大小，那南方拥有的庞大的黑奴群体，是否也应该计入人口总数？一开始，大家都认为，奴隶本来就不拥有政治权利，因此不应该计入总数，但在后续的讨论中，人口的多少不仅成为分权的依据，还和纳税的义务挂上了钩，即人口多的州，国会占的席位多，也要缴纳更多的税收。南方则主张，黑奴既然不享受政治权利，也不应该承担纳税义务，但北方又认为这样南方占了便宜。争论又起，最后的结果是，每个黑奴按 3/5 个白人（自由人）的标准纳入南方人口的总数，这个总数才是南方权力分配和纳税的依据（见图 1–1）。

图 1–1　5 个黑奴 = 3 个白人

这个“3/5”也写进了宪法，成为黑奴不平等的历史明证。宪法颁布之后，也曾引起很多追问，比如：为什么是“3/5”，而不是“1/2”或者“2/3”？当时主导辩论的汉密尔顿也说不清楚，他在后来坦承：这是一个瑕疵，但当时必须找出一个数字，这个数字可能不完美，但比没有强。

日历终于翻到了 9 月 17 日，星期一，这是立宪会议的最后一天。

大会秘书全文朗读了宪法的初稿，随后会场一片沉默，几乎每个人都还有不同的意见，但又知道时日已尽，再讨论也不会有更好的结果，必须为这4个多月的会议画上一个句号。这时候，德高望重的富兰克林（Benjamin Franklin）颤颤巍巍地站了起来，这位81岁的老人被誉为美国最博学的人，他掏出一封信，委托另外一位代表宣读。

富兰克林在信中说："对这部宪法中的一些条款，我并不完全赞同，但我不能肯定我会永远不赞同，因为许多我过去认为是正确的观点后来都被发现是错的。"

他呼吁即使有瑕疵，大家也必须妥协并签署这部宪法。因为"每一个来开会的人，固然带来了他的智慧，但同时也带来了他的偏见、错误、地方利益和个人私利。因此，无论召开多少次会议，也未必能制定出一部更好的宪法"。[4]

富兰克林的信一读完，会场更多的人陷入了沉思。突然，马萨诸塞州的一位代表站起来说，他认为每名众议员至少要代表4万人太多了，建议减少到3万人。

这时候，华盛顿也插话说，虽然是最后一天，意见越少越好，但4万人确实太多了，一个议员代表的人数太多，人民的权益就得不到有效代表。

这是华盛顿在4个多月的会期中发表的唯一意见。在整个夏天的辩论中，作为主持人，他恪守中立原则，从来没就具体问题发表过看法。他的这个意见立即获得了大家的赞同，于是一锤定音，宪法中的4万人被修改成了3万人。

这也是美国宪法文本最后的一个意见和修改。华盛顿没有想到，日后，他为了这个数字，投下了历史上第一票总统否决权（pocket veto）。

虽然没有爆发更多的争议，但当天仍然有3位代表拒绝在这份宪法上签字。当然，签字的代表可能也没有想到，他们眼中这份难产的、不完美的、勉强通过的宪法，被后世很多国家奉为典范。其第一条第二款对议席分配和人口普查的规定如下：

> 对于缔结联邦的各个州，众议院代表的名额多少和直接税的税额大小，均按各自人口的多少进行分配和缴纳。各州的人口总数，按自由人总数加上其他人口（即黑奴）的3/5予以确定……首次人口普查应该在联邦国会第一次会议后3年之内进行，以后每10年一次，其方法由法律另行规定。每名众议员所代表的人数不能少于3万人，但每州至少要有一名众议员。[5]

因为宪法中的这款条文，美国成为全世界最早定期开展人口普查工作的国家，并因此开创了现代意义上的人口普查制度。

制度创新：变对抗为合作的魔法棒

人口清点虽然是一个国家最基本的统计工作，但受限于财力和技术手段，对于确切的人口数量，历史上没有几个国家能真正说得清楚。早期的人口统计，大多是以户籍登记制度为中心展开的，并不是真正的逐一清点，这自然并不准确。类似于普查的逐一清点也在一些国家开展过，但其清点的范围常常限定在特定的地区或人群，例如青壮年男子，这也算不上真正意义上的人口普查。

17世纪，统计的概念在欧洲产生。此后，人口普查开始在很多国家得到重视。统治者意识到，要搞清楚全国到底有多少人口，逐一清点的普查是唯一办法。

拓展话题：统计学源于人口调查

人类最早的统计活动起源于和人口情况相关的社会调查。

“统计”（statistics）一词最早出自17世纪的德国，其本义是国势学，即关于一个国家基本情况的调查，这些情况可以是描述性的事实，也可以是数据，其中最重要的一部分，就是人口情况。18世纪，又有人把这种基于实情的条目放到了表格中，按行和列组织起来，这样更容易对比，因此促进了数据的使用。因为较早地重视统计、使用数据，德意志民族也一直以“精确”著称。

基本上和德国同期，英国人也开始探索统计在政治和社会生活中的作用。1662年，英国人格朗特（John Graunt）调查了伦敦的人口死亡情况，随后出版了《对死亡的自然和政治观察》一书，该书被后世公认为统计学的开山之作。1676年，英国学者配第（William Petty）出版了《政治算术》（*Political Arithmetics*）一书，该书对政治经济学进行了大量的数量研究，也被视为早期统计学的发源。一时间，“政治算术”也成为热门词汇。

但从1800年开始，“统计”二字开始逐渐替代“政治算术”的提法，其中的原因是，“政治算术”仅仅集中在国家的经济和财税方面，而统计学则从人口调查出发，关注出生、死亡、疾病、婚姻、卫生、犯罪、教育等更为广泛的社会话题，获得了更强的生命力。

这个时期，普查一般都是为了征税、评估国家的军事实力、实施社会控制。这个目的，在各个国家基本上都是一致的。因为这个目的，民众自然产生了各种担忧和对抗，他们怕被征服兵役或者增加税收，因此刻意隐瞒数据的现象普遍存在。这种担忧不仅个人有，地方政府也有。1753年，英国计划开展一次全国人口普查，但地方诸侯担心，中央政府一旦掌握了确切的数字，就会调整税收，于是集体抵制，计划因此流产。

以人口普查为基础，美国的建国者构建了用数据分权的方法，这不仅调和了民主与共和的矛盾，就人口普查本身而言，也是一项创新。因为国家权力——议席，要按人口数量分配，各州需要向中央政府缴纳的税收也要按人口来分摊，权利和义务得以互相制约：想通过夸大人口基数获得更多议席的州，也要相应承担更多的纳税义务；同时，想要通过隐瞒人口增长来避税的州，将在国家权力的分配中失去应该得到的席位，这种互相约束的关系保障了人口普查的公正性和准确性。更重要的是，因为涉及国家权力的分配，传统普查中国家和个人、中央和地方之间的对抗关系也转变为合作关系，这是许多非民主国家甚至民主国家在人口普查中至今都没有有效解决的问题。

20 世纪 80 年代，西方国家陆续兴起了保护隐私权的运动。因为担心自己的资料被政府机构滥用，欧洲很多国家的社会团体都公开反对人口普查。正是因为这种反对，1983 年，联邦德国政府被迫取消了当年计划开展的普查。而在当时的美国社会，虽然隐私权也是一个敏感话题，但局面截然不同。美国社会兴起了“维护你的普查权”（Right to be Counted）的运动，各种社会团体在社会上号召大家“不要缺席人口普查”，呼吁流动人口、少数民族人口等在普查中容易被漏掉的群体配合政府的清点工作，以确保自己在国家权力中被代表。同样是人口普查，之所以那边抗拒、这边欢迎，是因为人口普查在制度设计中具有不同的作用。

在后世演变中，人口数量也成为美国联邦政府向各州下拨各种财政经费的标准。例如教育经费，各州能够从联邦政府分到的“蛋糕”是和其人口多少成正比的，人口多的州，从联邦政府获得的资金也多。这自然又巩固了人口普查的地位。

就这样，人口普查的数据，最后成了美国国家权力、资金、资源最根本、最公平的分配标准和依据。

这个制度设计在人类历史上没有任何先例，这是美国建国者的一个创新。

既然是创新，就会经历新的困难。很快，这些困难就一一呈现在华盛顿等建国者的面前。他们没有想到，数据分权虽然公平、科学，却不如他们想象中的那么简单，其复杂程度甚至无人能解。新的矛盾带来了新的冲突，而且这一次，冲突不仅仅是在大州和小州、南方与北方之间发生，随着中央政府的建立，美国的政治冲突有了一种新的表现形式——党争。

两党之争：无法精确分割的权力

立宪会议结束两年之后，1789年，华盛顿当选为首任美国总统。根据宪法的规定，在他宣誓就任总统之前，人口普查的任务就已经在等着他了。而人口普查的具体办法，必须由国会通过专门的法案进行规定。

1790年初，美国国会成立了人口普查委员会，负责拟定第一次人口普查的具体办法，其领衔人是麦迪逊（James Madison）。麦迪逊后来成为美国第四任总统，作为美国宪法的执笔人，这时候的他已经是众议院的领袖，风头正劲。

1月25日，麦迪逊在国会号召说："我们现在面临一个机会，如果把人口普查扩展到除了'点人头'之外的其他目的，那国会能获得一些非常有用的信息，将来可以用于国家的立法工作。"[6]

麦迪逊接着提出了具体的建议：人口普查不仅要统计各州人口的

总数，用于国家议席的分配，还应该记录每个人的性别、种族、年龄及职业。这些数据将为政策制定、国情分析提供巨大的参考价值。他把职业分成三类：农业、商业及制造业。

今天来看，麦迪逊的建议无疑是高瞻远瞩，但在当时，他遭到了各种质疑和反对。

有议员认为三个分类不完备，遗漏了“知识分子”，麦迪逊回应说，知识分子确实存在，但这个群体的大小和国家政策关系不大，为尽量降低普查的复杂程度，应予以省略。又有议员说，宪法只规定了用人口总数来分配议席，统计职业可能会引起民众对多交税的担忧和恐慌，反而影响数据的真实性。还有议员提出，要把职业划分清楚，根本不可能，一个人为了谋生，可能在夏天种烟草，冬天做买卖，那他到底是农民还是商人呢？

麦迪逊关于职业分类的建议最终被否决。美国的第一次普查以家庭为单位，只询问了“家里有几口人、几男几女、几黑几白、几大几小”等 6 个简单的问题，完全就是为了“点人头”。麦迪逊后来给杰斐逊（Thomas Jefferson）写信，“吐槽”国会大部分议员都没有意识到“定量分析”的价值。但历史证明，他确实过于超前了，因为直到 30 年后，在 1820 年的国会辩论中，职业分类才正式被引入人口普查的问卷当中。

1801 年，在拿破仑的领导下，法国成立了统计局，并开展了一次人口普查。这次普查不仅调查人口情况，也调查经济情况，例如每个人拥有多少牛、马、羊等牲畜，牲畜产多少奶，田地收获多少果实等问题。和麦迪逊一样，法国的统计局也尝试对职业分门别类，但也遭遇了几乎同样的困难。因为各地的情况相差太大，他们没有办法制定一套标准的职业代码，各地都试图用自己的理解和需要对职业进行分类，数据因此无法加总。法国统计局最后发现，大约有20%的人在职业分类一栏处于难以判定的混乱状态，即使对同一个人，如果由不同的普查员调查，也可能得出不同的结论。

但1790年这场记录在案的辩论，已经涉及统计学的若干重大命题，为后世的统计学家、历史学家提供了很多思考。

拓展话题：统计学的三大重要命题

第一，对一个国家来说，统计什么、不统计什么，其实是个政治问题。在初数时代，知识分子甚至不能进入麦迪逊的统计行列，因为国会不会就其问题制定相关的政策，换句话说，当时，知识分子在政治博弈中不代表成熟的政治利益。

第二，要统计一件东西，必须要有清晰的边界。统计首先是计数，也就是一个一个相加，即“1+1+1+”，但首先要清楚地定义什么是“1”。在本书的后续章节，我们会发现，如何定义什么是“1”、什么不是“1”，常常会引起巨大的争议。在麦迪逊时代，不同职业的边界很难确定，因此无法统计。除了职业，人口普查中还有很多问题需要界定，例如，普查一般需要几个月才能完成，在此期间不同时段死亡的人统不统计？失踪的人统不统计？旅游的人如何统计？有多套房子的人又如何统计？

第三，如何提高数据的真实性，这是世界各国统计部门几百年来一直在面对的难题。为了免除民众在回答问题时的担忧，美国后来的法律规定，任何其他政府部门，包括情报部门、执法部门，都不能查阅、使用人口普查部门的原始数据。

麦迪逊的挫折拉开了美国人口普查的序幕，也为后世的普查埋下了争论的“种子”。每10年一次的普查，也恰巧落在整10年的时间节点上，类似的辩论便定期在美国国会上演（见图 1–2）。

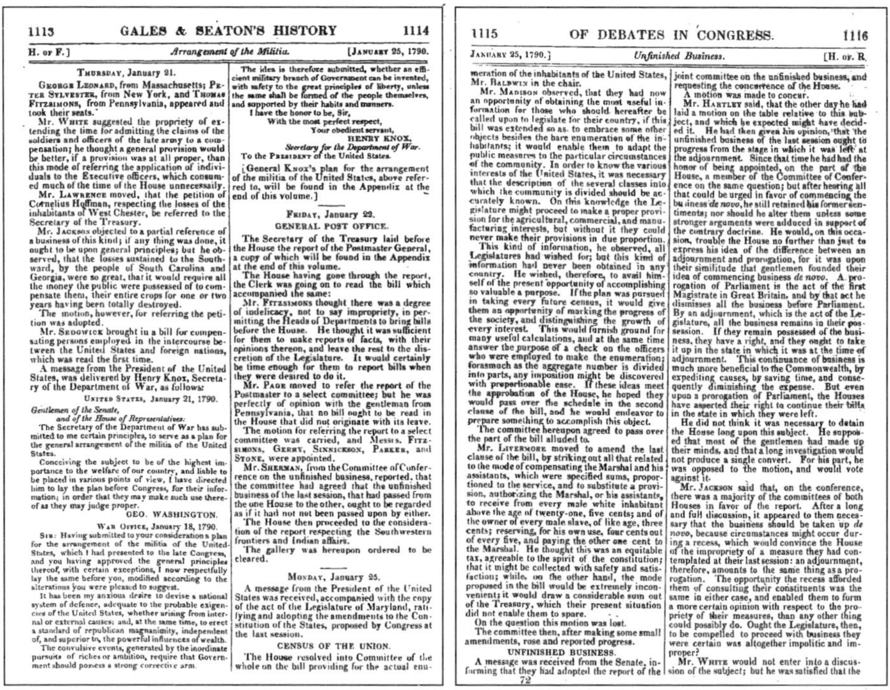

1113 GALES & SEATON'S HISTORY 1114

H. of R.] *Arrangement of the Militia.* [January 25, 1790.

Thursday, January 21.

George Leonard, from Massachusetts; Peter Sylvester, from New York, and Thomas Fitzsimons, from Pennsylvania, appeared and took their seats.

Mr. White suggested the propriety of extending the time for admitting the claims of the soldiers and officers of the late army to a compensation; he thought a general provision would be better, if a provision was at all proper, than this mode of referring the application of individuals to the Executive officers, which consumed much of the time of the House unnecessarily.

Mr. Lawrence moved, that the petition of Cornelius Hoffman, respecting the losses of the inhabitants of West Chester, be referred to the Secretary of the Treasury.

Mr. Jackson objected to a partial reference of a business of this kind; if any thing was done, it ought to be upon general principles; but he observed, that the losses sustained to the Southward, by the people of South Carolina and Georgia, were so great, that it would require all the money the public were possessed of to compensate them, their entire crops for one or two years having been totally destroyed.

The motion, however, for referring the petition was adopted.

Mr. Sedgwick brought in a bill for compensating persons employed in the intercourse between the United States and foreign nations, which was read the first time.

A message from the President of the United States, was delivered by Henry Knox, Secretary of the Department of War, as follows:

United States, January 21, 1790.

Gentlemen of the Senate,
and of the House of Representatives:

The Secretary of the Department of War has submitted to me certain principles, to serve as a plan for the general arrangement of the militia of the United States.

Conceiving the subject to be of the highest importance to the welfare of our country, and liable to be placed in various points of view, I have directed him to lay the plan before Congress, for their information; in order that they may make such use thereof as they may judge proper.

GEO. WASHINGTON.

War Office, January 18, 1790.

Sir: Having submitted to your consideration a plan for the arrangement of the militia of the United States, which I had presented to the late Congress, and you having approved the general principles thereof, with certain exceptions, I now respectfully lay the same before you, modified according to the alterations you were pleased to suggest.

It has been my anxious desire to devise a national system of defence, adequate to the probable exigencies of the United States, whether arising from internal or external causes; and, at the same time, to erect a standard of republican magnanimity, independent of, and superior to, the powerful influences of wealth.

The convulsive events, generated by the inordinate pursuits of riches or ambition, require that Government should possess a strong corrective arm.

The idea is therefore submitted, whether an efficient military branch of Government can be invented, with safety to the great principles of liberty, unless the same shall be formed of the people themselves, and supported by their habits and manners.

I have the honor to be, Sir,
With the most perfect respect,
Your obedient servant,
HENRY KNOX,
Secretary for the Department of War.

To the President of the United States.

[General Knox's plan for the arrangement of the militia of the United States, above referred to, will be found in the Appendix at the end of this volume.]

Friday, January 22.

GENERAL POST OFFICE.

The Secretary of the Treasury laid before the House the report of the Postmaster General, a copy of which will be found in the Appendix at the end of this volume.

The House having gone through the report, the Clerk was going on to read the bill which accompanied the same:

Mr. Fitzsimons thought there was a degree of indelicacy, not to say impropriety, in permitting the Heads of Departments to bring bills before the House. He thought it was sufficient for them to make reports of facts, with their opinions thereon, and leave the rest to the discretion of the Legislature. It would certainly be time enough for them to report bills when they were desired to do it.

Mr. Page moved to refer the report of the Postmaster to a select committee; but he was perfectly of opinion with the gentleman from Pennsylvania, that no bill ought to be read in the House that did not originate with its leave.

The motion for referring the report to a select committee was carried, and Messrs. Fitzsimons, Gerry, Sinnickson, Parker, and Stone, were appointed.

Mr. Sherman, from the Committee of Conference on the unfinished business, reported, that the committee had agreed that the unfinished business of the last session, that had passed from the one House to the other, ought to be regarded as if it had not not been passed upon by either.

The House then proceeded to the consideration of the report respecting the Southwestern frontiers and Indian affairs.

The gallery was hereupon ordered to be cleared.

Monday, January 25.

A message from the President of the United States was received, accompanied with the copy of the act of the Legislature of Maryland, ratifying and adopting the amendments to the Constitution of the States, proposed by Congress at the last session.

CENSUS OF THE UNION.

The House resolved into Committee of the whole on the bill providing for the actual enu-

1115 OF DEBATES IN CONGRESS. 1116

January 25, 1790.] *Unfinished Business.* [H. of R.

meration of the inhabitants of the United States, Mr. Baldwin in the chair.

Mr. Madison observed, that they had now an opportunity of obtaining the most useful information for those who should hereafter be called upon to legislate for their country, if this bill was extended so as to embrace some other objects besides the bare enumeration of the inhabitants; it would enable them to adapt the public measures to the particular circumstances of the community. In order to know the various interests of the United States, it was necessary that the description of the several classes into which the community is divided should be accurately known. On this knowledge the Legislature might proceed to make a proper provision for the agricultural, commercial, and manufacturing interests, but without it they could never make their provisions in due proportion.

This kind of information, he observed, all Legislatures had wished for; but this kind of information had never been obtained in any country. He wished, therefore, to avail himself of the present opportunity of accomplishing so valuable a purpose. If the plan was pursued in taking every future census, it would give them an opportunity of marking the progress of the society, and distinguishing the growth of every interest. This would furnish ground for many useful calculations, and at the same time answer the purpose of a check on the officers who were employed to make the enumeration; forasmuch as the aggregate number is divided into parts, any imposition might be discovered with proportionable ease. If these ideas meet the approbation of the House, he hoped they would pass over the schedule in the second clause of the bill, and he would endeavor to prepare something to accomplish this object.

The committee hereupon agreed to pass over the part of the bill alluded to.

Mr. Livermore moved to amend the last clause of the bill, by striking out all that related to the mode of compensating the Marshal and his assistants, which were specified sums, proportioned to the service, and to substitute a provision, authorizing the Marshal, or his assistants, to receive from every male white inhabitant above the age of twenty-one, five cents; and of the owner of every male slave, of like age, three cents; reserving, for his own use, four cents out of every five, and paying the other one cent to the Marshal. He thought this was an equitable tax, agreeable to the spirit of the constitution; that it might be collected with safety and satisfaction; while, on the other hand, the mode proposed in the bill would be extremely inconvenient; it would draw a considerable sum out of the Treasury, which their present situation did not enable them to spare.

On the question this motion was lost.

The committee then, after making some small amendments, rose and reported progress.

UNFINISHED BUSINESS.

A message was received from the Senate, informing that they had adopted the report of the joint committee on the unfinished business, and requesting the concurrence of the House.

A motion was made to concur.

Mr. Hartley said, that the other day he had laid a motion on the table relative to this subject, and which he expected might have decided it. He had then given his opinion, that the unfinished business of the last session ought to progress from the stage in which it was left at the adjournment. Since that time he had had the honor of being appointed, on the part of the House, a member of the Committee of Conference on the same question; but after hearing all that could be urged in favor of commencing the business *de novo*, he still retained his former sentiments; nor should he alter them unless some stronger arguments were adduced in support of the contrary doctrine. He would, on this occasion, trouble the House no further than just to express his idea of the difference between an adjournment and prorogation, for it was upon their similitude that gentlemen founded their idea of commencing business *de novo*. A prorogation of Parliament is the act of the first Magistrate in Great Britain, and by that act he dismisses all the business before Parliament. By an adjournment, which is the act of the Legislature, all the business remains in their possession. If they remain possessed of the business, they have a right, and they ought to take it up in the state in which it was at the time of adjournment. This continuance of business is much more beneficial to the Commonwealth, by expediting causes, by saving time, and consequently diminishing the expense. But even upon a prorogation of Parliament, the Houses have asserted their right to continue their bills in the state in which they were left.

He did not think it was necessary to detain the House long upon this subject. He supposed that most of the gentlemen had made up their minds, and that a long investigation would not produce a single convert. For his part, he was opposed to the motion, and would vote against it.

Mr. Jackson said that, on the conference, there was a majority of the committees of both Houses in favor of the report. After a long and full discussion, it appeared to them necessary that the business should be taken up *de novo*, because circumstances might occur during a recess, which would convince the House of the impropriety of a measure they had contemplated at their last session: an adjournment, therefore, amounts to the same thing as a prorogation. The opportunity the recess afforded them of consulting their constituents was the same in either case, and enabled them to form a more certain opinion with respect to the propriety of their measures, than any other thing could possibly do. Ought the Legislature, then, to be compelled to proceed with business they were certain was altogether impolitic and improper?

Mr. White would not enter into a discussion of the subject; but he was satisfied that the

72

图 1–2 美国的政治大数据：国会辩论记录

上图为 1790 年 1 月 25 日，麦迪逊等国会议员就如何开展人口普查进行辩论的记录，是《美国国会辩论记录》（The Debates and Proceedings in the Congress of the United States）的第 1 114 页和第 1 115 页。美国宪法第一条第五款规定，国会的辩论和投票应该有记录，并予以公布。从 1789 年开始，美国国会便对每天的辩论进行记录，到今天，这 200 多年的辩论记录已经成为非常宝贵的政治大数据。日光之下，并无新事，几乎所有的问题，人类都曾经在不同的历史阶段做过不同程度的思考和讨论，而现代大数据的处理技术，可以通过一个关键词的搜索，把美国国会 200 多年历史中所有的相关辩论分门别类并在瞬间呈现出来。可以想象，这种政治史料的积累和应用，将给政策的制定、给人类理性的进步带来巨大的便利和推动作用。（图片来源：美国国会图书馆）

根据国会的授权，国务院主持开展了第一次人口普查，由国务卿杰斐逊亲自负责。他依托各州的司法系统，在全国派出了 650 名普查员。这 650 人骑着马在 230 万平方公里的大地上奔波了 14 个月，又经过从市到郡、从郡到州、从州到联邦的层层数据汇总，1791 年 10 月 24 日，普查报告最终送到了华盛顿的案头。

报告表明，这个崭新的国家共有国民 3 893 635 人，其中黑奴 694 280 人，占人口总数的 18%。华盛顿一看总数还不到 500 万人，立即就质疑这个数据的准确性："可以肯定，美国的实际人口总数大大超出这个报告中的数据。有些人出于宗教顾忌而不递交表格，有些人因为税收而隐瞒人数，有些人对此漫不经心，还有我们普查人员的疏忽等原因，很多人被漏掉了。"

华盛顿之所以在第一时间质疑，是因为当时普遍认为，一个国家的人口多少，是判断其是否繁荣强大的最重要的指标。用数据证明国家的强大，这也是很多统治者之所以开展人口普查的重要原因。作为首任总统，华盛顿很想用人口数据向世界证明，脱离了英国的统治，美国照样发展得很好。

杰斐逊当然理解总统的苦心，作为这次人口普查行动的直接负责人，他承认这份数据的"原始"和"粗放"，但时间已不允许重新清点和核对。他认为，应该就用这份数据在各个州之间分配议席，再通过选举，产生新一届能真正代表全体国民的国会。

这无异于一次政治权力的大洗牌，各个州都紧盯着这份数据，关注着自己最终能分到多少议席。

但一动手计算，国会议员就发现，他们面临着一系列棘手的难题。宪法的文本虽然经过了半年的讨论，但和现实的需要相比，也和普查的结果一样——过于“粗放”，缺乏具体的规定。

第一个问题是众议院究竟要设多大，用数学语言表述就是，一个席位应该代表多少人。杰斐逊认为，众议院应该尽量大，议员多才能充分代表民意，他因此主张，按每个席位代表3万人的标准，众议院应设定为120人。但他的意见首先引起了参议院的不满，参议院是固定大小，每州2人，总共才30人，他们担心在一个庞大的众议院面前，其影响力受到侵蚀。而在麦迪逊看来，众议院并不是越大越好，他认为，所有的议院都存在一个“黄金”大小，这个大小既有利于讨论问题，又不容易结党营私，他说：“事实上，在一切情况下，为了保障自由协商、便于讨论，同时防止一些人别有用心地联合起来，众议院至少需要一定的规模；另一方面，为了避免人数众多造成的混乱和过激，人数也应该有个最大限度，历史上所有人数过多的议会，不管由什么人组成，感情必定会战胜理智，成为最高权威。”[7]

麦迪逊的话虽然听起来在理，但多大才算“黄金”大小，谁也说不清楚。各方的不同意见，引发了分权过程中的第一个死锁（dead lock）。但这个问题还没解决，议员们很快又发现，无论众议院多大，更大的困难在于，席位没有办法严格按照各州人口的比例被分配。例如，即使同意杰斐逊的主张，按120个人的众议院标准，马萨诸塞州47万多人，应获得15.84个席位，但“15.84”究竟是15个还是16个？特拉华州应获得1.85个席位，这又究竟是算1个，还是算2个？

根本原因在于，席位的最小单位是“1”，无法再分。解决办法只有两个，一是弃零取整，二是四舍五入，但无论采取哪一种方案，都势必有州要吃亏、有州要占便宜。

这涉及国家权力的分配，你多我就少，一票之差，就可能丧失巨大的利益，而且分一次管 10 年，州际纷争、朝野辩论由此爆发。

这时候的美国国会，经过立宪大辩论的洗礼，随着决策事务的增多，议员们已经开始站队划线，美国的两党政治雏形已经初现。

一是汉密尔顿领导的联邦党，他们主张精英治国，建立一个强大的中央政府，放宽对于宪法的解释，推动城市、银行、工厂的发展；二是杰斐逊创建的民主共和党，他们强调地方权力和个人自由，认为农民才是共和国的中流砥柱，也正因如此，民主共和党的支持力量主要集中在美国西部和南部，而新兴制造业集中的东北部则支持联邦党。[8]

汉密尔顿当时担任财政部部长，他精于数字和计算，在他的主导下，联邦党很快提出了一个 4 步分配方案：

1. 确定众议院席位的总数；
2. 各州的席位配额由人口比例决定。例如，众议院的总席位是 100 席，某州人口占全国总人口的 7.3%，那么该州的配额就是 7.3 席；
3. 进行第一轮分配：按各州配额的整数部分分配各州席位。例如，上述州的配额是 7.3 席，该州将先得到 7 席；
4. 进行第二轮分配：各州按小数点后余数[9]的大小排序，抢夺第一轮分配之后剩下的席位，余数大的州先得一席，直到所剩议席分完为止。

汉密尔顿方案的最大特点是，按余数的大小，大的先得，余数小的州可能什么也得不到。按照他的方案，众议院共设 120 席，各州首先把黑奴人口进行 3/5 换算，然后按每个议席代表 3 万人进行分配，第一轮中每个州都取整去零，获得相应的席位，第一轮分配完成之后还剩下 8 席，再按余数大小进行分配，余数大的州，如康涅狄格州，余数为0.895，获得额外一席；余数小的州，如宾夕法尼亚州，余数为0.419，排不上前8位，就分不到额外的席位（见表1–2）。

表1–2 汉密尔顿方案的议席分配过程及结果

州名	人口总数	议席分配		
		按比例应得的配额	第一轮分配	最终分配
康涅狄格州	236 841	7.895	7	8
特拉华州	55 540	1.851	1	2
佐治亚州	70 835	2.361	2	2
肯塔基州	68 705	2.29	2	2
马里兰州	278 514	9.284	9	9
马萨诸塞州	475 327	15.844	15	16
新罕布什尔州	141 822	4.727	4	5
新泽西州	179 570	5.986	5	6
纽约州	331 589	11.053	11	11
北卡罗来纳州	353 523	11.784	11	12
宾夕法尼亚州	432 879	14.419	14	14
罗得岛州	68 446	2.282	2	2
南卡罗来纳州	206 236	6.875	6	7
佛蒙特州	85 533	2.851	2	3
弗吉尼亚州	630 560	21.019	21	21
合计	3 615 920	120.521	112	120

加下划线的州，是因为余数过小而没有获得额外议席的州。1791年，美国已经由13个州扩大为15个州。（数据来源：美国人口普查局1790年的人口普查报告）

结果，宾夕法尼亚州、弗吉尼亚州等7个州的余数被取整为零，没有获得额外议席，他们当然强烈反对这个方案。民主共和党的许多领袖人物，包括杰斐逊，都是弗吉尼亚人，他们也表示反对。华盛顿也是弗吉尼亚人，但他作为总统，并没有表态。

这个时候，杰斐逊充分展示了他的数学天才。他首先回到了自己大议院的主张，他说议院越大，就越可以稀释余数的影响，也就越公平。此外，他代表民主共和党提出了一个在数学上更精细的方案。他认为，汉密尔顿的方案之所以不公平，是因为不精确，它没有找到每个议席的最佳代表人数。他指出，简单地用人口总数除以议席数，不能得到每个议席应该代表的最佳人数。他提出了一个方法，声称可以找到数学意义上最佳的代表数，这个方法被后世称为除数法（Divisor Method），其步骤如下：

1. 确定众议院的席位总数；
2. 根据这个总数，找出每个席位所代表的最佳人数X，这个人数X被称作“分割除数”；
3. 用各州人口数除以“分割除数”，然后取整（余数忽略不计），即为该州应得的席位；
4. 如果各州所得议席数相加等于第一步中所确定的议席总数，则X为最佳“分割除数”。

因为追求数学最佳，杰斐逊的方法在数学上更为复杂，很多国会议员因为听不明白而兴趣全无。最后，汉密尔顿的方案在国会的投票中获得了多数支持。

1791年3月24日，正式的议席分配方案被送到了华盛顿的案头。按照宪法规定，作为总统，他有10天的审核时间，他可以签署，一经签署，该方案将立即生效，成为法律；他也可以行使总统否决权，如果否决，该议案将被退回参众两院，重新启动立法议程，如果退回的方案在参众两院都获得2/3以上的绝对多数支持，则不需要总统签署，自动成为法律。[10]

面对错综复杂的州际矛盾和党派纷争，华盛顿也犹豫不决。联邦党和民主共和党的对抗，已经不时触发内政外交的危机，但杰斐逊和汉密尔顿两人又堪称他的左膀右臂，谁也得罪不起。

华盛顿拖到了最后一天，还在犹豫。4 月 5 日，事情突然发生了逆转。

这天一早，杰斐逊匆匆赶到华盛顿的办公室。这位国务卿甚至还没有吃早饭，他兴奋不已地告诉华盛顿，他有了新的数学发现，作为总统，华盛顿必须立刻否决这个法案。

杰斐逊说，汉密尔顿的方案不仅不公平，而且违宪。

违宪?

华盛顿听到这两个字，惊讶地瞪大了眼睛。杰斐逊继续解释说，汉密尔顿违犯的宪法条款，正是华盛顿在立宪会议最后一天做出的修改，即每个议员代表的人数不能少于 3 万人。由于汉密尔顿方案对余数不精确的处理，使得部分州每个席位代表的人数低于宪法规定的 3 万人。他举出例子，新罕布什尔州原本得到 4 席，但因为余数大，又得到额外一席，总共 5 席，该州人口总数为 141 882 人，除以 5，即每席代表人数为 28 364 人，低于宪法的最低要求——3 万人。

一数胜千言。华盛顿一听就明白了，他本来就不喜欢这个方案，又无心介入党争，作为总统，他当然要维护宪法和既定的标准，他当即知会国会:“经过慎重考虑，我将本法案退回两院，因为有 8 个州的议席代表人数低于宪法规定的 3 万人……”

这也是美国历史上总统第一次行使否决权。

当法案退回到参众两院，大多数议员对这个新发现瞠目结舌、面面相觑，不少人对杰斐逊的数学才能佩服得五体投地。自然，已经不需要更多的辩论，杰斐逊的方法很快就被通过了。

1790 年的这场党争最后以民主共和党的获胜结束。但众议院的大小，也不像杰斐逊起初主张的那么大，为了保证每个州的席位所代表的人数都不违宪，最后议席代表人口的基数定为 3.3 万人，这一届的众议院的总席位设定为 105 人。

但获胜的杰斐逊肯定不会想到，半个世纪之后，汉密尔顿的方案卷土重来，重新被美国国会采纳为议席分配方法，并且体现出了更大的合理性。而汉密尔顿更不会想到，100 年之后，美国人在他的方法中，发现了一个接一个令人震惊的悖论，而且每次都找不到解决方案。

亚拉巴马悖论：没有完美的方案

杰斐逊，这位在 1790 年被国会认定的数学"天才"，却在后世不断受到质疑和挑战。

随着时间的推移，个别州发现，在杰斐逊的分配方法中，他们的余数每次都被略去，他们也同时观察到，另外一些州每次都占便宜：例如特拉华州，其连续 40 年按比例应获得的席位配额为"1.61""1.78""1.68""1.52"，但余数每次都被"一剪没"，最终只分配到 1 席；而纽约州，其连续 50 年的席位配额分别为"9.63""16.66""26.20""32.50""38.59"，但每次都能进位，获得 1 个额外席位。

每年吃亏的州聚在一起抱怨，很快，他们又发现，吃亏的总是小州，反复几次之后，他们明白了：杰斐逊的方法在数学上"天生"歧视小州。

杰斐逊的办法确实对小州不公平，原因在于，同样一个余数，对小州和大州的意义可能完全不同，例如，大州 105 000 人，小州 15 000 人，假设每 10 000 人设定一个议席，大州按比例获得的席位为 10.5 个、小州为 1.5 个。

大州：105 000 ÷ 10 000 = 10.5，取整去零为 10，即获得 10 个席位

小州：15 000 ÷ 10 000 = 1.5，取整去零为 1，即获得 1 个席位

余数都代表的是“5 000”，这 5 000 人只占大州的 1/21，却占小州的 1/3。换个角度来看，大州其实是每 10 500 人产生一个议席，小州却要 15 000 人产生一个议席：

大州产生一个席位所需要的事实人数：105 000 ÷ 10 = 10 500（人）

小州产生一个席位所需要的事实人数：15 000 ÷ 1 = 15 000（人）

再换个角度看：如果统一按 10 500 人一个席位计算，那小州就有 4 500 人在议会无人代表：

小州没有议员代表的人数：15 000 − 10 500 = 4 500（人）

这个时候，议席分配方法中的“玄妙”和“古怪”之处开始吸引越来越多人的兴趣，其中的一位是卸任的第六任总统亚当斯（John Quincy Adams）[11]。亚当斯来自美国的第二大州——马萨诸塞州，他 1829 年就从总统的位置上退了下来，但这个“老顽童”退而不休，又参加竞选，并再度当选为众议员，成为美国历史上唯一一名在卸任总统之后，又去当众议员的总统。

亚当斯认为杰斐逊的方法系统性地歧视小州，于是志愿为小州代言，在国会推动议席分配方法的变革。经过深入的研究，“老顽童”宣布，他找到了第三种办法，可以弥补杰斐逊方法的不足。他的方法类似于杰斐逊的方法，唯一不同的是，在找到最佳除数之后，杰斐逊去

零取整，亚当斯主张逢余必进。他声称，这样一来，将没有任何一个州会失去席位，无论大州、小州，其利益都能得到保证。

另外一名参与讨论的是资深参议员丹尼尔·韦伯斯特（Daniel Webster）。韦伯斯特在美国历史上也是赫赫有名，他是参议员，也做过众议员，还先后担任过 3 任总统的国务卿，后世认为，他是美国历史上最伟大的 5 名参议员之一。[12] 韦伯斯特做过律师，其雄辩之口才无人能及，据说他一开始演讲，议院的听众都会情不自禁地站起来，就连最保守的人也会因之动情流泪。

韦伯斯特认为，杰斐逊和亚当斯的方法都过于偏激，在找到最佳除数之后，不要"去零取整"，也不要"逢余必进"，而应该"四舍五入"。

韦伯斯特的方法确实更加合理。可以想象，这个方案一经这位雄辩家提出，其说服力就骤然上升。于是 1842 年，国会采取韦伯斯特的方法来分配议席。

但韦伯斯特的方法也明显不是百分之百公平，还是有人舍、有人得，而且核心问题依旧没解决——吃亏的还是小州。到了 1850 年，小州又开始抱团在国会抱怨，这个时候，杰斐逊的方法已经"山穷水尽"，貌似没有任何可以改进的空间了，议员们也已经黔驴技穷了。于是，汉密尔顿的方法又重新回到了大家的视野。

1850 年，汉密尔顿的方法在议会的辩论中占了上风，经过了半个世纪的熏陶，议员们"定量分析"的水平已经大幅提高，大家都明白，从数学上看，因为小州更可能有较大的余数，汉密尔顿按余数大小排序的分配方法偏向于保护小州，吃亏的可能是大州，但大家都心照不宣，毕竟小州已经吃了半个世纪的亏了！这就是政治，没有绝对的公平，政治的天平只会在不同的博弈者之间轮流倾斜，而且这种倾斜是不断发言和抗争的结果。

此后，美国国会一直弃“杰”从“汉”，但到了1880年，一个更大的挑战突然出现了。

1880年，美国的人口上升到5 000多万，较1870年上升了30%，众议院的议席自然又要做相应的调整，其应对方法无非两个，一是增加每个议席代表的人数，二是增加议席总数。普查系统的统计人员在分析计算了各种可能的安排之后突然发现，当总席位由299席增加到300席时，即使其他一切条件保持不变，按照汉密尔顿的方法，亚拉巴马州获得的席位数却由8席降为7席。

这个发现令人震惊，因为它完全违背常识。按常理来说，蛋糕做大了，一个州即便分不到更多，至少不会失去原有的份额，亚拉巴马州却没有保住原来的8席。汉密尔顿的方法怎么会暗藏如此之大的“bug”（漏洞）呢？一时间，没有人能给出合理的解释，普查系统的官员在给国会的信中将其称为“亚拉巴马悖论”（Alabama paradox）。

之所以称为悖论，是指总议席增加反而导致某些州的议席减少。这虽然有悖常识，但其产生的原因并不复杂。按照汉密尔顿的方法，如果众议院总席位为299席，亚拉巴马州的配额是7.646；它在第一轮中得到7席（7.646的整数部分），后因为其余数（0.646）在排序中足够靠前，在第二轮分配中又得到额外的1席，共8席；当众议院的总席位增加到300席时，亚拉巴马州的配额却变为7.671，同上，它在第一轮分配中再次分得7席，它这次的余数（0.671）却不够大，分不到额外的1席，所以最后只能得7席。显然，这1席之差，完全是由于汉密尔顿方法处理余数不当造成的（见表1–3）。

表 1–3　亚拉巴马悖论的数学解释（以 3 个州为例）

州名	人口	10 席		11 席	
		配额	所得席位	配额	所得席位
甲州	6	4.286	4	4.714	5
乙州	6	4.286	4	4.714	5
丙州	2	1.429	2	1.571	1

在总议席增加 1 席后，丙州余数的排序由原来的第 1 名下降到第 3 名，分不到额外的席位，因此席位总数反而减少了。

假设有 3 个州，各州人口数为 6 人、6 人、2 人，总议席在从 10 席增长到 11 席的过程中，作为最小的州，丙州的议席数反而下降 1 席。

亚拉巴马悖论出现之后，各州的议员纷纷检视自己所得的议席，甚至重新计算自己历史上曾经获得的席位。他们都意识到，常识是不可靠的，数学是诡异的，汉密尔顿的方法是不可信的！

可以想象，这一年的议会注定吵吵嚷嚷：有人建议回归杰斐逊的方法，有人建议把众议院的大小固定……一阵忙乱之后，国会也拿不出一个完善的解决方案，无奈之下，他们决定直接跳过 300 席，把问题留给后人。在严密的计算之后，这一年国会把议席扩大到了 332 席，以确保各个州皆大欢喜。

问题确实是留给了后人。1901 年，因为余数作怪，新的悖论又出现了，这次轮到了科罗拉多州。此前科罗拉多州获得了 3 个席位，其人口一直在增加，增长速度也比很多州都快，但众议院的总席位从 356 席增至 357 席时，它的席位竟然神秘地下降为 2 席。[13]

1907 年，更奇怪的事发生了。

这一年，俄克拉何马州成立并加入联邦。当时的国会共 386 席，俄克拉何马州有 100 万人口，按当时的席位代表基数，该州应该分得 5 席。国会在讨论之后，认为在总席位上增加 5 席，即 391 席，应该万事太平。

席位增加之后，俄克拉何马州确实如愿分到了5席，但让人“崩溃”的是，纽约州无缘无故少了一席，而这一席神秘地转移到了缅因州名下。问题在于，两州的人口数量都没有变，用的都是1901年的普查结果。这一下，纽约州顿时炸了窝，他们绝对不干，各个州也表示这个问题必须解决，因为今天发生在纽约州的事，明天也可能发生在自己头上。这个悖论被后世称为“新州悖论”（new state paradox）。

纽约州是当时美国的第一大州，缅因州是小州，“新州悖论”再一次证明，汉密尔顿的方法倾向于保护小州。到这个时候，国会及各州的政治家都彻底明白了，建国者发明的“数据分权”机制好是好，但没有一种办法可以确保它能完全公平地落实。

1912年，靠把蛋糕做大、增加席位来缓解各州矛盾的和稀泥的做法，也在反对声中走到了终点，美国国会决定，众议院不能无限扩大，并把其编制定死为435人。此后，议席分配的问题变得更加复杂、敏感，关于究竟如何分配才最公平的讨论越来越激烈，哈佛大学、康奈尔大学甚至因此形成了两个学派，并不断在国会游说，分庭抗礼几十年。

1941年，以亨廷顿教授（Edward V. Huntington）为首的哈佛派占了上风，从此之后，美国一直沿用亨廷顿的方法。亨廷顿仍然沿袭了杰斐逊的方法，其改进之处，还是在于对余数的处理：亨廷顿引入了“几何平均数”的概念，主张按几何平均数的大小对余数进行取舍。

拓展话题：几何平均数的优越性

我们很熟悉算术平均数，两个数X和Y的算术平均数为（X+Y）÷2。几何平均数，顾名思义，体现的是几何关系，它在数学上是N个数相乘之后开N次方根，例如：两个数X和Y的几何平均数为$\sqrt{X \cdot Y}$，它可以理解为，一个长为X、宽为Y的长方形，其面积相当于一个边长为$\sqrt{X \cdot Y}$的正方形的面积；又如，三个数X、Y、Z的几何平均数为$\sqrt[3]{X \cdot Y \cdot Z}$，它可以理解为，一个长为X、宽为Y、高为Z的长方体，其体积相当于一个边长为$\sqrt[3]{X \cdot Y \cdot Z}$的正方体的体积。

几何平均数适用于计算平均增长率。例如，你第一年的工资为10万元，接下来各年分别为18万元、21万元、30万元，那你工资每年的增长率分别为80%、16.67%及42.86%，而3年的平均增长率必须用几何平均数来计算：第一年的增长率80%，即为1.80倍，那3年平均增长率的计算过程为$\sqrt[3]{1.80 \times 1.1667 \times 1.4286}=1.4422$，即每年的平均增长率为44.22%。这意味着，如果你的工资起点为10万元，每年增长44.22%，那第4年的工资就是30万元。如果用算术平均数计算你的平均增长率，将会得到错误的结果：（80%+16.67%+42.86%）÷3=46.51%。

但很显然，亨廷顿的方法还是不完美，此后，有的州甚至提起了法律诉讼。1992年，蒙大拿州的人口较10年前增加了，但其议席要从2席降为1席，该州的选民认为受到了制度性的歧视，感觉很不公平，于是把人口普查局告上了最高法院。最高法院的法官们合计了半天，才把其中的道理搞清楚，但他们也无计可施。法官们最后的判决是：在对绝对公平进行了足够的善意尝试之后，如果仍然确定不了哪种方法最好，而且出现了无法避免的缺陷，我们最后必须尊重国会的决定。[14]

换句话说，我们已经尽了最大努力，但数学水平只有这么高，蒙大拿州，你就认了吧！

最高法院就是美国的最高司法机构，蒙大拿州也只有认了。人类追求精确、公平，但凡事都没有绝对，人类最终必须和“不完美”妥协。对于这种无奈，古圣先贤也早有过总结和论断，公元前3世纪，古希腊哲学家亚里士多德就说过：“在只可能获得一个大概的情况下，满足于事物固有的精确度、停止追求完全准确，这是头脑受过训练的标志。”[15]

后世的数学家也证明，如果使用杰斐逊的方法，确实能避免汉密尔顿的方法产生的“亚拉巴马悖论”“新州悖论”等难题；在杰斐逊方法的各种变种中，又属亨廷顿的几何平均法最为公平，当然，这个公平归根结底还是“相对”的。绝对公平并不存在，因为国家权力的单位是一个一个的“席位”，它无法在人口中完全平均地分配，换句话说，以代议制为基础的、完全意义的“一人一票、票票等值”其实是个美好的政治理想，永远无法实现！

但美国政治生活中对权力精确分配的探索，为后世很多民主国家提供了借鉴。杰斐逊方法、汉密尔顿方法、韦伯斯特方法以及亨廷顿方法等，虽然各有各的问题，但都成为世界各国处理席位分配问题的主流方法。

有数初成：共和政治反哺数据文化

虽然近200年来，美国的议席分配方案不断出现瑕疵、曝出悖论，但通过数据分权，美国实现了国家权力在议员之间的动态分配和各州之间的平行流动，在“民主”的基础上兼顾了“共和”，从这个意义上说，可谓“数据”成就了“共和”。但共和政治的体制一旦确定，其中蕴含的自由思考和平等讨论精神，又开始反哺美国社会的数据文化，成为美国社会数据文化不断发展的重要驱动力。

就人口数据而言，在1790—1820年，其作用几乎完全限定在议席分配的政治领域，但随着时间的推移，麦迪逊的建议最终被一步步落实，人口普查的作用从政治领域不断扩张，首先蔓延到政策制定领域，然后是社会生活领域。

诺亚·韦伯斯特（1758—1843）

语言学家、政论家，一生致力于发展美国自己的独特文化，因此编撰了大量词典和语言教材，被誉为“美国学术和教育之父”。制宪会议以后，他以“一个美国公民”为笔名，撰写了大量文稿，向大众解释美国宪法的优越之处。（图片来源：维基百科）

1794年，在杰斐逊和汉密尔顿发生激烈党争、两党政治初现端倪之时，民间就出现了批评的声音，批评者主张通过“事实”和“数据”来营建共识、消解党争。其中的代表人物有当时的政论家、教育家诺亚·韦伯斯特（Noah Webster）和耶鲁大学的校长德怀特（Timothy Dwight），他们主张用数据消解党争，堪称“数据党”。

韦伯斯特认为，国会立法的根本目的是推进全社会的共同福祉，任何一个政策问题，即便再复杂，也一定存在一种做法，能最大限度地促进公共福祉。党争的直接原因是观点不同，观点不同的原因又在于事实不足。

正是因为事实不足，才产生了各种各样武断的猜测、固执的判断。如果人们都了解足够多的事实，那么对于同一个公共问题，就不会有太大的分歧。也就是说，事实越充足、越肯定、越准确，就能越好地消解党派纷争、建立和谐政治。因此，政治的基础应该是“真正的事实以及由此衍生出来的知识”。

韦伯斯特继而指出，在所有的事实当中，用数据描述的事实是最准确、最锐利、最有说服力的。因此，描述一个事实，增强客观性、减少主观性的最好方法，就是尽可能地使用数据。

韦伯斯特的观点得到了耶鲁大学校长德怀特的响应，他们组织了一批学者，成立了康涅狄格州科学研究院（CAAS）。1800年，在第二次人口普查即将开展之际，该研究院会同其他学术组织，向国会提出建议：把仅仅服务于议席分配的人口普查转化为一次向社会寻找“真正事实”的统计活动，通过收集充足的数据，国家可以掌握整个社会“出生率、性别、年龄、婚姻状况、健康、职业、寿命”等方方面面的情况，从而制定出更符合现实的政策和法律。

这个方案获得了杰斐逊的支持，但这个时候，对大部分国会议员而言，普查的意义就是分权，国会讨论的最终结果，1800年的普查还是依葫芦画瓢，没有改进。德怀特对此非常失望，此后，他索性自己在康涅狄格州内发起了普查运动。他以村庄为单位，不仅调查其人口、房屋、工厂，还在问卷中包含了诸多细致的问题，例如：“近20年有多少人自杀？”“工厂雇用了多少工人，工资是多少？”“村里有几辆四轮马车？”

德怀特的计划实施了10年，因为大部分人不愿意配合，最终没有获得成功，但德怀特不断呼吁：如果事实是制定政策的基础、知识能够在决策者之间营造共识，那么系统性收集数据的工作，就应该由政府亲自完成。

德怀特及志同道合者的共同呼吁和努力，最终促使人口普查在19世纪逐渐推进到政策制定领域，从而影响到美国的社会生活，在这个过程中，数据开始从政治精英走向平民大众。

当然，对于数据文化的形成，共和政治的作用也不仅仅限于人口普查。基于政治生活中有民主和共和的基因，美国的建国者一再强调，共和国的目标不是愚民，而是培养有智识的公民。培养的方法主要有两个：一是提高识字率，减少文盲；二是推广数学教育，减少“数盲”，以提高公民的思辨能力，使其学会独立思考。

富兰克林（1706—1790）

担任过宾夕法尼亚州州长、美国驻法大使、美国第一任邮政局局长，拥有多项科学发明，还创办了美国第一所医院。富兰克林认为，科学发明主要用于提高效率和促进人类进步，因此放弃申请专利。他在自传中写道：“我们的灵魂是不朽的，无论是现在还是未来，所有的犯罪都将受到惩处，而坚贞的美德都将受到赞赏。”（图片来源：维基百科）

华盛顿、杰斐逊和富兰克林就是其中的突出代表。华盛顿的第一份工作是弗吉尼亚州的土地测量员，他深知数据对于认识客观世界的重要性，就在杰斐逊主持开展第一次人口普查期间，华盛顿甚至亲力亲为，组织了美国的第一次农业调查；杰斐逊也曾做过土地测量员，除了是一名政治家，他还研究密码学、测量学和考古学；富兰克林则是一名政治家、外交家和科学家，年轻时曾沉迷于捉雷捕电，后来发明了避雷针。

拓展话题：华盛顿主持的第一次美国农业调查

华盛顿终生都对农业保持高度的兴趣，他在辞去大陆军总司令之后，曾经在农庄研究土地改良。作为大农场主，他还曾经是英国农业委员会的外籍荣誉会员。

就任首任总统之后，他提出仿照英国的做法，成立国家农业委员会，开展农业普查，但其提议没有在国会获得通过。华盛顿于是以个人的名义给当时的各大农场主写信，要求他们对各地土地的价值、租金，农产品的种类、产量、价格，各种家畜的价格以及税负等情况进行评估。他对所有回信进行了汇总，做出了美国第一份农业调查报告，为收集农业数据开了先河。华盛顿主持的农业统计覆盖了当时主要的人口聚集区，包括宾夕法尼亚州、弗吉尼亚州、马里兰州、西弗吉尼亚州和华盛顿特区。

1788年，华盛顿曾经这样描述数学教育：“从某种程度上说，文明生活的方方面面都不可缺少数字的科学，对数学真理的追踪可以训练推理的方法和正确性，这是一项有益的活动，尤其适合理性的人类。”[16]杰斐逊则建议，所有的小学，除教授阅读、写作外，还应该开设数学课。他认为：“就像身体的其他组织一样，大脑的功能也可以通过练习而改善、加强。因此，基于数学的推理和演绎，是人类了解深奥法则的有益准备。”[17]

在这样一批建国者的推动下，数学教育很快在这个新生国家普及。1802年，数学已经正式成为哈佛大学入学考试的内容。

拓展话题：专制文化对数学发展的限制

民主政治对数学的发展具有极大的促进作用。中国几千年的皇权专制统治，就极大地束缚了中国数学文化的发展。

中国的数学家、数学历史学家张奠宙先生认为：由古希腊衍生而来的西方民主政治，有力地推动了数学的发展。在民主的环境中，要想证明自身观点的正确性，需要在平等的基础上，用充分的理由说服对方。这反映在学术上，就是“证明”。学者们先设置一些人人皆认可的“公理”，规定一些名词的意义，然后对命题进行证明，把它们上升为公理的“推论”。欧几里得的名作《几何原本》正是在这样的背景下产生的。相比之下，中国古代的数学家主要是帮助君王统治臣民、管理国家，以是否有利于君王的统治为依归，其工作内容包括丈量田亩、兴修水利、分配劳力、计算税收、运输粮食等实用的目标。因此，从文化意义上看，中国数学可以说是“管理数学”和“木匠数学”，存在的形式是官方的文书。抽象的数学思维能力难成气候。[18]

其中最根本的原因是，专制主义者害怕自己的子民通过学习数学而获得理性思辨能力，从而挑战其“专制”统治。在长期专制的政治体制之下，中国人理性思考的能力非常薄弱。

除了开展人口普查、推广数学教育，1790 年，在联邦党和民主共和党因议席分配方法僵持不下的时候，华盛顿和杰斐逊这两位多才多艺的建国者，还着手改革了美国的货币体系，统一了重量和测量的单位。[19] 这项工作对后世美利坚民族数据意识的形成、数据文化的建立，也产生了深远的影响。

在英国殖民期间，北美大陆一直沿用英国的货币系统及测量单位。当时，英国货币单位分为英镑、先令和便士，其中，1 英镑 = 12 先令，1 先令 = 20 便士，换算过程比较麻烦。[20] 杰斐逊认为，共和国应该简化自己的货币体系，以方便大众、推动商业发展。1793年，在杰斐逊的主导下，美国废除了沿用的英国货币体系，以十进制为基础，推出了以“元、角、分”为单位的新货币体系（1美元=10角，1角=10美分），并开设铸币工厂，开始印钞铸币。

杰斐逊认为：“十进制将极大地方便大众的计算，从此以后，最普通的人也可以自己计算买卖和测量。”为了推动新的货币体系在民间尽快流通，他还在全美教育系统鼓励“数学和换算”方面的教学，随后出版了一批这方面的教材。

在1796年出版的一本数学入门教材中，其开篇序言这样写道：“我亲爱的同胞，我请求你——别再使用英国的货币计算方法，让他们用他们的，我们用我们的！他们的方法确实适用于他们的政府——专制的暴君把会计系统尽可能搞复杂，把人搞糊涂，以操纵税收和财务工作，但一个共和国的货币体系应该简单，简单到最普通的人也能方便地使用。”[21]

换句话说，共和国的目标就是让一切计算变得简单，让每个人在商业活动中都能成为自己的计算器，而不依赖他人。计算能力不仅仅是自由经济的需要，也是自由社会、自由人的需要。

十进制在亚里士多德时代就被发明了，但美国是全世界第一个在货币体系中普及十进制的国家。几年后，法国也跟进，制定了以十进制为标准的货币、测量和重量单位。随着法国大革命的展开，这套标准逐渐推广到整个欧洲。

美国这批开明的共和者推出的种种措施，30多年后，就在千千万万普普通通的美国人身上见到了明显的功效。

1831年，法国历史学家、政治家托克维尔来到美国考察，之后出版了名垂青史的经典著作《论美国的民主》。他看到“美国人已经习惯了精确的计算”，他在书中写道：“他们喜欢秩序井然，没有秩序，事业就不能发达。他们特别重视信誉，信誉是生意健康发展的基础。他们的大脑已经习惯于精确的计算，按常规办事也在他们的头脑中扎根。”

同一时期，英国哲学家托马斯·汉密尔顿（Thomas Hamilton）也来到美国游历，他的亲身经历也汇集成了一本书——《美国人及其作风》。他注意到，这个年轻的共和国到处弥漫着测量、计算和精确的氛围。他在费城观察到，“城市的社区按正方形一块一块地铺开，严格的直角和平行线成为主宰”。他根据自己的经历建议说：“去美国旅游，每个人都要带上一个计时器，因为在美国不像在其他国家，稍微算错时间就可能带来非常糟糕的后果。”他还发现，美国人会根据他人的财务状况对其进行分门别类，这位英国绅士甚至因此感到很不舒服：“我已经被清楚地告知，我的熟人当中谁有良好的名声和信誉以及他们每年的开支。”他最后在书中得出结论说：“我认为，在这群不断猜测、估算、预期和计算的美国人当中，算术就像是一种与生俱来的本能。”[22]

类似的观察还有很多。1825 年，费城的一名医生统计了 7 077 名新生儿的重量，并制作了一张重量分布表，发放给新生儿的母亲，以方便她们对比掌握自己孩子的情况。他还监测了孕妇在 280 天的孕期中每天增长的体重并发给孕妇，作为其每天饮食的标准以及体重增长的参考。[23]

今天的美国医院秉承了这种数据传统，从体检到手术，很多医疗环节都以数据为支撑。孩子一出生就开始接受体检，身高、体重、头围是三个基本的检查指标（见表 1–4）。美国医院除了提供各项指标的大小，还会提供该项指标的百分位（percentile）。

表 1–4　1 岁 2 个月男婴体检报告中的主要指标

	身高	体重	头围
数值	54.6 厘米	4.56 千克 [24]	37 厘米
百分位	39%	49%	20%

该婴儿的身高为 54.6 厘米，其百分位为 39%，意味着这个婴儿比 39% 的同龄男婴都要高。50% 的百分位则意味着大众的平均水平。百分位的计算结果，是在收集大量数据之后获得的，它可以为父母提供自己孩子的身高相对于大众平均水平的参照。

在美国做手术，术前病人或家属也会被告知手术的风险，例如 0.03% 的死亡率、0.1% 的感染率以及发生各种并发症的可能性。这些百分比的得出，都建立在长期收集数据的基础之上。2013 年，美国外科医师协会（ACS）利用信息技术推陈出新，收集了 2009—2012 年全国 393 所医院、140 多万病人的数据，在这个基础上，开发了一个手术风险计算器（ASC/NSQIP Surgical Risk Calculator）。该计算器能针对病人的情况，计算 1 557 种手术的风险及各种并发症的可能性，为医生和病人提供手术前的决策参考和准备（见图 1–3）。[25]

纵观全世界大多数国家，资本主义的萌芽、大公司的兴起，才是“数目字管理”、数据文化形成的最大动因，但回顾美国的历史，后世的历史学家往往感叹说，美国的数据文化是从“共和政治和经济发展”这两条主线共同发展而来的，尤其是共和政治中对人口数据的运用，它促进了整个社会数据意识的萌芽。美国文化源于欧洲，但用数据来分权，欧洲国家没有任何先例。欧洲的统计学家也称赞说：“美国的统计学因此展现了全世界最丰硕的成果。” [26]

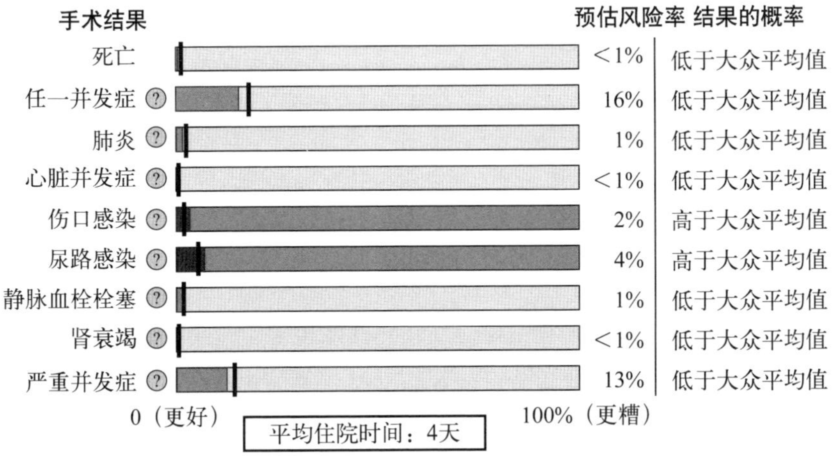

图 1–3　手术风险计算器

假如一位中年女性需要接受颅骨切除手术，她在输入自己的基本情况以及相应的手术名称之后，系统会给出计算和评估结果：该手术的平均住院时间为 4 天，此患者手术的死亡风险小于 1%（低于大众平均值）、产生并发症的可能性为 16%（略低于大众平均值），其中伤口感染的可能性为 2%（高于大众平均值 1%）、尿路感染的可能性为 4%（高于大众平均值 3%）、肺炎的可能性为 1%（低于大众平均值）、肾衰竭的可能性小于 1%（低于大众平均值）等。

其实，在整个 19 世纪，几乎一切数学和统计学的重大发明和进步都起源于欧洲。19 世纪 30 年代，欧洲很多国家都建立了专门的统计部门，而美国在这方面则相对落后。但不同的是，美国的共和政治对人口数据进行了创造性应用；以培养有智识的公民为目标，大力普及数学教育；为方便本国人民，简化日常计算的单位……这些措施把数据意识成功地推向了整个社会，使普通公民在日常生活中也开始注重数据、使用数据，并逐渐形成一种内在的习惯。

从 1787 年到 19 世纪 30 年代，本书将这一阶段定义为美国数据历史的初数时代，这是个孕育的时代，可谓有数初成。在这个时代，数据好比涟漪，在历史的长河上静静地泛开波纹，把千千万万个普通人卷进它的晕圈，冲刷、洗涤、浸泡，使其成为具有数据意识的公民个体。

中国往事：第一次现代意义上的人口普查

中国古代的人口统计主要建立在户籍制度之上，历朝历代对此都很重视，早在周朝，就有人口调查的记录。秦国著名的宰相商鞅曾经提出“强国知十三数”的理念，即一个强大的国家，必须掌握13种数据：全国人口中的壮男、壮女、老人、少年、官吏、商人、读书人、残疾人的数量以及全国的粮仓、金库、马、牛、饲料数量。[27]到明朝，朱元璋曾经动员全国的力量，对人口进行清点，通过对家庭成员的姓名、籍贯、性别、年龄、住址、职业、经济状况等情况进行登记，建立了严密的“户帖”制度，并且每10年更新一次，以此作为纳税、服役的依据。

但这些都是原始的、非现代意义上的人口普查，现代意义上的人口普查在中国直到1908年才出现。

1894年，中日之间爆发了甲午战争，其后八国联军又入侵北京，这两场战争都以中国兵败、赔款和割地而告终。反思近百年来中国人的落后，中国的知识分子逐渐认识到，中国的问题不是“中学为体、西学为用”可以解决的，要想强国，就必须改革自己的体制，全面向西方学习。但清政府缺乏改革的勇气，其统治集团也不肯放弃自己的既得利益。1906年，在全国上下一致的反对声中，清政府的统治已经到了岌岌可危的地步。万般无奈之下，清政府被迫宣布“预备立宪”，即准备制定宪法，推行代议制的政治体制。1908 年，为了给立宪和选举做准备，民政部成立了统计处，并计划在 6 年之内完成第一次全国人口普查。时任民政部尚书善耆表示，“宪政之进行无不以户籍为依据”，“立宪之国，无一人非国民……户口一清，则良莠既不至混淆，且可同享国民应有之权利。将来地方自治及有关公益等事，自易次第推行，渐收实效，足见清查户口一事利国利民”。

善耆的意思是，把人口点清楚是实施宪政的基础，每一个国民都因此可以行使自己作为一名公民的权利，这也有利于地方自治和公益事业。换句话说，普查是为了服务于人民的权利，而不是为了征赋税、召徭役等社会控制，正因如此，这次普查被很多学者认为是中国第一次现代意义上的普查。[28]

清政府也参考了西方各国的经验，设计了普查表格，其中有部表 76 张、省表 72 表，并规定普查由警察部门执行。但普查一开始，就受到全国各地的抵制，民间的对抗甚至演变为民变风潮。之所以对抗，是因为民间恐惧加税、征兵，还有各种愚昧的传言，例如阴兵过境、瘟疫流行等，江苏、安徽、云南等省份发生了民众围攻普查员、哄抢表格的暴力事件，江西甚至发生了普查员被打死、活埋的恐怖事件。人口普查在全国各省区的推进，可谓举步维艰。

1910 年 10 月，迫于国内的呼声和压力，末代皇帝溥仪又宣布提前立宪，并要求加快人口普查的进程。但即便如此，人心已去，历史已经不再给清政府机会。还没等到这次人口普查在全国各个省区完成，1911 年，辛亥革命就爆发了，清政府被推翻，中国历史上第一次现代意义上的人口普查就此夭折。

注释

1 英语原文为："It is too probable that no plan we propose will be adopted. Perhaps another dreadful conflict is to be sustained. If, to please the people, we offer what we ourselves disprove, how can we afterwards defend our work? Let us raise a standard to which the wise and the honest can repair. The event is in the hand of God." — Speaking at the First Continental Congress, George Washington, May 14, 1787

2 英语原文为："The evils we experience flow from the excess of democracy. The people do not want virtue, but are dupes of pretended patriots." —Debate on Constitutional Convention, Elbr-idge Gerry, 1787，格里后来成为美国第五任副总统。

3 这个规则其实就是宪法。美国对宪法的修改非常严格，其大部分条文的修改，需要国会 2/3 以上的绝对多数同意，部分条文甚至需要全体成员同意。

4 Madison's notes on the Constitutional Convention, Tuesday, September 17, 1787.

5 英语原文为："Representatives and direct taxes shall be apportioned among the several states which may be included within this union, according to their respective numbers, which shall be determined by adding to the whole number of free persons… three fifths of all other Persons. The actual Enumeration shall be made within three years after the first meeting of the Congress of the United States, and within every subsequent term of ten years, in such manner as they shall by law direct. The number of Representatives shall not exceed one for every thirty thousand, but each state shall have at least one Representative. " — The Constitution of the United States of America, Article I, Section 2

6 英语原文为："Congress had now an opportunity of obtaining the most useful information for those who should hereafter be called upon to legislate for their country, if the census was extended so as to embrace some other objects besides the bare enumeration of the inhabi-tants. " — Annals of Congress, First Congress, House of Representatives, January 25, 1790

7 英语原文为："The truth is, that in all cases a certain number at least seems to be necessary to secure the benefits of free consultation and discussion, and to guard against too easy a combina-tion for improper purposes; as, on the other hand, the number ought at most to be kept within a certain limit, in order to avoid the confusion and intemperance of a

multitude. In all very numerous assemblies, of whatever character composed, passion never fails to wrest the sceptre from reason. Had every Athenian citizen been a Socrates, every Athenian assembly would still have been a mob." — The Total Number of the House of Representatives, James Madison, The Federalist No. 55, *Independent Journal*, February 13, 1788

8 经过长期的演变，美国才形成了今天以共和党、民主党为主导的两党制。民主党的前身即为杰斐逊创建的民主共和党。

9 为表述方便，本书的余数指的是配额值的小数部分，并不是真正数学意义上的余数。

10 美国国会立法的具体步骤，请参见《大数据》（广西师范大学出版社），2012：21。

11 这个亚当斯的中间名是“昆西”，他是第二任总统约翰·亚当斯（John Adams）的儿子。亚当斯父子均为美国总统。

12 The Famous Five now the Famous Nine, United States Senate website, Senate.gov. Retrieved 2013-07-18.

13 这被后世称为“人口悖论”（population paradox），指人口增长率更快的州，其议席反而减少；人口增长更慢的州，却得到了额外的席位。

14 United States Dep't of Commerce v. Montana（91-860）, 503 U.S. 442（1992）.

15 英语原文为：“It is the mark of an instructed mind to rest satisfied with the degree of precision to which the nature of the subject admits and not to seek exactness when only an approximation of the truth is possible.” — Aristotle

16 英语原文为：“The science of figures, to a certain degree, is not only indispensably requisite in every walk of civilized life, but the investigation of mathematical truths accustoms the mind to method and correctness in reasoning, and is an employment peculiarly worthy of rational beings.” — George Washington to Nicolas Pike, author of the first American arithmetic text, June 20, 1788, quoted in George Emery Littlefield, *Early Schools and Schoolbooks of New England*, New York, NY: Russel land Russell, 1905: 181

17 英语原文为：“The faculties of the mind, like the members of the body, are strengthened and improved by exercise. Mathematical reasoning and deductions are, therefore, a fine preparation for investigating the abstruse speculations of the law.” — Thomas Jefferson to Co. William Duane, October 1812, quoted in Florian Cajori, *The Teaching and History*

of Mathematics in the United States, Washington, D.C.: Bureau of Education Circular, 1890: 35

18 张奠宙:《中国的皇权政治与数学文化》，载《科学文化评论》，2004 : 35（6）。

19 1790 年 7 月，杰斐逊向国会递交了“关于建立美国货币、重量及测量统一单位的计划”（Plan for Establishing Uniformity in the Coinage, Weights, and Measures of the United States）。

20 从 1971 年起，英国也将货币体系改为十进制（1 英镑 = 100 便士），并取消先令。

21 *An Introduction to Arithmetic for the Use of Common Schools*, Norwich, CT: 1796, Erastus Root, Preface.

22 英语原文为：“Arithmetic I presume comes by instinct among this guessing, reckoning, expecting and calculating people.” — *Man and Manners in America*, Thomas Hamilton, 1833, reprinted by New York: A. M. Kelley, 1968

23 *A Treatise on the Physical and Medical Treatment of Children*, William P. Dewees, 1825: 22.

24 表格中的原始数据为 21.5 英寸（54.6 厘米）和 10 磅 1 盎司（4.56 千克），为便于阅读，进行了换算。

25 该系统的具体原理及设计可参见以下论文：Development and Evaluation of the Universal ACS NSQIP Surgical Risk Calculator: A Decision Aid and Informed Consent Tool for Patients and Surgeons, *Journal of the American College of Surgeons,* 2013, 217（5）: 833–842。

26 *The Politics of Large Numbers*, Alan Desrosières, 1988: 189.

27 出自《商君书 · 去强》:“强国知十三数：竟内仓口之数、壮男壮女之数、老弱之数、官士之数、以言说取食者之数、利民之数、马牛刍藁之数。”

28 侯杨方:《宣统年间的人口调查——兼评米红等人论文及其他有关研究》，载《历史研究》，1998（6）。

第二章　内战时代：终结奴隶制的灯塔

人口普查已经成为南方最大的敌人。[1]

——罗伊·尼科尔斯（1896—1973），

美国历史学家、普利策奖获得者，1948 年

还没有多少人能够正确地认识到数据在自由这项事业中正在扮演的重要角色。它们正在创造奇迹……1、2、3、4、5、6、7、8、9、0，这些独特、神秘的阿拉伯数字是政治经济学的灯塔，它们现在已经团结起来并加入了自由的队伍，它们正在包围奴隶制并与之斗争，如果它们继续下去，毫无疑问，这些数字本身很快就能终结奴隶制的存在。[2]

——欣顿·赫尔珀（Hinton Helper，1829—1909），

美国政论作家，1857 年

人口普查之所以在美国社会出现并被写进宪法，起初完全是为了寻找一条理性、公平配置政治权力的路径。但随着时间的推移，普查经验的积累，一堆堆数据的处理、一份份报告的发布，一个小的、专

业的职业群体开始出现，他们被称为统计学家。在没有电话、计算机和打印机的时代，从问题设计、入户调查到人工汇总几百万张卡片，烦琐浩大的工作量推动了专业群体和技能的形成。

这些特定的技能，将数据的分析和处理提升为一门职业。这个新生的职业群体认为，人口普查是一个国家统计工作的中枢和重心，毕竟，一切社会事务、商业活动都是围绕“人”这个主体开展的。统计学家们开始介入社会生活，向公众解释数据的重要性，呼吁以人口普查为基础，建立一套完整的、遍布国家各个功能领域的统计系统。1839 年，在这一小群体的推动下，美国统计协会（ASA）在波士顿成立。

这之后，普查范围开始逐步扩大，慢慢超出了“人口”的范畴。1830 年的普查，统计了每个家庭的残疾人数量；1840 年的普查，又开始统计文盲、白痴、精神病患者的数量以及各种牲畜的数量、农作物的产量；1850 年，普查的对象由家庭细化到个人；1860 年，全国工厂、农场、学校、教堂的情况，教师、学生、雇员的多少，都一并列入了普查的范围。

有数据，就会被使用，随着数据的增多，数据开始进入社会的各行各业和公共生活。1977 年时就有学者发现，在美国的历史文献中，从 1830 年开始，数据突然大量地在各种资料中出现。[3]

美国的数据文化因此进入了一个新的历史阶段，但这个历史阶段极为特殊：在 1830—1870 年，因为奴隶制的存废之争，南方和北方经历了激烈的辩论、紧张的对抗，最终兵戎相见、战火四起。在层层扩大的危机当中，数据一直在扮演如“灯塔”般重要的角色。围绕数据，议员们唇枪舌剑，总统殚精竭虑，知识分子著书立说，将军运筹帷幄，民间还有人历经数年在全国追踪遍访，谱写了一段数据传奇。

如果说在初数时代，数据好比涟漪，在美国社会静静地泛开波纹；那在接踵而来的内战时代，数据开始泛起粼光、漾起波浪，本章的故事就是这段历史长河中一朵朵动人的浪花。

人口普查：南方最大的敌人

奴隶制在北美大陆的历史，是伴随着其移民史共同展开的。奴隶制最早的成因，是大规模种植烟草的需要。烟草是北美大陆的主要种植物，因为缺乏劳动力，奴隶便源源不断地从非洲“补给”过来，其中的高额利润，驱动形成了一个贩卖人口的链条。

独立战争后期，英国意识到自己可能会失去美洲大陆，为了争取人心、维护最后的统治，英国的统治者下令给予黑奴自由。随着英军的溃败，这并没有成为事实，但在民间引起了道德反思。战后，在华盛顿、杰斐逊等人的主导下，美国开始通过立法对奴隶买卖进行限制。更巧的是，这个时候，烟草行业本身也开始不景气：烟草种植对土地损害很大，要维持良好的收成，需要不断开垦新的土地，这最终导致行业利润大幅下降。基于这些原因，不少奴隶主开始释放奴隶，或者允许他们出钱赎买自由，奴隶制的问题于是出现了和平解决的契机。

烟草种植行业的问题曾经引起不少有识之士的关注。独立战争结束之时，华盛顿居功至伟，但他不仅拒绝“黄袍加身”，还解散了大陆军，回到了农庄，一度潜心研究农艺。他就是希望为美国大陆找到新的农作物，以代替烟草。

1793 年，这个新的农作物“闪亮”登场。

这就是当时被誉为“白金”的棉花。这一年，美国人惠特尼（Eli

Whitney）发明了锯齿轧棉机，把分离棉花和棉籽的效率提高了十几倍，这改变了美国，也改变了世界，直接导致了纺织业的全面崛起。此后 100 多年，棉花取代了烟草，成为美国的主要经济支柱。

轧棉机的发明推动了种植业的发展，但历史的诡异之处在于，新的发明也刺激了正在萎缩的奴隶制度：棉花种植需要大量的人手，奴隶制也因此死灰复燃！也正是因为奴隶集体劳动的优势，美国南方的棉花种植进入了空前繁荣的阶段。

这个时候，美国的北方却呈现出一番完全不同的景象：作为制造业的发源地，北方已经基本废除了奴隶制，开始迈向资本主义的自由雇佣制。南方种植园奴隶制的兴起，给北方新兴的生产关系投下了一道阴影。北方的资产阶级担心这种封闭的劳动关系会蔓延到整个美国，冲击其利益，因此强烈反对。更重要的是，北方的工厂也需要人手，新来的移民速度太慢，如果解放黑奴，全国的劳动力就能自由流动，更好地满足北方的需要。

说到底，这是一场经济冲突和利益之争。

但没想到，竟然是人口普查，最终决定了这场冲突的胜负。

1819 年，美国共有 22 个州，其中北方的自由州和南方的蓄奴州数量各半，这意味着，在参议院里，南北双方拥有相同的席位，这也是我们在前文中解释的“共和均势”。即使当时北方人口多、南方人口少，但任何一项议案都必须在参众两院多数通过，所以多数北方人也奈何不了少数南方人。

这之后的美国，除了人口快速增长，还不断开疆拓土，新的州不断加入。人口的增长、领土的扩张本来是皆大欢喜的好事，但每逢一个新州成立，他们都要对是否允许奴隶制进行一番激烈的辩论，无论南北方，都竭尽全力想把新成立的州拉入自己的阵营，因为新成员将在国会获得新议席，原有的“共和均势”可能会被打破！

这种伴随着领土扩张产生的争论，不断加剧南北双方关系的撕裂和政治对立。

历史最终站到了自由的一边。因为南方蓄奴，北方成为大部分外来移民定居的首选，其人口增幅远远超出南方。到 1850 年，全国一共 31 个州，其中自由州 16 个，无论参议院还是众议院，自由州所占的议席都已经处于绝对多数，“共和均势”已被打破（见表 2–1）。这表明，对一切大政方针的制定甚至总统的选举，南方都丧失了主导权。在北方的反对下，奴隶制被废止其实只是时间的问题。所以当美国的历史学家尼科尔斯回顾这一段历史的时候，他不禁感叹，正是因为每 10 年一次的人口普查带来的国家权力调整，南方才在国会逐渐走向孤立，回头看，人口普查才是南方最大的敌人。

表 2–1　1850 年南北阵营的政治力量对比

	州数	众议员数量	参议员数量
南方	15	90	30
北方	16	144	32

人口普查的作用，还不仅仅决定了南北双方政治力量的消长，随着美国社会数据意识的不断提高，普查数据本身也开始成为南北双方争相解释的对象。

1840 年，美国进行了第六次人口普查，东家涨、西家落，国会的议席调整尘埃落定之后，原本应该风平浪静，但随后发布的数据报告引发了一场全国风波。这场风波，也是美国历史上第一起由数据引发的全国性公共事件（见图 2–1）。

第六次人口普查情况概览

马萨诸塞州—续表

马萨诸塞州各个郡县及各个城市人口情况概览—续表

郡县名	奴隶												总计
	<10岁	10~23岁	24~35岁	36~54岁	55~99岁	≥100岁	<10岁	10~23岁	24~35岁	36~54岁	55~99岁	≥100岁	
巴恩斯特布尔（Barnstable）													32,548
伯克郡（Berkshire）													41,745
布里斯托尔（Bristol）													60,164
迪克（Dukes）													3,958
埃塞克斯（Essex）													94,987
富兰克林（Franklin）													28,812
汉普登（Hampden）													37,366
汉普郡（Hampshire）													30,897
米德尔塞克斯（Middlesex）													106,611
楠塔基特（Nantucket）													9,012
诺福克（Norfolk）													53,140
普利茅斯（Plymouth）													47,373
萨福克（Suffolk）													95,773
伍斯特（Worcester）													95,313
马萨诸塞州共计													737,699
主要城市													
韦斯特菲尔德（Westfield）													3,526
西斯普林菲尔德（West Springfield）													3,626
韦茅斯（Weymouth）													3,738
沃本（Woburn）													2,993
伍斯特（Worcester）													7,497
雅茅斯（Yarmouth）													2,554

马萨诸塞州各个郡县及各个城市人口情况概览—续表

各行业从业人员							社会保障、改革及公共服务	残疾白人						残疾有色人种				学校							
								聋哑人				精神病患者与白痴		聋哑人、盲人		精神病患者与白痴									
矿业	农业	商业	制造业	航运业	河运业	教授与工程师		<14岁	14~25岁	>25岁	盲人	公费	自费	聋哑人	盲人	自费	公费	高校数量	学生数量	研究数量	学者数量	小学数量	学者数量	公费学校学者数量	21岁以上的白人文盲
	1,972	240	1,360	5,473	1	104	78	5	3	13	19	34	50						4	11	557	167	10,279	10,209	89
28	8,630	124	3,511	20		186	166	2	3	6	7	13	27			3	2	1	130	12	522	258	9,104	9,104	315
	6,429	885	6,459	2,195	169	234	204	6	10	22	39	44	74		1	2	6			10	612	331	12,192	11,361	584
	424	32	144	387		19	17	6	4	6	6	8	8							2	70	23	929	815	4
6	7,607	551	13,984	4,217	13	534	315	9	4	19	35	85	50	1		4	6	1	125	44	2,109	368	19,290	18,050	188
6	6,011	182	1,387	3	7	159	149	4		8	7	6	17	1	1					8	870	241	8,512	8,512	
	6,421	247	5,190	22	28	198	131	1	1	7	6	6	12	1			1			7	710	203	6,586	6,586	40
	6,547	236	2,387	1	16	168	157	2	4	8	13	19	22					1	169	11	589	204	8,909	8,677	537
6	14,170	1,542	19,975	820	39	566	258	2	11	17	32	66	133		1	1	8	1	341	44	4,014	349	20,998	24,876	865
	118	227	526	1,614	1	11	1		1	1	1	1	2							5	630	28	1,010	1,050	6
451	6,035	846	7,756	351	59	386	209	10	9	13	14	19	40		1	2	2			46	1,473	197	11,776	11,361	346
	5,542	360	5,136	1,114	16	228	306		3	12	19	23	57	5	11	10	6			12	699	258	11,541	11,264	60
	348	2,088	5,583	10,921	21	602	62	4	4	7	86	105	3	2	3	2	5			16	2,649	146	14,577	12,256	1,255
2	17,583	503	11,778	15	2	409	409	5	6	15	24	42	55	7	4	3	137			23	1,242	549	24,496	24,102	159
499	87,837	8,063	85,176	27,153	372	3,804	2,462	56	63	154	308	471	600	17	22	27	173	4	769	251	16,746	3,362	160,257	158,351	4,448
	242	26	421	1		23	12			1		9	12		1					2	36	9	500	500	15
	709	110	1,315	18	48	28	44	2	1	1	5									1	30	7	402	240	6
	245	22	348			14	2					3								1	210	19	667	667	
	135	25	159			11	1						1									27	791	791	40
	531	10	276			19	8			1			6	1			1			4	172	8	1,005	1,005	11
	1,053	20	186	1	12	14	24		1	1	2	1	6							1	101	9	120	[illegible]	17
	240	32	1,242	4	10	8	25	2	1	8	2	1	3							3	120	30	1,488	1,488	5
	255	11	737	6	5	16	7				2	4	1	2			133			1	45	13	[illegible]	613	11
	682	155	807			57	9			4		6	2												
	105	28	110	480		7	7				2														

图 2-1　1840 年人口普查报告的部分内容

1840 年的人口普查报告共 1 465 页，以上两图来自其报告的摘要，上图为马萨诸塞州各个郡县及各个城市按年龄划分的人口明细，因马萨诸塞州是自由州，没有奴隶，所以大部分无数据；下图为该州各种行业从业人员、残疾人、精神病患者、白痴以及学校、教师、学生的数据明细。为方便阅读，本书将所有原始图表中的英文部分译为中文。

该事件完全起因于民间对普查数据的解读。有人在普查数据中发现，在北方的黑人当中，精神病患者和白痴的数量之多达到了惊人的地步。按比例计，在北方，每 162 个黑人当中就有一个精神病患者或白痴，但在南方，该比例是 1 558：1，相差几乎 10 倍之巨；而白人群体的相应比例，在北方为 970：1，在南方则为 945：1，没有太大的差距。这一组对比悬殊的数据很快登上了报纸的头条。南方的杂志《南方文学信使》（*Southern Literary Messenger*）甚至为这组数据配上了漫画：发了疯的黑人在北方四处流窜，到处都是惊慌错愕的表情……评论员分析说，一方“制度”一方人，北方的黑人之所以发疯，就是因为北方自由的雇佣制度，过度的商业化把黑人逼疯了。一些极端派甚至进一步推论：黑人一自由，马上就发疯！只有奴隶制才能让黑人保持身心健康。结论一出，群情喧哗，南北两个阵营的很多报纸开始转载并加入讨论。

北方的废奴派认为这纯属无稽之谈，他们认定是普查数据出了问题，于是向统计学家寻求解释。人口普查部门一阵左查右看，也无法确定原因，却害怕承担责任，干脆就“不回应”。

在权威部门失语的情况下，“黑人一自由，马上就发疯”的传言一时甚嚣尘上，不断扩大，吸引了越来越多的普通人参加讨论，其中的一位，是马萨诸塞州的精神科医生贾维斯（Edward Jarvis）。贾维斯的工作就是和精神病患者打交道，在查阅了普查部门发布的数据之后，他发现数据和事实严重不符：数据显示，他所居住的城镇伍斯特（Worcester）居然有 133 名黑人精神病患者，但他的病人绝大部分是白人。贾维斯又走访了附近的几个城镇，也发现数据与事实不符，他于是在杂志上发表文章，质疑普查数据的准确性。

随着问题在全国发酵，贾维斯也将其调查延伸到马萨诸塞州之外的地方。他以全国的精神科医生协会为平台，恳请其同行协助了解附近几个州的情况。当越来越多的数据反馈回来的时候，它们都和普查报告不相符合，贾维斯因此断定，全国的普查都有问题。

这激起了他的好奇心。带着他的数据和发现，贾维斯来到华盛顿特区，找到了当时的众议员亚当斯，也就是上文提到的为小州鸣不平、试图改变议席分配方法的“老顽童”。这位前总统正在为新的数据分权方法苦思冥想，贾维斯一提到人口普查，就引起了他的兴趣，两人一拍即合。在亚当斯的推动下，国会成立了专门的精神病数据调查委员会。

调查委员会首先怀疑是数据汇总的过程出了问题，但把各地的数据层层加总、重新计算了一遍之后，没有发现错误。于是，可能性只有一个：一线的普查出了问题。但贾维斯还是觉得蹊跷，认为这解释不了全部的问题：为什么问题集中在北方，而南方的数据则相对正常？难道南方的普查员个个都比北方的认真不成？这有悖于常识。

普查的原始表格分散在全国各地，继续调查的难度很大。

贾维斯也深知其中的困难，但他决心“死磕”到底。他在调查委员会和统计协会的协助下，开始深入部分城市的普查一线，在汗牛充栋的卡片中翻阅、查对，不断进行分析和计算。功夫不负有心人，1850 年，这位民间“追数人”终于发现了事实和真相。

问题确实是出在普查员的身上，但要怪只能怪问卷！贾维斯的最终结论是，因为问卷版面设计的问题，数据在收集过程中很容易填错位置，普查员把一部分白人精神病患者不小心填到了黑人那一栏的底下，最终导致了这个错误。错误在南方、北方都发生了，在南方，因为黑人人口多，错误被稀释；但在北方，因为黑人人口少，错误就被放大了，比例显得特别大。

作为一名精神科医生，贾维斯回答了数年来无人能解的数据难题。结论一出，“黑人一自由，马上就发疯”之类的谬论便偃旗息鼓了，矛盾的焦点又回到了普查部门。新生的统计学家群体无比汗颜，他们认识到，数据量越大，就越容易出错，一旦数据向全社会发布，他们的错误将会受到全社会的检验与挑战。无数的眼睛将使任何错误都无所遁形，在全社会的参与下，“真正的事实”一定可以被还原。

这场风波开启了围绕数据开展公共讨论的先河。接下来发生的事证明，这场风波绝非偶然。因为奴隶制度的存废之争，共和国的矛盾一触即发，在真刀真枪上阵之前，南北双方首先进行了一场“数据大战”。

用数据辩论：南北战争的序幕

就在贾维斯不断追踪数据真相的时候，新一轮的人口普查即将拉开帷幕。1849 年，在第七次人口普查筹备期间，关于普查范围的争议又在国会爆发。这次辩论带上了新的、浓郁的经济色彩，最终把人口普查推出了议席分配的政治领域，成了美国普查史上的一个重要里程碑。

有议员认为，联邦政府不仅仅需要加强、改善人口普查工作，还需要重新给普查工作定位。美国的经济已经迈出了襁褓阶段，庞大的经济体开始发育、整合，各种情况互相关联、变得复杂，政府部门需要监测、分析、综合各种各样的情况，因此，普查机关应该成为中央政府专业的统计机构，而不仅仅是国会重新分配议席的工具，弗吉尼亚州的参议员亨特（Robert Hunter）在辩论中说："对美国的政治家来说，他们需要对这个庞大社会的各个部分获得一个完整的、精确的认识，以决定社会运行的各项机制。因此，他们应该调动一切可能的方法来研究社会的发展，追踪发展过程中的各种因果关系。其中，人口普查至关重要。"[4]

以亨特为代表的议员要求向欧洲学习，以现有的人口普查为基础，成立一个正式的统计机构，但另外一批议员坚持认为：普查的主要作用是分权，而不是统计，人口普查每10年开展一次，每次都需要雇用大批人手，成立固定的部门将带来巨大的财政负担。

争论的结果，当然又是一个妥协。国会决定在国务院、内务部及邮政署抽调人员，成立一个临时机构：人口普查办公室。所谓临时，是指普查一完成，办公室就关门解散。

这之后，把这个临时机构变成联邦政府的常设机构，也成了美国几代统计学家的目标和梦想。

1849年5月，刚上任不久的第十二任总统泰勒任命约瑟夫·肯尼迪（Joseph Kennedy）担任普查办公室主任。

肯尼迪出身于农民家庭，没有受过任何统计和数学方面的专业训练。之所以得以出任首任办公室主任，是因为他和泰勒总统过从甚密：在1848年大选期间，他在宾夕法尼亚州为泰勒助选。泰勒当选之后，当年的有功之臣都一一出任政府高官，这也是所谓的"政党分肥制"。肯尼迪因为不属于泰勒的核心团队，所以没赶上第一轮分肥，还眼巴巴一直在等，人口普查办公室这个临时机构的成立，好比天上掉下来的馅饼，圆了他的分肥梦。当然，4年之后，新的总统上任，肯尼迪又因分肥制而被扫地出门，这是后话，但总统直接任命最高行政首长的做法，此后在人口普查部门沿袭了下来。

新官上任，雄心勃勃。36岁的肯尼迪虽然当时完全是普查工作的门外汉，但他知道，普查办公室还只是一个临时机构，要保住这个来之不易的官位，就必须用政绩给它打上自己的“烙印”。肯尼迪走访了刚成立不久的美国统计协会、美国地理协会（AGS），向统计学家广泛征询意见。他发现，4年前，波士顿开展了一次全美水平最高的普查，把普查的单位推到了“人”，此前，美国所有的人口普查都是以“户”为单位进行的。

也就是说，以前的普查，是以“户”为单位来收集数据的，其数据着重于对一个家庭的描述，找到户主，就基本完成了调查，户户相加，就得到了全国的总人口；以“人”为单位的普查，访问的是个人，收集的是个人层面的数据，人人相加，才能得到全国的总人口，这细化了数据收集的粒度，也大大提高了数据分析的深度和范围。

政党分肥制的利与弊

所谓政党分肥，是指候选人在获得总统大选的胜利之后，将一些重要的行政职位分配给本党骨干，特别是为自己当选出谋划策的随从和亲信。很明显，这种做法把官职变为一个政党甚至总统个人的私器，很容易滋生腐败，但另一方面，这又有利于促进党派团结、提高其凝聚力。

拓展话题：美国统计部门的一把手如何产生

美国统计部门一把手的产生方法主要有两种：一是总统直接任命制，即分肥制；二是经由公务员体系选拔的职业制。就统计部门而言，总统直接任命制的弊端显而易见，为迎合总统，一把手可能偏离统计工作的中立性；其好处是，一把手能得到最高层的支持，新的计划和创新更容易实现，它还提高了统计机构的地位，美国普查局（BOC）、司法统计局（BJS）、能源信息中心（EIA）都实施总统任命制。职业制则有利于工作的专业性和连续性。为了综合这两种方法的优势，后来又出现了一种混合体：有固定任期的任命制，即总统一旦任命，一把手就有任期，在任期未满之前，总统不能随便罢免，这提供了不屈从总统的可能性。劳工统计局（BLS）、国家教育统计中心（NCES）都采取有固定任期的总统任命制。究竟哪种制度于统计部门最佳，是世界各国的统计部门都常常争论的问题。

肯尼迪一心想建功立业，他决心把波士顿的做法推向全国。

当年波士顿的城市人口不过区区10万，而全国的总人口已经有2 000多万，随着规模的扩大，普查的复杂程度也呈几何级数增加。后来也证明，肯尼迪的团队几乎完全被数据淹没，他派出了32 311名基层普查员，华盛顿的统计团队也从1840年的28人扩大到了160人，但在他的努力下，美国的人口普查发生了深刻的变化。肯尼迪先后在主任的岗位上工作了十多年，这个贡献成为他职业生涯中最为浓墨重彩的一笔。

但肯尼迪万万没想到的是，由户到人的普查方法一经提出，就在国会遭遇了一盆冷水。

这是因为，按照肯尼迪的方案，新的普查要登记每一个人的特点和情况，包括黑奴！南方的奴隶主很快就从中嗅出了一种异样的味道：

奴隶居然也要逐一回答问卷，这岂不是享受了自由人的待遇?

南方各州因此表示强烈反对。肯尼迪在国会的听证会上据理力争，他指出，如果登记每一名黑奴的姓名，并记录其性别、年龄、肤色、出生地以及混血情况，就可以追踪黑奴群体的血缘关系以及迁徙的轨迹，从而对黑奴人口做更详尽的分析。肯尼迪甚至强调说，掌握了这些数据，就可以更好地分析奴隶群体的生殖率和寿命长短，这也是南方奴隶主及保险行业的迫切需要。

然而，南方的议员一口咬定，这种数据调查超过了宪法对人口普查所规定的范围，完全没有必要，吵到最后，个别州甚至以退出联邦相威胁。

这种威胁最终奏效。根据他们的意见，第七次人口普查的数据项中删除了奴隶的姓名，只用“序号”标识每一个奴隶，并删除了记录女性黑奴生育情况、混血情况等南方各州认为敏感的数据项。

但即便如此，1850 年进行的第七次人口普查，统计的范围和科学性也大大提高。[5]肯尼迪本来劳苦功高，但世事难料，1853 年 3 月，肯尼迪刚刚完成基本数据的汇总，民主党就赢得了大选的胜利，新总统上台即引发了新一轮的分肥，肯尼迪还来不及收割他的成果，主任的官帽就硬生生被挪到了其他人的头上。

肯尼迪黯然地离开了办公室。

但功不唐捐，这一年的普查报告受到了前所未有的欢迎，竟然在全国印刷发行了 32 万册，而美国当年的人口才 2 300 万，也就是说，全国平均每 76 个人就有一份人口普查报告，其普及程度甚至超过了畅销书。1852 年，历史名著《汤姆叔叔的小屋》问世，其讲述的悲惨故事引发了全国上下对奴隶制的声讨浪潮，被后世称为南北战争的重要

“导火线”，但这本书第一年的销售量才不过 30 万册。

拓展话题：反映奴隶悲惨命运的文本“数据库”

在 1826—1860 年，美国的黑奴掀起了通过逃跑争取自由的运动。废奴主义者甚至建立起地下网络，帮助南方的奴隶逃入北方。而奴隶主为了追回失踪的奴隶，常常在报纸上刊登寻人广告。在这些广告当中，遍布着对走失奴隶的特征描绘，例如：额头刺有标志、门牙断裂、瞎眼、身上有火烫的烙印、手足残疾、逃脱时戴有手铐和脚镣等。1839 年，美国一对夫妇在查阅了两万多份报纸的基础上，按“烙印”“断齿”“瞎眼”“脚镣”等关键词对这些广告进行了分门别类，并将其编撰成一本书：《美国奴隶的现状：千人见证》（*American Slavery As It Is: Testimony of a Thousand Witness*）。这些资料反映了黑奴受到的非人待遇，不仅有名有姓、有时间有地点，而且直接来源于奴隶主，这无异于自曝恶行，显得真实可信。因为按关键词、索引和表格组织素材，这本书不仅触目惊心，还非常方便查阅，出版后很快成了废奴主义者交流、演讲和写作的“数据库”。小说家斯托夫人（Harriet Beecher Stowe）就是受这本书启发并以此为素材，创作了《汤姆叔叔的小屋》。

拓展话题：故事和数据

《汤姆叔叔的小屋》之类的小说和故事在全社会激起的是强烈的“情感”共鸣，和故事相比，数据没有情节，它仅仅代表客观事实，数据激发的，更多的是理性思考。普查报告的大量发行，说明社会大众不仅仅满足于感情的宣泄，而且希望通过数据掌握更多的事实，进行理性思考。这也证明，此时的美国社会已经初步形成了“用数据说话”的文化。

普查之所以如此受欢迎，是因为奴隶制度的存废之争已经上升到了白热化的程度，孰是孰非，全国都在争论。为了证明自己的合理性，存废两派都开始引用数据支持自己，恰恰又因为肯尼迪的改革，这一年的数据前所未有地详尽，为南北两方的辩论提供了大量“炮弹”。

废奴派的领军人物是赫尔珀，1857 年，他出版了《迫在眉睫的南方危机》一书（见图 2–2）。在书中，他以自由州和蓄奴州为单位，对人口普查的数据进行了各种维度的加总和对比。他发现，北方不

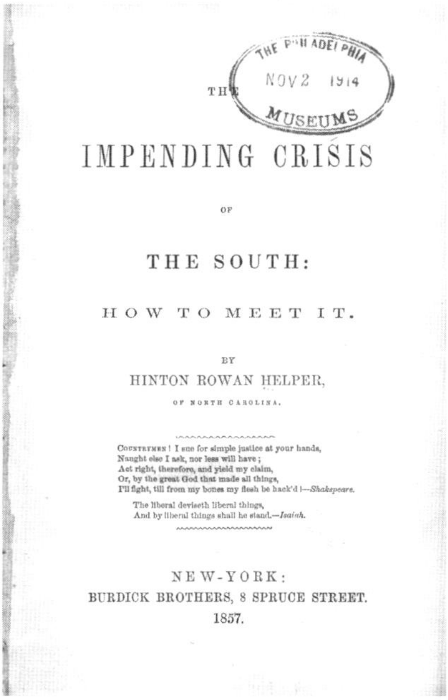

THE

IMPENDING CRISIS

OF

THE SOUTH:

HOW TO MEET IT.

BY

HINTON ROWAN HELPER,

OF NORTH CAROLINA.

COUNTRYMEN! I sue for simple justice at your hands,
Naught else I ask, nor less will have;
Act right, therefore, and yield my claim,
Or, by the great God that made all things,
I'll fight, till from my bones my flesh be hack'd!—*Shakspeare.*

The liberal deviseth liberal things,
And by liberal things shall he stand.—*Isaiah.*

NEW-YORK:
BURDICK BROTHERS, 8 SPRUCE STREET.
1857.

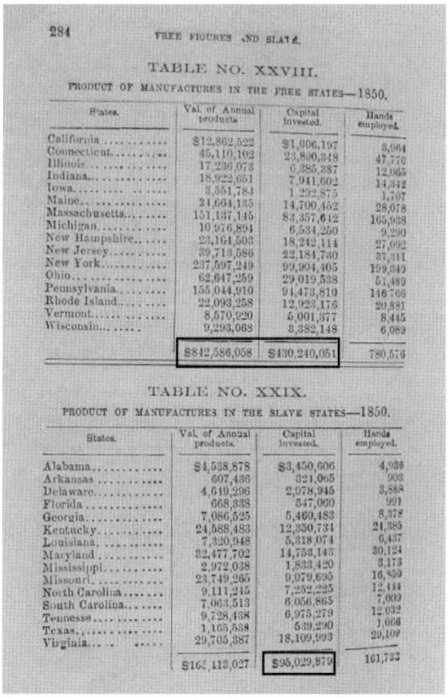

284　FREE FIGURES AND SLAVE.

TABLE NO. XXVIII.

PRODUCT OF MANUFACTURES IN THE FREE STATES—1850.

States.	Val. of Annual products.	Capital invested.	Hands employed.
California	$12,862,522	$1,006,197	3,964
Connecticut	45,110,102	23,890,348	47,770
Illinois	17,236,073	6,385,387	12,065
Indiana	18,922,651	7,941,602	14,342
Iowa	3,551,783	1,292,875	1,707
Maine	24,664,135	14,700,452	28,078
Massachusetts	151,137,145	83,357,642	165,938
Michigan	10,976,894	6,534,250	9,290
New Hampshire	23,164,503	18,242,114	27,092
New Jersey	39,713,586	22,184,730	37,311
New York	237,597,249	99,904,405	199,349
Ohio	62,647,259	29,019,538	51,489
Pennsylvania	155,044,910	94,473,810	146,766
Rhode Island	22,093,258	12,923,176	20,881
Vermont	8,570,920	5,001,377	8,445
Wisconsin	9,293,068	3,382,148	6,089
	$842,586,058	$430,240,051	780,576

TABLE NO. XXIX.

PRODUCT OF MANUFACTURES IN THE SLAVE STATES—1850.

States.	Val. of Annual products.	Capital invested.	Hands employed.
Alabama	$4,528,878	$3,450,606	4,936
Arkansas	607,436	321,065	903
Delaware	4,649,296	2,978,945	3,888
Florida	668,338	547,060	991
Georgia	7,086,525	5,460,483	8,378
Kentucky	24,588,483	12,350,734	21,385
Louisiana	7,320,948	5,318,074	6,437
Maryland	32,477,702	14,753,143	30,124
Mississippi	2,972,038	1,833,420	3,173
Missouri	23,749,265	9,079,695	16,850
North Carolina	9,111,245	7,252,225	12,444
South Carolina	7,063,513	6,056,865	7,009
Tennessee	9,728,438	6,975,279	12,032
Texas	1,165,538	539,290	1,066
Virginia	29,705,387	18,109,993	29,109
	$165,413,027	$95,029,879	161,733

图 2–2　1857 年出版的《迫在眉睫的南方危机》

左图为该书封面，右图为其第 284 页，该表对 1850 年南北各州工厂的产值、投资额以及雇员数量进行了对比。数据表明，北方工厂的产值为 842 586 058 美元，约为南方的 8 倍；其投资额为 430 240 051 美元，约为南方的 4 倍；共雇用 780 576 人，约为南方的 5 倍。

仅出产更多的农产品、手工制品，还拥有更多的教会、学校、报纸、图书馆以及铁路，在农业生产、商业财富、社会进步等各个方面都要优于南方。赫尔珀最后得出结论说，奴隶制使原本聪明能干、精力充沛的白人变得自负、粗暴和专制，使黑人变得贫穷、无知，这导致了南方的落后。归根结底，奴隶制是罪恶的，劳动者应该得到自由。

赫尔珀用大量的数据进行南北对比，他甚至在书中直接用数据宣判了南方的末日和奴隶制的死刑："还没有多少人能够正确地认识到数据在自由这项事业中正在扮演的重要角色。它们正在创造奇迹……1、2、3、4、5、6、7、8、9、0，这些独特、神秘的阿拉伯数字是政治经济学的灯塔，它们现在已经团结起来并加入了自由的队伍，它们正在包围奴隶制并与之斗争，如果它们继续下去，毫无疑问，这些数字本身很快就能终结奴隶制的存在。"

赫尔珀最后在书中号召说："不能让数据单独起作用，让它们完全占有这项事业的荣誉，我们必须加入，共同消灭这个丑陋的不平等制度！"

赫尔珀出身南方，他以当事人亲历的口吻讲述故事，再加上大量引用人口普查数据，他的论证过程被认为是"彻底的、可靠的、无可辩驳的"，这本书被废奴派奉为圭臬，北方有人甚至大批"团购"并在社会上免费发放；当然，这本书在南方各州则立刻遭到封杀，被列为"禁书"。

但令人意外的是，蓄奴派居然也引用人口普查的数据进行反击。民主党参议员、前南卡罗来纳州州长哈蒙德（James Hammond）发表了针锋相对的公开演讲，他指出，人类社会要发展，总会有一些粗活儿、重活儿没人愿意干，再文明的社会也存在这个现象，而奴隶制的存在有利于高效地完成劳动力的配置，所以它是合理的。哈蒙德引用1850年的人口普查数据，他指出，北方虽然标榜自己有“自由的劳动者、自由的学校、自由的言论、自由的人”，但北方个别州的聋哑人、肢体残疾人、文盲的比例不仅比南方高，北方的贫民比率还是南方的三倍；北方的穷人虽然有所谓的“自由”，但居无定所，几乎全部挤在脏、乱、差的贫民区，并时刻遭受着失业的威胁，是“虚假的自由”。哈蒙德的最后结论是，北方制度安排的经济效果不如南方，其黑人群体的整体命运也差于南方。

在确凿的数据面前，这次又轮到北方派无言以对。北方一直认为数据站在他们这边，对自己的经济情况非常自信，但搞不懂为什么自己会有这么高的贫民率。北方议员立即给人口普查办公室写信，催促他们对这个数据做出解释。普查办公室这次也“硬”了起来，他们反馈说，人口普查中的贫民指的是“政府用公共资金进行救助的人”，各地救助的标准不一，即这个统计结果根本不是一个统一标准之上的绝对贫民数量，仅仅反映了当地政府的福利水平。

南方很快又举出了新的数据，他们承认，虽然南方在总体社会财富上弱于北方，但按人均生产率计算，南方要高出北方33个百分点，这说明奴隶制更有效率。这个数据在大众中间产生了强大的说服力，使赫尔珀先前“无可辩驳的”公共形象几乎破产。南方最后得出结论说，赫尔珀的数据分析是“只见树木，不见森林”，完全是小学生的水平。

整个辩论完全公开进行，在这些数据面前，新生的统计学家群体也不置可否，更提不出权威的意见，毕竟，奴隶制的问题太复杂了。

奴隶是人口、劳动力、社会财富的创造者，同时其本身又是可交易的商品，就连当时的经济学家也被弄晕了：在计算人均生产率的时候，奴隶究竟是应该作为财富计入分子，还是应该作为人口计入分母，抑或同时计入分子和分母？

在这种情况下，南方、北方自然谁也不能说服谁，整个社会也莫衷一是。

应该承认，各执一词的根本原因还是当时的数据粒度太粗，不足以支撑全面深入的经济分析。1859年，第八次全国人口普查正在规划当中。统计学家在经历了种种无奈和尴尬情绪之后，提出必须收集新的经济数据项、扩大问卷范围，但在这个时候，南北双方都觉得自己真理在握，不需要任何额外的证明，全国上下也已经群情激愤，理性调查的呼声完全被淹没了。

因此，虽然出现了全国性的争论以及专业人士的建议，1860年的人口普查依然没有大的改进，这次普查仅仅是在1850年的既定轨道上，依靠惯性，做了另外一次滑行。

这表明，南北双方都不想再用数据和辩论来解决问题，理性的窗口已经关闭。

南北双方，只欠一战。

用数据远征：向大海进军

1860年，除了是第八次人口普查年，还是美国的大选年。这一年，一位伟大的美国“屌丝”[6]经历了种种逆袭，赢得了总统大选，登上了美国政治的中心舞台。

他，就是林肯。

这一年，美国的联邦正式解体。到1861年3月，当林肯正式入驻白宫的时候，南方已经有7个州宣布独立。4月12日，南方军队在南卡罗来纳州打响了第一枪，攻占了南北之交的核心要塞：萨姆特要塞。几天之后，林肯宣布全国进入紧急状态，南北战争正式爆发。

此后4年，全国陷入了混乱的战争状态。

这时候的肯尼迪，又因为共和党上台、重新分肥而官复原职。1860年的人口普查虽然在技术上没有重大改进，但是这一场战争很快证明，数据，除了能保证政治公平、激发理性思考，在战争中还扮演着极为重要的角色。

联邦瓦解、共和破裂，林肯一上任，就面临着挽大厦于将倾的危急重任。他的第一反应还是想极力避免战争。他一到白宫，就拿到了第八次人口普查的最新数据：全国土地约300万平方英里[7]，有农场200万个，拥有各类牲畜900万头，生产小麦1.73亿蒲式耳、玉米8.39亿蒲式耳[8]，全国总人口3 144万，较10年前增长了35.6%，其中黑奴为399万。

面对着最新的数据和地图，林肯彻夜皱眉长思。起初，他想用数据证明，即使分歧如水火不能容，战争也不是最佳选择。林肯提出了由政府出钱为奴隶赎身的计划，但一算账，发现明显不可行：按照当时奴隶买卖的最低价格，一名黑奴需要300美元，近400万人则需要12亿美元，而当时整个联邦政府一年的预算才7 500万美元！林肯又让肯尼迪上报各个州的黑奴明细，他一个州一个州地计算，试图证明赎身比打仗在经济上更“便宜”，以说服正在观望的州不要加入战争。

林肯左算右算，最后向南方各州正式提出了一个关于政府赎买奴隶的财政补偿方案，但这时候，南方因为在战场上节节取胜，对林肯的提议根本不屑一顾。遭受了鄙视之后，林肯才意识到战争无法避免，于是又向肯尼迪索要另一份数据明细，详细对比了全国各个州的潜在军事力量。令他安心的是，全国18~45岁的青壮年劳力，69%左右集中在自由州。即使中间的摇摆州全部倒戈，南方的力量也不过31%。这份数据起到了“定心丸”的作用，林肯深信，如果打持久战，胜利最终将属于北方。

既然全国的青壮年兵力都集中在北方，那南方为什么敢主动挑起战火呢？

答案是棉花。

当时的南方几乎控制了美国全部棉花的生产和出口，这个时候的美国还是一个地地道道的农业国家，棉花出口达2亿美元，仅此一项，就占美国全部出口额的60%，堪称国民经济的命脉。1858年，新成立的堪萨斯州宣布将要加入联邦，蓄奴派和废奴派都想把这个新州纳入自己的阵营，双方都派出大量人马，冲进堪萨斯州画线圈地，结果发生了大规模的流血冲突，在一片火药味中，前文提到的“死硬蓄奴派”参议员哈蒙德就在国会的演讲中公开宣称“北方不敢和南方开战”：“我们不用开一枪、不用动一剑，就能让整个世界趴下，想象一下吧，如果我们三年不供应棉花，世界会变成什么样？英国将会闹翻天，整个文明世界都会加入英国的行列，一起拯救南方。不，你绝对不敢与棉花为敌，世界上没有谁敢动我们，棉花就是王！”[9]

林肯认为，棉花虽然重要，但棉花毕竟不是粮食。他在确定要打持久战之后，算完了“人”，就开始算“粮”。林肯向肯尼迪索要1861

年全国各类农作物的产量和分布，肯尼迪却给了他一份 1860 年的数据，并告诉他，农业统计是人口普查的一部分，每 10 年一次，各种农作物具体的年度产量并没有真实的数据，只能推算。

这个时候，美国还没有农业部，也没有专门的农业统计，要说其中的原因，竟也和南方的拥“棉”自重有关。

美国建国之初，首任总统华盛顿曾经建议成立农业委员会，开展农业普查，但被国会拒绝。他随后亲自组织了第一次农业调查，此后的几十年间，民间不断有人呼吁组建农业部，开展农业统计。

民间的呼声主要来自各类农民团体，这是因为，美国建国之初，农民大部分都是自给自足，到 1820 年左右，美国农村地区的农产品就开始进入市场，但在这个市场上，农民因为分散、文化水平低、信息封闭而屡屡受到贸易商的联合压价，即使是丰年，粮食也卖不出好价钱，这极大地打击了农民的生产积极性。华盛顿之后，有几任总统都看到了这个问题，他们支持组建农业统计部，向农民提供全国市场的信息，但这个建议在国会总是通不过。

之所以通不过，是因为南方的农场主从中作梗。南方因为实行奴隶制，农场主就是奴隶主，他们规模庞大，有的本身就是贸易商，根本没有这个需要，而且一旦有了农业部，其农场的产量每年都要接受统计调查，其收成、收益、家底都要变成白纸黑字，这对任何一名财主来说，都无异于一种“数据监控”，所以南方的代表坚决反对成立农业统计部门，各届总统虽然有心，但建议迟迟被搁置。

拓展话题：《多收了三五斗》，全世界农民的悲剧

中国作家叶圣陶在1933年创作的短篇小说《多收了三五斗》中，入木三分地揭示了农民因为丰收反而要亏本的悲惨命运。小说描写了江南的农民带着丰收的喜悦从四面八方赶到镇上卖米，但镇上的米行相互勾结、压低价格，威逼利诱，让农民低价卖米。“还是不要卖的好，我们摇回去放在家里吧！”“嗤，”先生冷笑道，“你们不卖，人家就饿死了吗？各处地方多的是洋米洋面，头几批还没吃完，外洋大轮船又有几批运来了”……“今年春天，丰桥地方不是闹过抢米吗？”“保卫团开了枪，打死了两个人。”“今天在这里的，说不定也会吃枪，谁知道！”

因为米行联合压价，到处都布下了“局子”，农民又无法了解到其他地区的信息，因此没有选择，只能将丰收的粮食忍痛贱卖，结果收入比灾年时还要糟糕。农民的类似境遇其实在世界各地都存在，其中的一个重要原因，就是农民和米行之间的信息不对称。19世纪60年代成立的美国农业部，通过及时发布各种农产品在各地的产量和价格信息，促进了公平交易、合理竞争，优化了农业资源的配置，避免多收了三五斗式的悲剧。

虽然没有农业部，但从华盛顿时代开始，历届美国总统还是高度重视农业，他们要求驻外大使和军事长官在世界各地考察、收集植物的种子，为美国大地寻找最合适的种植物。这些收集来的种子，经由专利办公室免费发放给全国的农民。1839年，专利办公室一年给农民发放的种子已经达到100万包。这一年，他们提出，要给全国的农民合理分配新种子，就必须要了解各地农产品的种植情况，但成立农业统计部门的建议又通不过，所以国会最后决定，在10年一次的人口普查中增加农业调查的内容。1840年的人口普查问卷，就包括了37个农业问题。

南北战争爆发后，南方各州宣布退出联邦，这给农业统计提供了一个历史机遇。林肯适时地抓住了这个机遇，再加上筹备军粮的需要，农业统计势在必行。

在1861年的国情咨文中，林肯明确向国会提出组建农业统计部门：“毫无疑问，农业是我们国家利益的根本，但我们没有农业部，也没有农业局，只有几个秘书在管理这项工作，就像每年的工业报告、经济报告一样，农业报告也将展示信息给我们带来的价值。我虽然没有具体的建议，但我认为，成立一个农业统计部会给我们带来实实在在的好处。”

因为没有了南方议员的阻挠，1862年5月，林肯的提议在参众两院通过，林肯签署法案，农业部正式成立。其文件规定，美国农业部的三大主要任务是：

1. 以最广泛的形式、从整个国家的利益出发，收集、出版、发布统计数据以及其他和农业相关的信息；
2. 以交换、购买和礼物的形式，从全国各地和外国收集珍贵的动物、谷物、植物、种子和插条；
3. 回答农民关于农业问题的质询。

林肯提议的是农业统计部，但成立的时候，新的部门还是被命名为农业部。次年，该部成立了专门的农业统计处，后来改名为农业统计局（NASS）。

拓展话题：全球最完备的农业统计和信息发布体系

农业部的成立及农业统计的正式开始，是美国历史上的大事。此后，农业统计脱离了人口普查，开始独立，并逐渐形成了每月定期发布农业统计和预测报告、每5年开展一次农业普查的传统。时至今日，美国已经形成了全世界最庞大、最规范、最完整的农业统计和信息发布体系，这个体系帮助美国成为世界第一农业强国：其农民仅占全国人口的2%，但2%的农民不仅养活了3亿多美国人，其农产品出口还位居全球第一。美国的农业统计体系是很多国家竞相学习的模板。

除了要人、要粮，要打胜仗，还要有钱。没过多久，为了给战争筹款，林肯又决定开征新的税种，这又需要以人口数据为基础，进行详细的规划和计算。随着战事的展开，一线指挥官索要数据的要求也接踵而至。在各地驻扎的部队都需要掌握当地经济实力的大小、工厂的数量和分布以及制造兵器的能力。最后，为应对各级指挥官对数据的需求，肯尼迪决定，将普查办公室的统计人员直接派驻到战争委员会，随时为指挥部提供数据支持。

总统和一线指挥官对数据的迫切需求，也催生了人口普查部门的创新。在肯尼迪的主导下，他们在地图上标注全美各地的人口数量，并用颜色的深浅表示各个地区的人口密度，这是人口普查部门早期的重要创新，也是美国历史上对数据可视化最早的探索和尝试。

肯尼迪还以可视化的形式制作了一大批地图，他以县为单位，在地图上标出了各地的数据明细，例如白人多少、自由黑人多少、奴隶多少以及各个人群的年龄分布，再辅以当地的面积、各类农作物的产量、牲畜的数量等关键数据，下发给各级指挥官（见图2–3）。

这些地图和数据，在很多战役中发挥了重大作用，其中最为著名的应用要算谢尔曼将军（William T. Sherman）领导的“向大海进军”（March to the Sea）。

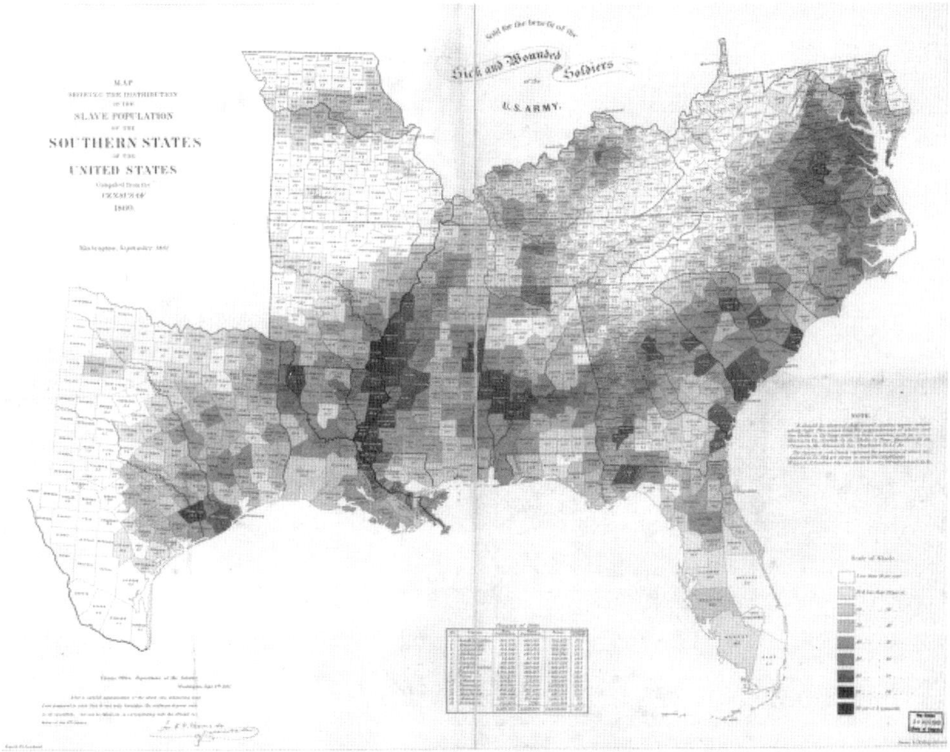

图 2–3 美国黑奴密度分布图（绘于 1861 年）

本图以可视化的形式展现了各地区黑奴人口的密度分布，因为颜色的分层使用，黑奴的主要分布地区一目了然。（图片来源：美国普查局）

拓展话题：1850—1870 年数据可视化的发展

数据可视化是指借助图形、地图、动画等生动、直观的方式来展现数据的大小，诠释数据之间的关系和发展趋势，以期更好地理解和使用数据分析的结果。因为需要良好的视觉表现形式，数据可视化不仅需要数据，还需要美学设计，堪称科学与艺术的结合。

在 1850—1870 年，数据可视化在欧洲得到了很大的发展。这时候的美国正处于向欧洲学习的阶段。1865 年，英国的南丁格尔（Florence Nightingale）研究了英国在克里米亚战争中的死亡人数，发布了历史上第一张极区图[10]，促使英国建立了野战医院制度。这张极区图的效果证明，数据可视化可以快速、生动、形象地展示数据。这个时期，欧洲还出现了其他一些可视化的经典作品。它们表明，可视化不仅能展示数据，还能分析数据，优秀的可视化设计可以帮助人们发现、确定事情之间的因果逻辑关系。从以下例子中可以看出，数据可视化曾经在战争、预防瘟疫等重大历史事件中发挥过重要的作用（见图 2-4 至图 2-6）。

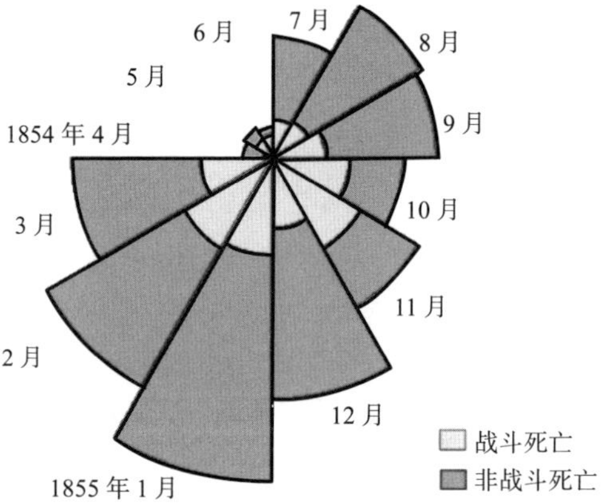

图 2-4　克里米亚战争中英国士兵的死亡原因（1854 年 4 月—1855 年 3 月）

每月的死亡人数以 30° 的扇形面积表示，内环代表因战斗死亡的人数，外环代表非战斗死亡的人数。非战斗原因即恶劣的医疗卫生条件，这些都可以预防和改善。2014 年 3 月，克里米亚通过公投，宣布脱离乌克兰，加入俄罗斯联邦，但没有得到世界上大多数国家的承认。其实该地的争议由来已久，1854 年的克里米亚战争，就给人类留下了这样一张图形瑰宝。

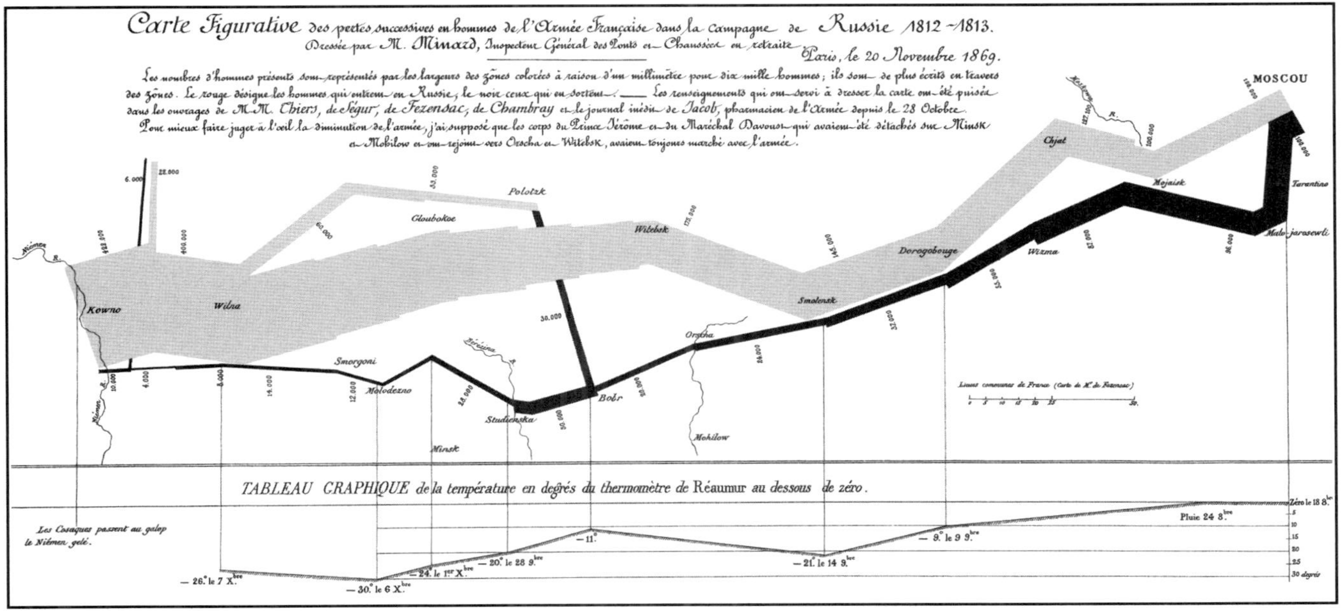

图 2–5　温度的关键作用：1812—1813 年拿破仑远征俄国的惨败

这是 1869 年法国工程师米纳尔（Charles Joseph Minard）绘制的拿破仑远征俄国情况图，上面灰色的线条代表进入俄国的路线，线条的粗细代表了人的多少，每一毫米代表 1 万人，拿破仑出征时，大军共有 42.2 万人，但抵达莫斯科的时候，线条逐渐变细，只有 10 万人；中间的一段黑线表示在波洛茨克（Polotzk）这个地方有 3 万人滞留，最后和返回的部队会合，一起回到法国；下面的黑线表示回程，其不断变细，表示不断减员，最后回到法国时，只剩下 1 万人。图形的下方是各个时段的温度，拿破仑远征军到达俄国时，当地温度为 0℃（图中为列氏温度，下同），此后温度不断下降，最低到 –38℃。拿破仑大军中的减员，很多是冻死的。（图 2–5、图 2–6 来自网络）

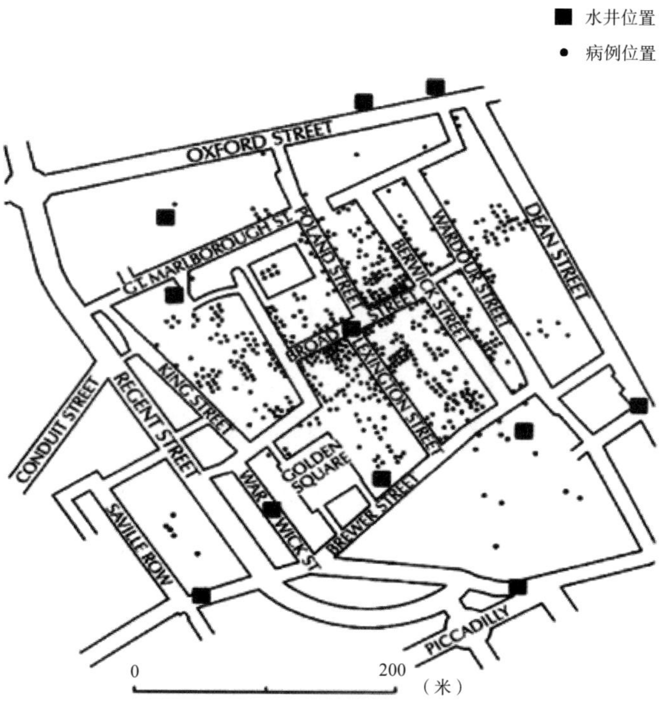

图 2–6　水井：霍乱是如何在伦敦传播的

1854 年，英国伦敦发生了霍乱，当时的内科医生斯诺（John Snow）在收集了各个地段出现的病例之后，把病例的发生地点标注在地图上。在地图的映射下，他随后发现，病例集中在交叉路口，而原因又在于路口的水井：水井一旦被污染，就会成为传染源。斯诺随后说服当地政府把水井上面抽水机的手柄移走，以减少使用，成功地减少了病菌的传播。斯诺后来成为世界传染病学的奠基人。

谢尔曼是南北战争中的一代名将，也是北方阵营中除林肯总统、格兰特总司令之外的第三号风云人物，因其卓越的军事才能、突出的贡献而名垂青史。1864 年 8 月，战争如火如荼。谢尔曼受命率 6 万大军挺进南方的中心城市亚特兰大。在攻占亚特兰大之后，他采取了后世历史学家认为在整个南北战争中“最为大胆、最为关键的一次行动”：挥师东进、横穿佐治亚州，一路打到美国东部的海岸线（见图 2–7）。

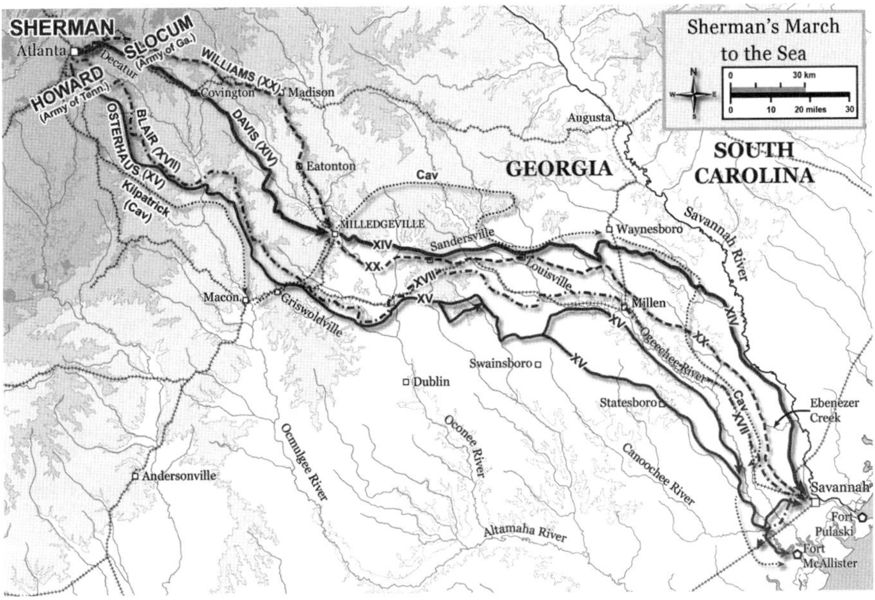

图 2–7 向大海进军的行军路线图

为尽量获得资源，谢尔曼将其部队分为 5 路大军，上图的 5 条线分别代表其行军路线，其中标记为“Kilpatrick (Cav)”（基尔帕特里克）的细虚线代表骑兵，为机动力量，其任务是，在紧急情况下，对其他 4 路大军进行支援。各路大军都沿着普查数据表明有足够资源的路线行进，其中，“Milledgeville”（米利奇维尔）位于鲍德温郡，谢尔曼认为该郡足够富裕，因此将该地区定为三支部队的会合之处。在详细计算了 5 条行军路线沿途的资源数据之后，谢尔曼相信，“不仅会有足够的粮食，而且沿途会有足够的骡马，以更换所有的马匹”。事实证明，他的预测完全正确：到达萨凡纳之后，其部队的马匹几乎全部更换，处于更加精良的状态。（图片来源：维基百科）

兵马未动，粮草先行。在还没有飞机的时代，军队的突进必须考虑后勤补给，传统的做法是，在军队行进过的公路、河流和铁路周围逐级部署，建立层层关联的供应链，以确保食物、弹药能源源不断地供应给前锋部队。

身经百战的谢尔曼素以冷静、果敢著称，他当然明白这个道理。在进入佐治亚州的地界之前，他已经详细地了解了当地的情况，其中，肯尼迪提供的各种数据给他留下了深刻的印象。这些丰富的数据证明，佐治亚州物产丰富、人民富有，堪称“鱼米之乡”“奶蜜之地”。

一段时间以来，在颠簸的马背上，这些数据不断浮现在谢尔曼的脑海中，一个大胆的计划正在酝酿成形。

9 月 2 日，谢尔曼攻占了佐治亚州的首府亚特兰大，南方军队在撤离之前，纵火烧毁各种重要设施，城内一片火海，一连烧了几天，史称“火烧亚特兰大”。但在破城的第一时间，谢尔曼就命令身边的近卫部队立即占领州政府的办公室，搜寻一切可能获得的地图、财税明细和各种表格（见表 2–2 和表 2–3）。

盘桓在谢尔曼脑海中的计划，是个巨大的冒险，他需要更多的数据。毕竟，肯尼迪提供的普查数据是 1860 年的调查结果，4 年过去了，各地的情况可能有所改变，新的地方财税数据可以起到补充和印证的作用。

驻扎在亚特兰大期间，谢尔曼每天都站在地图前面，桌上铺满了数据材料。他盯着地图，不时向身边的参谋发问：“鲍德温郡（Baldwin）的情况？”参谋们则迅速“报数”：“鲍德温郡，优质农田 43 982 英亩[11]、普通农田 115 844 英亩，农场总价值 1 110 163 美元，拥有马 737 匹、驴 862 头、奶牛 1 969 头、耕牛 485 头、羊 2 664 只、猪 16 080 头、其他牲口 2 966 头，牲畜总价值 314 300 美元，年产小麦 13 475 蒲式耳、燕麦 7 705 蒲式耳、红薯 63 077 蒲式耳、黄油 42 126 磅……全年纳税 674 545 美元，主要税源为米利奇维尔市，约占 1/3，

表 2-2 1860 年农业普查表格

佐治亚州

各郡县农业情况概览

	郡县名	占地面积（英亩）改良土壤	未改良土壤	农场货币价值	设备与机械	牲畜 马匹	驴、骡子	奶牛	用于工作的公牛	其他牲畜	绵羊	猪	牲畜（产值）	农产品 小麦（蒲式耳）	黑麦（蒲式耳）	玉米（蒲式耳）	燕麦（蒲式耳）	大米（蒲式耳）	烟草（蒲式耳）	皮棉（蒲式耳）	羊毛（蒲式耳）	豆类（蒲式耳）	土豆（蒲式耳）	红薯（蒲式耳）	
1	阿普灵（Appling）	20,225	362,957	$364,901	$27,679	854	116	5,892	238	14,799	7,105	21,836	$258,539	429	253	96,721	12,315	31,725	2,047	517	13,749	10,587	151	65,409	1
2	贝克（Baker）	57,385	105,220	1,666,965	40,439	561	955	2,300	336	4,276	955	13,099	239,195	223	20	212,570	1,000	1,000	...	8,713	1,190	11,557	...	54,760	2
3	鲍德温（Baldwin）	43,982	115,844	1,110,163	52,502	737	862	1,969	485	2,966	2,604	16,080	314,300	13,475	1,031	227,731	7,705	...	57	6,811	5,348	44,635	6,288	63,077	3
4	班克斯（Banks）	32,225	96,250	248,484	21,841	1,178	235	1,243	511	1,373	3,471	5,207	138,520	14,112	87	139,756	5,787	38	5,689	603	5,913	3,219	1,528	24,915	4
5	柏里恩（Berrien）	15,792	218,909	474,950	16,044	582	202	4,479	202	9,819	5,136	14,487	183,283	433	93	77,729	7,016	43,655	...	503	10,792	9,900	297	47,401	5
6	比布（Bibb）	59,822	87,508	1,414,050	45,566	604	1,015	1,535	368	3,743	973	13,102	301,109	3,345	362	233,370	15,270	...	...	6,122	1,520	8,772	3,738	71,190	6
7	布鲁克斯（Brooks）	50,274	216,662	1,486,140	88,294	657	856	3,897	246	10,654	3,113	18,629	318,199	405	1,914	223,353	6,911	22,628	...	4,406	8,497	23,016	818	70,163	7
8	布赖恩（Bryan）	17,343	155,067	524,561	31,524	480	176	2,238	117	5,009	3,030	7,513	141,331	...	30	61,816	622	1,609,676	...	402	5,587	7,816	181	32,904	8
9	布洛克（Bullock）	41,143	480,225	908,337	43,555	1,259	316	4,064	123	11,213	14,810	22,287	344,724	98	229	138,117	7,132	30,615	...	1,378	23,773	18,357	457	62,039	9
10	伯克（Burke）	250,814	309,507	4,034,000	93,565	2,311	2,560	4,646	601	11,132	4,253	37,402	766,079	5,083	443	703,842	3,894	4,316	...	23,419	8,986	23,031	3,062	113,835	10
11	巴茨（Butts）	65,432	56,673	932,303	52,204	891	853	1,616	389	3,354	2,643	12,421	255,789	16,377	381	198,865	10,144	20	242	5,434	4,435	3,207	4,126	26,158	11
12	卡尔霍恩（Calhoun）	41,908	96,526	1,028,452	33,962	515	645	1,561	219	2,868	1,560	11,450	194,867	652	79	181,972	1,366	851	20	5,747	2,859	4,060	587	44,898	12
13	卡姆登（Camden）	19,448	162,552	901,520	61,031	365	79	2,088	364	5,735	1,155	3,331	94,824	...	10	51,080	40	10,330,068	50	630	1,745	5,037	1,498	34,088	13
14	坎贝尔（Campbell）	50,997	125,248	1,255,026	54,776	1,051	879	2,006	879	3,434	4,239	14,758	298,181	38,039	136	232,386	6,551	...	125	4,439	7,566	1,238	677	34,777	14
15	卡罗尔（Carroll）	58,042	151,199	1,351,973	52,470	1,578	830	2,970	1,389	4,281	7,385	19,415	362,753	37,278	417	331,022	14,316	1,000	5,214	3,982	12,502	4,380	2,676	58,515	15
16	卡斯（Cass）	65,582	166,173	2,257,227	81,830	1,586	1,064	1,970	641	4,322	4,142	22,482	404,961	136,694	3,106	430,202	29,945	...	16,740	4,407	7,300	17,903	5,919	43,103	16
17	卡图萨（Catoosa）	26,471	52,250	822,780	23,895	634	317	929	247	1,300	1,952	5,314	120,281	31,494	40	160,240	8,684	...	6,700	9	3,230	510	1,233	14,654	17
18	查特胡奇（Chattahoochee）	56,861	71,070	1,027,088	35,889	590	778	1,453	271	2,909	327	11,935	226,198	2,322	390	173,318	1,156	...	...	7,206	155	16,302	1,068	37,098	18
19	查尔顿（Charlton）	3,111	58,587	61,955	3,844	177	25	1,082	60	4,112	222	4,250	68,251	...	...	18,834	...	...	...	125	140	589	...	14,155	19
20	查塔诺加（Chattooga）	41,953	89,842	522,273	50,083	1,254	594	1,502	650	3,350	4,284	15,226	258,735	47,310	293	251,422	20,577	...	895	2,152	7,133	6,765	2,090	31,036	20
21	查塔姆（Chatham）	30,990	116,146	3,216,604	60,098	626	581	1,861	71	4,301	2,218	6,459	217,787	...	2,000	94,977	425	25,934,160	...	933	4,480	16,118	6,010	65,294	21
22	切诺基（Cherokee）	54,894	124,759	1,358,284	46,279	1,318	853	2,136	945	3,688	6,642	19,377	316,222	71,373	1,510	361,858	11,251	2	144,589	978	8,139	7,447	3,178	44,333	22
23	柯莱克（Clarke）	60,541	116,924	1,049,806	44,518	1,240	641	1,824	736	2,967	3,952	11,095	259,100	19,041	886	196,173	18,107	10	1,909	3,837	7,208	10,164	2,749	35,100	23
24	克莱（Clay）	38,474	79,419	762,111	32,633	498	558	1,270	316	2,014	1,504	9,564	179,323	1,274	245	153,715	4,784	13,540	60	5,292	2,759	21,176	1,568	47,219	24
25	克莱顿（Clayton）	34,883	52,628	660,807	32,751	558	358	910	420	1,967	1,827	6,043	154,946	21,363	161	115,355	7,407	...	...	2,136	3,033	7,262	1,403	19,022	25
26	克林奇（Clinch）	11,602	154,393	368,176	13,963	324	156	2,092	66	7,905	1,091	12,324	135,751	322	31	62,931	7,535	30,065	152	216	2,708	7,025	240	27,193	26
27	科布（Cobb）	63,385	113,232	1,533,869	83,757	1,645	686	1,926	932	3,070	3,823	15,481	330,464	61,622	528	313,245	29,410	138	3,267	3,315	7,096	5,432	4,005	45,865	27
28	科尔奎特（Colquitt）	7,837	67,912	137,187	4,660	298	70	1,630	65	2,818	1,798	6,487	76,001	43	43	27,339	833	10,325	...	292	5,435	4,019	127	21,553	28
29	哥伦比亚（Columbia）	94,939	204,416	2,104,579	157,512	1,311	1,507	2,778	1,031	5,918	6,087	19,692	471,753	18,540	458	330,050	30,904	25	...	9,525	11,927	43,153	6,230	52,400	29
30	卡菲（Coffee）	12,490	250,162	273,622	15,576	497	127	4,517	205	9,873	5,029	16,275	197,213	53	114	61,182	4,830	39,577	795	469	12,515	7,491	27	62,192	30
31	考维塔（Coweta）	138,909	153,486	2,613,497	106,079	1,818	1,942	3,412	995	5,235	6,455	26,332	619,956	58,384	729	476,026	37,667	...	126	14,930	10,675	22,467	6,729	87,479	31
32	克劳福德（Crawford）	82,587	98,073	1,232,668	54,185	830	1,318	1,874	421	3,812	2,067	16,227	318,006	9,228	81	274,645	4,204	...	...	9,722	2,405	7,190	10	53,820	32
33	戴德（Dade）	15,049	40,734	415,160	15,200	518	210	461	430	1,256	1,230	5,161	111,270	19,089	369	143,540	3,008	...	50	...	2,293	191	1,839	7,509	33
34	道森（Dawson）	20,507	88,020	397,507	20,151	615	296	880	379	1,335	3,585	8,134	112,355	17,469	1,086	142,890	2,811	120	8,469	32	5,422	1,763	2,308	10,124	34
35	迪凯特（Decatur）	78,061	339,237	2,205,906	131,318	1,489	1,031	5,548	1,154	21,080	5,325	26,449	507,581	...	7	363,067	5	56,155	281,410	7,996	14,239	27,088	1,896	121,240	35
36	迪卡尔布（De Kalb）	53,006	91,517	929,906	48,711	1,246	425	1,462	939	2,803	3,055	11,519	246,530	31,864	323	229,147	9,349	...	...	1,360	4,615	6,473	2,283	43,729	36
37	多利（Dooly）	85,583	285,249	1,657,347	32,899	1,413	1,119	3,329	388	8,031	6,843	24,904	456,520	8,016	489	340,791	4,229	4,300	80	9,977	14,424	14,568	3,842	88,923	37
38	多尔蒂（Dougherty）	91,427	90,048	2,995,923	62,672	521	1,094	2,323	301	5,700	1,234	17,288	429,446	533	915	356,812	1,450	500	...	10,580	...	23,061	435	56,310	38
39	厄尔利（Early）	56,047	133,336	1,544,969	151,170	665	913	2,776	461	8,349	5,414	16,647	460,003	88	36	222,875	1,494	3,789	10	9,116	10,366	18,604	572	70,415	39
40	埃科尔斯（Echols）	7,185	48,699	205,971	13,037	209	100	1,350	24	4,077	462	8,963	101,767	236	108	38,290	2,971	253	...	200	1,068	16,515	5	26,210	40
41	埃芬汉（Effingham）	27,893	206,716	696,413	28,694	674	360	2,338	6	6,387	5,088	14,027	194,497	146	185	128,370	100	238,560	...	517	9,955	4,656	50	45,727	41
42	埃尔伯特（Elbert）	74,859	217,182	1,901,904	76,633	1,557	827	2,570	976	5,225	5,941	13,734	330,349	24,260	1,805	258,266	13,832	...	1,255	5,470	8,958	36,609	3,704	38,023	42
43	伊曼纽尔（Emanuel）	38,164	468,193	298,396	23,150	1,406	196	5,040	353	11,261	17,038	22,699	321,883	3,972	327	150,504	2,680	2,885	783	1,127	47,929	14,772	833	53,852	43
44	范宁（Fannin）	15,910	68,140	306,968	13,828	568	85	873	457	2,004	3,942	7,442	95,585	4,849	5,363	115,044	11,002	412	9,531	...	6,675	951	5,110	8,651	44
45	费耶特（Fayette）	57,141	107,475	1,069,610	44,683	995	727	1,818	713	3,202	2,961	11,174	248,871	34,009	306	220,400	7,082	395	529	4,655	4,053	1,791	570	30,040	45
46	弗洛伊德（Floyd）	76,249	218,474	2,593,322	150,403	2,234	1,378	3,121	1,396	6,765	7,632	25,611	530,472	102,069	9,059	523,120	25,793	...	133,135	7,864	13,476	27,363	9,985	59,204	46
47	福赛斯（Forsyth）	45,811	82,149	706,896	19,534	1,099	531	1,281	746	1,930	3,481	10,955	211,490	41,738	648	231,778	14,587	21	9,225	656	4,762	903	504	23,564	47
48	富兰克林（Franklin）	40,238	145,726	942,449	23,226	1,299	250	1,746	809	2,510	5,433	9,803	171,418	24,033	303	190,204	4,886	417	3,412	793	6,474	3,793	1,114	27,054	48
49	富尔顿（Fulton）	20,712	69,507	723,345	25,891	642	466	1,009	415	1,505	889	5,981	179,937	16,202	268	123,730	3,488	15	200	494	999	3,344	2,209	20,346	49
50	吉尔默（Gilmer）	28,030	110,494	520,111	22,539	738	269	1,389	757	2,055	4,464	13,337	159,877	11,145	5,953	217,290	7,993	230	25,486	132	8,634	4,523	8,268	21,858	50
51	格拉斯卡克（Glascock）	24,507	47,390	345,665	15,244	390	228	775	277	1,022	892	6,579	91,366	7,704	80	74,538	597	...	...	1,609	1,596	2,427	255	17,341	51
52	格林（Glynn）	17,810	90,507	614,582	46,920	355	91	1,501	357	4,549	643	2,683	79,925	...	10	39,137	729	4,842,735	...	688	1,915	4,943	398	33,010	52
53	戈登（Gordon）	62,208	113,670	2,004,875	73,089	1,649	780	1,825	729	2,962	5,787	21,484	364,210	112,380	263	533,650	18,681	...	42,945	422	11,262	15,312	6,450	52,595	53
54	格林（Greene）	120,165	161,712	1,855,185	108,946	1,789	1,336	2,435	785	6,217	5,954	22,587	424,167	35,036	1,267	304,205	24,442	...	500	8,643	9,760	19,630	6,318	60,983	54
55	格威内特（Gwinnett）	64,755	164,166	1,116,621	59,876	1,619	708	2,451	1,073	4,902	6,454	16,637	330,203	41,774	272	325,440	23,916	...	4,733	2,446	9,022	9,265	1,610	48,466	55
56	哈尔伯沙姆（Habersham）	32,190	185,764	725,983	33,655	1,106	244	1,603	687	1,703	5,643	9,004	174,809	12,119	2,352	173,680	6,289	1,763	15,838	78	8,982	7,198	6,324	27,814	56
57	霍尔（Hall）	54,535	174,332	948,172	46,195	1,230	479	1,759	902	2,781	5,831	12,088	244,189	35,099	766	330,645	10,400	45	15,420	483	10,176	5,979	3,113	36,960	57
58	汉考克（Hancock）	111,205	216,462	2,179,578	79,602	1,559	1,450	2,773	1,047	6,501	5,899	24,122	489,441	24,508	713	354,850	38,528	...	...	13,332	8,955	85,495	3,850	73,844	58
59	哈里森（Haralson）	14,047	60,749	314,633	24,638	463	185	796	425	1,093	1,856	6,572	99,652	10,684	141	101,920	2,450	60	5,653	609	2,662	1,323	605	10,427	59
60	哈特（Hart）	34,892	102,863	738,093	49,131	1,058	207	1,615	773	3,150	4,431	7,044	171,331	27,900	396	126,553	7,971	303	4,712	1,483	5,988	11,704	1,729	28,374	60

（续表）

佐治亚州
各郡县农业情况概览

	郡县名	农产品											大麻														屠宰牲口（产值）	
		大麦（蒲式耳）	荞麦（蒲式耳）	果树（产值）	葡萄酒（加仑）	蔬菜（产值）	黄油（磅）	奶酪（磅）	干芹（吨）	苜蓿种（蒲式耳）	草籽（蒲式耳）	啤酒花（磅）	雨露沤麻（吨）	水浸沤麻（吨）	纤维制品	亚麻（英镑）	亚麻籽（蒲式耳）	丝绸（磅）	枫糖（磅）	黄糖（磅）	枫糖浆（加仑）	糖浆（加仑）	高粱糖浆（加仑）	蜂蜡（加仑）	蜂蜜（加仑）	手工制造业（产值）		
1	阿普灵（Appling）						15,122	965												49		9,989		1,433	9,975	$12,490	$50,973	1
2	贝克（Baker）				6		30,026		725													6,129		20	305	324	51,210	2
3	鲍德温(Baldwin)	686	1	$2,630	992	$2,120	42,146		2,422														216	300	2,770	7,228	100,632	3
4	班克斯(Banks)	5		33	57	16	37,272			6													3,449	671	8,529	17,493	46,124	4
5	柏里恩(Berrien)						15,647	327												28		6,230		1,111	10,993	8,285	46,092	5
6	比布（Bibb）	153		7,451	529	9,025	36,711		1,453													499	40	501	9,835	1,383	92,965	6
7	布鲁克斯(Brooks)						19,530	80	2											2		37,582		320	4,453	9,868	98,756	7
8	布赖恩(Bryan)						6,178		2											6		1,967	881	734	6,039	1,450	24,164	8
9	布洛克(Bullock)			2,926	4		24,612		4											27		4,507	1,648	441	8,090	11,854	74,593	9
10	伯克(Burke)	2		240	3	1,850	52,145		702	4												1,125	410	517	14,640	2,479	176,174	10
11	巴茨(Butts)	22	110	4,090	1,814		77,230		2			15											810	1,275	7,235	9,866	84,158	11
12	卡尔霍恩(Calhoun)				34		18,498																	300	4,219	3,628	57,632	12
13	卡姆登(Camden)			30			6,223		2											7		5,749		4			11,610	13
14	坎贝尔(Campbell)	10	25	2,121		40	45,185															525		250	5,925	13,771	78,863	14
15	卡罗尔(Carroll)	45	27	245		9	80,477		34		8	1							1	2		7,451		743	11,940	12,923	93,750	15
16	卡斯(Cass)	401		50	118	10	75,206		106	1	175											5,659		160	3,683	15,025	116,656	16
17	卡图萨(Catoosa)						5,835	400	175		129									50		2,464				3,664	32,513	17
18	查特胡奇(Chattahoochee)			1,045	9		28,303		688											10		285		60	2,979	956	64,534	18
19	查尔顿(Charlton)						3,370															808				646	11,728	19
20	查塔诺加(Chattooga)	37	2		207		45,002	500	1,242		30											969		129	4,236	11,601	76,003	20
21	查塔姆(Chatham)			445		79,250	3,297		500	7										2		1,100		20		4,175	16,095	21
22	切诺基(Cherokee)			77	7	24	64,026		16										60	5		3,053		522	11,120	21,613	98,328	22
23	柯莱克（Clarke）	91		207	661	74	35,013	2	106		2								85			1,028		546	7,449	5,747	84,934	23
24	克莱(Clay)			145	67	75	22,238		643											127		4,546		807	8,811	4,728	57,869	24
25	克莱顿(Clayton)			2,268	12		35,585		3										42			403		602	9,367	10,130	39,131	25
26	克林奇(Clinch)						2,918	162												9		1,434		2,395	38,472	6,615	41,473	26
27	科布(Cobb)	40	87	1,059	40	1,142	87,901		337	17												384		643	14,684	22,351	99,346	27
28	科尔奎特(Colquitt)						6,371															6,199		251	3,242	3,101	19,376	28
29	哥伦比亚(Columbia)	216		3,415	232	200	69,472		1,744													60		255	4,905	3,133	114,153	29
30	卡菲(Coffee)						7,847	763												6		6,203		288	2,824	8,484	41,931	30
31	考维塔(Coweta)	354		1,567	698	500	146,951		50			12										5,015		1,515	32,911	13,770	161,510	31
32	克劳福德(Crawford)	169			29		36,643															805		327	5,813	6,512	80,849	32
33	戴德(Dade)	30					13,072															367		129	4,239	7,409	23,448	33
34	道森(Dawson)		128	467	5		21,709	100	4	400												5,242		209	5,302	13,933	34,135	34
35	迪凯特(Decatur)			111	181	30	30,981	20				2								78		50,452		657	3,810	8,989	112,894	35
36	迪卡尔布(De Kalb)	28		518		55	56,377															1,228		466	14,087	9,860	105,721	36
37	多利(Dooly)	5			17		26,060													4		22,709		208	4,304	10,963	123,110	37
38	多尔蒂(Dougherty)						16,867		993													6,891				25	68,940	38
39	厄尔利(Early)				10		25,983		1,456											14		13,695		488	1,690	3,494	99,449	39
40	埃科尔斯(Echols)						8,262													18		1,945		1,118	18,137	2,436	23,690	40
41	埃芬汉(Effingham)			163	90	35	9,241		789											19		7,056		279	8,560	450	50,529	41
42	埃尔伯特(Elbert)	76		651	1,239	125	82,361		695							5				30			338	658	10,601	14,050	133,431	42
43	伊曼纽尔(Emanuel)			120			16,557	296												9		7,230		272	572	11,896	69,079	43
44	范宁(Fannin)		141	326	18	474	23,475	185	175		110	19			30	928	21	1					6,730	223	4,542	3,754	27,395	44
45	费耶特(Fayette)	59		306	30		52,240																	231	17,039	654	82,813	45
46	弗洛伊德(Floyd)	448		281	674	2,180	99,692	100			16	28				26	2		136			6,744		199	5,723	20,304	201,766	46
47	福赛斯(Forsyth)			325			51,098															2,256		183	3,283	29,217	38,424	47
48	富兰克林(Franklin)	4		144	140	3,437	43,058																4,450	275	8,618	6,751	50,816	48
49	富尔顿(Fulton)	57		130	516	1,700	42,037		10													740		164	3,675	4,608	38,511	49
50	吉尔默(Gilmer)	5	31	2,245	44	1,680	47,391	918	159	1	74	7				434	9					11,087		481	9,278	23,281	53,840	50
51	格拉斯卡克(Glascock)						9,425																	172	3,380	3,971	40,571	51
52	格林(Glynn)				7		6,075													13		3,600		94	1,400	50	10,595	52
53	戈登(Gordon)			92	20	150	78,145	100	93		46												12,300	71	5,715	17,146	114,172	53
54	格林(Greene)	1,982	13	8,711	559	7,407	68,956	50	3,939												20	110	1,024	669	6,373	41,619	157,951	54
55	格威内特(Gwinnett)	53		3,102	51	212	81,534		2														1,700	276	12,660	33,227	90,276	55
56	哈尔伯沙姆（Habersham）	63	15	2,216	208	9,846	70,870	50	692	7	310	32				155	10					5,829		771	14,000	34,178	55,756	56
57	霍尔(Hall)	75		446	161		62,121	50	2		90	6				1		12					9,473	651	13,262	39,321	83,364	57
58	汉考克(Hancock)	316		1,281	848		59,177		2,942														1,514	218	3,315	1,648	152,084	58
59	哈里森（Haralson）	58					21,323															3,548		54	871	16,847	33,254	59
60	哈特(Hart)	12		7	86		60,710		9			1												[illegible]	[illegible]	[illegible]	[illegible]	60

表 2–3　1860 年制造业普查表格

佐治亚州

各郡县制造业情况概览

制造业	企业数量	投资额	原材料成本	雇员性别构成		劳动力平均成本	年均产值
				男	女		
贝克							
餐饮业（Flour and meal）	2	$7,000	$17,700	3	…	$600	$19,912
伐木业（Lumber，sawed）	2	6,800	2,750	9	…	2,160	10,500
合计（Total）	4	13,800	20,450	12	…	2,760	30,412
鲍德温							
造鞋业（Boots and shoes）	2	3,000	2,928	5	…	1,140	5,028
制砖业（Brick）	2	1,900	3,500	17	1	5,412	11,022
棉制品（Cotton goods）	1	60,000	47,900	45	54	13,284	70,400
餐饮类（Flour and meal）	3	23,500	68,350	9	…	2,316	80,373
家具类（Furnitura，cabinet）	1	2,000	1,350	2	…	720	2,850
铸造业（Iron castings）	1	3,500	3,725	3	…	1,200	10,050
皮毛业（Leather）	2	3,500	2,150	3	…	720	4,500
造酒业（Liquors–Wine）	2	200	555	2	4	460	1,550
伐木业（Lumber，sawed）	2	26,000	4,200	10	4	10,140	20,500
大理石制品（Marble work）	1	1,625	175	2	…	360	1,000
医药业（Medicines，extracts，&c）	1	1,500	2,400	1	…	360	5,025
毛织品（Woolen goods）	1	20,000	41,000	15	16	4,236	57,000
合计（Total）	19	146,725	178,233	123	79	40,348	269,898
柏里恩							
运输业（Carriages）	1	2,000	700	3	…	1,560	3,000
餐饮业（Flour and meal）	2	20,200	10,600	2	…	420	11,925
伐木业（Lumber，sawed）	3	18,000	1,600	12	…	2,652	5,400
粗纺（Wool carding）	1	5,000	1,800	1	…	300	2,400
合计（Total）	7	45,200	14,700	18	…	4,932	22,725
比布							
锻造业（Blacksmithing）	4	7,000	3,325	12	…	3,000	21,800
装订业（Bookbinding）	1	3,000	1,800	2	…	900	5,500
造鞋业（Boots and shoes）	4	7,100	4,350	11	…	6,000	14,450
面包类（Bread）	2	4,500	14,600	4	…	1,920	20,480
制砖业（Brick）	4	15,500	13,739	71	…	20,448	53,750
运输业（Carriages）	6	25,300	11,665	43	…	18,864	44,780
服饰类（Clothing）	4	28,200	21,980	22	3	13,416	46,355
糖果类（Confectionery）	3	4,000	14,570	5	…	2,388	19,420
轧棉机类（Cotton gins）	1	15,000	4,000	20	…	9,960	18,000
棉制品（Cotton goods）	1	145,000	78,750	38	75	24,000	112,000
牙科（Dentistry）	2	4,500	2,750	3	…	1,800	9,000
枪炮业（Fire-arms）	2	3,800	2,000	5	…	3,000	8,800
餐饮业（Flour and meal）	10	21,500	56,060	12	…	3,144	63,787
家具类（Furniture，cabinet）	1	23,581	12,000	40	…	14,400	33,000
燃气类（Gas）	1	73,000	5,800	5	…	2,520	24,000
伐木业（Lumber，sawed）	10	31,550	10,539	30	…	7,260	31,072
机械制造业（Machinery，steam engines，&c）	5	340,000	56,644	184	…	72,000	155,000
大理石制品（Marble work）	2	23,000	9,900	20	…	9,120	23,785
女帽类（Millinery）	4	33,000	37,500	19	…	7,116	55,904
矿泉水（Mineral water）	1	1,000	966	3	…	1,584	4,000
摄影业（Photographs）	1	10,000	2,556	6	…	4,200	12,000
印刷业（Printing，newspaper and job）	4	44,000	14,550	34	…	18,000	51,500
管道类（Pumps）	1	1,000	300	1	…	480	1,500
马具类（Saddlery and harness）	2	20,000	18,375	21	…	11,940	37,675
装潢类（sash，doors,and blinds）	2	34,000	38,430	55	…	27,600	78,000
铁匠类（Tin，copper，and sheet–iron ware）	4	28,200	19,096	36	…	16,800	46,266
货物运输类（Wagons，carts,&c）	6	8,400	3,785	17	…	4,944	12,000
合计（Total）	88	955,131	460,030	719	78	308,664	1,003,824

谢尔曼之所以成功，主要得益于当时人口普查提供的丰富数据。他在行军过程中使用的数据主要有三种：各地的人口明细、农业部分明细以及制造业部分明细。表 2–2 为 1860 年人口普查报告中佐治亚州的农业部分明细，表中以郡县为单位，记录了每个郡县各类土地的大小、价值，各类牲畜的数量以及各类农产品的产量；表 2–3 为制造业部分明细，表中以郡县为单位，记录了每个郡县制造类企业的数量、投资额、原材料成本、男女雇员的数量、劳动力平均成本以及年均产值。

其中农业税、工业税分别为……”听着这一连串的数据，后勤参谋则在一旁快速地计算这些资源够一支队伍支撑几天。

谢尔曼的冒险计划是：主动切断自己的后方补给，带领全体部队全力突进、穿越整个佐治亚州。他试图以数据为“航标”，根据农场、牲畜、集市、车站等重要资源在各地的分布，通过精心的计算，确定最佳的行军路线和在各地的停留时间，沿着这条路线，部队必须能够在当地完成补给，并且遭遇敌方最少的正面阻击。

谢尔曼将这次行动命名为“向大海进军”，目标是东部沿海重镇萨凡纳（Savannah）。其部队官兵共62 000人，其中步兵55 000人、骑兵5 000人、炮兵2 000人，战马35 000匹、各类车辆2 500辆。这是一支庞大的部队，从亚特兰大到萨凡纳，共有300多公里，这条行军路线被后世称为“毁灭之路”。

“数据将军”谢尔曼（1820—1891）

毕业于西点军校，格兰特评价他说：“无论是在行军的马背上，还是在驻扎的营地，抑或在指挥中心，谢尔曼无时无刻不在思考。”后世的历史学家认为，谢尔曼行军打仗的方法表明，他是美国第一位具有现代意识的将军。

谢尔曼自断粮草、孤军深入，并不是他不需要补给，谢尔曼的策略是根据肯尼迪提供的数据确定“食物和资源”的可能方位，完全靠在当地“打劫”来维持补给，同时，摧毁沿途的集市、工厂、铁路、桥梁等重要的基础设施。换句话说，一是抢光，二是毁光。谢尔曼认为，他的计划一石二鸟。他公开宣称，他正是要通过这种焦土政策，摧毁南方的一切，让南方的百姓品尝到战争的惨痛后果，世世代代都不敢再脱离联邦。

可以想象，其大军所到之处，为搜刮一切可能的补给物资，当然掘地三尺、鸡犬不留。据其行军日志记载，“6 万大军，共 40 个旅，每天每个旅派出 50 人去搜寻食物。他们步行出发，但回来的时候，每个人都骑着马并拉着几车牲畜和土豆”[12]。谢尔曼后来向格兰特报告说，部队沿途共消耗骡子 15 000 头，牛 10 000 余头，鸡鸭无数，全部来自农家田舍。[13] 也因为这种大肆劫掠的做法，沿途所有的农舍、居民聚集区、工厂等重要的社区和设施都被完全摧毁，这也是其行军路线被称为“毁灭之路”的根本原因。

这个时候，林肯 4 年的总统任期已满，他正在竞选连任，前方战情的变化可谓牵一发而动全身。林肯亲自操心军粮的筹备，谢尔曼却表示完全用不着。林肯认为，这种冒险的做法违背常理，可能导致 6 万大军因饥饿而溃散、不战自败，因此完全不同意，但格兰特相信谢尔曼的判断，作为总司令，他批准了谢尔曼的行动。

谢尔曼自断后路式的突袭，也切断了他和指挥部的联系。前方战事吃紧，林肯在白宫翘首以盼，却一连 5 周毫无音讯。12 月 23 日，临近圣诞节，坐立不安的林肯终于收到了前线的电报。谢尔曼在信中说，萨凡纳已经被攻占，这是他送给总统的新年礼物。

林肯喜出望外，他回电说：“此举成功，荣誉尽归你所有。请将我的感激和谢意转达给全体官兵。”

谢尔曼同时给肯尼迪发去了感谢信，他在信中说：“在这场战争濒临结束时发生的种种事件证明，您给我提供的各种统计表格和数据价值巨大，没有它们，我不可能完成任务，这些任务，对世界上最敏捷、最有经验的部队而言，都是像迷宫一样的难题。”[14]

“向大海进军”是南北战争后期重要的转折点。也因为这个胜利，北方军心大振，林肯顺利当选，连任总统。

但这个时候，其他战线都没有任何进展，包括总司令格兰特，他和南方的部队胶着在弗吉尼亚州，动弹不得。谢尔曼在南方撕开了一个巨大的口子，其破竹之势点燃了北方的希望，谢尔曼的名气一飞冲天，议员们很快在国会建议，任命谢尔曼为总司令，取代格兰特。

谢尔曼获悉后，立即给参议院写信，断然拒绝了这次提拔，他在信中说：“我很了解格兰特，他是一位伟大的将军。当我采取极端冒险行动的时候，他和我站在一起；当他有困难的时候，我也将和他并肩作战。我们必将取得战争的胜利。”

此后，谢尔曼继续率军进入南方的腹地，再度攻城略地，几个月后，南北战争就画上了句号。

“向大海进军”是美国军事史上的奇迹，也是历史上“全民战争”“总体战”的重要案例。谢尔曼认为，战争就是地狱，一旦开始，就应该是全民战争，就必须不遗余力地打击对方，不仅要消灭对方的军事力量，也要摧毁对方民间的经济基础和大众的心理承受能力。他对佐治亚州的烧杀劫掠，导致该州元气大伤，从鱼米之乡到一蹶不振，变成了长期落后的地方。这也给谢尔曼留下了“残酷”“魔鬼”的恶名，令其备受争议，但谁也不能否定他对南北战争的贡献。战后，谢尔曼的名声、军阶不断上升，1869 年，格兰特将军当选总统，谢尔曼这才取代他的位置，成为美军总司令。

1884 年，谢尔曼被提名为共和党的总统候选人，他坚辞不就，以他特有的果敢发明声明说："如果被提名，我不会接受；如果被选上，我不会就职。"这份声明被称为"谢尔曼声明"，表示一件事情毫无回旋的余地，这也集中体现了谢尔曼"一就是一，二就是二"的行为作风。后世的新闻记者在需要一个完全肯定的回答时，常常问对方是否能发表一份谢尔曼声明。2012—2014 年，希拉里反复向新闻界表示不会参选下届总统，但记者多次问她能否发表一份谢尔曼声明，她都拒不回答，媒体因此评论说，希拉里心里其实还是想参加选举。

多年后，谢尔曼在回忆往事时，又谈到"向大海进军"这次突袭，他总结说："历史上没有任何一次行军远征，曾经建立在像这次一样完善和肯定的数据之上。"[15] 因为数据，他也和肯尼迪结下了长期的友谊，肯尼迪后来不断给他写信，以寻求高层对普查统计工作的支持。

政治计算：解放黑奴的真正原因

对林肯而言，南北战争最大的意义是维护国家的统一，但如果把历史的镜头拉长、联系后续的事件，不难发现，南北战争更大的意义在于废除了奴隶制，在全国范围内确定了自由的资本主义生产关系，从而为 20 世纪美国崛起、成为世界第一强国奠定了基础。

然而，废除奴隶制并不是林肯的初衷。林肯就任期间曾多次强调，维护联邦的统一才是他最高的使命。[16] 林肯年轻的时候，也激烈抨击过奴隶制度，认为这是一种罪恶的制度。但时转位移，这个时候，作为总统，他已经是一名成熟的政治家了，他深知，政治不是人人平等的抽象辞藻，不是高调的普世价值，在这背后，政治家必须直面和解决一个个具体的社会问题：解放之后的黑奴怎么办？奴隶主将不再照顾他们，400万人吃什么？住哪里？以何为生？国家经济将无力承担400万人的生计，黑人群体将必然再次承受可悲的命运：他们将遭受歧视、憎恨，再次成为社会的牺牲品。

林肯为此费尽心思，不断设想种种可能，他甚至提出，战争一结束，就将黑奴遣散——把他们全部送出美国。但随后展开的外交努力表明，除了美国的前殖民地利比里亚，没有任何一个国家愿意接受黑奴的到来，黑奴即使想返回原籍也不可能。面对这个难题，作为国家的“总统计师”，肯尼迪又向林肯提交了数据分析报告。他分析说，从近几十年美国的人口增长情况来看，白人群体每10年的平均增速为38%，黑奴的平均增速为22%，而自由的黑人群体的增速仅为12%。肯尼迪因此预测，黑奴解放之后，贫穷会限制其人口增速，其占人口总数的比例将大幅下降，种种困难其实不用担忧，因为它们最终会消解在庞大的人口基数当中。

除了数据支持，肯尼迪的观点也有现实对照，那就是印第安人。作为一个种族，其人口总数正在不断下降，已经在美国社会生活中变得无足轻重，但林肯认为，黑人群体和印第安人缺乏可比性，他没有从这份报告当中得到任何启发和宽慰。后来的发展也证明林肯是正确的：黑人群体并没有消减，而是以相同的人口增速跨进了20世纪。

南北战争的前两年，北方军队频频失利、屡战屡败，作为总统，林肯也四处受制、举步维艰。他身边的工作人员描述说：总统每天都和身边的人讨论最新的战局，他非常忧郁，忧郁就像水滴一样挂在他的脸上，几乎就要“滴”下来！

在反复的讨论和权衡中，共和党党内最后达成了一致，他们认为，如果把黑奴作为一种军事力量动员起来，北方就有可能扭转战局。于是，解放黑奴、武装黑奴成了林肯的选项。然而，他的心头病仍然没有答案：战争结束后，黑奴怎么办？

但形势也由不得他多想，取得军事上的胜利是压倒一切的目标。1863 年元旦，林肯在忐忑不安中颁布了《解放黑奴宣言》，他宣布全美境内的黑奴立即获得自由，并允许黑人参加北方军队。消息传开后极其振奋人心，成千上万的奴隶逃往北方，最后共有 20 万黑人加入了北方的军队。

半年之后，南北两军在葛底斯堡展开了一次正面决战。这一仗打得无比惨烈，双方 20 万大军先是大炮对轰，然后短兵相接，最后打到手刃，共死亡 5 万多人，北方最终占了上风。这一仗扭转了战局，此后，林肯逐渐掌握了战场上的主动权。

林肯 1863 年被迫发布的《解放黑奴宣言》，成为其一生事业的巅峰。（图片来源：维基百科）

应该说，解放黑奴的宣言确实顺应了时代的需求，人人平等的口号占据了人类道德的制高点，激发了大众的良心和勇气，给予了参战军人（无论黑人白人）一种崇高的荣誉感和使命感。1864 年初，在准备“向大海进军”之前，谢尔曼给林肯写信，告诉总统他的部队士气高昂：“一名黑奴对我说，即使我们仅仅声称是为了统一的联邦而战，他也认为奴隶制是战争的起因，我们的胜利必将为其带来自由。”

林肯解放黑奴的决定，也在南方阵营激起了激烈的讨论。此前，黑奴已经在南方军队中担任做饭打杂、修路架桥等非作战任务。葛底斯堡战役之后，战势逆转，南方也面临巨大的兵员缺口，南方的将军们也都建议让黑奴参军，直接和北方作战。这遭到了南方政治家的坚决反对，他们认为，如果黑奴也能成为优秀的士兵，那就证明南方的奴隶制度是完全站不住脚的，仗也就不必再打了。

但形势比人强，争归争，为了赢得战争的胜利，南方最后也像北方一样，征召黑奴入伍。

即便如此，一切都为时过晚。“向大海进军”之后，北方军队摧枯拉朽，南方很快就被迫投降。

战火虽然熄灭了，但黑奴的问题远远没有完，林肯解放的只是黑奴经济上的自由权，关于黑奴的政治权利，尤其是选举权和投票权，却只字未提，宪法中“5 个黑人相当于 3 个白人”的计算口径，也没来得及讨论。1865 年 2 月，解放黑奴的宣言最后以修正案的形式写进了宪法，但两个月后，林肯便遇刺身亡。

终其一生，林肯也没有说过要给予全体黑人政治上的平等权。所以有历史学家认为，这谈不上真正的解放，即使是经济上的自由，也是林肯为了在战场上取胜的一个战略决定，而不是他的初衷，把“种族平等、解放黑奴”的帽子戴到林肯头上，是历史的误会，更是其遇刺之后的悲情放大。但也有历史学家解释说，作为共和党人，林肯一直重视经济自由多于政治平等，他认为，经济自由是第一位的，没有经济自由，政治平等就无从谈起；解放黑奴的决定，最终帮助全体美国人实现了经济自由，可谓意义深远。

拓展话题：经济自由 vs 政治平等

自由与平等都是人类重要的价值观，但从人类社会的发展实践来看，两者在一定程度上是相斥的。

当一个国家强调个人自由时，人们有机会各谋发展，但天赋和机遇的不同，必然导致差距，甚至出现弱肉强食的局面。所以，自由竞争的结果就是优胜劣汰，谈不上“平等”。如果国家和社会首先强调人与人之间的平等，就必须使政策、法律向弱者倾斜，但这会挫伤个人的积极性，干扰自由竞争。

美国民主、共和两党的政见之差，也反映在对待自由和平等的不同态度上：共和党强调经济自由，民主党注重政治平等。两党轮流执政，自由太多了，共和党就走人；平等太过了，民主党就下台，国家政策得以在自由与平等、效率与公平之间轮回。

林肯逝世之后，关于黑人政治平等权的争议开始全面爆发。引爆问题的导火线，又是宪法中关于议席分配和人口普查的条款。

根据宪法第一条第二款的规定，各州在国会的议席是按人口数量来分配的，但当时的计算方法是，每个黑奴按照 3/5 个自由人的标准进行换算，即 5 个黑奴才相当于 3 个自由人。黑奴被解放之后，脱离了奴隶的身份，一个就变成了“一个”，按照这个新的计算口径，南方各州的总人口会大幅增加，其在国会的议席也要相应增加。

国家权力又要重新调整，这一次，天平毫无疑问地要偏向南方各州。历史无比诡异，人口普查曾经是南方最大的敌人，现在突然又变成了他们的朋友。

战败的南方反而要扩大自己的政治权力？！这几乎让人感到不可思议，北方当然无法接受，但这是宪法的明文规定！北方的共和党人一

“计算”，发现南方不仅将获得额外的席位，新的议席还可能被南方的民主党尽收囊中，共和党将可能因此失去众议院的控制权，这将直接影响下一届总统大选的成败。

北方的共和党立刻开始寻找补救方案。为了避免南方政治势力扩大，他们最后提出修改宪法，国会的议席不再按先前的人口总数分配，而按各州有选举权的公民数量进行分配。当然，其潜台词是，黑奴可以被解放，但并不享有公民权，即没有选举权、投票权。如此这般安排，共和党相信，南方的议席就可以维持原来的数量不变。

这也表明，共和党根本无意赋予黑人政治上的平等权，大部分政治精英虽然认为奴隶制不合理，但还是觉得黑人低人一等。就连废奴派的领军人物、写出《迫在眉睫的南方危机》的赫尔珀也极度歧视黑人，甚至拒绝在有黑人出现的地方就餐。反对奴隶制并不代表支持人人平等，这也反映了人性极其复杂的一面。

但共和党没有想到，他们这个修宪的提议引起了“窝里反”：北方很多州自己跳出来表示反对。

这些州之所以反对，是因为当时的选举权是由各州自行规定的。几乎在所有的州，女性和外国人都没有选举权，北方各州聚集了大量外来移民，而且女性多于男性，如果按新的口径分配席位，个别州一计算，发现自己的议席反而会减少。他们当然不干！另外一个选择，就是全面赋予女性和外来移民选举权，而共和党担心这将导致更大的政治混乱。

不得已，共和党又回到了支持按人口分配议席的原点。但眼睁睁看着南方的议席就要增加，北方又心有不甘。在这种态势之下，一批共和党人开始鼓吹，应该顺应历史潮流，主动赋予黑人政治上的平等权。其中的原因，和林肯解放黑奴的初衷如出一辙：以人人平等的名义，占据道德制高点，这有利于争取选民，尤其是黑人选民。历史后来证明，这是共和党历史上最为成功的战略之一，此举确实扩大了其票仓，此后近半个世纪，共和党基本把持了总统的宝座。

由于战争刚刚结束，作为战胜方，北方的共和党主导了国会的发言权，在他们的推动下，1870 年，国会通过了宪法第十五修正案，赋予了黑人男性投票权，黑人在美国获得了和白人一样的政治权利。当然，这个权利还仅仅是纸面上的，接下来几十年，黑人依然难逃种族隔离的命运，到其选举权和被选举权真正被落实的时候，时间的指针已经转到了 1965 年。林肯当初的担心没错，在这 100 年间，黑人在美国社会还是备受歧视，上演了无数辛酸、痛苦和无助的悲剧！

兵家和数据：中国历史上的吉光片羽

中国是谋略之国，从古至今，中国的战场上也有一些善用数据的兵家和良将。

孙武，生于公元前 545 年，是中国古代兵法的集大成者。他在著作《孙子兵法》中讲到，兵法的基本原则有 5 条："一曰度，二曰量，三曰数，四曰称，五曰胜。"[17] 其中，"度"是指国土的大小，"量"是指粮草资源的多少，"数"是指军队的数量，"称"是指双方实力的对比。他的意思是，战争的胜负可以通过这 4 个因素进行估计，而这 4 个因素本质上都是数据，作战的双方都不断刺探对方的实力，试图获得准确的数据，同时也不断释放数据"烟雾"，以迷惑对方，掩盖自己的实力。

通过释放数据“烟雾”，以计诈敌，中国古代有不少著名的战例。春秋战国时期，魏将庞涓率10万大军进攻韩国，韩国不敌，向齐国求救。齐国派出田忌为主将、孙膑为军师，驰援韩国。田忌率军进入魏国境内之后，采用了孙膑的“减灶计”：开始设10万个灶，其后设5万个灶，最后减到3万个灶，尾随而来的庞涓见到齐军所留灶迹不断减少，因此判定齐军出现了大量掉队、减员的现象，他因此撇下主力部队，率领骑兵分队加速追击，结果在马陵中了孙膑的埋伏，兵败身亡。东汉期间，西北边陲的羌族起兵造反，名将虞诩率兵平叛。因一开始兵力不足，需等待援军，虞诩极力避免和羌族部队展开正面决战，他在行军途中使用了“增灶计”：命令官兵每人各造两个锅灶，并定期增加。羌兵见此，认为虞诩不断得到增援，不敢正面逼近，虞诩因此争取到了时间。

近代中国也有将帅善用数据的战例，中国的军旅作家程光记录过林彪在辽沈战役期间的一个故事：[18]

> 战役开始之后，在东北野战军前线指挥所里面，每天深夜都要进行例常的“每日军情汇报”：由值班参谋读出下属各个纵队、师、团用电台报告的当日战况和缴获情况。
>
> 那几乎是重复着千篇一律的枯燥无味的数据：每支部队歼敌多少、俘虏多少；缴获的火炮、车辆多少，枪支、物资多少……司令员林彪的要求很细，俘虏，要分清军官和士兵；缴获的枪支，要统计出机枪、长枪、短枪；击毁和缴获尚能使用的汽车，也要分出大小和类别。经过一天紧张的战斗指挥工作，人们都非常疲劳。整个作战室里面估计只有定下这个规矩的司令员林彪本人还有那个读电报的倒霉参谋在用心留意。

1948年10月14日，东北野战军以迅雷不及掩耳之势，仅用了30小时就攻克了对手原以为可以长期坚守的锦州并全歼了守敌十余万之后，不顾疲劳，挥师北上与从沈阳出援的敌精锐廖耀湘军团二十余万在辽西相遇，一时间形成了混战。战局瞬息万变，谁胜谁负实难预料。

在大战紧急中，林彪无论有多忙，仍然坚持每晚必做的“功课”。一天深夜，值班参谋正在读着下面某师上报的其下属部队的战报。说他们下面的部队碰到了一个不大的遭遇战，歼敌部分，其余逃走。与其他之前所读的战报看上去并无明显异样，值班参谋就这样读着读着，林彪突然叫了一声“停！”，他的眼里闪出了光芒，问：“刚才念的在胡家窝棚那个战斗的缴获，你们听到了吗？”

大家带着睡意的脸上一片茫然，因为如此战斗每天都有几十起，不都是差不多一模一样的枯燥数字吗？林彪扫视一周，见无人回答，便接连问了三句：

“为什么那里缴获的短枪与长枪的比例比其他战斗略高？”

“为什么那里缴获和击毁的小车与大车的比例比其他战斗略高？”

“为什么在那里俘虏和击毙的军官与士兵的比例比其他战斗略高？”

人们还没有来得及思索，等不及的林彪司令员大步走向挂满军用地图的墙壁，指着地图上的那个点说：“我猜想，不，我断定！敌人的指挥所就在这里！”

随后林彪口授命令，追击从胡家窝棚逃走的那部分敌人，并坚决把他们打掉。各部队要采取分割包围的办法，把失去指挥中枢后会变得混乱的几十万敌军切成小块，逐一歼灭。司令员的命令随着无线电波发向了参战的各部队……

拓展话题：数据和数字

1947年，粟裕带领的华东野战军在山东孟良崮围歼了国民党名将张灵甫率领的第七十四师，这场战役史称孟良崮战役，打得相当惊险、惨烈。战争结束之后清点战果，粟裕发现“所报歼敌数与第七十四师编制数相差甚大”，立即命令部队回到战场、继续搜索。这时候，第七十四师确实还有近7 000人的残部被打散在山谷中，由于粟裕及时进行了围剿，这7 000人还来不及集结，最后被全部歼灭。粟裕在事后总结经验时指出，之所以能全歼残敌，是因为其所属的各支部队都能够如实报告歼敌数量，没有浮夸。[19]粟裕的意思是，他之所以能够成功，是因为获得的是真实的“数据”，而不是虚假的“数字”。数据是对客观世界有根据的记录，而在情况千变万化的战争中，这类数据是极难获得的。

读完这些中国故事，中国古代兵家之善谋、林彪心思之缜密，确实令人佩服感叹，也可以想象，必定还有一些类似的故事散落在中国几千年的文明历史当中。但感叹之余，我们可以看到，无论是孙膑、虞诩还是林彪，他们使用数据的方式，和谢尔曼相比，都存在着巨大的差距。

1864年，谢尔曼是“面对地图、铺开所有的数据，有人读数、有人计算”，通过细致的数据分析，最后决定把部队分成5路大军，在没有后勤补给的情况下，6万多人行军35天、突进300多公里；而80多年后的林彪，是在众人皆昏昏欲睡的深夜，一个人听着那个倒霉的参谋读电报，突然灵光一闪、捕捉到蛛丝马迹，推测出敌人指挥部的真正所在地。

也就是说，谢尔曼使用的数据，是大量的、系统的、成片的，背后有专业的人员给予支持，而林彪使用数据的成功，是系于其个人对数据的敏感性，和谢尔曼相比，林彪使用数据的方式是零散的、原始的、以个人经验为基础的。不得不承认，就使用数据的方式而言，谢尔曼要高出一筹。

谢尔曼高出的一筹，并不是高在其个人素质，就个人的军事素质而言，林彪可能还高于谢尔曼。程光先生还在书中介绍说，从红军带兵时起，林彪身上就有个小本子，上面记载着每次战斗缴获的数量、歼敌的多少等数据，这种收集数据的习惯、几十年如一日的勤谨，非常人可比。而且，中国人也不是不会计算，谢尔曼面对的远征军补给问题，中国人早在北宋年间就认识到了，中国的科学家沈括还对远征军的补给问题做过详尽的数据分析，其主要计算过程如下：

> 一个士兵可以自带 5 天的干粮，一个民夫可以背 6 斗米，如果一个民夫供应一个士兵，两人同吃同行，其粮食能支持部队进军 18 天，若计算回程，只能进军 9 天；
>
> 如果两个民夫供应一个士兵，单程可以进军 26 天，若计回程，只能进军 13 天；
>
> 如果三个民夫供应一个士兵，而且每吃完一袋米，就遣返一名民夫，单程最多可进军 31 天，若计回程，只能进军 16 天。[20]

沈括继续分析说，对一支 10 万人的军队而言，随军辎重就要占去 1/3 的兵力，最后真正能上阵打仗的士兵其实不足 7 万，如果一个士兵需要 3 个民夫供应的话，就需要征召 30 万民夫，30 万人还需要组织和管理，这又要增加额外的人手。但就是这30多万人的庞大后勤规模，也只能支持部队行军31天。沈括因此得出结论：凡行军作战，应该争取从当地获取粮草和补给，这是最为紧迫的事情，否则不仅耗费大，而且走不远、跑不快，作战能力极为有限！

沈括的分析有数有据，但如何在当地获取补给，沈括只字未提。受限于时代，他当然回答不了这个问题，因为他根本没有更多的数据。

而这正是1864年谢尔曼高出的一筹，这一筹正是他有数可用：肯尼迪给他提供了大量的数据。这种"有数可用"，源于美国建国之后就开始的、长期的、周期性的努力以及强大的制度保障。这种制度化的数据收集体系，才是近代美国将军和中国将军在数据使用方面拉开差距的根本原因。也正是因为没有建立系统收集数据的制度，在中国几千年的文明史中，关于数据的故事只是吉光片羽，难成体系。

子沛曰：自古良将，用心于数者多矣，谢尔曼非独精此道也。孙膑减灶，破庞涓于马陵；虞诩疑兵，平羌军于西凉；林彪临战，细查歼敌缴获；粟裕领军，穷究伤亡俘毙……但较之谢尔曼以数据行军千里、决胜沙场，均有所不及，其中原因，非谢氏胜于孙虞林粟也，其"数"胜也。

注释

1 英语原文为："The census seemed to be the South's worst enemy." — Roy Nichols, *The Disruption of American Democracy,* 1948: 460

2 英语原文为："Few peoples have an adequate idea of the important part the cardinal numbers are now playing in the cause of liberty. They are working wonders in the south... Those unique, mysterious little Arabic sentinels on the watch—towers of political economy, 1, 2, 3, 4, 5, 6, 7, 8, 9, 0, have joined forces, allied themselves to the powers of freedom, and are hemming and combatting the institution of slavery with the most signal success. If let alone, we have no doubt the digits themselves would soon terminate the existence of slavery; but we do not mean to let them alone; they must not have all the honor of annihilating the monstrous iniquity. We want to become an auxiliary in the good work, and facilitate it." — *The Impending Crisis of The South: How To Meet It*, Hinton Rowan Helper, New York: Burdick Brothers，8 Spruce Street, 1857: 32

3 Calculating People: The Origins of a Quantitative Mentality in America, Patricia Cline Cohen, Dissertation, 1977.

4 *Congressional Globe*, 30th Congress, 2nd Sess, March 1, 1849: 628.

5 1850年普查的基本报告1853年才付印，全部数据直到1859年才整理完毕。

6 "屌丝"是2012年中国大陆地区兴起的网络流行语，多指出身卑微、相貌平凡的年轻男性。林肯出身贫穷的农民家庭，仅仅受过不到两年的正规教育，年轻的时候，曾经历十多次失业，步入政坛之后，又经历了很多次选举失败。

7 1平方英里≈2.6平方千米。——编者注

8 1蒲式耳小麦＝26.309千克；1蒲式耳玉米＝25.401千克。

9 On the Admission of Kansas, Under the Lecompton Constitution, Speech Before the United States Senate, Sen. James Henry Hammond, March 04, 1858. 南北战争爆发之后，南方确实切断了棉花的出口，并派专人前往英国和法国，进行棉花外交，希望两国能出兵进行干涉。但南方还是打错了算盘，英、法两国因为有一定的棉花储备，因此迟迟观望、按兵不动，最后看到南方撑不住了，他们又把宝押到了北方身上。

10 该图的具体背景请参见《大数据》，广西师范大学出版社，2012：101。

11 1英亩≈4 046.86平方米。——编者注

12 U.S. War Department. *The War of the Rebellion: A Compilation of the Official Records of the Union and Confederate Armies*, Washington: U.S. Government Printing Office, 1893, reprinted by The National Historical Society, 1971, 1（44）: 726–728.

13 同上。

14 英语原文为："The closing scene of our recent war demonstrated the value of these statistical tables and facts, for there is a reasonable probability that, without them, I would not have undertaken what was done and what seemed a puzzle to the wisest and most experienced soldiers of the world." —*The Naked Consumer*, Erik Larson, 1992: 33–34

15 *The American Census: A Social History*, Margo J. Anderson, Yale University Press, 1988: 64.

16 林肯在1862年8月22日给朋友的一封信中曾经写道："我在这场战争中的最高目标既不是保全奴隶制，也不是废除奴隶制，而是拯救联邦。如果我能拯救联邦而不解放任何一个奴隶，我愿意这样做；如果为了拯救联邦需要解放一部分奴隶而保留另一部分，我也愿意。"英语原文为："My paramount object in this struggle is to save the Union, and is not either to save or to destroy slavery. If I could save the Union without freeing any slave I would do it, and if I could save it by freeing all the slaves I would do it; and if I could save it by freeing some and leaving others alone I would also do that." — Letter to Horace Greeley, Abraham Lincoln, August 22, 1862

17 参见《孙子兵法·形篇》。

18 程光：《往事回眸》，香港北星出版社，2012。

19 粟裕：《粟裕战争回忆录》，解放军出版社，1988。具体内容请参见第十四章。

20 沈括：《梦溪笔谈》卷十一。

第三章　爆发：镀金时代的三重崛起

所有的科学，在抽象的意义上，都是数学；所有的判断，在理性的基础上，都是统计学。[1]

——C.R.劳，印裔美籍统计学家

在前一个半世纪所有伟大发明的背后，绝不仅仅是技术本身的长期进步，同时还有思维方式的改变。[2]

——刘易斯·芒福德（1895—1990），
美国科学哲学家、历史学家，1934 年

随着奴隶制的瓦解，美国的历史翻开了崭新的一页，进入了一个大发展的黄金阶段。这个时期，美国的工业化、城市化节奏不断加快：1860 年美国的工业总产值还不及英国的一半，但南北战争之后，美国犹如一辆疾驰的列车，一路轰轰向前，到 19 世纪 90 年代，它超越了英国，一跃成为全球最大的经济体。

从 1865 年美国内战结束到 1900 年美国崛起的这一历史阶段，被称为“镀金时代”。[3]

如果说在内战时期，数据激起了动人的浪花，那到了镀金时代，数据就开始在美国社会形成波澜，演绎出一幅壮阔的社会图景。

之所以说“壮阔”，是因为在镀金时代的30多年间，美国的数据文化相继完成了思维、组织和技术的三重崛起，结出了丰硕的果实，登上了时代的巅峰。这些成就的取得，首先要归功于统计思维的转变。镀金时代的快速发展也激发了大量的社会矛盾，在奔涌的历史洪流中，大众焦虑、迷失，他们渴望了解事实、掌握真相、把握未来的发展方向，一部分开明的政治家开始极力鼓吹数据的重要作用。他们认为，数据不仅代表事实，其中还隐藏着社会发展的规律，通过数据不仅能总结过去，还能预测未来，要治理好社会，就要用好数据。在他们的推动下，统计学家的队伍不断壮大，统计部门的组织架构不断完善。1900年前后，美国的中央政府形成了农业统计局、人口普查局、劳工统计局和经济分析局四足鼎立的统计机构格局。统计部门不仅发布原始的调查数据，还尝试发布各种经过复杂计算产生的指标，例如失业率（Unemployment Rate）、生活成本指数（Cost of Living Indicator）、工资指数（Wage Index）等，这些指标不仅监测经济发展的波动，还预测未来的走向，在世界范围内，都是重要的创新。在此期间，美国的人口普查也脱胎换骨，完成了向现代化的转型：虽然还承担着数据分权的功能，但其重要性已经大大降低，普查的目的，首先是服务于国家政策的制定，其次是监测社会的发展，再次是满足公共信息的需要，最后才是作为议席分配的依据。因为这些新的功能，普查的范围也远远超出了“人口”的范畴。1880年，原来的人口普查扩展为5个部分：人口普查、出生死亡率普查、农业普查、社会普查和工业普查。普查的问题也从1870年的100多个急速扩至1万多个，加上人口的自然增长，可以想象，普查产生的数据量越来越庞大，分析处理1880年的数据，普查办公室用了整整8年。

随着数据的增多，数据的处理开始成为挑战。人口普查产生的大数据，很快就催生了人类历史上第一次重大的信息技术创新。这次创新也是20世纪全球信息技术革命的先导，它波及全世界很多个国家，影响了其后整整一个世纪。

这三重崛起的起点，是1869年。

詹姆斯·加菲尔德（1831—1881）

1880年当选为美国第二十任总统，之前，其代表俄亥俄州连任9届众议员。在担任众议员期间，他把人口普查推向了现代化的高度。加菲尔德是一名数学爱好者，1876年，他在国会与议员们讨论数学问题时受到启发，其后发表了一篇论文，对勾股定理提出了自己独特的证明方法。他是历史上唯一一位发表过数学论文的美国总统。（图片来源：维基百科）

用数据预测：转变思维方式

南北战争结束之后，美国社会伤痕累累，百业待兴，普查工作的重要性不言而喻。这个时候，美国出现了一批具有强烈数据意识的政治家和专业人士，其中最重要的代表，是众议员詹姆斯·加菲尔德（James Garfield）。

加菲尔德出身贫寒，为了完成大学的学业，他在很多地方打过工；毕业之后，他做过教师、律师，当过州议会的参议员；南北战争爆发后，他加入了北方的部队，因为作战勇猛，后来晋升为少将。

和林肯一样，加菲尔德也是共和党人，但他反对林肯的南北和谈。他不仅强烈主张“打”，还是全民战争的倡导者，但在“向大海进军”之前，全民战争的理念一直得不到共和党高层的认同，所以加菲尔德在军内并不得志。直到 1864 年，谢尔曼违背林肯的意愿，在佐治亚州发起全民战争，其雷霆破坏之力震慑美国大地，南方迅速溃败，林肯这才想起加菲尔德，并对他另眼相看。

这个时候，加菲尔德已经弃军从政，成功当选为众议院的议员。战争结束时，他已经在众议院小有名气。一部分共和党人主张把投票权赋予黑人群体，加菲尔德就是其中最主要的推动者。也正是在为共和党不断进行利益计算的过程中，他开始了解到人口普查的重要性。加菲尔德认为现行的普查制度有许多不足，已经滞后于时代，特别是 1860 年的普查，毫无新意，因此必须改革。1869 年夏天，作为国会人口普查委员会的主席，他开始着手草拟普查改革的新方案。

加菲尔德接手的时候，美国已经进行了 8 次普查。此前所有的普查都是由国会设计问卷，制订方案，然后由联邦政府的临时机构——普查办公室负责统筹开展。普查办公室只是设立在华盛顿的一个指挥机关，基层的普查需要大量的人力、物力和财力，这部分工作，从 1790 年的第一次普查起，国会就委托各州的联邦执法官（federal marshal）组织实施。联邦执法官是联邦政府安插在各州的司法工作主管，由参议院任命。各地的执法官，根据所在地面积的大小、人口的多少雇用数量不等的普查员，完成登门入户的问卷调查工作。肥水不流外人田，可以想象，这些普查员大多是执法官的下属或亲属。

1843 年，“黑人一自由，马上就发疯”的风波发生之后，“数据英雄”

贾维斯历经几年的追踪查对才发现，错误的原因是普查员把信息填错了位置。统计学家开始意识到，问卷的填报是全部数据的源头，至关重要，一线的数据收集工作并不是简单的问答和机械的填报，需要一定的技巧。另外，随着普查范围的扩大，一些敏感的问题，例如个人信息是否需要保密，该如何保密，开始引起讨论。

在此之前，保密根本不是一个问题。各地的执法官为了提高数据的准确性，在普查完成之后，还在城市、村庄的显要位置张贴普查结果，号召民众进行补充和核对。1850 年，肯尼迪由户到人的改革把普查推进到个人的粒度，因为涉及个人财产、疾病、死亡时间等敏感信息，公开张贴的做法就停止了，但对普查中个人填报的信息，仍然没有任何保密措施可言，各级政府官员、国会议员可以说是要查就查、想看就看。

当然，每次普查前最大的争议，还是普查的内容和范围。

新旧问题接踵而至，人们把怀疑、期待甚至挑衅的目光投向了这位新任的普查委员会主席。作为改革的发起者，加菲尔德的方法是广开言路、集思广益。他向全社会公开征集具体的方法和意见，身边很快就集聚了一批专业人士，形成了一个智囊团，其中有统计协会的主席、联邦政府的专家，还有社会各界的知名人士。1869 年夏天，智囊团在国会大厦地下室频频集会，逐条讨论普查的细节。当年秋天，加菲尔德正式在国会提出了 1870 年第九次人口普查的方案，这份方案因其科学性、完备性，被后世认为是美国普查由传统向现代转型的标志；这一年的国会辩论，也是美国建国之后对普查和统计最广泛、最深入的一次总结和讨论。

和 19 世纪 30 年代相比，美国的政治精英对于数据的认识，已经上升到一个新的高度。加菲尔德的智囊团认为，数据不仅仅代表"真正的事实"，经由统计工作系统化收集的成片数据，除了代表事实，还蕴藏着事物的发展规律。这种规律支配着整个社会的发展，一旦掌握它，你就可以把握社会的脉搏甚至预测未来。因此，人类使用数据，不应该仅仅局限于用数据说话、用数据支持自己的观点，而且要通过数据获得启示，发现新的知识和规律。但美国社会才刚刚意识到这种规律的存在，其研究工作遭遇到很大的阻力："在研究这种规律的过程中，我们每一次努力都遭到了顽固的抵抗。在这种斗争中，统计已经成为科学的侍女，它给饥荒和瘟疫、无知和犯罪、疾病和死亡等黑暗的领域带来了大片的光明。"[4]

加菲尔德认为，数据就是社会规律的载体，统计就是发现这种规律的手段，因此，"对一个现代政治家来说，统计科学必不可少"。他在国会辩论中主张，也许我们不同意"数据在统治这个世界"这种极端的说法，但我们完全同意，数据能够表明我们这个社会是如何被统治的。

拓展阅读：社会物理学，用统计方法揭示社会规律

加菲尔德认为，数据之中蕴藏着社会发展的规律，这种思想有其时代背景和学术渊源。1827年，法国开始公布每年的犯罪情况，比利时天文学家、数学家凯特勒（Adolphe Quetelet）发现，以国家为单位，各种犯罪类型的年度总数几乎处于一个恒定的状态，即年度差别很小。（犯罪率的概念就是在这个时期产生的。）后来又有统计学家发现，伦敦市的自杀率几乎是恒定的，即无论在什么时代，经济萧条也好，繁荣也罢，总有一定数量的自杀事件，就好像存在一种引力吸引人去自杀一样。19世纪30年代，法国数学家泊松（Poisson）完成了“大数定律”的证明，该定律表明：在重复的试验中，随着试验次数的不断增加，事件发生的频率会越来越趋于一个稳定的数值。这些进步和发现使人们相信，所有的社会现象背后都存在规律。

在这些研究的基础上，1835年，法国哲学家孔德（Auguste Comte）和比利时天文学家凯特勒先后提出了社会物理学（Social Physics）的概念，它后来逐渐发展为一个学派。该学派认为，人类社会是自然界的一部分，社会运行就像天体运行一样，存在精确的、数据上的规律，并且不以人的意志为转移。就个体来说，一切都是不确定的，但是一旦加总全社会的情况，就能发现人群之中稳定的规律。社会物理学的目的就是利用统计的方法，挖掘、揭示群体行为的规律。

加菲尔德在方案中写道：“作为立法者，我们才刚刚开始意识到，只有遵循社会运行的法则和规律，才能调控各种社会力量，其中的道理就像物理科学一样。立法者要把法律根植在人民的意愿之中，法律还要建立在统计科学揭示的社会规律之上。立法者必须研究社会，他必须认识到，一个社会总有犯罪，但罪犯只不过是这个过程的实施者，政治家应该考虑的，不仅仅是规避犯罪、惩罚罪犯，而且要根除犯罪产生的原因和土壤。”[5]

加菲尔德把普查定义为美国最基础、最核心的统计工作。他认为，经由普查收集的数据，除了蕴藏着社会发展的规律，这些数据本身也在记录人类的历史，这种记录是一种全新的历史书写方式。

他在国会演讲中说：“直到现在，历史学家还是以一种总体的形式研究一个国家，他们只能给我们讲述帝王将相以及战争的历史，但关于人民本身——我们庞大社会中每个生命的成长、各种力量、细节及其规律，历史学家说不出太多的东西……未来的美国历史不应该是这样，它应该是普通人的历史。而普查，把我们的观察放大到民房、家庭、工厂、煤矿、田野、监狱、医院等集中展示人性之强大及脆弱的所有地方，这使新的历史记录成为可能。”[6]

加菲尔德的这些言论掷地有声，成为对普查和统计工作的经典论述，不仅当时就在众议院激起了广泛的认同和支持，在历史的长河中，也因为其强大的预见性而熠熠生辉。100 多年后，人类迈入了大数据时代，我们对数据的理解，其实也没有跳出加菲尔德当年设定的框架。

在阐述了统计的重要性之后，加菲尔德提出了具体的改革意见：一是提高普查的专业化水平，二是全面扩大普查范围。他认为，普查不仅要延伸到经济事务，还要覆盖社会生活的方方面面。

加菲尔德首先建议取消联邦执法官对基层普查的领导权，他主张通过统一招聘、培训上岗的方式，打造一支专业的普查员队伍。他认为，联邦执法官在普查一线的介入，给普查工作带上了“警察”的色彩，人们将担心普查数据会服务于征税、执法等政府管理工作，因而有所保留，这大大降低了数据的真实性。更重要的原因在于，问卷调查的过程需要技巧，经过统一培训的专业队伍，将减少人为的错误，提高数据录入的准确性。

专业化还有利于提高普查的速度。1850 年、1860 年的两次普查，仅仅“点人头”，就用了半年的时间，其后的数据汇总和分析工作，1850 年用了 9 年，1860 年也用了整整 6 年。[7]加菲尔德认为应该向英国学习，英国在一天之内就可以完成人口清点的工作，美国即使幅员辽阔、人口众多，“点人头”也应该在一个月内完成；其后的数据汇总和分析工作，应该在两年半以内全部完成。

加菲尔德还建议，国会应该通过专门的法律，规定所有的普查结果保密，除非公民自己同意，个人提供的有关信息不能成为征税的证明或者法庭的证据。除了普查机关，其他任何政府机关都不可以查询、复印、持有任何公民的普查记录。加菲尔德还提出，这些保密条款应该印在普查问卷上，作为政府对民众的公开承诺。此外，在普查之前，美国总统应该代表中央政府发表专门声明，对这些承诺和规定给予最高级别的确认，以促进全社会的配合，提高数据的真实性和准确性。

加菲尔德的这个建议，为普查工作开启了一个新的、重要的话题——隐私。隐私的话题此后延续百年，到大数据时代，甚至成为社会的焦点。隐私权在美国社会的正式定义及提出，却是1890年的事[8]，加菲尔德的建议可谓深谋远虑。

关于扩大普查范围，加菲尔德认为，普查应该成为国家经济发展和社会生活的写真，应该成为全国人民的“数据名册”，展现人民大众的出生、死亡、生活状况、文化水平以及道德的力量。他首先建议把普查扩大到新兴的经济领域，例如，应该将铁路公司、保险公司和矿山纳入普查范围。加菲尔德举例说，保险业正在飞速发展，根据最新的行业数据，1860年，全国只有17家保险公司，到1868年，美国已经有55家保险公司，人寿保险承保额高达15.28亿美元，火险和海事险承保额更高，达到30.92亿美元。[9]人民大众的投资如此巨大，因此必须掌握这些新兴公司的运行情况，以确保社会安全和行业的健康发展。

关于对社会生活的数据收集，加菲尔德也提出了许多详尽的意见，例如，他主张对各种残疾人群开展调查，他以1851年的法国为例，当年法国的人口不到3 600万，但普查结果显示，聋哑盲残人士以及精神病患者竟然接近200万。加菲尔德指出，在法国这个高度发达的国家，居然有1/18的残疾人口。美国正面临工业化的挑战，因此必须搞清楚自己的实力、分析问题产生的原因、采取措施提高人口质量。又如，他建议统计每个人的死亡年龄、原因，以研究死亡和职业、性别、地区等因素之间的关系。再如，对工人工资的统计，他建议不再采用公司提供的工资数据，而应该采用工人自己提供的数据。

加菲尔德还主张进行房屋普查，他在国会的演讲中大声疾呼："没有几样东西，能像一个人拥有的房子一样，表明他真正的生活条件。普查应该了解我们普通的美国人到底居住在怎样的房子里。它的材料是什么，是木头、砖瓦还是石头？它价值几何？"[10]

1869 年 12 月，加菲尔德提出的改革方案在众议院高票通过。1870 年 1 月，在他的推荐下，其智囊团成员弗朗西斯·沃尔克（Francis A. Walker）被格兰特总统任命为普查办公室主任，主持 1870 年的人口普查工作。

但加菲尔德的方案在参议院引起了分歧和争议。丢了工作的肯尼迪愤愤不平，他在参议院的听证会上，极力捍卫前两届普查的先进性和合理性，他甚至引证欧洲各国的评论，以证明 1850 年的普查是世界级水平。肯尼迪也得到了不少参议员的支持，有参议员在会上朗读法国首相基佐（Guizot）的来信。基佐评价说，美国 1850 年的普查在人类历史上是开创性的、无可匹敌的，不少参议员纷纷表态支持。

然而，所有这些都是"面"上的理由，参议院的多数议员之所以反对加菲尔德的方案，真正的原因是，每 10 年一次的基层普查涉及大量经费，而经费的主管人员——联邦执法官，正是参议院选拔任命的，可谓其嫡系地方部队。加菲尔德的方案提出要剥夺联邦执法官对基层普查的领导权、成立专业的普查员队伍，这无异于要拿走已经放在他们盘子当中的奶酪！

人类的政治史，说到底，就是各种利益不断调整的斗争史。利益的调整充满了试探、算计、对抗和冲突，向来都难以一次到位。几个月后，参议院否决了加菲尔德的方案，1870 年的普查基本沿用了 1850 年的老办法。

尽管加菲尔德功亏一篑，但他埋下了一颗希望的种子。20 年后，加菲尔德的努力才开花结果，大放异彩。历史的发展常常就是这么耐人寻味，今天你在这边播种浇水、用心呵护、翘首苦等，却总也不见发芽，日后在不经意间发现，它竟已经在别处开花结果。拉长历史的镜头，我们可以看到，一件事情本身的成败并不是故事的全部，因为一事将牵出另一事，万事万物总是互相关联的，只要事情代表了未来的发展方向，就一定会以某种方式结出果实。

弗朗西斯·沃尔克（1840—1897）

沃尔克不仅是著名的统计学家、经济学家，还是一名教育家。他在担任麻省理工学院（MIT）校长期间，大力推广通识教育，曾经引起该校历史上持续半个多世纪的讨论。受其影响，麻省理工学院规定，从 1975 年起，所有本科生必须在人文、艺术、社会科学领域选修 8 门课才能毕业。沃尔克主张加强教师培训、提高教师待遇，减少中小学生不必要的课程，强化数学教育。现麻省理工学院校园内建有沃尔克大楼，以纪念他的贡献。（图片来源：维基百科）

总统之死：专业化的悲情序曲

加菲尔德种下的种子，就是新任的普查办公室主任沃尔克。

这一年，沃尔克 29 岁，在出任这个职位之前，他曾经在财政部的经济分析局（BEA）做过两年的统计师。正是因为从事统计工作，他才得以加入加菲尔德的智囊团。沃尔克出身于书香门第，他的父亲是著名的政治经济学家，依托人口普查这个平台，沃尔克后来也成了著名的经济学家、统计学家。

因为加菲尔德的改革方案受挫，1870 年的普查没有大的改变，但沃尔克在任期内大力鼓励发明和创新，取得了一系列成果。在他的鼓励下，其员工西顿（Charles Seaton）发明了西顿制表器（Seaton Device），这是美国历史上第一件用于数据处理工作的机械设备。当年，经沃尔克提请，美国国会通过了专门的法案，给予西顿 15 000 美元的奖金，这在当时可是一笔巨款，相当于西顿本人 29 年的工资。

沃尔克也在统计领域不断创新。1874 年，在他的主导下，1870 年的人口普查除出版常规报告外，还在 1874 年出版了《统计地图集》(*Statistical Atlas*)，见图 3–1 至图 3–6。该地图集把美国的地理特征、人口密度、社会资源、经济财富、出生死亡率等数据，以可视化的形式标注在地图和表格上，54 份图表完全由手工绘制，很多设计匠心独运，极大地方便了数据的对比和解读。出版之后，整个欧洲都为之惊叹，从此对美

西顿制表器的工作原理：利用活动的卷轴同时固定多张问卷，用手摇动卷轴可以同步查阅各张问卷上相应的数据，大大方便了制表工作。（图片来源：W. R. Merriam, “The Evolution of American Census Taking”, *The Century Magazine*, Vol. 65, 1903）

图 3–1　1870 年美国人口地图

此图用不同的颜色及其深浅表示各个地区人口密度的大小，颜色最深的地方表示每平方英里的人口为 90 人以上，黄色部分则代表印第安人聚居区或农场、狩猎区。可以看出，1870 年，美国的人口仍然集中在东海岸的新英格兰地区，西海岸只有个别狭长的地带有人聚居，而中部主要是印第安人聚居区，人烟稀少。（图 3–1 至图 3–6 均来自 1874 年沃尔克制作的《统计地图集》，该地图集现保存于美国国会图书馆。）

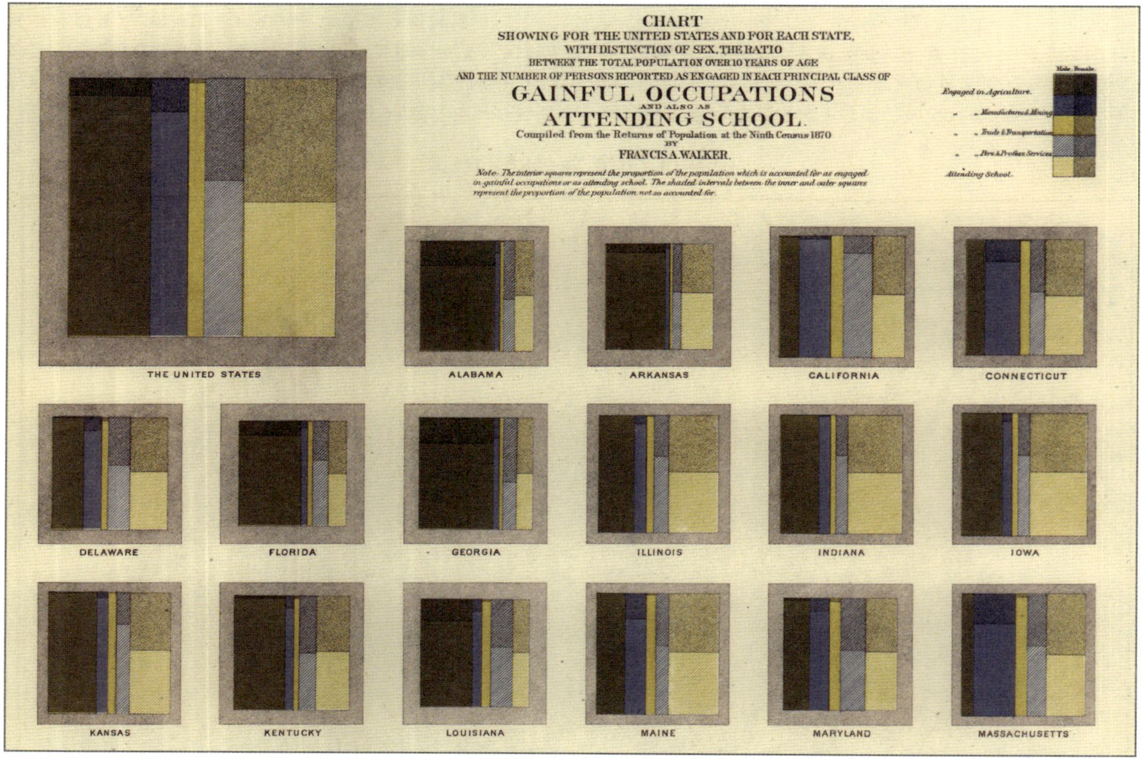

图 3–2　1870 年职业分析图

这是美国历史上保存最早的矩形图，构图非常巧妙，在这个基础上，后世产生了矩形式树状图（treemapping）。此图代表 1870 年美国男女的职业分布以及男女受教育的比例。左上角的大方框为全美的情况，其余为各州的情况。从左上角的大方框可以看出 1870 年全美各个行业男女雇员的比例，例如在农业中，男性远远超出女性；在制造业中，女性比例略有增加。而受教育的比例，则男女几乎一样。

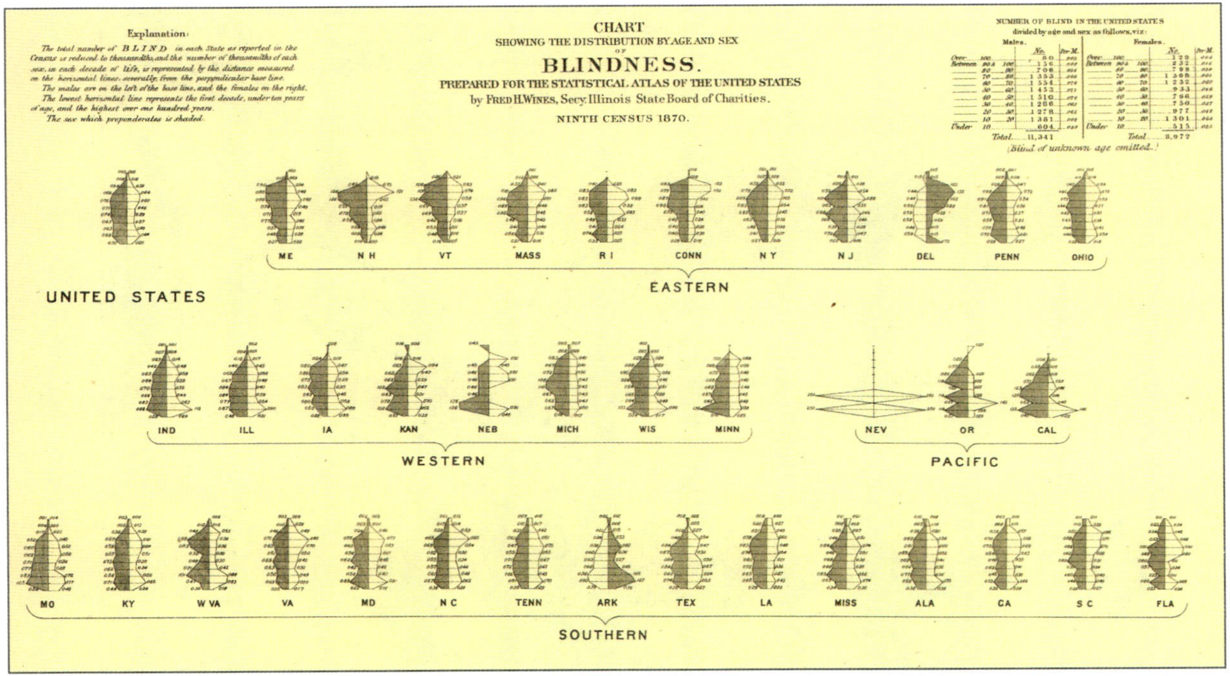

图 3–3　1870 年盲人分析图

此图表示 1870 年美国各个地区盲人在所有人口中所占的比例。左上角的图形表示全美的情况，其余各个小图表示各个地区的情况。图中黑色部分代表男性盲人，白色部分代表女性盲人，各个点代表不同的年龄段。以全国的情况为例，男性盲人最多的年龄段为 60~70 岁，而女性盲人最多的年龄段为 70~80 岁。

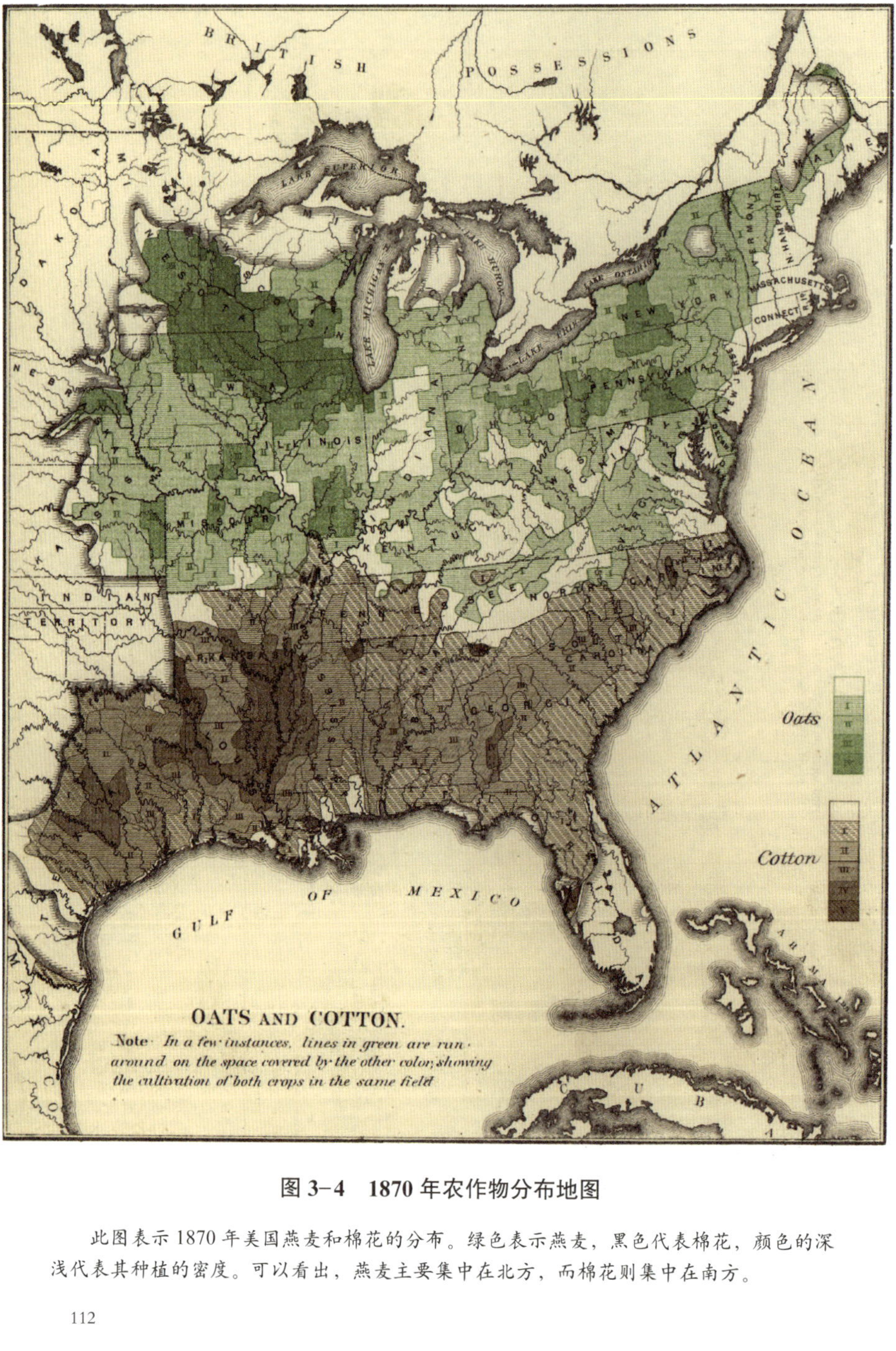

图 3–4　1870 年农作物分布地图

此图表示 1870 年美国燕麦和棉花的分布。绿色表示燕麦，黑色代表棉花，颜色的深浅代表其种植的密度。可以看出，燕麦主要集中在北方，而棉花则集中在南方。

图 3–5　1870 年纳税分析图

此图用颜色的深浅表示各个地区人均纳税额的多少，红色最深的部分表示人均纳税额为 17 美元以上的地区，而地图底色的部分表示人均纳税额为 1 美元以下的地区。

图 3-6　1870 年文盲分析图

此图用颜色的深浅表示各个地区文盲占其人口的比例，颜色最深的地方，表示文盲比例为 60% 以上。

国的统计界刮目相看。沃尔克本人也因此获得了国际统计协会的大奖，成了饮誉世界的统计学家。

第二章谈到，在1850—1870年，欧洲在数据可视化方面涌现了很多经典的作品。1874年美国这本地图集的出版，令欧洲赞叹不已，也有统计学家认为，这本地图集的出版标志着美国的统计学开始超越欧洲。

为了研究美国人口在地理位置上的变化趋势，沃尔克还在1874年首创了“人口重心”（Population Center）的概念，这个概念后来被世界各国的人口研究者沿用（见图3–7）。

图3–7　美国1790—2000年人口重心的移动图

三角形标记的所在位置为美国不同阶段的人口重心。从图中可以看到，1790年，美国的人口重心在马里兰州，此后不断西移，2000年，已经西移到中部的密苏里州。这表明，西部的人口不断增多，也表明到2000年，美国东西部的人口基本平衡。（图片来源：美国人口普查局）

拓展话题：什么是人口重心？

任何物体都有一个重心，例如，一根均匀木棒的重心在其中间点，一个均匀球体的重心在其球心。为了理解人口重心的概念，我们可以把某个地区想象成一个质地均匀的平面，假设平面上的每个人都有相同的重量，那这个平面就像其他任何物体一样，存在一个重心，沃尔克称之为人口重心。通过人口重心，该地区的总人口可以被看作集中在这个点上的一个人口总体，这个点也表明了一个地区人口分布的总趋势或中心区位。据计算，2010年，中国的人口重心在安徽合肥。人口重心已经是当代城市研究的一个重要概念，例如，一个城市的人口重心如果与其经济中心距离过远，就肯定会产生交通拥堵问题。

1879年，第十次人口普查即将展开，这也是美国建国百年后的第一次普查。此时的加菲尔德早已今非昔比，他不仅担任国会多数党的领袖，还被提名为共和党的总统候选人，成为人气高涨、炙手可热的人物。十年磨一剑、卷土重来，在1869年方案的基础上，加菲尔德再次提出了普查改革方案，这一次，他的主张基本上在参众两院全盘通过。沃尔克再次获任普查办公室主任。

此后不久，加菲尔德又赢得了总统大选，入主白宫，登上了他政治生涯的顶峰。

在加菲尔德的支持下，沃尔克得以大展拳脚。根据新的普查方案，联邦执法官主持基层普查的体制被正式废除，沃尔克在全国划分了150个普查片区，在每个片区都组建了一支专门的普查员队伍。这一年的普查范围也得到前所未有的扩张，总共扩展为5个部分：人口普查、出生死亡率普查、农业普查、社会普查和工业普查。针对人口、矿山、银行、保险等各个单位的问卷一共215张、各类问题13 010个，而

1870 年，问卷仅有 5 张，所有问题加起来也不超过 156 个。

因为普查范围成百倍地扩大，沃尔克的普查队伍像是迈进了“数据丛林”，“千数万数”扑面而来：150 个片区一共雇用了 31 382 名基层普查员，其人数相当于 1870 年的 5 倍；华盛顿的数据处理、分析人员也从 1870 年的 438 人增长到 1 495 人；最后出版的普查报告长达 21 458 页，而此前的报告最多不到 3 500 页。总之，因为数据的剧增，各个指标都达到了历史峰值（见图 3–8 至图 3–11）。

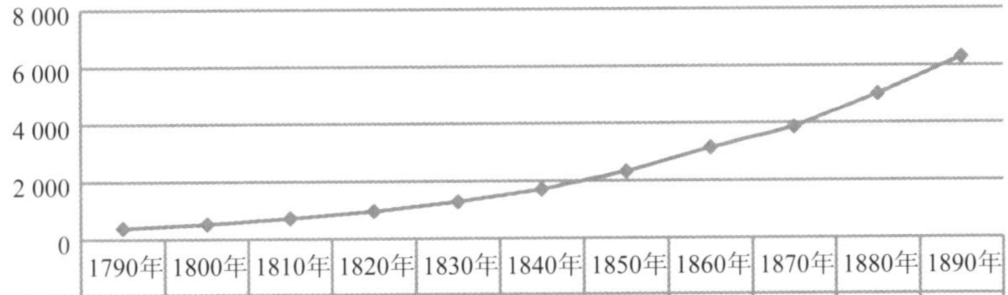

	1790年	1800年	1810年	1820年	1830年	1840年	1850年	1860年	1870年	1880年	1890年
人口	393	531	724	963	1 287	1 707	2 320	3 144	3 856	5 016	6 298

图 3–8　1790—1890 年美国人口的变化（单位：万人）

利用几何平均数，我们可以算出在 1790—1890 年这 100 年间，美国人口每 10 年的平均增速为 32%。（图 3–8 至图 3–11 中的数据来自美国人口普查局。）

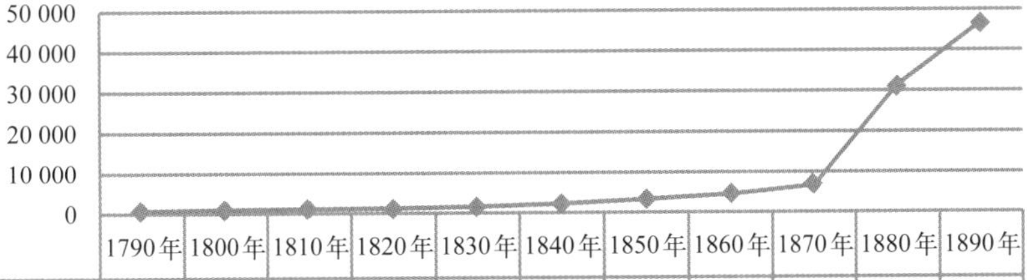

	1790年	1800年	1810年	1820年	1830年	1840年	1850年	1860年	1870年	1880年	1890年
人数	650	900	1 100	1 188	1 519	2 167	3 231	4 417	6 530	31 382	46 804

图 3–9　1790—1890 年基层普查员数量的变化（单位：人）

1880 年基层普查员的数量几乎是 1870 年的 5 倍之多，数据量的增长可见一斑。

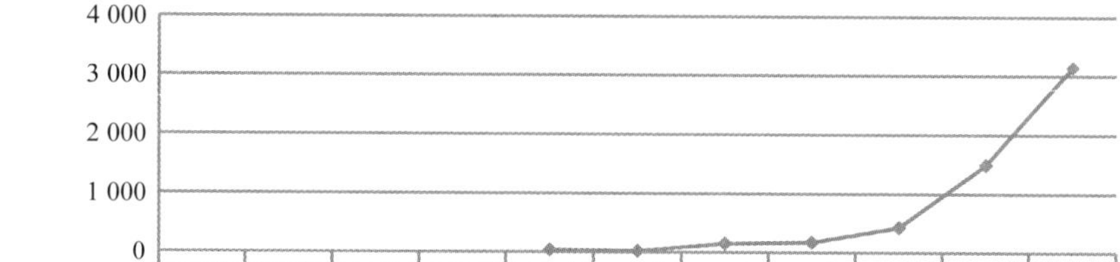

	1790年	1800年	1810年	1820年	1830年	1840年	1850年	1860年	1870年	1880年	1890年
人数					43	28	160	184	438	1 495	3 143

图 3-10　1790—1890 年数据分析处理人员数量的变化（单位：人）

1790—1820 年没有雇用数据分析人员，所以是空白；1860 年之后，数据分析人员呈成倍增长的趋势。

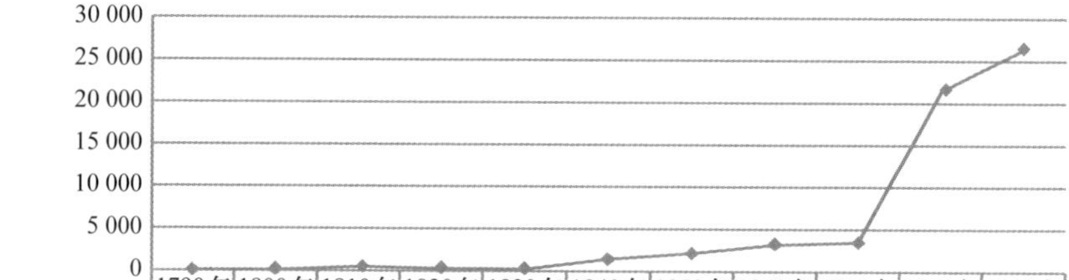

	1790年	1800年	1810年	1820年	1830年	1840年	1850年	1860年	1870年	1880年	1890年
页数	56	74	469	288	214	1 465	2 165	3 189	3 473	21 458	26 408

图 3-11 1790—1890 年普查报告总页数的变化（单位：页）

1790 年第一次人口普查的报告不足 100 页，1880 年和 1890 年则上升到 2 万多页。

除了建设专门的基层普查员队伍，沃尔克对总部 1 000 多名统计分析人员也提出了更高的要求。19 世纪 80 年代，统计学已经走进了美国大学的课堂。除了聘请知名的统计专家主持工作，沃尔克还坚持“科班出身”的用人标准，招聘了几百名大学毕业生，充实他在华盛顿的指挥分析中心。而在这之前，这 1 000 多个工作职位都是国会议员大送人情的机会，也就是前文谈到的分肥制的延伸，但沃尔克坚持认为，统计工作需要专门的技能，他甚至亲自设计试题、组织入职考试。一时间，普查办公室精英云集，成了联邦政府知识化程度最高的部门。但沃尔克的这种做法，把国会的议员得罪光了。

这时候的肯尼迪仍然待在华盛顿，还一心想夺回主任的官位，沃尔克不合“时宜”的做法让他看到了东山再起的机会。肯尼迪于是四处活动，散布对沃尔克的言论攻击。

1881 年 6 月，沃尔克完成了庞大的人口清点和问卷工作。这一年，美国的人口首次突破 5 000 万，较 10 年前增长了 31%。正当他踌躇满志地准备启动数据汇总工作之时，却晴天霹雳般地传来了一个噩耗。

历史上不乏一些人物，他们在登上时代的巅峰之后，便如流星般急速坠落，铸成一段悲情历史。加菲尔德就不幸成为其中的一员。1881 年 7 月，加菲尔德就任总统还不到半年，一名在分肥过程中“伤不起”的律师对准他扣下了扳机。一声枪响，加菲尔德步了林肯的后尘，成为美国历史上第二位遇刺身亡的总统。

加菲尔德总统了解普查事业的每一个细节，沃尔克正期望其上任后能以雷霆之势，为这个国家的统计工作开拓新的局面，加菲尔德也准备任命沃尔克担任内务部部长，让他成为自己的左膀右臂。两人惺惺相惜，友情的起点，就是 1869 年夏天的国会大厦地下室。

正当踌躇满志之际，情势却逆转而下。加菲尔德的死令沃尔克扼腕叹息，更令他怆然泪下的是，触发悲剧的原因正是他们两人长期不断大声反对的政党分肥制。

加菲尔德遇刺后不久，沃尔克的普查陷入了财政危机。他的摊子铺得太大，需要新的拨款，却迟迟得不到国会的响应。国会之所以反应迟滞，当然是因为他得罪人太多，又失去了背靠的大树。无奈之下，沃尔克只好减员。他忍痛解雇了700多名辛苦招聘来的数据分析处理人员，但对剩下的一半，很快也发不出工资了。

祸不单行，肯尼迪此时乘机连续在报上发表评论文章，批评沃尔克领导不当，把第十次美国普查带到了进退两难的泥沼之地。

内困外扰令沃尔克心力交瘁，他对官场失去了兴趣和信心。1881年11月，他辞去了普查办公室主任的职务，西顿接替了他的职位。

就这样，1869年揭幕的这场改革运动，主角死的死、走的走，以悲情告终。但故事并没有画上句号，加菲尔德的坠落还是划亮了夜空。他的死警醒了美国的政治精英，加速了美国公务员群体职业化的步伐。1883年，美国国会通过了《彭德尔顿法》，规定政治和行政两相分开，分肥制只适用于少数政治职位，行政部门的公务员必须通过考试、择优录用，同时不能加入任何党派，即保持政治中立。

拓展话题：美国公务员制的起点——《彭德尔顿法》

除了加菲尔德总统遇刺身亡这个直接原因，《彭德尔顿法》的推出，还有更深刻的时代背景和原因。19世纪80年代，打字机开始在美国政府普及，这意味着写一手好字变得不再重要，新设备的出现，要求公务员群体掌握一些特殊的知识和技能。

《彭德尔顿法》主要有三个内容：一是要求公务员政治中立；二是预防公务员腐败；三是通过公开考试选拔公务员。但《彭德尔顿法》的推行遭遇了不少阻力和困难，此后历经10多年，公务员体系的职位分类标准和考试程序才得以建立。以1890年第十一次人口普查为例，此次普查共雇用了47 000多名普查员、3 000多名数据分析处理人员，但还是在分肥制的主导下层层进行的，绝大部分人员都没有经过正规的公务员考试。直到1902年，人口普查局正式成立之后，普查系统的公务员制度才得以逐步落实。

辞官的沃尔克并没有退隐，他接受了麻省理工学院的聘请，成为该校历史上的第三任校长。他在这个职位上干了 16 年，直至终老。虽然离开了普查办公室，但他还继续关心美国的人口普查事业。更重要的是，像加菲尔德一样，他昔日的作为也在普查领域埋下了一颗种子，10 年之后，这颗种子释放出了巨大的能量和光彩。

就像一场接力赛，沃尔克从加菲尔德手中接过赛棒，跑完了他能跑的路程；在下一代的接棒者当中，出现了冲刺的选手，这个冲刺者开启了一个全新的时代，把美国的数据处理技术推至世界的高峰。

他就是被后世誉为“数据自动处理之父”的赫尔曼·霍尔瑞斯（Herman Hollerith）。

世纪巅峰：大数据驱动的创新

1879 年，霍尔瑞斯 19 岁。这年秋天，他刚刚从哥伦比亚大学毕业，正好碰上沃尔克在普查领域推行专业化、公开招聘 1 000 多名数据分析处理人员，这个年轻人于是加盟，参加了次年的煤矿普查。

前文说到，由于数据量巨大，1850 年的数据整理和分析工作耗时整整 9 年才全部完成，1860 年用了 6 年，1870 年则用了 8 年。1880 年的普查进行了全面改革，扩大为人口普查、出生死亡率普查、农业普查、社会普查、工业普查 5 个部分，问卷的问题也从 1879 年的 100 多个上升到 1 万多个。除了普查范围的扩大，当年的美国人口也首次突破 5 000 万，最终回收的问卷多达 1 000 万份。[11] 毫无疑问，和前几次相比，其数据量成倍增加。

面对汗牛充栋的问卷，无数个夜晚，沃尔克都望洋兴叹。他知道，即使增加数倍的人手，也至少需要八九年的时间才能完成全部的数据分析，这也是其数据雄心被一些国会议员斥为“荒谬”的原因：八九年之后，情况变了不说，新的普查又要开始了，之前这批数据的价值必然大打折扣。沃尔克思来想去，如果要扭转局势，对策无非就是三个：

1. 缩小普查问卷的范围；

2. 增加数据分析处理的人手；

3. 技术创新。

缩小普查范围，当然不行，在增加人手、提高人员素质方面，沃尔克也已经竭尽全力，但美国的人口还在增加，普查的范围还将扩大，沃尔克因此断定，他最后的突破口，一定就是推动技术创新。

镀金时代的美国正在涌现一大批发明家，肖尔斯（Christopher Latham Sholes）的便携式打字机、贝尔的电话、爱迪生的白炽灯，都集中在这个阶段发明。19 世纪 70 年代，美国平均每年有 14 000 项新的专利被注册；而到了 19 世纪 80 年代，年均注册专利上升到 22 000 项。在 1860—1890 年，美国一共授出了 50 万项专利。在急速的工业化浪潮中，发明家还常常集企业家的角色于一身：贝尔创办了最大的电话公司，爱迪生创办的公司后来演变为通用电气……他们受到了全社会的仰慕和尊重，被视为时代的先锋和国家的英雄。

在这种大发展、大创新的氛围中，在沃尔克的倡导和鼓励下，普查系统有不少人都在开动脑筋，尝试用新的方法自动处理普查问卷，其中有统计学专家，也有普查系统的资深官员。在同事的启发下，年轻的霍尔瑞斯跃跃欲试。

和其他人相比，19 岁的霍尔瑞斯只能算是个初出茅庐的“毛头小伙”，可能最没有资格谈创新，但沃尔克看到了他身上的热情和潜力。1881 年夏天，沃尔克把霍尔瑞斯调到了资深统计学家比林斯（John Billings）的身边工作，并安排他和发明制表器的西顿坐在一起。

比林斯是卫生领域首屈一指的统计学家，当时正在主持出生死亡率的普查。霍尔瑞斯主动、热情，跑前跑后，赢得了他的好感，他启发霍尔瑞斯说，所有信息，无论是性别、年龄还是籍贯等，都可以通过在一张卡片的固定位置打孔来表示，例如，杰克是一名 20 岁的男性公民，那么就在“性别”栏“男”的位置下打个小孔，“年龄”栏的“20”下面也打个小孔，以此类推，所有的普查信息都可以通过“有孔没孔”来存储在卡片上。其中的关键，是要发明一种专门的机器，可以读出每个特定位置上的孔洞，并加以自动统计。

多年后，霍尔瑞斯回忆说，他最初的灵感正是来自和比林斯的对话。此后，霍尔瑞斯开始分析、拆解、组装各种各样的机器。作为机械专业的毕业生，鼓捣机器

赫尔曼·霍尔瑞斯
（1860—1929）

德裔美籍发明家，被后世称为“数据自动处理之父”。他发明的打孔卡片制表机把 1890 年普查数据的处理时间从八九年缩短至两年半。他于 1896 年成立的制表机器公司（Tabulating Machine Company）是IBM（国际商用机器公司）的前身。今天，霍尔瑞斯在华盛顿的故居已经成为IBM的纪念馆。（图片来源：维基百科）

正是霍尔瑞斯的特长和优势，他的目的是发明一台能够读取孔洞的机器。

但好景不长，1881年加菲尔德遇刺之后，沃尔克备受孤立，被迫大幅裁员，最终连自己也远走麻省理工学院。沃尔克走后不久，霍尔瑞斯也遭解雇。但沃尔克对这位年轻人念念不忘，1882年，作为麻省理工学院的校长，沃尔克又向霍尔瑞斯伸出橄榄枝，邀请他出任麻省理工学院机械系的讲师。

后来证明，麻省理工学院成了霍尔瑞斯起飞的跑道。这段任教经历，不仅给了他大量的时间研究和思考，更重要的是，在这里，他找到了新的灵感和方向，进而突破了其技术体系的瓶颈。

霍尔瑞斯的灵感来源于大发明家爱迪生。1882年9月，爱迪生在纽约珍珠街（Pearl Street）建立了世界上第一个供电系统，一时间，曼哈顿地区明灯浩盏、夜如白昼，引起了全世界的轰动。这个时候，霍尔瑞斯正在思维的困境中左冲右突，他在反复尝试之后，发现单纯的机械系统没有办法读取孔洞，这个问题已经成了他技术模型中关键的瓶颈，必须引入新的方案和思路才能突破。曼哈顿的灯光启发他用“电”来解决问题，但霍尔瑞斯完全没有学过任何电力知识，他的母校（哥伦比亚大学）直到1889年才设置电力工程专业。而身处麻省理工学院这座技术“重镇”，他很快掌握了最新的知识和技术。

创新之路注定是曲折的。1883年，国会有议员提议，要在1885年再开展一次人口普查。为了抓住这个机遇，霍尔瑞斯辞去了工作，开始全心全意搞发明。但1885年的普查最终泡汤，霍尔瑞斯的经济状况一度非常拮据。

做了过河卒子，就只能拼命向前，于是，霍尔瑞斯又把目标锁定到1890年的普查。在此期间，他结婚生子，日子过得更加紧巴。直到1888年，霍尔瑞斯才推出了他第一款成型的机器，并将其命名为“打孔卡片制表机”。在比林斯的推荐下，这款机器先后在卫生部门和巴尔的摩市的普查部门试用，霍尔瑞斯这才开始获得一些收入。这时候，他的机器已经可以读取孔洞，但数据在处理之前，所有的信息都必须转化为孔洞，霍尔瑞斯没钱雇人打孔，只好亲自上阵。在巴尔的摩市试用期间，他一天要给几百张卡片打孔，每天忙到半夜，手臂肿得都抬不起来。

打孔的困难在于，用力过猛会把卡片打破，而换成较厚的卡片后，打孔又变得相当费力。这迫使霍尔瑞斯思考自动打孔的解决方案。第二年，他又发明了自动打孔机。这种打孔机不仅用起来轻松，还大大提高了工作效率，为全世界人，尤其是女性打开了一扇就业的大门，也为日后普查事业的发展埋下了一个重要的伏笔。

1890年8月，霍尔瑞斯的发明登上了《科学美国人》（*Scientific American*）杂志的封面，这几幅插图展现了用打孔卡片制表机处理普查问卷的过程。

在1890年的普查开展之前，全国已经出现了好几种以打孔卡片为基础的数据处理解决方案，普查办公室因此举行了一次公开的招标。在三个入围的方案中，只有霍尔瑞斯的方案用到了电。比赛以 1 万多个真实的普查数据为样本，贯穿打孔、统计、制表等所有流程，一个星期之后，霍尔瑞斯以无可比拟的优势脱颖而出：数据录入的打孔过程，他用了 72 个小时，其他两个方案各用了 100 个小时和 144 个小时；数据统计的过程，他以 5 小时 28 分钟再次夺冠，其他两个方案则分别用了 44 个小时和 55 个小时。也就是说，打孔卡片制表机的统计速度，大概比其他方案快 10 倍。

拓展话题：二进制的雏形——打孔卡片制表机的主要设计思想

霍尔瑞斯的机器主要有三个核心的功能：

1. 通过打孔，把每个人的问卷转变为一张打孔卡片，一人一卡；
2. 通过电路和电流自动读取孔洞；
3. 根据读取的情况，自动统计制表。

其中的关键技术，就是读取孔洞的过程。霍尔瑞斯的设计思想，是通过机械装置将卡片传输到一个固定的位置，这个位置的上方有一根金属棒，下方是一个水银杯。工作时，金属棒被轻轻地压下来，如果该位置上没有孔，金属棒就会被卡片挡住，反之，如果有孔，金属棒就会和水银杯接触，两者相连，导通了一个电路，产生了电流，电流会冲击计数器，使计数器加“1”，这就完成了一个统计过程。这个思想蕴含了后世“二进制”的雏形：有孔处能接通电路，产生计数“1”；无孔处不能接通电路，则为“0”。

1890 年的普查，与 1880 年相比，范围略有扩大，加上人口的自然增长，其数据量当然有所增加。关于普查范围，这一年又爆发了争议，反对派认为，普查范围即使再扩大一点点，数据处理的时间就要超过

10年，在霍尔瑞斯比赛的结果出来之前，已经有人估计，1890年普查结果的处理将会耗时13年。13年！反对派大声质问道：“下一届普查都做完了，这样的数据意义何在？”

但打孔卡片制表机的出现，彻底扭转了局面。这一年，人口普查办公室向霍尔瑞斯租用了106台制表机，其全部的数据处理工作，以前所未有的惊人速度，在两年半之内悉数完成。巧的是，两年半，正好就是1869年加菲尔德为数据处理工作提出的目标和要求。

霍尔瑞斯因此获得了第一桶金，很快，全世界都向他的发明敞开了大门。制表机随后在巴黎国际博览会上展出，引来了欧洲同行的啧啧称赞，英国、法国、意大利、奥地利、挪威等多个国家的人口普查后来都使用了霍尔瑞斯的技术。1897年，俄国开展了第一次人口普查，因为人口已经过亿，所以俄国向霍尔瑞斯订购了几百台制表机。1904年，制表机甚至打入了亚洲市场，用于菲律宾的人口普查。

拓展话题：打孔卡片制表机在商业领域的应用

除了人口普查，制表机也开始进入商业领域。1890年，美国的保险业已经积累了几十年的数据，著名的保诚保险公司（Prudential Insurance）成了霍尔瑞斯的第一个客户。1895年，该公司的精算师戈尔（John Gore）在霍尔瑞斯机器的基础上，研究改造，推出了适合保险业使用的制表系统，后来被称为戈尔机。制表机进入的第二个商业领域是铁路运输。19世纪90年代，美国已经形成了一个完备的铁路运输网络，随着火车站的增多，货物分发变得越来越复杂，货车一天几个班次、应该走什么路线、如何收费，都需要统计和计算。1894年，纽约铁路局率先使用了霍尔瑞斯的技术，此后，制表机在越来越多的铁路公司普及。

霍尔瑞斯的成功，引起了很多大公司的关注，它们都开出丰厚的条件，游说霍尔瑞斯加盟，但霍尔瑞斯最终决定，开创自己的公司。这个决定再次改变了历史的进程，因为他的这个公司，就是IBM的前身。

霍尔瑞斯的公司起初十分成功，其中的关键在于其商业模式：他的机器只租不卖，类似于我们今天讲的“设备即服务”。这种模式不仅有利于保护其专利，也减少了客户的负担。这种商业模式，IBM后来一直延续到1956年。霍尔瑞斯也不断改进自己的设备、降低其成本，他提出，要像缝纫机走进每一个家庭一样，让制表机走进每一个企业。到1907年，霍尔瑞斯的技术已经非常成熟，几乎垄断了整个市场。

月盈则亏。20世纪之初，美国资本主义的自由竞争开始走向巨头垄断，美国政府也开始出台各种管制措施，试图瓦解各个行业的垄断。1909年，霍尔瑞斯的专利已经到期，为了打破他的垄断，美国国会拨款4万美元，在普查局成立了专门的实验室，研发自己的制表机，用于次年的人口普查。

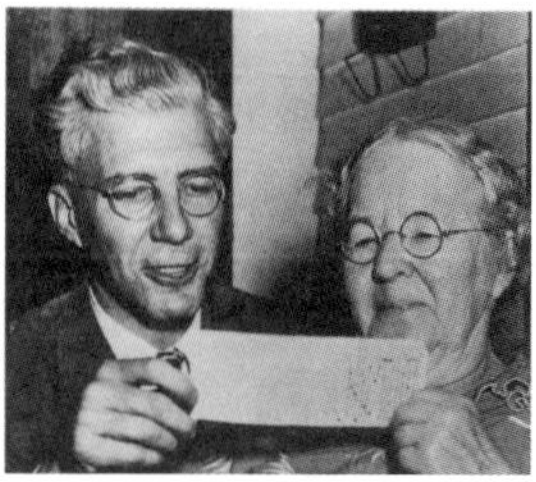

从1940年起，美国的社保卡（Social Security Card）开始采用打孔卡片。[图片来源：美国国家社保局（SSA）]

由于失去了美国普查局这个“超级客户”，公司管理层也开始争执和分裂，这导致了“中国合伙人”式的危机。[12] 1911年，霍尔瑞斯的公司和其他公司合并，成立了名为CTR（计算–制表–记录，Computing Tabulating Recording）的新公司，并聘请职业经理人管理，这个经理人就是大名鼎鼎的托马斯·沃森（Thomas Watson）。沃森强调广告、销售、团队、融资等现代企业经营理念。1914年，他为霍尔瑞斯配备了助手，成立了专门的实验室。在此期间，贝尔电话公司、通用电气公司也都建立了专门的实验室，这也标志着美国的创新由个人的单打独斗迈入了团队合作的新阶段。

1924年，CTR公司改名为国际商用机器公司，也就是今天的IBM。

沃森是一名经营天才，在他的领导下，IBM把美国带进了一个打孔卡片的时代。“二战”期间，美国军方的信息管理系统完全由打孔卡片和制表机主导，士兵的名册、军饷、装备、岗哨、伤亡情况，甚至飞机的出勤率、轰炸的命中率、炮弹的使用数量等都被制成图表，用于管理和分析。战争结束后，打孔卡片已经无处不在，入学、上班、就医、保险、膳食都要用到打孔卡片。

在这个过程中，人口普查还在继续推动美国的技术创新。1946年，人类第一台电子计算机ENIAC（埃尼阿克）诞生于宾夕法尼亚大学，因为是军方项目，两名主要的科学家没有获得任何专利，这两人愤而辞职“下海”，开办了全世界第一家商用计算机公司。他们去找的第一个客户，就是美国人口普查局；获得的第一份订单，就是处理人口普查的大数据。1951年6月14日，在美国第十七次人口普查数据的处理现场，一台被命名为UNIVAC（尤尼瓦克，即通用自动计算机）的计算机横空出世。这是全世界第一台商用计算机，它的诞生，被后世认为是人类进入信息时代真正的起点，因为这标志着计算机技术走出了实验室，直接为千千万万的大众服务。

这一年，因为UNIVAC的出现，IBM又失去了人口普查局的订单。沃森意识到，打孔卡片正在失去未来，电子计算机的时代即将全面到来，于是IBM也加大力量，研发新一代的计算机。两年后，IBM发布了其第一款商用电子计算机IBM 701，随后，人工智能专家塞缪尔（Arthur Lee Samuel）在这台机器上开发了第一个跳棋程序“checker”，展示了计算机不仅能处理数据，还拥有智能，能和人下棋。举世为之震惊，IBM的股票应声上涨了15个百分点。自然，人口普查局又重新回到了它的怀抱。

IBM 701问世之后，虽然电子计算机开始大行其道，但当时键盘和打印机都还没有诞生，数据输入和输出还是仰仗打孔卡片。这种情况一直延续到20世纪70年代，也正是因为主导了打孔卡片和制表机行业，又在新兴的电子计算机领域不断创新，IBM得以成为信息领域的巨人。到20世纪60年代，IBM已经坐上了计算机产业的头把交椅，引领全世界的信息技术浪潮，至今还长盛不衰。

站在1890年这个时间节点上，我们抚今追昔，可以清楚地看到美国社会迈进信息时代的全景。无论是霍尔瑞斯的发明、IBM的崛起，还是第一台商用计算机的出现，都离不开美国人口普查产生的庞大数据。正是因为处理这种大数据的需求，一系列的发明和创新才成为可能。检视人类的创新史，有一点可以肯定，市场的需求才是真正的创新动力，当需求成为越来越迫切的现实，重大的技术突破就一定会产生。令后人不胜感叹的是，这个需求却起源于100年前美国建国时的一个政治决定：1790年，为了寻找公平分割国家权力的工具，美国开展了第一次人口普查，之后几十年，政治精英发现，数据不仅代表

“真正的事实”，还蕴藏着社会发展的知识和规律。为了掌握更多的事实、发现更多的规律，人口普查越来越细致，数据量越来越庞大，最终催生了新的技术和发明。1890年，年轻的霍尔瑞斯打开了数据自动处理的大门；在他的基础上，IBM随之开启了一个打孔卡片的新时代；1951年，人口普查产生的大数据又促成了第一台商用计算机的诞生……这些成就，最终引领美国在全世界率先迈进了信息时代。

一个政治决定，历经百年演变，却推动美国登上了信息技术的巅峰，引领全世界迈进了一个新的社会形态。历史之曲折、奇妙和伟大，我们后人应该如何思考、诠释和借鉴？

和政治分家：劳工统计的异军突起

花开两朵，各表一枝。

1869年之所以成为美国数据工作的拐点，不仅仅是因为美国国会在这一年对统计和普查的作用进行了全方位的总结和检视，拉开了现代化的序幕，美国的地方政府也在这一年推出了开创性的举措，最后在人口普查之外，成就了统计事业的另外半壁江山。

前文说到，1845年，马萨诸塞州的波士顿率先把人口普查由“户”推进到“人”，细化了数据收集的粒度；1850年，肯尼迪又将这种模式推至全国，成为美国普查史上的重要里程碑。1869年夏天，就在加菲尔德的智囊团频频集会、推动新一轮普查改革的时候，波士顿，这座处于快速工业化旋涡的城市，又领时代之先，成立了劳工统计局。

劳工统计局的诞生，有深刻的时代背景。南北战争结束之后，美国的工业化加速，铁路、运河、炼钢中心、石油基地、电话网络纷纷出现，在这个过程中，机器的普及也带来了血汗工厂、童工问题以及大量的事故和伤亡，引发了劳资冲突和劳工运动。随着工会的诞生，资本家和工人之间的冲突和对立局面一度非常紧张。

在这种冲突当中，劳资双方难免互相扯皮，政府作为仲裁者，也常常左右为难、无所适从。争来争去，最后三方都发现，解决争议的最好方法，还是美国建国之初韦伯斯特提出来的“用事实和数据说话”，马萨诸塞州劳工统计局正是在这种背景下应运而生。

劳工统计局的成立，确实极大地消解了马萨诸塞州的劳工争议。例如，这个时期，劳资双方一直争论不休的问题是，工人的工作环境是不是过于恶劣？争论的焦点又集中在纺织工厂，纺织车间到底是不是过于拥挤、令人窒息、没有足够的个人空间？

要回答这个问题，首先需要确立一个标准，即纺织工厂的工人到底拥有多大的空间才合适。马萨诸塞州劳工统计局没有轻易下结论，它引证了国内外各种学术研究成果，例如1857年，英国政府在关于军营和医院卫生情况的调查报告中指出，每位士兵至少要有600立方英尺[13]的空间，每人每分钟的空气供量不能少于20立方英尺；又如，生理学家兰克（Ranke）在其著作中指出，每人每小时至少需要2 118立方英尺的空气，即每分钟35立方英尺的空气；再如，美国建筑研究院（AIA）给出了不同建筑物内的工作人员每人每小时应该拥有的空气量：

医院：普通病人，每小时2 000~2 800立方英尺

受伤病人，每小时4 300立方英尺

传染科病人，每小时5 600立方英尺

工厂：每小时2 000~3 500立方英尺

监狱：每小时2 100立方英尺

军营：每小时 1 000~1 650 立方英尺

戏院：每小时 1 400 ~2 400 立方英尺

学校：每小时 400~500 立方英尺（此为儿童标准，所以较低）

在综合以上几种标准的基础上，劳工统计局提出，考虑到其工作环境的噪声和温度，每位纺织工人应该拥有 1 000~3 000 立方英尺的空间，每分钟至少需要新鲜空气 25~50 立方英尺，即每小时 1 500~3 000 立方英尺。

1874 年，马萨诸塞州一共有 219 家注册的纺织公司，劳工统计局实地走访了其中的 180 家，每次走访都有文字记录，描述这家纺织工厂的概况和问题。除了文字记录，劳工统计局还收集了大量数据，实地丈量了 2 140 个工作间，然后把工作间分门别类，计算出每类工作间中每个工人拥有的空间大小的平均值、最大值和最小值（见表 3–1）。此外，对于空气流通情况和换气设备，也做了详尽的统计（见表 3–2）。

表 3–1　1874 年马萨诸塞州纺织工厂各种工作间的平均大小

（单位：间，立方英尺）

工作间类别	工作间数量	工人拥有空间大小的平均值	工人拥有空间大小的最大值	工人拥有空间大小的最小值
漂白室	21	7 055	50 369	1 428
锅炉房	9	19 485	73 500	4 100
编辫房	4	5 246	12 666	2 037
修布房	7	2 290	6 720	847
布房	9	3 620	6 321	1 180
梳理房	3	5 554	7 250	3 571
梳毛房	13	3 461	6 652	1 125
棉花房	3	10 758	19 200	1 574

（续表）

工作间类别	工作间数量	工人拥有空间大小的平均值	工人拥有空间大小的最大值	工人拥有空间大小的最小值
梳妆房	139	6 748	33 583	1 014
染房	89	5 680	70 025	443
干衣房	56	11 782	53 912	1 188
发动机房	6	14 113	24 288	2 540
雕刻房	7	2 130	3 000	520
抛光房	100	3 298	26 673	540
折叠房	29	3 748	12 393	974
打夯房	11	4 487	11 037	2 000
旋转房	9	3 573	5 113	2 330
针织房	4	1 437	3 612	1 126
器材房	26	7 022	50 000	720
配制房	395	5 815	63 050	947
包装房	93	5 299	24 901	532
采棉房	32	7 434	24 960	923
打印房	11	2 458	4 420	579
维修房	43	4 890	15 850	1 178
卷轴房	6	2 551	6 810	784
旋转环房	127	3 049	11 572	555
走锭细纱机房	281	5 213	21 360	687
旋转千斤顶房	33	3 279	10 944	1 519
纺纱锭房	4	8 692	24 055	1 579
纺杯房	4	1 802	2 231	1 313

（续表）

工作间类别	工作间数量	工人拥有空间大小的平均值	工人拥有空间大小的最大值	工人拥有空间大小的最小值
络纱和经纱房	162	3 953	21 299	574
洗涤房	19	6 079	11 606	1 027
蒸汽房	2	20 531	38 400	2 672
剪羊毛房	7	10 289	50 369	1 400
缠绕房	6	3 736	6 840	1 803
编织房	276	3 327	34 908	495
洗羊毛房	6	8 713	27 440	1 809
羊毛分类房	28	3 131	13 000	1 035
卷绕房	7	1 871	3 278	511

从表中可以看出，绝大部分工作间的人均空间都大于 3 000 立方英尺。（表 3–1、表 3–2 分别来源于马萨诸塞州劳工统计局 1874 年年度报告第 114 页和第 115 页。[14]）

表 3–2　空气流通方式的分类

空气流通方式	工厂数量（家）
仅仅通过门	11
通过强力换气扇	26
通过门和窗户	81
通过屋顶的窗户	34
通过屋顶和房屋底层的窗户	78
通过换气通道	4
通过风扇	2

实地走访和测量，可能是最笨、最耗时的办法，但也是解决争议最有效、最有公信力的方法。考察上面的数据，不难发现，对绝大多数纺织工厂而言，工人的空间都不是问题，真正的隐患所在，是空气流通情况太差。这份报告后来被提交给马萨诸塞州的议会讨论，引发了纺织工厂换气设备的全面整顿。当时马萨诸塞州劳工统计局的局长是卡罗尔·赖特（Carroll Wright），他恪守一条原则，即劳工统计局只提供事实和数据，不提供对事实的理论解释，也不介入政策的制定。赖特认为，统计机构的科学性所在，就是收集和分析数据的技术。如果它的数据不被信任，那统计机构就一无是处。赖特的思想和沃尔克一脉相承，两人也是终生的挚友。

1873 年，当赖特就任马萨诸塞州劳工统计局局长时，沃尔克给他写信说："为了获得大众和新闻媒体的信任和支持，你们必须超越党派政治和理论构建……一旦获得了公共信任，你们的选择、你们想做的调查，都将变得清晰、容易。我强烈建议你用清楚的方式、决绝的态度，让你领导的统计局和政治断绝关系。"[15]

赖特恪守了"和政治分家"的原则，他领导下的马萨诸塞州劳工统计局，获得了劳资双方的信任，有力地缓解了劳资冲突，成为全国各地仿效的典范。到 1880 年沃尔克开展第十次人口普查的时候，全国已经有 12 个州成立了劳工统计部门。

1884 年，美国第二十一任总统阿瑟（Chester A. Arthur）签署法案，成立了国家劳工统计局，并在全国公开遴选局长。作为劳工统计专家，赖特这时候已经声名远播，他在劳资双方的呼声当中获任国家劳工统计局首任局长。1888 年，在劳工统计局的基础上，又成立了劳工部。所以美国是"先有劳工统计局，再有劳工部"，这和其农业部成立之初的情况极为类似，也是其统计部门引以为豪的地方。

赖特在劳工统计局局长的位置上服务了20年，其间他组织了很多大规模的统计和调查，回答了不少重大的时代话题。这些调查也帮助他赢得了国际声誉，使其成为国际知名的劳工统计学家。例如，工业社会最大的特点就是机器代替了人力，那机器的出现到底是增加了就业机会，还是减少了就业机会？工人的收入是因此增加了，还是减少了？这些问题，当时学术界都争论不休。通过大规模收集数据，赖特发现：随着机器的普及，工人的工作机会其实大大增加了，其工资也一直在上涨。又如，随着女性走出家庭，成为就业大军中的一部分，美国社会涌现了一股强烈的反对浪潮，他们认为，这导致了男性的失业和家庭生活幸福感的下降。赖特本来也持这种观点，劳工统计局先后做了两次大规模的调查，走访了30个州的1 000多家工厂，收集了15万人的数据，然后他们发现，美国社会已经有343个行业中出现了女性的身影，但即使从事同等的工作，女性的工资也比男性低50%。他们在访谈和调查中发现，因为就业，女性本身的幸福感上升了，因为她们可以在经济上自立，不用再为了生计、安全和住房而嫁人。工作解放了女性，改善了她们的生活水平，就像改善了男性的生活水平一样。赖特后来公开承认，这些调查和数据也改变了他自己的观点。

1894年，美国的工业总产值超过英国，跃居世界第一位，成为世界上最庞大的经济体。在这个快速变化、浮躁甚至让人感到无所适从的时代，这些数据和事实为全社会提供了参照，不乏正本清源、振聋发聩的效果。

随着逐年累积数据的增多，这些数据有了纵向对比的可能性，劳工统计局先后在1901年、1902年首次发布了零售物价指数（Retail

Price Index)、批发物价指数(Wholesale Price Index)、工资指数、生活成本指数等统计指标，这些指标在监控经济波动和大众生活水平的变化方面，起到了重要的指引作用，堪称经济、生活水平的温度计，是统计史上的重要创新。

美国劳工统计局的成功引起了全世界的关注，1885年，英国皇家统计协会(RSS)就呼吁英国政府向美国学习，建立劳工统计部门。1891年，国际统计研究所(ISS)在维也纳召开年会，重点介绍了美国的经验，其后多个国家争相仿效：法国在1891年，英国在1893年，西班牙在1894年，比利时在1895年，奥地利在1898年，德国、意大利、瑞典在1902年，挪威在1903年相继成立了劳工统计部门。

姑娘、棉花和数据：究竟谁在推动历史

劳工统计局的成功，对人口普查部门来说，无疑是后来居上。要说历史，人口普查部门和美国建国可谓相生相伴，是最早的统计部门，但100多年过去了，它还是一个临时机构，面对劳工统计局的异军突起，人口普查部门不免“羡慕嫉妒恨”。

其实，从19世纪50年代的肯尼迪开始，每一届的主任都想把临时的普查办公室升级为联邦政府的一个常设机构，民间的统计团体也长期在国会游说，包括沃尔克，他在离开普查系统之后，还担任美国统计协会的主席，他也主张，普查的范围在不断扩大，升级为永久性的机构，有助于保持工作的连续性。

但历届国会拒绝、总统不支持的理由也很明确，普查工作每10年一次，公务员队伍应该尽量精简。

1899 年 3 月，为了筹备世纪之交的新普查，梅里亚姆（William Merriam）被任命为普查办公室主任。梅里亚姆是一名资深政客，曾经担任过明尼苏达州州长，但他毫无统计工作经验，这一任命曾经引起普查系统的强烈批评和反对。但历史常常和人类开玩笑，正是在这位外行的领导下，普查人员实现了半个多世纪的梦想，普查办公室成功升级为常设机构！

这位外行走的也是“偏门”。要说原因，竟又和霍尔瑞斯发明的自动打孔机有关。我们知道，在数据分析开始之前，必须把几千万张问卷先转变为打孔卡片，因为霍尔瑞斯发明的自动打孔机，打孔的工作几乎成为女性的专利。梅里亚姆因此雇用了几千名卡片打孔员，清一色都是年轻的姑娘。她们打扮得花枝招展，每天像云彩一样，在联邦政府的办公大楼里穿梭，成为一道亮丽的风景线。除了年轻，姑娘们还有一个共同的特点，就是都想留在首都华盛顿结婚生子。梅里亚姆在国会、政府频繁组织联谊活动，于是，姑娘们和议员、公务员打成了一片。在她们的强力攻势下，国会议员都在不知不觉中被争取了过来。美国的人口学之父、著名的威尔科克斯教授（Walter F. Willcox）在谈到这

上图为美国普查局的工作现场，除了主管，打孔员都是女性。下图为 1928 年德国柏林举行打孔比赛时的场景，参赛者清一色都是女性。（图片来源：*Herman Hollerith: Forgotten Giant of Information Processing*, Geoffrey D. Austrian, Columbia Press，1982：195）

段往事的时候说："在处理和国会的关系上，梅里亚姆十分聪明，这些姑娘令人眼花缭乱。普查局之所以能成为永久性的常设机构，和统计科学没有一点关系，仅仅是因为有人想把姑娘们留在华盛顿。"[16]

姑娘们"攻陷"了国会，但任何一个法案的通过，都需要总统点头。恰恰这时候的总统西奥多·罗斯福（Theodore Roosevelt）也非常重视数据，而且就在议员们消受了艳福、改变了立场的时候，发生了一件小事，让罗斯福看到了小数据的大力量。

西奥多·罗斯福
（1858—1919）

美国第二十六任总统。罗斯福在就任海军副部长期间，领导了1898年的美西战争。在这场战争中，美国共死亡3 289人，罗斯福在统计数据中发现，战死的只有432人，大部分人都死于劣质罐头食品引发的疾病。这个数据令罗斯福震惊不已，他就任总统之后，先后颁布了《纯净食品与药品法》《肉制品检查法》来提高食品安全。为了在公共政策的制定过程当中推行科学的方法，他还专门成立了一个科学方法委员会。

前文提到，1793年轧棉机的发明，激活了正在萎缩的奴隶制，棉花种植业从此兴起，并成为美国的重要经济支柱，这种情况一直延续到20世纪。1899年，美国共产棉花900万担[17]，其中3/4用于出口，但接下来的几年，英国的纺织业不景气，导致棉花价格大幅波动，不少棉农破产。罗斯福总统因此急需数据，他要求统计一年当中各个时段的棉花产量，以便根据价格变化进行调控。

每一年的棉花产量，农业部都会统计，来年的产量，他们也会预测，但这次罗斯福总统要的，是一年内各个时段的实时数据。农业部左拼右凑，还是束手无策，拿不出可靠的数据。这时候，普查办公室的一个部门主管诺思（Simon N. D. North）灵机一动，他提出，在刚刚完成的工业普查中，普查办公室已经掌握了全国各地轧棉机的分布和数量，每一朵棉花都要通过轧棉机去籽，因此通过轧棉机的轧棉记录，就可以准确地计算不同时间节点上的棉花产量。诺思用了一年的时间，在全国3万台轧棉机上建立了统计报告制度，每月统计两次，从而获得了棉花产量的准确数字。[18]这个数据精细到半个月，罗斯福总统大感欣慰，于是也同意普查办公室升级为永久性的常设机构。

拓展话题：免费发布和递送农业数据

上文谈到，为了让农民免于被贸易投机商欺压，避免“多收了三五斗式”的悲剧，在林肯总统的主导下，美国于1862年建立了农业统计系统。到1900年前后，这个系统已经获得了长足的发展。农业统计局在全国的农村雇用了几万名专职通信员，形成了一个农情监测网络。根据他们提供的数据，该局每月定期发布各种主要农产品的交易情况、各地的价格以及对下个月产量的预测。为了把这些报告及时传递到农民手中，1897年，农业部总统计师海德（John Hyde）建立了“农村免费递送”（Rural Free Delivery）项目，每月的统计和预测报告一完成，就通过三个渠道同时发布：一是通过电报统一发布给新闻媒体；二是给全国的大农场以及1万多个农民团体免费邮寄报告；三是把核心数据印在一张海报上，邮寄给全国77 000多个邮局，规定它们在公共场所张贴。这些措施有力地保证了农民能及时获得数据，在交易中不吃亏上当。

棉花，又一次改变了美国历史。1902年3月，在经历了100多年的波折起伏之后，美国联邦政府终于在内务部成立了普查局，梅里亚姆担任首任局长。一年之后，普查局和劳工统计局都并入商务劳工部

（DCL），因为棉花统计的功劳，诺思晋升为普查局局长。去职的梅里亚姆加入了霍尔瑞斯的公司并担任总裁。1910年，又因为失去了普查局的订单，霍尔瑞斯和梅里亚姆之间产生了龃龉，最终导致霍尔瑞斯卖掉公司，公司几经演变，最后更名为IBM。

人口普查局和劳工统计局堪称美国统计工作的中枢和主干，美国政府后来的很多统计部门，例如交通统计部、能源统计部、卫生统计部大多都是在这两个部门的基础上分化而来的。1901年，美国还建立了国家标准与技术研究院（NIST），推进各类标准在社会中的建立和应用。因为没有统一的标准，全社会的数据就不可能进行有效的对比和加总。例如一个工厂的排污量，如果没有统一的标准，各测各的、各算各的，即使计算得再准确，也没有什么意义，因为无法和其他单位对比并在全社会加总。劳工统计局、普查局、标准局与1863年成立的农业统计局并驾齐驱，标志着美国国家统计机构的健全和崛起。

美国统计领域的三驾马车和两种数据

农业统计局、普查局和劳工统计局，堪称美国统计领域的三驾马车。

除了这三驾马车，美国还有一个重要的数据工作部门，这就是1866年在财政部成立的经济分析局。经济分析局主要负责国家宏观经济指标的统计和计算，例如国内生产总值、进口、出口等，沃尔克在担任普查办公室主任之前，曾经在该局工作。经济分析局虽然也从事统计工作，但和三驾马车有本质的不同，其不同之处就在于数据的来源。根据数据的来源和性质，统计部门一般可分为两类：一是使用调查数据（survey data）的部门，调查数据是需要统计部门亲自去收集的数据，农业统计局、普查局和劳工统计局使用的主要是调查数据；二是使用行政数据（administrative data）的部门，行政数据是随着政府履行某项职能自然产生的行政记录，如进出口记录、纳税记录、不动产记录，这些数据不需要特定的调查，经济分析局使用的就是行政数据。

值得一提的是，在棉花统计的过程中，开始出现商业隐私的争议。普查局最初以县为单位，公开发布各地的棉花产量，以供各级政府、商业组织和个体农户参考。但对于一个小县，如果它只有两三台轧棉机，公布其总数，则意味着各台轧棉机的机主就能推算出其他轧棉机的产量，这相当于商业机密的变相泄露，因此引起了一些地方的抗议。普查局很快修改了规定，规定一个郡县的轧棉机如果不超过三台，其数据必须合并在其他郡县中，不予单独发布。

这也表明，美国社会的隐私意识在逐步成熟。到 1910 年，第二十七任总统塔夫脱（William Howard Taft）首次为普查发表了专门的总统声明，向大众公开保证政府不会滥用普查信息和数据。

他在声明中说："普查的唯一目标是获得我们国家人口和资源的总体信息，我们要求每个人都回答问卷，是为了保证能够编撰细致的统计信息。普查和纳税、军队服役、强制入学、移民管理以及任何国家、州和地方层面的执法工作都没有任何关系，任何人都不会因为提供这些信息而受到伤害，没有任何必要担心我们会公开个人情况及事务的数据。我们会对信息提供人的权益进行合理保护，每个普查工作人员都禁止泄露任何信息，违反规定必受重罚。"[19]

这正是加菲尔德在 1869 年针对隐私提出的改革措施，40 多年过去，当年的辩论早已烟消云散，国会的记录也已经成为泛黄的纸片，加菲尔德的夙愿最终一一实现。

除了隐私意识的成熟，在棉花的统计和预测中，数据安全的问题也开始浮出水面。

上文提到，农业统计局每个月都要发布统计报告，其中的一个重要指标，就是对下个月各种农作物产量的预测。这些数据会影响全国很多商品的供求关系，甚至左右期货市场价格的波动和成交量的多少。因此，这份报告在发布之前，被视为机密。1903 年，农业部的总统计师海德成立了一个三人小组，专门负责对全国各种农作物的产量进行预测。每月数据正式发布的当天，三人小组就会召开会议，共同确定各项数据的大小，然后在同一时间提供给所有的新闻媒体。

1903 年 12 月，罗斯福给农业部部长写信，说他收到多起投诉，有人提前知道了棉花的产量数据，并利用它在股票和期货市场上进行内线交易。这意味着数据泄密。海德立刻修改了数据讨论和发布的过程：他把会议地点定在了一个与外界通信隔绝的房间，并规定在完成数据预测的工作之后，三人小组的成员也必须待在会议室，数据正式对外发布之后才能离开。

海德认为这万无一失，他也向部长拍胸膛保证数据的安全，但罗斯福总统还是继续接到投诉。

拓展话题：为什么农作物产量的预测数据能产生经济价值？

20 世纪的第一个 10 年，美国虽然在从一个农业国家向工业国家转型，但制造业、贸易业仍然在很大程度上依赖于农业的发展。作为工业纺织的重要原料，棉花的产量自然会得到制造业公司的关注，但除了棉花，其他农作物的产量，制造业公司也同样需要高度关注。这是因为，农作物的丰收会影响很多产品的供求关系。某地的庄稼丰收了，那里的农民就有钱了，这意味着农民购买力的增强，各种工业制造商如果能准确预知这些情况，就能提前组织生产，及时调配自己的供应链，把产品运送到丰收的地区，谁预测得准、调运得快，谁就能赚得更多，而预测得不准，产品就可能在市场竞争中积压、滞销或者断货。除了工业制造商，高度关注农作物产量的还有贸易商和交通部门，如果能预知各地的丰收情况，贸易商就能以最快的速度把丰收的产品运出去，抢占市场，这也需要铁路公司及时统筹规划车皮。

泄密者确实是三人小组中的一名成员，他是助理统计师霍姆斯（E. S. Holmes）。霍姆斯把数据泄露给了华尔街的一位棉花投机商赖柏，在被要求不能离开会议室之后，他跟赖柏约定，用会议室百叶窗的窗帘作为信号：当窗帘拉到一半的时候，就是约定的棉花产量；窗帘最后停在不同的位置，就表示不同的产量。

海德百思不得其解，但他最终还是想出了一个办法，挖出了“内鬼”。一天，在所有的数据汇总和预测完成之后，他在最后一分钟提出要紧急修改，但这个时候，霍姆斯的信号已经发出，得到错误信号的赖柏在当天的交易中损失了25 000美元。巨大的亏损之下，赖柏愤愤不平，他在交易现场公开指责有人“篡改”了数据，这当然也暴露了他提前知道数据这一事实。在后续的调查当中，赖柏供出了霍姆斯。

但令人感到尴尬的是，虽然霍姆斯对其阴谋供认不讳，但当时找不到一部法律能给他定罪。因为无法可依，农业部最后对霍姆斯只能开除了事。总统计师海德被迫引咎辞职。面对丑闻之后的尴尬，罗斯福十分愤怒，他责令立即立法。1909年，美国国会通过立法，将公务员提前泄露相关数据的行为定为刑事犯罪。

此后，农业部着力完善了数据安全机制，推出了“锁定”（Lockup）制度：凡是接触敏感数据的工作人员，在数据发布之前都必须被隔离，数据公布以后隔离才能解除。锁定制度同时也明确规定，数据大小的最终决定权在专业统计人员手中，即使是农业部部长，也属于锁定的对象：他只能在数据正式发布前的15分钟，在同样封闭的情况下听取专业人员对数据的解释，以便回答新闻记者提出的问题。这个制度不仅提高了数据的安全性，也让数据的决策权牢牢地掌控在专业技术人员手里，保证了统计工作的中立性和专业性。

这种锁定制度很快在其他统计部门得到推广。例如，每届总统大选期间，失业率就十分敏感，甚至可以影响老总统的去留和成败，它的计算过程，就连劳工部部长也无权过问，失业率都是在“锁定”的情况下由统计学家独立计算得出的。

隐私观念的成熟、数据安全管理制度的完善，这些迹象都一一表明，这时候的美国，已经开始向一个具有现代意识的国家转变。美国的数据文化，又翻开了新的历史篇章。

尘封的瑰宝：中国的数据可视化先驱

上文提到，在1850—1880年，欧洲和美国相继出现了很多经典的数据可视化作品。

借助简单的图形来表达数据，中国当然古已有之，但数据可视化是更高层次的“寓数于图”，不仅要有数据，还要有设计，要蕴含美学和艺术的元素。在这方面，中国比欧美落后一大截，类似的作品直到20世纪40年代前后，才开始在中国的民间萌芽，而其中能称得上优秀的更是凤毛麟角、少而又少（见图 3–12）。

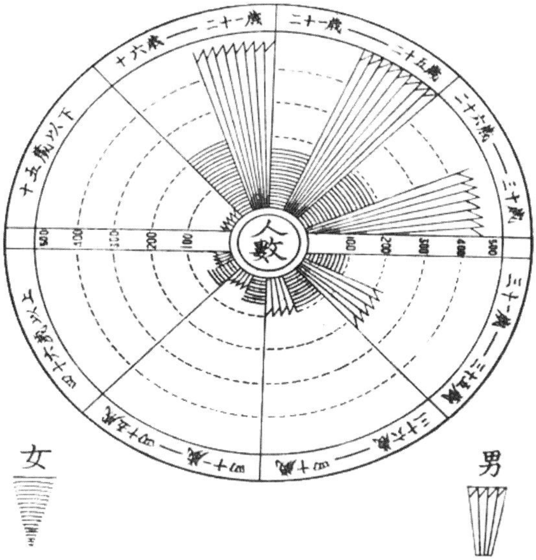

图 3–12　上海第五纺织厂工人年龄分布

这幅图出自 1948 年上海第五纺织厂厂长吴德明先生编撰的厂志。从图中可以看出，该厂员工最大的年龄群体为 21~25 岁，其次是 16~21 岁，再次是 26~30 岁，而且几乎每一个群体的男性都比女性的两倍还多。该图虽然比较朴素，但已经体现了巧妙的设计。[20]

陈正祥（1922—2003）

世界著名的地理学家，被国际学术界称为“中国地理第一人”。早年曾在多个国家留学，获日本东北大学（Tohoku University）博士学位。其后在中国大陆、台湾地区和香港地区任教近 40 年，1979 年辞去教职，前往日本讲学，后移居意大利，主导国际地理学会的世界土地调查项目，主持编辑出版了五大卷《世界农业地图集》。陈正祥是位非常高产的学者，著作等身，一生绘图无数。

中国在数据可视化方面的先驱人物，是地理学家陈正祥。陈正祥在国际地理学界享有崇高的声誉，但由于种种原因，墙里开花墙外香，他的作品和贡献，尤其是在数据可视化方面的贡献，并不为中国大众所知。

陈正祥一生致力于绘图，他主张用地图说话、用地图反映历史，利用地图对政治、经济、文化、生态、环境等现象进行描绘和阐述。陈正祥认为，“有些长篇大论说不清楚的现象，用地图来表示却可一目了然”，这些思想，正是数据可视化的目的和精髓。直到今天，他的不少作品还被世界各国的专家视为精品，被称为数据可视化的经典之作。

以其作品《中国文化地理》为例，这本书堪称用数据和地图谱写的中国文化史。陈正祥在这本书中提出，中国的经济、文化中心经历了由北向南迁移的过程。为了证明这个观点，他首先引用了大量的数据，其中有各个朝代的人口数据，例如在西汉元始二年（公元 2 年），南方户数仅占全国总户数的 10.3%，但到明朝隆庆六年（1572 年）已经上升为 65.4%；还有政治领袖籍贯分布的数据，如唐朝共有 369 人担任宰相职务，其中的 90% 为北方人，但北宋中期之后，宰相的高位多被南方人占据，到了明朝，共有宰相 189 人，其中南方人占 2/3 以上，和唐朝相比，分布形势完全逆转；他还统计了明朝期间的状元、榜眼、探花以及会元的人数和籍贯分布，在 244 名文魁当中，南方人有 215 位，北方人只有 29 位（见表 3–3）。

表 3–3　中国南北户数增减的演变 [21]

朝代	北方户数（万户）	南方户数（万户）	南方占总户数的比例
西汉元始二年（公元 2 年）	965	111	10.3%
唐天宝元年（742 年）	493	257	34.3%
宋元丰三年（1080 年）	459	830	64.4%
明隆庆六年（1572 年）	344	650	65.4%

除了用数据说话，陈正祥还针对汉朝至清朝的人口分布、人口密度、交通、盐业以及三公九卿、诗人、进士、状元的籍贯分布绘制了 18 幅地

图。这些地图华美精致，色彩鲜明，浓缩了上百年的历史，一图在手，胜过千言万语的解释，即使最普通的读者也可以一眼看出中国文明的兴衰和转移。

类似于“各朝代诗人分布”的中国文化历史地图，陈正祥一共绘制了 268 幅。1981 年，这些地图被收集成册，在日本、中国香港地区出版发行，大受欢迎。

要统计几千名诗人的籍贯，虽然烦琐，但毕竟有数可查，只要愿意花上时间，用上“笨”功夫，就一定可以完成。陈正祥在绘图过程当中，遭遇的最大困难还是没有数据。为了绘出一张有参考价值的好图，他曾经四处奔走。对这些寻找数据的经验，他后来进行了总结，为中国的历史文化研究开拓出了一条新路径。

20 世纪 60 年代，联合国农业气象委员会、国际地理学会等几个国际组织都先后向中国索要蝗虫灾害分布的地图，但陈正祥发现，中国从来没有这样的地图，也没有现成的资料可以编制这样的地图。他回忆说，“就我个人说，只要回封航空信或电报，老实告诉他们，便可推得一干二净”，但是，一想到“将来的研究报告出版，在中国的空白上势必按上‘没有数据’（No Data）的记号”，他就不忍心拒绝，因为“‘没有数据’是专用于落伍地区的可耻记号，我看了就脸红”，所以他决心为中国编制这样一份地图。然而，没有数据，又不能凭空捏造，这个问题常苦得他“夜半绕室彷徨”。[22]

陈正祥最后想出的方法，是利用中国各地的方志。中国历史上闹蝗灾的地方通常都会供蝗神、建蝗神庙，这类庙宇被称为八蜡庙。若没有蝗虫灾害，农村绝对不会劳民伤财去建造这类庙宇，因此可以肯定，这类庙宇越多的地方，蝗虫灾害就越严重。而在中国的历史方志中，对于这类庙宇的建立，都有详尽的记录。他于是开始一心一意查阅方志，“白天找到一批，晚上就把它们按到地图上去，从台湾大学找到南港的历史语言研究所，最后又找到东京、京都和天理”，他一共翻阅了 3 000 多种方志，花了 8 个月的时间，最终制出了中国的蝗虫灾害分布图。

除了确定蝗神庙的地点与分布，陈正祥还针对华北平原这个蝗灾高发的地区，做了更细致的数据分析。他把方志中关于蝗灾的记录按地区和年代分门别类，计算出各地灾害发生的频率。在把数据标上地图之后，陈正祥惊喜地发现，蝗灾发生的频率也和地理位置存在关系。根据各地灾害发生的频率大小，陈正祥在地图上做出了两条等频率线，其中A线包围的地区（A区），平均相隔不到 10 年就可能爆发一次蝗灾，在A与B两线之间的地区，平均每隔 10~15 年发生一次。例如，河北省大名县位于A区，该县从宋代到清代的 736 年间，一共发生蝗灾 73 次，平均每 10 年一次。

除了在历史文化和环境生态两个领域的贡献，作为一名地理学家，陈正祥还针对中国的城市化进程、工业发展、人口迁移、气候变化、交通港口建设以及各类物产资源的分布等主题，绘制过更多的地图，但可惜的是，这些地图大部分都没有在中国大陆出版。

在陈正祥大量绘图的时代，计算机还远没有普及。在那个时代，要绘一幅好图，其资料的收集、数据的统计，需要很长的时间不说，绘图的过程也非常烦琐。

陈正祥也曾经在其书中谈过这个过程中的甘苦：“经过约莫二十年的岁月，很多地图都成熟了。我选择已经熟透了的，张贴在书房最着眼的墙壁上，一有闲暇就细心观察它，看看是否合理，或加以必要的订正。直到认为满意了，才分批开始精绘，我自己也参加精绘工作。不少已经精绘的地图，因为发现了重要的新资料，经过修改，又得重绘。一幅地图精绘两三次，是常有的事。利用此一方法编制地图，要花费很多的精力、时间和金钱，而所得的结果，仍不免有所欠缺。但这是目前唯一可行的办法！”[23]

20 世纪 50 年代，中国大陆和台湾地区正处于紧张的对立状态，两岸隔绝，陈正祥绘图需要的大量数据和资料都无法获得，他因此辞去自己在台湾大学的教职。他写道：“我下决心要离开台湾，否则无法完成我的中国研究。”1964 年，他经欧洲辗转来到香港中文大学，出任首位华人讲座教授，这才圆了他的中国绘图梦。

陈正祥也坦承，之所以不懈努力，是因为中国在这一领域的作品极其匮乏，很多空白甚至是由外国人来填补的：“中国的历史如此悠久，文化遗产如此丰富，有许多历史和文化事项，皆可形之于图，换言之，都可以用地图来表示。但是奇怪得很，中国学术界始终没有能够系统化地编制历史和文化地图。日本同欧美的学者，虽个别有人下过功夫，但似乎受到文字修养和史料来源的限制，对中国很多古老的事项不能彻底了解……难以触及比较深刻和更有意义的部分。这些事实增加了我的志趣和勇气。”[24]

1979 年，陈正祥被迫离开香港，最终移居海外。其中的原因，他在其著作《大学生活四十年》中做过详尽的交代。他在这本书中，记录了许多“丑恶可怖”的、令自己“身心交困”的经历：“如果你要问中国近百年来为什么学术落后，为什么不能发展自己的科学和技术，为什么国家和民族蒙受耻辱，那么这本小书便是最好的见证。”[25]

斯人已逝。今天翻开他给我们留下的几百张图形瑰宝，子沛不禁思绪万千。100多年来，相较于西方发达国家，中国确实在许许多多方面明显落后，别人有的，我们没有，但是，如果别人有的，我们其实也有，只是不为人所知、不受人尊重，这算不算是一种更令人感到遗憾和难过的落后？

注释

1 英语原文为："All sciences are, in the abstract, mathematics. All judgments are, in their rationale, statistics." —C. R. Rao

2 英语原文为："Behind all the great material inventions of the last century and a half was not merely a long internal development of technics: there was also a change of mind. " — *Technics and Civilization*, Lewis Mumford, 1934

3 这一阶段之所以称为"镀金时代"，是因为在快速工业化、城市化的包裹之下，美国社会也出现了大量的问题。例如人心浮躁、道德滑坡、金钱至上、政治腐败，因此当时的文学家马克·吐温将这个时期称为"镀金时代"，意为在金玉的外表下，掩盖了大量的社会矛盾。

4 英语原文为："But more stubborn still has been the resistance against every attempt to assert the reign of law in the realm of society. In that struggle, statistics has been the handmaid of science, and poured a flood of light upon the dark questions of famine and pestilence, ignorance and crime, disease and death. " — *Congressional Globe*, December 16, 1869: 179

5 出处同上。

6 出处同上。

7 1860 年普查的基本情况报告在 1862 年出版，关于人口和农业部分的数据分析直到 1864 年才整理完成，而制造业及出生率的分析部分直到 1866 年才全部完成。

8 1890 年，美国的布兰代斯大法官正式提出并定义了隐私权，请参见《大数据》，广西师范大学出版社，2012 ：122。

9 *Congressional Globe*, December 16, 1869: 182.

10 同上，1869: 181.

11 1850 年之后，美国的人口普查虽然是以个人为单位收集数据，但问卷的单位还是家庭，即一个家庭一张问卷，当时有 1 000 多万个家庭，所以有 1 000 多万张问卷。

12《中国合伙人》是 2013 年风行中国的一部电影，主要讲述几位朋友在创办企业的过程中因为理念分歧、利益冲突而产生的种种企业危机。

13 1 立方英尺≈0.03 立方米。——编者注

14 *Annual Report*, Massachusetts Bureau of Statistics of Labor, 1874: 113–115.

15 英语原文为："Your office has only to prove itself superior alike to partisan dictation and to the seductions of theory, in order to command and cordial support of the press and of the body of citizen...Public confidence once given, the choice of agencies, the selection of the inquiries to be propounded, are easy and plain... I have strong hope that you will distinctly and decisively disconnect the... bureau... from politics. " — *Carroll Wright and Labor Reform* , James Leiby，Harvard University Press, 1960: 63

16 *Numbers Rule,* George G. Szpiro，Princeton University Press, 2010: 134 .

17 1 担=50 公斤。——编者注

18 The cotton ginnings reports program at the Bureau of the Census.（Eli Whitney's Cotton Gin, 1793–1993: A Symposium）, Hovland, Michael, 1994.

19 英语原文为："The sole purpose of the census is to secure general statistical information regarding the population and resources of the country, and replies are required from individuals only in order to permit the compilation of such general statistics. The census has nothing to do with taxation, with army or jury service, with the compulsion of school attendance, with the regulation of immigration, or with the enforcement of any national, state, or local law or ordinance, nor can any person be harmed in any way by furnishing the information required. There need be no fear that any disclosure will be made regarding any individual person or his affairs. For the due protection of the rights and interests of the persons furnishing information, every employee of the Census Bureau is prohibited, under heavy penalty, from disclosing any information which may thus come to his knowledge." — Proclamation for the Thirteenth Decennial Census, William Howard Taft, March 15, 1910

20 吴德明编:《中国纺织建设股份有限公司上海第五纺织厂概况》，1948：161。书中有大量的图表和数据，证明 20 世纪 40 年代，中国的企业也开始形成自己的数据文化。

21 陈正祥:《中国文化地理》，生活 · 读书 · 新知三联书店，1983：10。

22 同上，1983：52。

23 陈正祥:《中国地理图集》，香港天地图书有限公司，1980：序 2。

24 同上，1980：序 3。

25 同上，1980：序 2。

第四章　量化：进步时代的数据大潮

无测度，则无管理。[1]

——美国谚语

通过对数学的学习，也唯有通过对数学的学习，我们才能对什么是真正的科学获得真实、深入的理解。[2]

——奥古斯特·孔德（1798—1857），法国哲学家

随着镀金时代的崛起，美国的经济实力和科学水平都进入了世界一流行列，但在工业化和城市化的急剧冲击下，美国社会也出现了严重的劳资冲突、政治腐败和道德失范。工人抗议、罢工的声浪在全国范围内此起彼伏，政府官员频频曝出权钱交易、贪赃枉法的丑闻，行业垄断、血汗工厂、环境污染、失学童工、劣质食品、酗酒卖淫等各种工业化的病症层出不穷、举不胜举，准确地说，镀金时代虽然见证了经济的迅猛发展、城市的急剧膨胀，但同时也是一个问题丛生、动荡不安的时代，这也是其被后人称为“镀金”的原因：光鲜的外表下掩盖着重重危机和大量矛盾。

面对各种危机和乱象，美国社会的知识分子也分成了两个阵营，爆发了“革命”和“改良”的路线之争。革命派认为，资本主义无法修正工业化带来的各种问题和矛盾，必须进行社会革命；而改良派则反对这种激进主义，他们主张面对问题不必气馁，开展循序渐进的社会改革。

改良派认为，社会进步是渐近的，因此被称为“进步主义者”。他们坚信：只要调查事实、收集数据、依靠专家，就能为社会问题找到解决方案，实现和谐发展。正是因为“进步主义者”的杰出贡献，从 19 世纪 90 年代到 20 世纪 20 年代，这前后的 30 多年被后人称为“进步时代”。

专家、科学和数据于是成了这个时代的主导。大众相信专家，专家主张用科学的方法来解决社会问题，而科学的落脚点，一定离不开数据。风急浪高、洪波涌起，如果说数据在镀金时代掀起了波澜，那随着进步时代画卷的展开，各种数据浪潮可谓奔涌而来。

1907 年，70 多名新闻记者和社会科学家聚集在当时的工业城市匹兹堡，对城市环境和工人处境开展了一次大型调查，史称“匹兹堡调查”。这是美国历史上第一次全面的城市情况调查，也是世界城市研究史上的经典案例。该调查收集了大量的数据，形成了 6 本调查报告，其中的《工伤事故及法律卷》列举了各种工伤事故的数据，整理了 1 000 多宗案例，血淋淋的事实令人掩面叹息，发表之后，它直接促成了美国工伤赔偿制度的出台。

1908 年，数据开始进入美国的法庭。俄勒冈州规定，女性每天的工作时间不得超过 10 个小时，有一位洗衣店的女工认为自己每天的工作量超出了这个标准，因此提起了诉讼。洗衣店的老板认为州政府“10 个小时”的标准不合理，官司最后打到了最高法院。[3] 州政府的律师布兰代斯（Louis Brandeis）在法庭上出示的辩护书与众不同、轰动一时：他仅仅用了两页的篇幅做法律分析，却用了100多页的篇幅援引各种统计数据，以证明劳动时间过长对女性健康的危害。他的辩护获得了9名大法官的一致支持。这种用数据和事实来证明立法必要性和合理性的做法，被称为“布兰代斯诉讼方法”（Brandeis Brief），其后被法律界迅速采纳。后世的许多重大案例，例如为黑人儿童争取平等择校权的布朗诉教育委员会案，也是因为采用了“布兰代斯诉讼方法”，大量引用数据和事实，最终获得了胜利。

20世纪的第一个10年，美国的心理学家推出了测量个人智力水平的方法。第一次世界大战期间，美国的部队通过智商测量选调新兵，美国移民局则在海关入口处利用智商测量筛选申请入境的移民，这些做法是否科学？这在当时极具争议。1942年，美国在珍珠港袭击之后紧急对日宣战，却发现国内日语人才奇缺，军情部门通过智商测试快速选拔人才。这批人果然不负众望，在较短的时间内就掌握了日语，满足了情报工作的需要。“二战”结束之后，美国的这套方法逐渐被推广到全世界。

匹兹堡调查是进步时代的标杆性社会运动，引领了20世纪对社会现象进行大规模调查、收集数据的运动和风气，“布兰代斯诉讼方法”在法律界开创了一种用数据辩护的新形式，智商测量则是科学家对“看不见、摸不着”的无形之物发起的量化挑战。这些数据浪潮都在各自的领域给后世带来了深远的影响，但回顾进步时代涌起的种种数据大潮，影响力最深远、最持久、最广泛的，当属“成本收益分析”（Cost Benefit Analysis）。

成本收益分析始于治水。

水，是人类的生命之源，但水同时又威胁着人类的生存和发展。山洪暴发，江河泛滥，是世界各国都为之头痛的自然灾害。千百年来，人类必须通过凿河修渠、筑堤建坝来对水进行治理，努力把它们控制在安全的流域之内。

美国也不例外。早在建国后不久的1802年，美国就成立了陆军工程兵团（Corps of Engineers），他们负责对全国的水利工程进行规划和建设。1808年，陆军工程兵团成立不久，杰斐逊总统的财政部部长加勒廷（Albert Gallatin）就对其提出了要求：每一个水利项目的投资都非常巨大，而且影响千秋万代，一定要对它们进行成本收益分析。

加勒廷可能没有想到，他建议的这种方法，100年后，伴随着无数的争议，逐渐演变成美国政府最主要的决策方法，并把量化文化带到了全体政府部门。

拓展话题：进步时代对于中国的借鉴意义

进步时代的“进步”，指的并不是“经济”发展意义上的“进步”。快速的工业化和城市化催生了各种各样的社会矛盾和问题，当时的美国社会，发生过大量令人瞠目结舌的公共事件：1907年莫加农矿难，导致362名矿工丧生；1911年纽约内衣工厂大火，一次烧死146名女工……此外，牛奶中掺入工业添加剂、病猪死猪肉做成香肠、过期食品加工成罐头等触及道德底线的食品安全事件，都曾经在美国发生过。

面对这些社会问题，“进步主义者”主张遵循理性的渠道，使用科学的方法。在知识分子、技术专家的努力下，美国不断改革、优化社会管理体制，成功地化解了社会矛盾，避免了社会革命，实现了“社会”意义上的进步。到20世纪20年代，美国的社会管理机器变得更加高效、公平、负责，这进一步强化了美国的制度优势和强国地位。这个历史阶段，对于当下的中国，极具参考价值。

拓展话题：匹兹堡的城市转型经验

美国历史上第一次大规模的城市调查在匹兹堡展开，并不是偶然的。从19世纪80年代开始，匹兹堡就成为美国的钢铁中心，蓬勃的钢铁业摧毁了城市的生态环境，浓烟滚滚，遮天蔽日，空气质量极端恶化，白天的阳光、晚上的街灯都无法照亮路面，匹兹堡因此被称为“烟城”“人间地狱”。20世纪40年代，当地政府开始治理环境污染，政府一手抓经济转型，一手抓污染治理，其中最有力的措施之一，是发动大众对环境指标进行监测，这有力地推动了企业减排。今天的匹兹堡已经满眼青翠，形成了以医疗、教育、机器人以及金融服务为主的地方经济，多次被《经济学人》和《福布斯》杂志评为“北美最适合居住的城市”，成为美国城市成功转型的典范，其经验值得当今中国的城市管理者借鉴。

用数据决策：水利工程中的数据竞争

水利工程涉及防洪抗灾、土地灌溉、国防建设等诸多重大事务，而且常常是上游建坝、下游受益，因此美国将其定为联邦事务，这意味着所有的水利工程都由中央政府统一管理。每一年，全国各地的政府要向陆军工程兵团提出大大小小、成百上千个水利项目，而兵团的工程师们，则按照加勒廷的要求，逐一对它们进行成本核算和收益分析，并根据结果进行初步筛选，最后将他们认为最迫切、最重要、最可行的项目提交给国会讨论。

之所以需要筛选，是因为国家财力有限，工程兵团必须大刀阔斧地砍掉一大半的项目，而筛选的主要标准，就是一个项目的未来收益和当下成本之间的比率，即收益/成本。

如果收益/成本 > 1，则证明该项目的收益大于成本，该比率越大，其可行性自然就越高。

拓展话题：成本收益分析的起源

成本收益分析是指以货币为单位，对一个项目投建的成本和未来的收益进行量化，其目的是找到拥有最佳收益与成本比率的项目或方案。

这种分析方法很早就在实践中出现。但直到1844年，法国的工程师杜比（Jules Dupuit）才在其著作《论公共项目的效用度量》（*On the Measure of the Utility of Public Works*）中正式提出这个概念，并将其理论化、系统化。杜比以法国的防洪工程、巴黎的地下给排水系统为例，对这些项目进行了成本收益分析，并指出公共项目的收益并不等于该项目带来的收入。

项目报送到国会之后，还要经过议员们的再度筛选，通过国会的批准、得到拨款之后，才开始投建。国会的议员来自全国各地，对地方而言，水利项目就不仅仅代表水利，庞大的投资还将促进就业、拉动内需，为地方经济注入活力，自然，议员们都希望自己选区的项目能够通过，但到底能否通过、获得多少拨款，国会里少不了一番各自为战的激辩。

即使在国会的筛选中，工程兵团的意见也有一言九鼎的作用。这是因为，工程兵团的工程师们都是西点军校工程系的毕业生，在议员们的眼中，他们是专业、科学和权威的象征，而且作为部队，工程兵团不从属于任何政府部门和地方单位，议员们争执不下的时候，工程兵团的意见往往以中立的面目出现并一锤定音。

然而，在这个世界上，没有谁能真正超脱于所有的利益之争，兵团的工程师们当然也不是不食人间烟火，他们每年经手上千个申请，其中不乏自己属意的项目，若碰到这些项目，他们也有办法暗中使劲，力保项目过关。

工程兵团的秘密武器，就是尽量把收益往“大”里算。水利工程的规模一旦确定，其成本就相对固定，但其收益不容易计算。其中的原因在于，水利工程具有多功能性，例如，一个大坝除了用于防洪泄洪、农田灌溉、水力发电，可能还具有很高的军事战略意义，也可能成为鱼群鸟类的栖居地、改善当地的生态，或产生景观价值、成为旅游休闲的胜地，同时提升当地人气、促进经济发展等。

这些收益是无形的，不像发了多少度电、浇了多少亩地那么明确，大部分很难量化，到底算不算、算多少，也就成了工程师的自由裁量权。这种自由裁量权，给了工程兵团很大的操作空间。

然而，到了进步时代，美国的治水开始实行多头管理。1902 年，美国国会通过了《农垦法》，成立了农垦局（BOR），主管全国的水利灌溉工作。此后，工程兵团一家独大的地位开始受到挑战。

除了农垦局的成立，这个时候，另外一场深刻的数据革命也在冲击美国政府，这就是预算制度的建立。进步时代之前，美国的各级政府从上到下都没有预算，花钱没有规划，所谓的财务管理，就是事后的一堆杂乱无章的报账单，别说普通大众，就是国会也无法有效地监督政府的“钱袋子”。从 1908 年开始，美国政府开始在各级行政部门普及公共预算制度。因为有了预算，而且必须公开，对于公共项目的开支和投入，各级官员变得越来越审慎。

拓展话题：预算制度——进步时代的又一场数据浪潮

美国预算制度的建立，很大程度上归功于进步时代的公共知识分子。1905年，一批民间的财务专家在纽约成立了“纽约市政研究所”，建议政府采取“科学”的方法管理政府的收入和支出，科学方法的载体就是数据，即通过数据界定政府活动的范围，规范政府的行为，监督政府是否达到了收支平衡以及财政绩效的水平。

1908年，这批专家为纽约市编制了美国历史上的第一份预算，这份预算通过精确的数据和易懂的图表，告诉人民政府已经做了什么、打算做什么，花了多少钱、要花多少钱。这种形式的报告受到了该市的欢迎，此后在全国推广，到1920年，从中央到地方，美国基本上都普及了预算制度。

预算制度的建立意义深远。在此之前，对普通民众而言，政府的活动是无形的、看不见的，但通过预算提供的数据，政府的活动被规划、被记录、被公示，公共项目的绩效和官员的政绩更容易量化，政府因此受到监督，官员也变得更加负责。

农垦局的成立、预算制度的普及，使得美国水利工程的管理格局发生了很大的变化，评估一个项目的成本和收益变得更加重要，但不再是工程兵团的独家专利。换句话说，大家都建水坝，你用来防洪，我用来灌溉，而同一座水坝也可能兼有防洪和灌溉两个功能，工程兵团要算，农垦局也要算。更重要的是，大家都希望自己报送的项目最后在国会获得通过。

于是，两个单位开始暗中较劲。较劲的方法，当然就是把自己项目的收益以合理的形式尽量“算”大，以增加项目的“经济合理性”。工程兵团的工程师们不愧是积累了100多年的经验，他们在计算过程中常常“推陈出新”。在一次报告中，工程兵团甚至把“海鸥和蝗虫”

产生的经济收益也纳入修建一个水库的收益：

在这个新的水库上，将会有 10 000 只海鸥栖居，

每只海鸥一年将吃掉 1 000 只蝗虫，

每只蝗虫一年平均要消耗 1 千克粮食，

这些被吃掉的粮食的市值 = 10 000 × 1 000 × 每千克粮食的价格

这个总价值应该纳入建造这个水库的收益……

看到工程兵团这样的计算，农垦局的“小伙伴们”都惊呆了！[4] 他们反应过来之后，也不甘示弱，开始挖掘自己的数据潜力。农垦局的撒手锏是“次级收入”，他们认为，一个地方的灌溉条件得到改善之后，将吸引更多的农民搬迁到此、带来丰收，丰收会需要更多的卡车来拉货，更多的交通流量会拉动当地的消费，加油站将增加、餐厅将增加、电影院将增加，小麦的丰收还会促进当地面粉业的发展，出现更多的面包房……总之，更好的灌溉条件将吸引更多的人员聚集，乡可能因此变成镇，镇可能因此升级为市，各种连锁反应将不断放大经济收益。

听到这样的分析，旁观者可能忍俊不禁或嗤之以鼻，但稍微思考一下又会发现，每一个计算的背后确实有其逻辑，到底该不该算，又该如何算，确实难以轻易下结论。

1927 年，美国通过了《1927 年河流和港口法》（River and Harbor Act of 1927），用法律的形式规定陆军工程兵团对其所规划的防洪项目必须进行成本收益分析；1936 年，美国国会又通过了《1936 年洪水控制法》（The Flood Control Act of 1936），进一步明确：只有“收益”大于“成本”的水利项目才能得到国会的批准。

这把工程兵团和农垦局的“数据竞争”推到了白热化的阶段。一

有机会，他们都使劲把自己的“数”往“大”里算，因为无形收益、次级收益到底如何量化并没有统一的标准，两个单位少不了在国会撞车，吵成一锅粥。

1939年，加州提出要在其中央河谷地区修建一个大坝，工程兵团和农垦局的计算结果都表明，这项工程的收益将大于成本，项目最终获得了国会的批准，但两个单位都认为，这个项目应该由自己来承建。工程兵团抢在第一时间发布了其计算结果，他们认为，这个大坝54%的收益都将来源于防洪和泄洪，他们因此当仁不让；农垦局也不是省油的灯，他们承认，如果以防洪为主要目的来建设这个大坝，收益确实大于成本，两者的比率为2.4，但接下来话锋一转，提出如果以灌溉为目的来建造，收益和成本的比率将翻番，上升为4.8，他们也列出了详尽的计算过程。

项目因此迟迟不能上马。这种数据之争，说白了，就是利益之争：谁的比率大，谁就可能成为项目的主导、把项目收入囊中。

国会为此召开了几次听证会，议员们看了双方的计算，也是一个头两个大，莫衷一是。最后，国会把这个“烫手山芋”丢给了当时的总统罗斯福。谁料想，罗斯福也是看数据，他从“2.4”和“4.8”的数据对比中很快得出了结论。1940年6月，他大笔一挥批示说：我们美利坚合众国致力于保护农民的利益，这个水利项目应该由农垦局承建！

总统指点江山的方式为部门的纷争提供了一个普遍原则，那就是，面对错综复杂的利益冲突和政治压力，话不用多说，就让数据来一决高下！

20世纪40年代，美国的统计学也正在经历一场重要的变革，抽样技术开始在各个领域得到广泛应用。罗斯福总统首倡要在公共政策的制定过程中应用统计学的理论和方法。总统身边的幕僚、亲信、内阁部长当然都从中看出了端倪，他们都意识到，要想获得项目和拨款，就必须用数据说话。这在美国政府掀起了一股数据浪潮，各个政府部门都开始招聘、雇用大批统计学家和经济学家，以确保自己在“数据竞争”中不落于人后。

工程兵团和农垦局虽然频频“对掐”，但他们也有团结的时候，这是因为，无论是修建运河，还是疏浚航道，虽然都是由中央出钱，但并不是人人支持、皆大欢喜，这些国家投资的公共工程会触动一些商业集团的根本利益，其中的重要代表就是铁路集团。在美国，铁路集团是私营企业，开通一条新的航运水道，就意味着铁路运输的份额将要减少，对这种政府补贴造成的市场流失，铁路集团当然要大声反对。

铁路集团用来反对的武器，竟然也是数据。他们通过计算向政府证明，铁路是成本最低、速度最快的运输手段，因此具备高度的“经济合理性”，应当成为美国社会的首选。而工程兵团和农垦局的理由也冠冕堂皇，他们主张多元化，反对“铁老大”一家垄断。

“铁老大”和工程兵团以及农垦局的冲突愈演愈烈。1939 年 6 月，工程兵团和农垦局联合提出在田纳西州开凿一条水道，在他们的评估报告中，这个项目的收益刚刚超出成本，但铁路集团发现，工程兵团在计算的过程中，将 60 万美元的国防战略收益以及 10 万美元的观光收益也纳入其中，而正是因为这 70 万美元，项目收益才勉强超出成本。在国会的听证会上，铁路集团的代表愤怒地质问：“这 60 万美元的国防战略收益从何而来？谁能对这种收益做出准确的估值？这完全是凭空猜测，想填多少就填多少！”

1946年，工程兵团提出在阿肯色州开凿一条运河，其成本为4.35亿美元。在这份提案中，工程兵团特别强调，即使不计算任何无形收益，项目收益也高达4.7亿美元。但铁路集团还是表示反对，最后他们放出话来："给我4.35亿美元，我可以建设两条州际铁路，免费为政府运输所有的物资。"在如此强势的挑战下，这个项目最终搁浅。

类似的争论甚至到了剑拔弩张的地步，在国会的听证会上，任何一个数据如果稍有含糊，任何一个逻辑推理的链条如果断裂，都有可能被虎视眈眈的竞争对手揪出来，受到质疑和挑战。这种严谨的、针锋相对的辩论，最终推动了成本收益评估方法的规范和改进。

1946年4月，阿肯色州和路易斯安那州提出要联合开凿一条州际运河，并以路易斯安那州的参议员奥弗顿（John H. Overton）的名字命名。该项目得到了工程兵团的支持，恰巧奥弗顿又是国会航运分委会的主席，但铁路集团照样跳出来反对。铁路联合会的代表罗伯茨（Henry M. Roberts）在参议院的听证会上指出，如果没有来自政府的巨额补贴，水路运输将入不敷出、难以为继。他甚至拿出工程兵团提供的计算表格，当面指证其中的种种错误，例如工程兵团错误地估计了这条水道未来的货运量，没有计算把货物从原产地运输到运河边的前期转运成本等，因此收益和成本的比率被严重夸大了。

关于一条新水道到底会有多大的航运量，工程兵团采用问卷调查的方法进行估算：他们向2 500个船主发放了问卷，最后收回了1 338份，然后根据这个问卷结果对未来的航运量做出估计。

罗伯茨的指证激怒了参议员奥弗顿，他立刻从议席上站起来，质问罗伯茨说："我问你，工程兵团的项目委员是不是都是一流的专家？是，还是不是？"

奥弗顿的意思是，工程兵团拥有一流的专家，他们做出了最专业的评估，这种评估不容挑战，但罗伯茨并不买账，这场辩论随即失去了控制，不断朝着戏剧化的方向发展。

罗伯茨回答说："先生，'专家'这个词有很多意思。我曾与工程兵团的几位工程师见过面，我觉得他们确实很不错、很专业，但他们是否都称得上'一流'，我就不知道了。"

他的回答既不肯定也没否定，可谓绵里藏针，奥弗顿只好自己把话接圆："工程兵团有很多一流的专家，铁路集团是不是也有呢？"

罗伯茨回答："我们当然有。我们并非业余水平。我们的计算都是从事实出发，对我们来说，2 加 2 就是等于 4。"

奥弗顿接着质问："难道工程兵团的专家不是这样吗？他们从来不会无中生有地搞出一些数据，这些数据代表了事实。"

罗伯茨则立刻举出例子，批评工程兵团对未来航运量的估算完全不符合事实，他反唇相讥道："如果铁路集团也用这种计算方法来做生意，早就破产了！这种荒谬的方法就好像用你的住址号码除以你的电话号码，得到你的年龄一样！"

罗伯茨随即又提出，应该让双方的专家在听证会上见面，现场辩论。

奥弗顿则表示，国会不可能有那么多时间。

罗伯茨立刻抓住这句话，把问题带回了原点，他反问奥弗顿说："那你怎样证明你的专家就是一流的专家？"

这时候，有人插话说，应该建立统一的认证标准，所有的"专家"都应该通过专门的考试，以证明他们名副其实，的的确确能提出如何量化的专业意见。

争到这步田地，现场的人都连连摇头，大家都明白，再争下去，也不会有结果。工程兵团的总工程师威尔（R. A. Wheeler）最后起身说道："看来，我们迟早要为所有的问题如何量化设定标准的公式。"

于是，这一年，陆军工程兵团、农垦局、农业部、联邦电力委员会等相关单位都派出高级官员，组建了一个成本收益分析委员会，研究如何为各种各样的量化建立统一标准。经过近4年的努力，1950年5月，委员会终于发布了第一份报告，颁布了采用成本收益评估方法时必须遵循的原则和方法。

这份报告成为水利项目如何开展成本收益分析的操作指南，被后世称为"绿皮书"（Green Book）[5]。"绿皮书"特别厘清了许多和无形收益、次级收益相关的问题。例如，对于风景、观光等无形收益，"绿皮书"规定，只能计算游客带来的直接门票收益，没有门票的，一律按1美元/人次计算，对于游客落地之后产生的系列消费行为，则不纳入计算；对于修建一个大坝的次级收益，"绿皮书"则主张，如果当地的农作物增收，那么增收的收益可以计入项目收益，但是，如果对农作物进行二次加工，这时候产生的收益则不能纳入计算。"绿皮书"还明确规定，人的生命价值应当纳入成本和收益的计算当中，但必须单项列明。

随着"绿皮书"的推出，成本收益分析方法开始变得规范，也逐渐从水利项目延伸到环境保护、公共安全、卫生健康等其他领域，美国也因此成为全世界首个在政府内部大规模使用成本收益分析决策方法的国家。

当然，"绿皮书"中倡导的原则和规定也招致了一些机构的批评，批评认为"绿皮书"僵化、死板，无法计算一个项目的全部收益，这也促使“绿皮书”在1950年之后经历了几次重大修订，使它得以不断完善。直到今天，“绿皮书”还是美国政府各级部门使用成本收益分析方法时的重要指导文件。其反复修订的部分，也是其最受争议的部分，其中之一就是，一个人的生命是否应该量化，又该如何量化，即一条人命到底值多少钱？

冲击量化的极限：给生命定价

一提到要对生命的价值进行量化，而且要把生命转变为一个货币单位，可能大部分人的第一反应都是反对！理由很简单：生命无价！

成本收益分析的主张者并不是完全否认“生命无价”，相反，他们认为，要想对每一条“无价”的生命进行有效保护，就必须对生命的价值进行量化。这是因为，人类面临的一切资源，其实都是有限的，但恰恰个人生命的存在、人类社会的发展都依赖于这些有限的资源。例如，政府预算是有限的，但需要投入的公共项目可能很多，这个主张建坝，抵抗洪水之灾；那个要求开展癌症研究，治病救人；还有人认为需要修路，减少交通事故……但因为资源有限，不可能样样兼顾，而且同样数额的资金，用在不同的项目和不同的地方，就能挽救不同人群、不同数量的生命。这时候，要对全社会的生命进行最有效的保护，就必须对各个项目的效果做出理性的分析和对比，确定收益最大的项目，把有限的资源用到对生命最有效的保护之上。没有量化的对比，就可能错误地分配资源，造成浪费。要完成这个过程，就必须承认生命有价。

但不幸的是，社会大众常常因为理性不足而错误地分配资源。美国的前任副总统拜登（Joseph Biden）就曾经深刻地感受到其中的矛盾，他在担任参议员期间，讲过：

> 毫无疑问，美国人知道死于煤烟污染的人比死于核污染的人多，数据也证明，因为我们烧煤，更多的人死于煤烟污染，但美国大众还是对核反应堆更为恐惧；美国人也知道，如果我们把用于重症病房挽救垂危老人的钱节省下来，哪怕仅仅节省25%，也能拯救更多孩子的生命，但我们的文化已经认定，无论对错，我们都要花钱去挽救老人，即使这些钱可以拯救更多其他的生命；还有，在所有的药物滥用中，吸烟导致的死亡率最高，但大众更愿意把研究经费花在吸烟之外的其他药物滥用领域。美国人民做出了这样的判断和选择。
>
> 如果政治科学家因此得出结论说，这是因为美国文化当中没有成本收益分析的元素，如果美国人民掌握了成本收益分析方法，他们就会做出不同的选择。我认为这种观点是自以为是的精英主义。[6]

拜登的这两段话其实是在“吐槽”：大众因为恐惧、无知，常常做出和理性分析结果完全不同的决定，例如，和核污染相比，煤烟污染导致了更多的人死亡，但大众对核污染更为恐惧，因此认为防治核污染比防治煤烟污染更为重要，而美国恰恰又是民主国家，政治家的决策必须迎合人民大众的喜好和判断，因此导致公共资金并没有投入最应该投入的项目之上。

拜登还认为，这种理性的盲区在大众的思维中根深蒂固，难以轻易改变。作为政治家，他对此感到无奈。

拜登的无奈，其实就是当年美国的建国者在立宪会议上对“民主”制度表达的种种忧虑：民主的“多数”恰恰可能就是平庸的多数，少数政客为了迎合这平庸的“多数”，常常提出自己都不相信的意见。

换句话说，民主的质量依赖于大众的理性思考水平。

而成本收益分析就是理性分析的工具。使用成本收益分析，首先要承认生命有价，但即使同意生命有价，很快，一个更大的道德挑战又出现了：每个人的生命是否等价？人人平等的提法当然无可厚非，但成本收益分析方法的支持者认为，人人平等指的是政治权力，在现实生活中，如果生命真的等价，那全社会的资源就应该完全平均地分配，这显然是不可能的。回到拜登所举的例子，挽救一个垂危老人的钱，往往可以拯救几个青少年，如果人的生命真的等价，那这份钱就应该用来拯救更多的青少年。当然，我们还可以继续追问：一个 70 岁的生命和一个 20 岁甚至五六岁的生命，难道真的等价吗？如果不等价，差别又是多大呢？要回答这些问题，就必须对生命价值进行量化。

所以，用道德的名义反对生命价值的量化，其实是无知的表现，也是真正漠视人类根本利益的表现。如何完成这种量化，才是理性人类面临的真正挑战。

1950 年“绿皮书”发布之后，如何量化生命价值一直处于一个相当初级的阶段。当时的主要方法是计算一个人因为死亡而损失的收入，这种方法也被称为“未来收入折现法”，因为许多无形的价值和损失根本还没有办法量化，这种方法当然备受批评。

直到 1966 年，美国的经济学家托马斯·谢林（Thomas Schelling）才在学术界第一次提出“价值意愿法”（Willingness to Pay）的量化方法。该方法主张通过问卷调查的方式，掌握人们为降低生命风险而愿意支付的金额大小，从而计算出大众眼中的生命价值。

例如，一个有 2 万人的小镇，每年有 6 个人死于交通事故，如果加大公共投入，改善交通状况，就可能降低死亡人数，那么就可以向全镇人民进行调查：你愿意缴纳多少税收来改善交通状况，以把每年6人的死亡数目降为每年2人？

假设调查的结果是：为了把交通事故的死亡风险从“每年6人”降为“每年2人”，该镇每个人愿意缴纳税款的平均值为100美元，那么在这个小镇的大众心里，人的生命价值就是50万美元，计算方式如下：

$$100 \div [(6-2) \div 20\,000] = 500\,000 \text{（美元）}$$

其计算公式可总结为：

人的生命价值＝

人们为了降低死亡风险愿意缴纳的金额 ÷ 降低的死亡风险

“价值意愿法”提出之后，其新颖和巧妙之处受到了肯定，作为一名杰出的经济学家，谢林后来还获得了诺贝尔经济学奖。但也有批评者指出，这种方法的计算结果，反映的是大众的主观意愿，即个人主观认为“我愿意付这么多钱来减少风险”，但事到临头，他是不是真的愿意掏钱，或者愿意掏出更多的钱，都很难说，即“价值意愿法”仅仅建立在一个假设的基础之上，没有反映真实的社会生活。

例如，20世纪90年代，美国的国鸟白头鹰濒临灭绝，国家到底应该投入多少公共资金对其进行保护呢？有经济学家就用“价值意愿法”对美国民众进行调查，调查发现，每户美国家庭愿意出资257美元挽救白头鹰，愿意出80美元来挽救濒临灭绝的灰狼。[7]美国大约有1亿户家庭，如果这个意愿属实，投入白头鹰保护的公共资金将高达257亿美元，大部分人都认为，这个估值太过乐观了！

于是，统计学家、经济学家又开始努力，他们期望找出更加符合现实的量化方法。继谢林之后，又有人提出了“劳动力市场评估法”。这种方法认为，每份工作都有一定程度的死亡风险，面对死亡风险越高的工作，人们索要越高的工资。事实上，一个人的工资可以根据死亡风险分为两个部分，一部分是正常的工作报酬，另外一部分是对死亡风险的补贴：

工人期待的工资 = 正常工作报酬 + 死亡风险补贴

而死亡风险的大小，可以用风险率（P）来表示，则上述公式可表述为：

工人期待的工资 = 死亡补贴 × P + 正常工作报酬 × （$1-P$）

不同的工作，死亡风险的大小也不同，即P的值在 0 和 1 之间变化。在两种极端的情况下，“0”代表无任何死亡风险，那工人将得到一份正常的工作报酬；“1”代表最高风险，意味着肯定要死，如替别人代罪偿命，对肯定要死的人，他的工资将变为一次性的死亡补贴：

工人期待的工资 = 死亡补贴 ×1 + 正常工作报酬 × （1–1）

= 一次性死亡补贴

1968 年，芝加哥大学两位著名的经济学家塞勒（Richard Thaler）和罗森（Sherwin Rosen）开始了“劳动力市场评估法”的研究。他们通过统计各个行业的死亡率，得出每个行业的死亡风险，再以 1967 年美国各行各业的平均工资为基准，确定每增加一个比率的风险，实际工资数额的变化，通过这种对比和计算，最后得出了美国社会的生命价值。这项研究，他们做了整整 9 年，在 1976 年才发布最后的结果：在 1967 年的美国，一条生命的平均价值为 20 万美元。[8] 通过这种量化过程得出的生命价值，也被称为“生命统计价值”（Value of Statistical Life）。

因为“劳动力市场评估法”更加客观，所以问世之后，受到了广泛的欢迎，很快从美国传播到其他国家。1980 年以后，它成为量化生命价值最主要的方法，很多国家的研究人员都用它对本国民众的生命价值进行了量化，当然，结果各不相同。2005 年，哈佛大学的维斯库西（W. Kip Viscusi）教授对部分国家和地区的研究情况进行了汇总。他发现，美国的生命统计价值已经上升到 700 万美元，日本的生命统计价值比美国还高，为 970 万美元，而中国香港地区只有 170 万美元，中国台湾地区则更低，其生命统计价值为 20 万~90 万美元（见表 4-1）。

表 4-1　部分国家和地区的生命统计价值（按劳动力市场评估）[9]

国家和地区	生命的统计价值（美元）
日本	970 万
美国（30 个研究的中间值）	700 万
瑞士	630 万~860 万
澳大利亚	420 万
英国	420 万
奥地利	390 万~650 万
加拿大	390 万~470 万
中国香港地区	170 万
印度	120 万~150 万
韩国	80 万
中国台湾地区	20 万~90 万

从 20 世纪的第一个 10 年到 20 世纪 70 年代，这种基于生命价值的量化一直在学术圈、商业界和政界静悄悄地进行，并没有引起大众的关注；直到 20 世纪 70 年代，因为一起车祸，这种方法才进入大众

的视野，引起了激烈的讨论。

肇事的汽车，出自美国的老牌汽车制造商——福特公司，因为在生产这款汽车的过程中使用了成本收益分析方法，并对生命价值进行了量化，福特公司被卷进了一场全国舆论风暴，其商业道德受到了大众的审判。

“平托”风波：福特公司的道德危机

1978 年平托车的外观

福特公司将油箱的位置放在该车后轮轴承的后方，是为了最大限度地利用空间、使后备厢变大，在当时的汽车行业，这种设计也非福特公司一家独有。在后来的法庭做证中，福特的设计师坦承，后备厢要“至少能放下一套高尔夫球具”，否则销售就会大受影响，因此原本在后轮轴承上方的油箱最终被放在了后轮轴承的后方。从图中可以看出，平托车的尾部较短，后部碰撞确实很容易导致油箱受到挤压，发生起火爆炸事故。（图片来源：网络）

20 世纪 60 年代，美国的汽车行业开始受到日本和德国的冲击，为了应对日、德两国对美国小型汽车市场的入侵和占领，福特公司决定推出一款紧凑型的小车。1971 年，福特平托（Pinto）问世，其简约版的售价才 2 000 多美元，受到了工薪阶层的欢迎。直到 1980 年被新的车型取代，10 年间福特一共售出了 317 万辆平托汽车。

但平托汽车上路不久，就惹上了官司。1972 年 5 月，在加州的高速公路上，一辆平托汽车因为中途停靠，被后面一辆小车以时速 30 英里[10]的速度撞上，平托车起火爆炸，两名乘客当中，一名死亡，另外一名青少年格里姆肖（Grimshaw）虽然幸存，但全身大面积烧伤，其后几年做了多次植皮手术。伤残的格里姆肖不满肇事方和福特公司的赔偿，于是将其告上了法庭，开始了一场漫长的诉讼。

这本来只是一起普通的民事赔偿案件，但出人意料的是，因为新闻界突然有人出来“爆料”，这起案件很快演变为一场轩然大波，福特公司因此面临全国的声讨，其商业道德几乎破产。

1977 年 10 月，美国著名的左派政治杂志《琼斯妈妈》（*Mother Jones*）发表了一篇新闻调查——“疯狂的平托”（Pinto Madness），记者道伊（Mark Dowie）在这篇长达十几页的调查报告中，揭露了平托这款汽车在设计、出厂和上路过程中种种不为人知的、几近疯狂的内幕。

道伊在他的调查文章中引用了大量的文本、事实和数据，他指出，据保守估计，平托车上市至今，类似格里姆肖的起火事故已经发生了 500 多起。这是因为，平托车是一款存在着重大安全隐患的汽车，其隐患在于，大部分汽车的油箱都放在后轮轴承的上方，平托车的油箱却放在了其后轮轴承的后方，这是个致命的设计，因为任何后部的碰撞，都会挤压油箱，导致汽油泄漏，引发爆炸。这也正是格里姆肖悲剧之所以发生的根本原因。

道伊“爆料”说，对于这种设计，福特公司内部从一开始就有反对意见，设计师也因此提出了种种加固油箱的补救措施，但为了节约成本，公司的领导层最终一一拒绝，也就是说，在平托车上路之前，福特公司对其油箱容易爆炸的风险，已经完全了然于胸，但为了省钱并尽快占领国内市场，公司的管理层搁置了油箱设计的争议，仓促之间推出了这款新车。道伊还列出了行业数据：一般来说，一款新车的推出，从设计到出厂，平均要用 43 个月的时间，但平托车仅仅用了 25 个月。

那这种加固设计又能节约多少成本呢？道伊接着曝出了“重磅炸

弹”：他在调查过程中，获得了一份福特公司的内部文件。道伊声称，这份文件清楚地记录了福特公司使用成本收益分析方法的决策过程，那种加固设计的成本，是 11 美元！

道伊在调查报告中直接引用了福特公司的计算过程，他解释说，为了避免汽油泄漏，福特必须给每辆车的油箱加装一个价值 11 美元的设备，全公司 1 250 万辆车将因此增加开支 1.375 亿美元。加装这个设备之后，可以避免 180 人死亡、180 人烧伤以及 2 100 辆车报废，这就是采取这一改进措施之后的收益。那么，这个收益到底有多大呢？福特公司接着又用计算给出了明确的答案：每条生命价值 20 万美元、每例烧伤耗费 6.7 万美元、每辆报废车的平均价值为 700 美元，因此这一加装设备的措施为公司带来的总收益将是 4 953 万美元。显而易见，4 953 万美元的收益远远小于 1.375 亿美元的成本，福特公司因此决定，不对油箱进行加装和改造（见图 4–1）。

汽车油箱泄漏的成本收益分析

成本：
销量：1 100 万辆小车、150 万辆卡车
单位成本：每辆小车 11 元、每辆卡车 11 元
总成本：1 100 万 × 11 + 150 万 × 11 = 1.375 亿（美元）

收益：
可以避免：180 人死亡、180 人烧伤、2 100 辆车报废
其中，每例死亡 20 万美元、每例烧伤 6.7 万美元、每辆报废车价值 700 美元
收益：180 × 20 万 + 180 × 6.7 万 + 2 100 × 700 = 4 953 万（美元）

图 4–1 福特公司内部使用的决策表格

什么！一条生命价值 20 万美元？这个数据立刻成为大众议论的焦点。道伊继续解释说，这“20 万美元”也算数出有据：1971 年，美国

国家公路交通安全管理局（NHTSA）在对交通事故死亡的案例进行统计之后，利用“未来收入折现法”计算出一条生命的价值为20万美元（见表4–2）。

表4–2　1971年美国国家公路交通安全管理局对生命价值量化的项目明细

项目	1971年的死亡成本（美元）
未来的生产损失（Future Productivity Losses）	
直接（Direct）	132 000
间接（Indirect）	41 300
医疗损失（Medical Damage ）	
医院（Hospital）	700
其他（Other）	425
财产损失（Property Damage）	1 500
保险处理（Insurance Administration）	4 700
法律事务的费用（Legal and Court）	3 000
雇主的损失（Employer Losses）	1 000
死亡人员的痛苦（Victim’s Pain and Suffering）	10 000
死亡人员的葬礼（Funeral）	900
财产丢失（Assets Lost Consumption）	5 000
其他（Miscellaneous）	200
每例死亡的总计成本	200 725

20世纪70年代，如何量化生命的价值还处于一个相当初级的阶段。美国国家公路交通安全管理局发现，车祸死亡人员的平均年龄为37岁，管理局再根据全国的平均工资以及退休年龄，利用未来收入折现法，计算出死亡人员的家人因为其死亡将丧失的收入，而对于“死亡人员的痛苦”这种无形损失，管理局使用了10 000美元的估值。国家公路交通安全管理局在下发的文件中也强调，这是根据美国平均工资做出的最小评估值，有许多损失因为无法计算而没有计入，因此不代表最大值。但福特公司在引用这个数据时，并没有做出类似的说明，这在一定程度上加深了道伊和大众的误解。

道伊又列出了国家公路交通安全管理局的计算明细：直接生产损失 132 000 美元、医疗损失 1 125 美元、财产损失 1 500 美元、死亡人员的痛苦 10 000 美元……对于这些数据，道伊斥之为“荒谬”，他在调查报道中发出了一连串的质问：这是哪门子算法，还能给一个人的痛苦定价？难道一个人的生命真的就值 20 万美元吗？做出这种计算的人，会为了 20 万美元交换自己的生命吗？

这个时期的美国，作为无冕之王，记者的力量正如日中天。1974 年，《华盛顿邮报》曝光水门事件的真相，总统尼克松随后被迫辞职。一篇报道就能够直接掀翻总统，美国新闻媒体的力量可想而知！

道伊的文章发表之后，福特公司也一下子被抛上了舆论的风口浪尖。在生命的天平上，福特公司居然为了区区 11 美元，就置所有顾客的生命于汽油和火焰之中。各种批评的声音一浪高过一浪，福特公司被斥责为冷血、毫无商业道德、唯利是图的商业机器；平托车被贬为移动的“火坑”、随时可能爆炸的“油桶”、历史上最差的汽车。

既然是带有严重安全隐患的移动“火坑”，平托车又为什么能够出厂上路呢？道伊的调查报告随后揭露了一个更宏大、更系统、更冷酷的平托出厂路线图。

道伊指出，早在 1968 年，美国国家公路交通安全管理局就准备推出“301 号标准”。该标准规定，所有的小汽车，都必须通过时速 20 英里的碰撞测试，碰撞后，油箱不能出现泄漏。但这个规定遭到了美国汽车行业的集体反对，福特公司正是其中最坚决的反对者。道伊估计，为了阻止这项规定的出台，福特公司花了上百万美元在华盛顿游说。

道伊在报告中总结了汽车公司应对政府提高安全标准的三种手段：一是不断提起申诉，每次提几点意见，让政府不断进行调查，从而拖延规定出台的时间；二是指证政府的规定“药不对症”，例如，汽车相撞着火是因为驾驶员不遵守交通规则，或者是路况差，政府应该着力培训驾驶员、改善路况，而不是提高车辆的配置；三是向政府诉苦，公司可以提交成百上千页的技术细节报告，罗列技术改造的种种困难，等政府官员看完看懂再做决定的时候，公司又争取到了几个月甚至几年的利润空间。

为了抵制“301 号标准”，福特公司三管齐下，多种手段轮番上阵。之所以这么卖力，就是因为平托车从一开始就没有通过时速 20 英里的碰撞测试。福特公司首先向国家公路交通安全管理局提出，最危险的碰撞是两车正面相撞，因此，“301 号标准”应该只适用于正面相撞，而追尾碰撞不应该纳入其中。国家公路交通安全管理局于是开展了一项专门的调查，最后的统计结果是，后部相撞发生汽油泄漏的概率要比正面相撞高出 7.5 倍。福特公司又继续辩称，后部相撞确实更容易导致油箱泄漏，但油箱泄漏、着火根本不是导致乘客死亡的主要原因，撞了车，即便油箱不漏，也是要死人的。国家公路交通安全管理局于是又委托几个独立机构开展了新一轮的调查。两年后，这些调查机构得出的结论是，20 世纪 70 年代以来，汽车着火的增长速度比房屋着火要快 5 倍，全国 40% 的火警电话源于汽车着火，每年美国的公路上有近 5 万人因车祸身亡，其中被火烧死的有 3 000 余人，占火灾死亡人数的 35%。这些研究还得出结论说，如果实施“301 号标准”，汽车着火导致的死亡率将下降 40%。

而这个时候，已经是 1972 年了，已经有近 70 万辆平托车出厂上市。

面对这些统计数据，道伊指出，福特公司本应该理屈词穷，但他们不但没有这样，反而还联合其他汽车公司向国家公路交通安全管理局施压：要达到这项标准，整个美国的汽车行业要进行生产线改造，这会增加公司的成本，降低美国汽车在国际上的竞争力。

在以福特为首的汽车公司的反对下，直到 1977 年，“301 号标准”还悬而未决。而在此期间，越来越多的移动“火坑”出现在美国的大地上。

话说到这里，整个故事都已浮出水面，全国上下一时群情鼎沸，不仅福特公司备受指责，美国汽车行业的监管机构——国家公路交通安全管理局，也陷入了舆论风暴的中心。道伊还在文章的最后，附了一封简短的“请愿信”，读者可以很快剪下来，签名邮寄到国家公路交通安全管理局，呼吁该局下令全面召回平托车。

道伊的这篇新闻调查激起了全国的讨论，也因其正义的立场、详尽的事实而获得了当年的普利策新闻奖。这个时候，格里姆肖的案件正在审理当中，这些新的证据和背景资料震惊了整个社会。福特公司的成本收益分析表格，这 11 美元背后的决策过程，让主审法官也倒吸一口凉气，这份表格随后被称为“美国诉讼史上最受争议的文件”。

但出人意料的是，这份“最受争议的文件”很快就被福特公司推翻了。福特公司在法庭上指出，截至 1977 年，平托车的销量全部加起来也不过几百万辆，而这份表格中的车辆总数是 1 250 万辆，完全和平托车风马牛不相及，道伊完全是道听途说、张冠李戴，错误地引导了舆论。

法庭在审查之后，发现福特公司反映的情况属实，随后判定这份表格与本案无关，因此不能成为证据。但新闻媒体、社会大众都纷纷追问：如果这份表格不是平托车的成本收益分析表，那又是什么车的成本收益分析表呢？福特公司在平托车的决策过程当中，究竟有没有使用类似的分析方法呢？

随着庭审的深入，福特公司更多的内部文件曝光在公众面前。在公司的车辆碰撞测试记录中，平托车确实没有通过时速20英里的碰撞，其油箱在测试中被螺栓刺穿，发生了大面积的泄漏和溅射，公司的设计人员随后提出了一系列的改进方案。在油箱改进过的车型上，平托车则安全通过了时速21英里的碰撞测试。在福特公司的测试报告中，这些加装和改进的措施都已经一一列明：

为缓冲碰撞的冲击，把油箱用类似“防弹衣”的材料包裹起来：成本4美元

在油箱内加装一个尼龙内胆：成本5.25美元

加固保险杠：成本2.6美元

增加油箱四周的空间：成本6.4美元

在轴承和油箱之间增加一个防护盾：成本2.35美元

……

这些措施都可以有效降低油箱泄漏的风险。测试报告中甚至指出，如果总成本再增加15.3美元，用于改进车体后部的结构、加大缓冲空间、把轴承打磨得更加光滑并加固保险杠，那平托车就能通过时速34~38英里的碰撞测试。

但是，这一切都没有发生。平托车还是带着“赤裸”的油箱出厂上市。虽然法庭没有发现福特公司相应的成本收益分析文件，但这个时候，已经不需要更多的解释，很显然，福特公司的高级管理人员都算过了账，15.3美元的成本将大于收益……

这些新的证据又引起了公众的阵阵嘘声，但福特公司也有话要说。他们承认，公司确实使用了成本收益分析方法进行成本评估，但这并

不存在主观恶意。作为公司，福特公司必须赢利，如果一味地提高安全标准，公司肯定要亏损，公司亏损将导致员工失业，他们将没钱吃饭、没钱开车、没钱养孩子。福特公司的潜台词是，在现实生活中，公司的资源是有限的，如果仅仅采用道德的标准，一味追求安全，公司势必会破产，到那时，将会牺牲更多人的利益。

美国国家公路交通安全管理局的官员也在采访中为自己“20 万美元”的数字进行辩护，他们说，没有人会愿意为了 20 万美元而丧命，每一起事故都是不幸的，也是无法预计的，而它一旦发生，这 20 万美元就是我们这个社会必须承受的损失。为了做出对整个社会最优的决策，必须对生命进行量化，因为只有这样，才可能在所有的选择当中，确定出最优的社会决策。国家公路交通安全管理局的领导也解释说，在任何一项管制规定出台之前，该局都会做出相应的成本收益分析，但这个分析的结果并不是最终决策的唯一标准，最终的决策，是在综合所有信息和数据之后的一个综合判断。

道伊的批评也上升到了一个更高的层面，他指出，其实每一个汽车生产商都知道自己的车并不完美，而且清楚地知道其命门和危险所在，但他们绝对不会将这个危险告诉消费者，而且面对政府有的放矢颁布的管制规定，他们也会像福特公司一样，在华盛顿游说，全力争取政府推迟甚至取消这些规定。对每一项成本的投入、每一项技术的改进，他们也都像福特公司一样，在内部做着同样的计算，但不同的是，福特公司不小心让这份令人难堪的文件摆到了公众的面前。

道伊认为，这是资本主义制度性的罪恶！换句话说，天下公司一般黑，福特公司被曝光，只不过是更倒霉罢了。

接下来的事实证明，福特公司确实“倒霉”，甚至比道伊预计的还要“倒霉”。1978年8月10日，又一辆平托车在印第安纳州的高速公路发生碰撞之后油箱爆炸，车上的三名少女当场死亡。

一波未平，一波又起。福特公司顿时百口难辩，在全国的批评声浪中如坐针毡。印第安纳州的警方则宣布，福特公司明明知道自己的汽车尾部拖着一个容易爆炸的“火坑”，居然为了区区十几美元而拒绝改造，他们准备用“故意谋杀罪”起诉福特公司。

面对格里姆肖的官司，福特公司一开始试图低调处理、息事宁人，但随着危机的层层扩大，福特公司也开始调整应对策略，他们开始公开捍卫自己的成本收益分析方法。福特公司在后续的庭审中指出，人类一切的理性活动，其实都是在进行量化和计算，成本收益分析方法是人类理性的终极选择，就连法庭的审判也不例外。

用数据来审判：理性的必然选择

福特公司的申辩，有一定的事实依据。

前文谈到，正是在进步时代，数据浪潮开始进入美国法庭。其中的先驱人物是布兰代斯，他开创了用数据辩护的诉讼方法，后来又担任美国最高法院的大法官，也是美国历史上最著名的大法官之一。

人事有代谢，往来成古今。到20世纪40年代，美国的汉德（Billings Learned Hand）大法官又更进一步：他不仅使用数据，还把数学计算的方法引入审判当中。这个方法，福特公司认为，其实就是他们正在使用的成本收益分析方法。

1944年1月，美国发生了美国政府诉卡罗尔拖轮公司一案[11]。一艘受雇于美国政府托运面粉的驳船，停靠在繁忙的纽约港。当时的驳船，都是用一根缆绳系在凸式的码头边。被告卡罗尔公司的一艘拖轮在码头拖船的过程中，因为操作失误，无意间松开了原告驳船的缆绳，这艘驳船随后在双方都不知情的情况下，漂移出了码头，撞上了另一艘船，连同面粉一起沉入海底。驳船船主以卡罗尔公司的拖船存在过失责任为由向法院提起诉讼，要求赔偿，但卡罗尔公司认为，船之所以沉底，是因为当时的驳船上没有人，不能及时制止驳船漂移，因此驳船方自己应该承担主要责任。

一审判定卡罗尔公司负有主要责任，被告不服，上诉到美国第二巡回法庭。当时的主审法官汉德认为，每艘停靠在码头的船都可能冲出泊位，一旦冲出泊位，就会对自己与其他船只造成威胁，船主因此负有对此进行预防的责任，其预防责任的大小，取决于三个变量：

1. 船只冲出泊位的可能性，即事故发生的概率，用P表示；

2. 船只失控后可能造成的损失，用L表示；

3. 船主进行充分预防所需要的成本，用B表示。

根据以上分析，概率P和损失L的乘积“$P\times L$”就是统计意义上可能发生损失的大小。汉德法官认为，要判断船主是否有责任，只需要对比其投入的预防成本B和发生的损失“$P\times L$”之间的数值大小。

> 如果$B \geqslant P\times L$，则表明船主对可能发生的损害进行了足够的预防，如果事故发生，船主则没有责任；
>
> 如果$B < P\times L$，则表明船主对可能发生的损害没有进行足够的预防，如果事故发生，则船主负有一定责任。

例如，纽约港因为同类的事故，在过去的200天里已经损失了2 000美元，那么每天可能因为发生此类事故导致的损失为：

$$2\,000 \div 200 = 10（美元）$$

而当时雇用一个船工在驳船上监护一天的成本为 8 美元，很明显：

$$8\text{ 美元} < 10\text{ 美元}$$

也就是说，船主如果要进行充分预防，就必须雇用船工，如果驳船没有雇用船工，发生事故就属于预防不足，船主就应该自己承担主要责任。

汉德法官最后判定原告驳船预防不足，要承担主要的过失责任。

汉德的判决令原告被告双方都口服心服，他提出的上述数学公式被称为汉德公式（The Hand Formula）。该公式被后世公认为是判定过失责任的标准。

福特公司认为，汉德公式其实就是成本收益分析方法在法庭审判中的应用，“$P \times L$”是事故的预期损失，如果采取措施，成功地预防了这起事故，那么“$P \times L$”（即例子中的每天 10 美元）就是这项措施的收益，而一个船工的日工资为 8 美元，就是这项措施的成本，如果成本小于收益，就值得我们投入。换句话说，如果一个船工的工资为每天 20 美元，那船主就不应该雇用全职的船工，因为成本超出了收益，造成了浪费。

福特公司随即把汉德公式推广到了产品安全领域。例如，一个工厂发现，如果改善生产过程中的某项安全措施，可以将生产过程中的事故率降低 0.01 个百分点，未来一年可能可以挽救两个人的生命，而完成这项技术改造，公司需要投入 100 万美元，那公司是否应该进行这项投资呢？如果公司决定不投资，而次年又发生了事故，那公司是否负有责任呢？这种责任是过失责任、连带责任，还是故意责任呢？分析到这里，情况已经非常清楚：如果要做出一个理性的决策，就必须对一个工人的生命价值进行量化。

汉德公式也得到了美国法学界的认可。1972年，美国著名的法学家、经济学家波斯纳（Richard Posner）在其著作中指出，在汉德之前，美国的法官虽然从来没有把计算过程写到判决书里，但也一直在用经济理性和数学计算判案，汉德公式的贡献，是用数学公式把它们清晰地表达了出来。波斯纳总结说："出于本能，人们都在使用经济学原理进行计算和判断，有的时候，甚至连他们自己还没有意识到，就已经在计算了。"[12]

因此，福特公司认为，大众对平托车的指责，其实是场误会，福特公司并不是不重视汽车安全，但安全标准的提高没有上限，作为公司，福特必须量力而行，采取符合实际的安全标准。平托车其实和其他汽车一样，符合国家的安全标准；也像其他汽车一样，在路上会发生事故。福特公司接着列举了美国市场上同等级别车辆发生交通事故的死亡数据，这个数据证明，平托车在同等车型中的事故率并不是最高的，在5种车型中正好居中（见表4–3）。福特公司强调说，这些数据证明，平托车总体上还是比较安全的。

表4–3　1975年和1976年同等紧凑型车型的交通事故死亡人数

（单位：人）

车型	1975年死亡人数	1976年死亡人数
达特桑1200/120（Datsun 1200/120）	392	418
雪佛兰织女星（Chevrolet Vega）	288	310
丰田花冠（Toyota Corolla）	333	293
大众甲壳虫（VW Beetle）	378	370
福特平托（Ford Pinto）	298	322

在这5种车型中，福特平托发生事故后造成的死亡人数确实比达特桑、丰田和大众品牌的同等车型都少。

但法庭拒绝了福特公司基于这份数据的解释和申辩，格里姆肖的官司，福特公司最终还是输了，而且还是输在数据上。法官们认为，福特公司提供的上述数据只是反映了福特汽车在公路上发生事故之后的死亡人数，此案真正需要比较的是事故发生之后，因为着火而致死的比率。而国家公路交通安全管理局提供的数据最后证明：从 1971 年至 1977 年 6 月，平托汽车因为“后部碰撞”发生的着火事件，造成了 27 人死亡、24 人烧伤，这些数据比其他汽车都要高。1976 年，平托车占全美汽车总数的 1.9%，但在所有汽车着火导致乘客死亡的事故中，平托车占了全国的 4.1%。这组不成比例的数据证明，和其他汽车相比，平托车确实更容易着火，这个数据最终把福特公司置于死地。法庭最后判决福特公司赔偿格里姆肖 250 万美元。此外法庭认为，福特公司在平托车的设计和生产过程中纵容了不安全行为，这种行为“应该受到谴责”，因此并处 350 万美元的惩罚性赔偿（Punitive Damages）。

拓展话题：惩罚性赔偿

所谓的惩罚性赔偿，是指由于侵权人实施恶意行为，或其行为有重大过失时，法院判令侵权人支付比实际损失高很多的赔偿额，以警示、抑制全社会可能发生的仿效行为。

1978 年 5 月，平托风波登上了美国电视台的招牌节目《60 分钟》，更是成为全国上下街谈巷议的话题。次月，福特公司在巨大的舆论压力之下，宣布全面召回平托车，对其油箱进行加固和改造。

平托风波给美国的商业运作造成了深远的影响。1974 年，因为水门窃听丑闻，美国公众对政治家的信任降到了历史低点，而平托风波，又使大众对商业公司的信任降到冰点。同时，美国的大公司也意识到，除了努力营造公共关系，他们还必须掌控新闻媒体，控制类似的新闻调查报道，这掀起了20世纪80年代新闻媒体的并购高潮。此后，越来越多的大公司拥有了媒体，自然，新闻调查报道的力度和深度则随之下降。

平托风波也成为商业道德领域的经典案例，福特公司的决策到底合不合理、应不应该，几十年来，这在世界各国的课堂上不断被讨论，即使今天，还不时被旧事重提。2009年，丰田汽车因为出现油门突然加速问题，被美国政府勒令召回。2010年2月，美国国会对此展开调查。他们在丰田公司的内部文件中发现，丰田早在2007年就清楚地知道问题的存在，但并没有把主要精力放在解决车辆的故障上，而是花了大量时间在美国政府游说，要求国家公路交通安全管理局放松有关安全标准并推迟其出台时间。其中的一份内部文件这样写道："通过谈判，我们只需要部分召回55 000件设备，公司因此节省了1亿美元，这是一个胜利。"[13]整个丰田公司，上下一片喜庆。道伊在《纽约时报》上再度发表评论说，这和当年的福特公司如出一辙，丰田和福特简直是一丘之貉。

代理人需要监督：成本收益分析方法的未来

20世纪70年代的平托风波，把福特公司逼入了难堪的境地，但奇怪的是，成本收益分析方法不仅毫发未损，还越发坚挺，其应用范围也不断扩大。80年代之后，成本收益分析已经成为美国政府最基本、最主要的决策方法，欧洲、亚洲的很多国家也纷纷仿效，开始采用这种方法评估公共项目的可行性。

1981 年，里根总统颁布第 12291 号行政命令，要求联邦政府的各个部委在推出重大管制规定时，都必须进行成本收益分析，并明文规定只有收益大于成本的规定，才可能被批准，该命令中第二条的原文为：

b. 除非一项规定的社会潜在收益大于其潜在成本，否则将不予通过；

c. 管制的目标是社会净收益最大化；

d. 在达到既定目标的所有备选方案中，我们应该选择社会净成本最小的方案。[14]

里根甚至还在命令中为完成这类分析的文本取了一个正式的名字：管制效果分析（Regulatory Impact Analysis）。他要求政府每推出一项规定，都必须向白宫提交管制效果分析的文本文件，以供其审查。

里根是著名的共和党人，他强调自由市场，反对政府管制。今天谈到他的政绩，后人往往评价说，他正是通过成本收益分析抬高了政府出台规定的门槛，削弱了美国政府对市场的管制。

但到了克林顿时代，1993 年，这位民主党总统也颁发了一道行政命令，强调成本收益分析方法对于政府决策的重要性，他在命令中说："要决定是否需要管制以及如何加强管制，各个机构必须评估所有方案的成本和收益，包括维持现状的成本和收益。成本和收益都包括两个部分：一是可以量化的部分；二是虽然难以量化，但对最终决策有关键影响的部分。除非另有法律条文规定，否则各机构最终的决定，都应该选择净收益最大的方案。"[15]

也就是说，经过近一个世纪的发展，成本收益分析方法已经从世纪之初工程兵团和农垦局的数据之争，上升为民主、共和两个政党的共识。之所以受到跨党派的青睐，是因为这种方法有利于解决政治生活中的一个重要矛盾。

我们谈到过，人民通过选举，将管理公共事务的权利委托给当选的代表，这些代表就是国会的议员。受人民的委托，他们制定国家的法律，但这些法规的执行者，是以总统为代表的政府。也就是说，国会和总统之间也形成了同样的委托代理关系：国会委托总统执行一个国家全部的法律法规，总统又委托各个部门的首长执行各个领域大大小小的法律法规。这是种层层委托的代理关系。这种委托和代理也是政治生活中最基本的关系，但问题在于，每一个代理人都是一个具体的人，一个具体的人就是一个有私心私利的人，他可能违背委托人的意志，暗地里谋取私利。因为可能存在的“信息不对称”，委托人无法对代理人进行有效监督，但通过成本收益分析，委托人要求代理人收集、分析、披露信息，委托人借此实现了对代理人的监督与控制；代理人如果提供不充分、不真实甚至错误的信息，必将受到质疑，甚至政治处罚和法律制裁。

除强化了政治生活中的监督、促进了政治生活中的信任外，成本收益分析方法的另外一个巨大的好处就是前文已经提到的：它借助数据，为错综复杂的利益之争提供了一条“客观”解决问题的途径。政府的每一个决定都关系到资源的调配、利益的消长，各种公司、社会团体、人群都在其中游说、博弈，试图影响政府的决策天平，使其尽可能地偏向自己，但成本收益分析方法要求公开罗列出所有的成本和收益，把它摊开在天地之间，并从全社会的角度出发，谋求净收益的最大化，这促进了公共福利的发展，减少了公共政策被利益集团操控的可能性。

正是因为以上原因，有学者甚至认为，成本收益分析方法在美国政府的推行，是美国继1946年《行政程序法》颁布以来，最重要的行政进步和改革。[16]

虽然被抬到了这样的高度，但20世纪80年代之后，成本收益分析方法引起的争议，和“绿皮书”时代相比，甚至有过之而无不及，具体到每一个项目的实施、每一个政策的制定，都要面对不同程度的质疑和挑战。这些挑战甚至演变为对簿公堂，当然，其最纠结的地方，还是量化和计算的方法。

不妨再以“水”为例。除了防洪、通航和灌溉，水之于人类，还有更重要的作用——日常饮用，但自然界的水含有不少毒性元素，例如砷。1942年，美国政府通过立法，规定饮用水中的含砷量不能超过50ppb（1ppb = 1微克/升），但之后几十年，这个标准的安全性屡屡被质疑。1962年，美国公共卫生署（USPHS）就建议含砷量的标准应该调整到10ppb，但当时的总统肯尼迪反复衡量这项标准的成本和收益之后，还是没有同意，因为凭借当时的技术，要在全国的饮用水中提取出砷，并对这些砷给予合理的处理，成本实在是太高了。

拓展话题：砷对饮用水的危害

砷是广泛存在于自然界的一种类金属元素，具有毒性。中国民间俗称“砒霜”的剧毒物质，即为三氧化二砷。由于地下岩层可能会释放出砷，这就会导致某些水的含砷量过高。科学研究已经证明，长期饮用含砷量过高的水，会引起砷中毒。砷中毒分为急性和慢性两种：急性砷中毒会引发呕吐、腹泻、脱水，甚至导致神经系统和脑部的病变，甚至死亡；慢性砷中毒则会引发皮肤癌、肺癌、膀胱癌、肝癌等病症。

1999 年，旧事重提。美国国家环境保护局（EPA，以下简称环保局）在做了一次详尽的成本收益分析之后，认为时机已经成熟，可以降低饮用水中的含砷量，提高饮用水的安全标准（见表 4–4）。当时的布什政府一共考虑了 3ppb、5ppb、10ppb 和 20ppb 这 4 个标准，最终决定将含砷量的安全标准定为“10ppb”。其主要依据就是这个标准能够维持成本和收益的平衡，如果标准继续提高到“5ppb”，收益则会远远低于成本。

毫无疑问，在这个计算过程中，又要用到生命的统计价值。美国环保局综合了当时学术界常用的 26 种统计方法，这些方法中，有 5 种采用了意愿价值评估法、21 种采取了劳动力市场评估法，结果当然各不相同。环保局对这 26 个结果进行了加总和平均，并将当年的通货膨胀率计算在内，最后得出一条人命的统计价值为 610 万美元。环保局再根据美国学术界已有的实证研究，计算出安全标准提升之后，各种主要病症将下降的幅度，以及这种下降将挽救多少生命、减少多少医疗费用，最后加总得出整个社会将获得的健康收益。

表 4–4　美国环保局对执行不同含砷量标准所做的成本收益分析[17]

含砷量标准	能够避免多少例膀胱癌和肺癌	执行该标准的成本（亿美元）	人类健康的收益（亿美元）
3ppb	57~140	7.0~7.9	2.1~4.9
5ppb	51~100	4.2~4.7	1.9~3.6
10ppb	37~56	1.8~2.1	1.4~2.0
20ppb	19~20	0.7~0.8	0.7~0.8

美国环保局的计算过程旁征博引，用了近 300 页的说明，虽然处

处谨慎，但还是引起了各路专家的质疑和批评。

美国布鲁斯金斯学会企业研究所下设的布鲁金斯制度研究中心（AEI-BJCRS）就公开发表报告，批评环保局高估了这项标准可能产生的收益，并一一指出其计算过程中的错误：一是有人喝水多、有人喝水少，环保局认为喝水多的人患癌风险就大，该中心批评说，这种线性的估计过于简单，真正砷中毒的风险应该是一个曲线分布，即存在一个拐点，过了这个点，即使喝得再多，患癌的风险也不会增加；二是该中心认为，砷中毒有很长的潜伏期，即使今年提高饮用水的含砷量安全标准，很可能需要10—20年的时间才能见到效果，而环保局在计算收益时，认为标准修改之后的第二年就能获得收益，这和事实完全不符；三是该中心也不认同环保局将人的生命价值一律定为610万美元这一标准，他们认为这过于笼统，特别是因为存在十余年的潜伏期，一个80岁的老人即使长期饮用，对生命也造不成实质的威胁，但一个20岁的年轻人就不同了。环保局无视人口的年龄分布，用610万美元一刀切，从而高估了收益。因为以上种种错误，该中心认为，环保局高估了这个标准的收益，言下之意，就是制定了过高的安全标准，因此还要降低。

这些批评已经让环保局头大无比，但同时，哈佛大学居然又有专家指出，环保局高估的不是“收益”，而是“成本”！这帮哈佛教授认为，10ppb是指一段时期内砷在饮用水中的平均含量，而不是指每时每刻水中的含砷量都要低于10ppb。这意味着，水的含砷量可能在一段时期内低于10ppb，在另外的一定时期内高于10ppb，只要综合的一段时间内，平均值低于10ppb，那就相当于达到了标准。因此，对于含砷量高的水，并不需要把砷全部提取出来进行处理，而可以把它们和含砷量低的水进行混合，这样就降低了处理成本。此外，可以对水进行分类，把含砷量低的水作为饮用水，把含砷量高的水作为生活用水，这样就不需要对所有的水都进行去砷处理，成本又将降低。哈佛教授们的意思是，因为环保局高估了成本，10ppb这一标准其实还有提升的空间。

2001年1月，布什总统本来已经同意并签署了“10ppb”的标准，但争来争去，谁也没能说服谁。大众一片哗然，布什被迫收回成命，宣布暂停实行新标准。又经过了8个月的激烈讨论，布什最终还是签发了命令：全美执行“10ppb”的含砷量标准。

水的含砷量标准之争还仅仅是专家之间的口诛笔伐，20世纪80年代以来，成本收益的计算方法也不乏诉诸法律的例子，其中最具“喜”感的，当属2001年美国环保局局长怀特曼诉美国货车运输协会一案[18]。

1970年，美国国会通过了《清洁空气法》。根据这个法案，美国国会授权国家环保局每5年就对空气质量的标准进行一次审核，并根据需要进行修改，以保证空气质量的标准能够不断提高，保障人民的生命健康。

空气质量的好坏，主要取决于两个指标：一是臭氧的水平；二是空气中各种颗粒物的含量，我们常常提到的是PM10（可吸入颗粒物，即当量直径小于或等于10微米的颗粒物）和PM2.5（细颗粒物，即当量直径小于或等于2.5微米的颗粒物）。1996年，美国环保局在做了详尽的成本收益分析之后，提出要将臭氧标准设定为0.08ppm（ppm为百万分之一）、将PM10的标准定为每立方米空气中要少于65微克，而且全年的平均值不得超过15微克。

拓展话题：臭氧是把双刃剑

臭氧对地球有保护作用，它可以吸收阳光中的紫外线，减少紫外线辐射对人类健康的威胁。然而，如果地球表面空气中的臭氧浓度过高，会对人类的健康产生巨大的影响：引发皮肤瘙痒、咳嗽、气短、胸痛，诱发哮喘、肺气肿、慢性支气管炎等呼吸道疾病。一般来说，发电厂、机动车等工业设施和各种化学溶剂被认为是人为排放臭氧的主要来源。

拓展话题：PM 10 和 PM 2.5

颗粒物是指悬浮在空气中的固体颗粒或液滴，这种悬浮物是导致空气污染的主要原因。较大的颗粒物会被人类鼻子和咽喉中的纤毛和黏液过滤掉，因此无法进入人体。小的颗粒不仅更容易进入人体，而且危害更大：PM10 会被人体吸入，进入支气管和肺泡；而 PM2.5 的穿透力更强，可以进入人体的细支气管，不仅损害肺部的健康，还会引起心脏、血管等各方面的疾病。由于这两种颗粒物的危害性，PM10 和 PM2.5 的浓度成为空气质量的重要指标。美国在 1996 年才第一次制定颗粒物的标准。

为了确定这两个标准的具体大小，国家环保局做了几百页的成本收益分析报告。环保局认为，新标准主要有三方面的收益：一是呼吸系统疾病的发病率将大幅下降，这将挽救部分人的生命、节省医疗开支；二是空气质量提高后，地表的各种谷物、水果、植被将增产增收；三是改善城市的能见度，减少交通事故，提高生产效率。但在计算过程中，环保局发现，他们难以确定空气标准提高之后，各种疾病下降的准确数量，尤其是颗粒物的标准，因为是第一次制定，完全没有历史数据可供参照。但环保局又认为，就是因为没有数据，所以更需要制定一个颗粒物的标准，因为只有先设定一个标准，才有利于后续数据的收集和研究的开展。结果就是，不少数据都来源于环保局的估计。对于城市的能见度提高带来的好处，环保局采用了谢林教授在1966年提出的“价值意愿法”，即通过问卷调查，得出城市每户家庭愿为提高一个能见度平均支付14美元。

环保局最后得出的分析结果是，由于这两项空气指标的提高，全社会的收益至少为194亿美元，最高可达到1 061亿美元，而同时，全国的企业需要支出97亿美元来改善生产设施、控制排放，这97亿美元也就是这个项目的成本（见表4–5）。

表4–5 1996年新空气标准的成本收益分析结果[19]

（单位：亿美元）

分类	成本	收益
执行臭氧0.08ppm的新标准	11	4~21
执行PM 2.5 15微克/立方米的新标准	86	190~1 040
总计	97	194~1 061

环保局缺“数”少“据”的分析，自然遭到了美国工业界诸多行业的反对，交通运输、炼钢炼油、发电煤矿、化工造纸、建筑材料等各个行业无不受到新标准的影响，甚至生产除汗剂、发胶之类日用品的小企业，也要进行设备更新和技术改造。它们群起而攻之，指责这个标准“不科学”、整个决策过程“不理性”。不仅企业，西弗吉尼亚州、密歇根州的州政府也表示强烈反对，因为它们拥有大量的汽车工厂和矿区，要提高空气质量，就要承担更高的成本。

于是，美国货车运输协会联合了很多个公司、商会以及西弗吉尼亚等几个州的州政府，把美国环保局告上了法庭。其诉讼理由是，国会在授权环保局制定空气质量标准的时候，缺乏科学的指导，环保局夸大了新标准的收益，低估了相关行业和区域的成本，新标准根本不是理性决策的结果。

这起官司之所以充满“喜”感，是因为华盛顿特区巡回上诉法院（DC Circuit Court of Appeals）的法官们认为，环保局可以用量化的方法制定新的空气标准，但这个过程需要统一的、明确的标准，而国会在授权环保局制定新标准的过程中，确实缺乏明确的、智慧的原则和指引，也就是说，环保局没有指导原则，其实是“乱来”；法官们又认为，作为政府机构，环保局有权制定一个更好的空气标准，即使推行这个标准的成本大于收益，也是合理的，换句话说，为了人民的生命健康，环保局不用考虑成本，乱来有理！

巡回上诉法院虽然捍卫了新的空气标准，却也打了环保局的脸。环保局原本是被告，但其局长怀特曼先生感觉很受伤，于是主动提请巡回上诉法院重审，但该院 12 个法官里只有 5 个赞成重审，没有构成多数，要求被驳回。但怀特曼还是不服气，2000 年，他上诉到最高法院。

2001 年 2 月，最高法院宣判，他们认为保护公众健康是环保局的唯一标准和不二法则，因此推行更高的空气标准可以不用考虑成本，至于在这个标准的制定过程中，环保局是不是缺乏“智慧的”原则指导，最高法院命令巡回上诉法院重审。

拓展话题：美国的巡回上诉法院

美国的联邦法院体系分为几个层次，最上层是最高法院，中间层是巡回上诉法院，下面是地区法院。巡回上诉法院按照地域划分为 11 个，其中，华盛顿特区巡回上诉法院受理所有涉及联邦政府的“民告官”案件。各个地区巡回上诉法院的法官人数有多有少，少的只有6人，多的有29人。对每一宗案件，巡回上诉法院会组成一个三人法官小组，对案件进行集体审判。如果原告、被告对判决结果不满，可以提请其他法官重审，若有分歧，则可以上诉到最高法院。

根据《清洁空气法》的规定，在新的空气质量标准公示后的60天内，无论个人还是团体，如有不同意见，都可以向华盛顿特区巡回上诉法院提起诉讼。

巡回上诉法院重审的结果，还是维护了环保局的权威。法官们最后认为，新的空气标准是环保局在有限条件下理性决策的结果，不是乱来的，环保局最终完胜。

除了政府和民间的对簿公堂、专家之间的口诛笔伐，成本收益分析方法在美国社会的应用，还曾经得出更有“喜”感、让人忍俊不禁却又发人深省的数据和结论。

20世纪90年代，美国政府考虑向烟草公司增税，理由是吸烟损害了大众健康，国家的医疗开支因此增加。哈佛大学的维斯库西教授在用成本收益分析方法对这项政策做了分析之后，却得出了截然相反的结论：政府不仅不应该向烟草公司增税，还应该给它们发放补贴！原因在于，美国政府要为老年人的养老金、养老院、医疗保健等支付一笔巨额费用，而吸烟易导致早死，这部分早死的人口无形之中减轻了政府的负担。[20]结论一出，舆论一片哗然。维斯库西的分析被批评者斥责为“愚蠢”“荒唐”“不近人情”，但好笑的是，还真有人利用这个结果规劝抽烟者，劝他们少为国家做“贡献”。维斯库西教授也是前文提到的研究生命统计价值的重要权威，他的结论还真不是哗众取宠。

2001年，捷克共和国也做了类似的研究，并且得出了同样的结论：国家不应该向烟草行业征税，而应该进行补贴，因为吸烟者确实为国家“省”下了一大笔钱。

但明眼人很快看出，维斯库西教授的分析，肯定没有计算吸烟者从这种行为当中获得的满足和快乐。他们虽然早死，但收获了感官上的快乐。这种快乐，又该如何量化呢？说到底，还是有很多无形收益难以量化。

近年来，新的挑战还在增加。2008年奥巴马上台之后，这位平民出身的黑人总统也非常重视成本收益分析方法在政府决策中的作用。2011年，他也颁发了一项专门的行政命令，要求在计算无形收益时，还必须考虑“平等、人类尊严、公平以及分散在社会各个角落的影响”。[21]

毫无疑问，和“生命”相比，“公平”“尊严”更为无形，也就是说，它们可能比生命还要难以量化。有理由相信，统计学家、经济学家和社会学家能够找到新的方法，但我们也能预计，无论是什么方法，都一定会带来更多的争议和分歧。

正如科学无止境，量化，也没有止境。

思考中国话题：民族复兴能否量化？

2012年8月，中国国家发改委社会发展研究所杨宜勇所长发布了他的一项研究成果：2010年，中华民族复兴指数为62.74%。杨宜勇认为，这表明中国的民族复兴已经完成了大概62.74%。2013年11月，杨先生又发表了新的研究结果：截至2012年底，复兴指数由2010年的62.74%增至65.3%。

杨先生的结论宣布之后，引起了争议和哄笑。民族复兴的进程居然可以量化并精确到“0.74%”？一时间，“62.74%”成为大江南北的调侃用语，有人称“胃病好了62.74%”“关系改善了62.74%”。调侃的背后，原因主要有两个：一是认为民族复兴这件事本身不可以量化，二是感觉62.74%这个结果和个人感受相差太远。

认为民族复兴不可量化的学者批评说，杨先生的研究方法反映了当前社会治理理念与模式中存在科学主义的弊端，“而科学主义一定会导致严重的偏颇”，这种偏颇是“迷信理智，其具体表现之一就是迷信数据”。例如，地方政府强调GDP（国内生产总值）增长，不顾环境污染，坚持引进一些项目，最终引发了群体性事件。其中的原因，正是GDP在数据上清晰直接，而污染对于民众的影响难以量化。又如，法律体系的公正性、对自身文化的信心以及文化的开放性等指标“简直没有办法测量，即便测量，也可能出现严重偏差”。[22]

还有批评者认为，民族复兴这件事根本不用量化，杨先生的研究是“沽名钓誉”“小题大做”。另有学者出谋划策说，民族复兴这件事可以量化，但没有办法精确地量化，因此可以使用程度性的量表进行问卷调查，获得一个大致的范围，例如，你认为中华民族文明复兴的程度如何：

A. 完全复兴　B. 强势复兴　C. 基本复兴　D. 路很遥远　E. 倒退[23]

相信大家读完本章的故事，对以上批评会有自己的思考和答案。

唯一靠谱的批评和讨论，是有学者对杨先生关于“民族复兴”的定义和对其进行测评的数学模型提出了质疑，认为这是62.74%、65.3%这两个数据和个人感受相差太远的根本原因。杨先生在采访中也对其进行测评的数学模型做了简单介绍[24]，但遗憾的是，对其模型的批评和讨论没有完全展开，也没有人提出一个不同的数学模型。

子沛认为，如果民族复兴有明确的定义和目标，那中国的学术界不仅需要对这个进程进行量化，而且还需要百家争鸣，提出多种量化模型。原因有三个：一是唯有量化，才可能对一个进程进行管理；二是从美国工程兵团和农垦局之间的数据竞争中，我们可以看到，正是竞争使得量化的过程不断完善；三是每一个数学模型都有其局限性，多个模型可以互为补充。所谓的模型，是对现实世界的一种简化和抽象，人类的任何模型，都不可能穷尽现实世界中的所有关系。严格地说，没有完美的模型，任何模型都是错的，但并不是说我们不需要设计模型。恰恰相反，我们需要多个模型，进而从不同的视角来观察、比较、理解同一个问题，以期获得更接近真实情况的结果。

至于精确到“0.74%”，这是一个量化的结果，任何一个模型都会有一个计算结果。就好像我们拿着一把尺子去测量一个物体，总会读出一个刻度，它可以是“32.74”，也可能是“62.74”，没有任何值得哄笑的地方。从这个角度来理解，我们的模型就是一把尺子，社会科学工作者的任务就是要设计一把好的尺子，拿着它去测量社会。虽然测量的结果不一定完全准确，但不能因为还没有掌握准确的方法就拒绝测量。误差是永远存在的，每一种量化的方法都存在误差，社会科学工作者的终极任务就是不断研究，找到最佳的、误差最小的量化方法，提高尺子本身的精确程度。

民族复兴的量化风波及大众的哄笑证明，中国社会非常需要普及数据文化和量化的知识。这种普及是一种启蒙，这种启蒙是实现民族复兴的必要前提，也是当前中国知识分子的重要使命。

注释

1 英语原文为："No measurement, no management." — American proverb

2 英语原文为："By the study of mathematics and only by this study that we may obtain a true and deep understanding of what a science is." — A. Comte, Cours de Philosophie Positive, Paris, 1830: 55

3 Muller v. Oregon, 208 U.S. 412（1908）.

4 "我和我的小伙伴们都惊呆了"为 2013 年中国网络上的流行语，"小伙伴们"意指同事和朋友。

5 Proposed Practices for Economic Analysis of River Basin Projects, Subcommittee on Benefit and Cost of Federal Inter-Agency River Basin Committee, May 1950.

6 这是拜登于 1994 年担任参议院参议员期间在最高法院大法官布雷耶的就职典礼上发表的一个演讲。Confirmation Hearings for Stephen G. Breyer, to be an Associate Justice of the United States Supreme Court, Senate Committee on the Judiciary, 103d Cong., 2d Sess. 42, July 14, 1994（Miller Reporting transcript）。

7 "Economic Benefits of Rare and Endangered Species: Summary and Meta-analysis", John B. Loomis and Douglas S. White, *Ecological Economics*, 1996.

8 "The Value of Saving a Life: Evidence from the Labor Market", Richard Thaler, Sherwin Rosen, *The National Bureau of Economic Research*, 1976.

9 *The Value of Life*, W. Kip Viscusi, 2005.

10 1 英里≈1.61 千米。——编者注

11 United States v. Carroll Towing Co. 159 F.2d 169（2d. Cir. 1947）.

12 *The Economic Structure of Tort Law*, William M. Landes & Richard A. Posner, Harvard University Press, 1987: 23.

13 "At the Toyota Hearing, Remembering the Pinto", Jim Motavalli, *The New York Times*, February 25, 2010.

14 英语原文为：“（b）Regulatory action shall not be undertaken unless the potential benefits to society for the regulation outweigh the potential costs to society;（c）Regulatory objectives shall be chosen to maximize the net benefits to society;（d）Among alternative approaches to any given regulatory objective, the alternative involving the least net cost to society shall be chosen.”— Section 2 of Executive Order 12291

15 即 12866 号行政命令［Executive Order 12866, Section 1（a）］。克林顿在命令中强调的是“净收益”，布什的标准则是“净成本”，这两者其实是一回事，因为其数学绝对值是相等的。

16 “Reinventing the Regulatory State”，Richard H. Pildes and Cass R. Sunstein, *University of Chicago Law Review*, 1995, 62（1）.

17 National Primary Drinking Water Regulations; Arsenic and Clarifications to Compliance and New Source Contaminants Monitoring; Final Rules, 66 Fed. Reg. 6976, EPA.

18 Whitman v. American Trucking Associations, Inc., 531 U.S. 457（2001）.

19 Regulatory Impact Analyses（RIA）for the 1997 Ozone and PM NAAQS and Proposed Regional Haze Rule, U.S. Environmental Protection Agency, July 17, 1997.

20 “Cigarette Taxation and the Social Conseguences of Smoking”，*The National Bureau of Economic Research*，W. Kip Viscusi，1995.

21 Executive Order 13563, Section 1（c）.

22 秋风：《社会治理中的数据迷信》，载《南方都市报》，2012–08–08，评论版。

23 这位学者的观点本身有其合理性，但是如其所述，这样的问卷调查得出的结果，是人们对于民族复兴进程这件事的认识结果，即人们的主观感受和印象，而不是客观事实。对于客观事实，必须像杨宜勇先生一样，建立一个数学模型，就各种指标进行测量。

24 杨先生介绍，他针对民族复兴的进程，建立了三级监测评价指标体系：一级指标为民族复兴指数，二级指标包括经济发展、社会发展、国民素质、科技创新、资源环境、国际影响 6 个方面，三级指标由 GDP 与人口份额的匹配度、恩格尔系数、基尼系数、人均教育年限、万人拥有专利申请量、森林覆盖率、国际竞争力等 29 项指标构成。

第五章　抽样时代：统计革命的福祉

我预计，不出 5 年，日本的产品就能进入世界市场，那个时候，日本的生活水平将与日俱进，日本将与全世界最繁荣的国家并驾齐驱。[1]

——爱德华兹·戴明（W. Edwards Deming，1900—1993），美国统计学家、质量管理之父，1950 年

自西洋文明输入吾国，最初促吾人之觉悟者为学术，相形见绌，举国所知矣；其次为政治，年来政象所证明，已有不克守缺抱残之势。继今以往，国人所怀疑莫决者，当为伦理问题。此而不能觉悟，则前之所谓觉悟者，非彻底之觉悟，盖犹在惝恍迷离之境。吾敢断言曰，伦理的觉悟，为吾人最后觉悟之最后觉悟。

——陈独秀（1879—1942），《吾人最后之觉悟》，1916 年 2 月

前文讲到，美国最早的、最原始的统计活动是人口普查，而人口普查制度在美国的确立，却源于建国初期“用数据分权”的制度安排，

准确地说，是源于1787年立宪会议的一个政治决定。这个政治决定，成为推动美国早期统计事业发展最重要的力量。

但梳理美国社会数据文化形成的过程，我们可以发现，其政治制度对统计科学的影响，还不仅仅限于“用数据分权”的制度安排，美国的选举制度也推动过统计事业的创新和数据知识的普及。我们谈到过，在民主的体制中，人民通过选举寻找委托人，将自己管理公共事务的权利让渡给在选举中获胜的代表，让他们在一定的时期内“代表”自己管理国家事务，即通过选举完成委托的过程。根据美国宪法，美国的总统、州长、郡长、市长等各级行政长官以及国会议员、地方的立法者都要经过选举产生，并有一定的任期。在这种制度安排下，大大小小的选举活动便在美国长年累月、周而复始地上演。在每一次选举中，究竟谁能当选的问题，不仅牵动候选人的心跳，也牵动大众的神经。20世纪30年代，对选举结果的预测和研究，催生了统计科学的一次重大革命。

如果说，在美国内战时期，数据分析开始成为一门职业，那么伴随着此次统计学革命，数据分析在美国开始成为一个产业。

新的统计革命认为，社会调查可以通过选取部分有代表性的样本来完成，即抽样（sampling），而不需要像人口普查一样，把全社会每个人都问一遍。这股统计革命的浪潮，于1936年在美国发源，从政治圈扩大到商业圈，又从统计领域延伸到管理领域，还以美国为中心，波及英国、法国、日本等多个国家，而历史的诡异之处在于，花，开在美国，它最丰硕的果实，却结在一个遥远的东方国度——日本。

从选票到电影票：和《乱世佳人》共舞

对谁能当选新总统的预测起源于1824年，这一年，恰逢“老顽童”亚当斯竞选总统。为了预测谁能当选，《宾夕法尼亚哈里斯堡报》（*Harrisburg Pennsylvanian*）派出若干调查员，他们在车站、街角、餐厅等人口密度大的地方，询问、记录人们的观点，然后以这些数据为依据，在报纸上发文预测谁最有可能当选总统，以引起大众的关注和讨论。

没有什么比预测未来更令人激动，这个“抢眼球、聚人气”的话题，很快就引起了各大报纸的跟风和竞逐。美国不仅选举多，而且报纸也多，在它们的推波助澜之下，这种调查和预测逐渐成为大众政治生活中的重要内容，而且获得了一个更响亮的名称——民意调查，即通过调查，预测民意的走向。到了20世纪30年代，《文学文摘》（*Literary Digest*）杂志成功地预测了1920年、1924年、1928年、1932年连续4届总统大选的结果，把民意调查的可信度推到了一个前所未有的高度，该杂志本身也名声大振。

在1824—1936年的100多年里，民意调查的主要目标是追求被调查群体的“大”，当时大家都相信，只有更大，才能更准。这种以大众为主体的调查，把数据的知识和作用推广至社会大众。但对这种做法，也有统计学家提出不同的意见。1895年，挪威国家统计局的主任凯尔（Anders Niscolai Kiaer）在国际统计年会上提出了抽样的观点，他认为，只要方法得当，就可以从总体中抽出一部分有代表性的个体，通过研究部分个体的特点，推断整体的属性，类似于中国人所说的“一斑窥豹”“一叶知秋”。这究竟可不可行、科不科学？凯尔的观点引发了国际统计学界持续30多年的争论，直到20世纪30年代，抽样的科学性才成为学术界的共识。

这时候，因为抽样技术在民意调查中的应用，美国的统计界风起云涌，其中的领袖人物是乔治·盖洛普（George Gallup）。1936年，罗斯福和兰登竞选总统，作为民意调查领域的龙头老大，《文学文摘》在综合了240万人的意见之后，发布报告称兰登将胜出，而盖洛普刚刚牵头成立的美国舆论研究所（AIPO）仅仅对5 000人做了问卷调查，就预测罗斯福会当选。盖洛普和《文学文摘》在报纸上大打口水仗，互相攻击对方的调查方法“不科学”。但谁知罗斯福果真以大比率击败兰登，这意味着盖洛普5 000人的抽样击败了《文学文摘》240万人的调查，这使专家学者和社会大众都大跌眼镜。盖洛普如同一匹黑马，一跃进入了舆论的风口浪尖，成为新的行业领袖。

盖洛普成功的法宝就是“科学抽样”，他没有盲目地大面积调查，而是根据选民的人口特点，确定家庭主妇、工人、农民、老人、中年人、年轻人等各色人群在5 000人的样本中应该占有的份额，再确定电话访问、邮件访问、街头访问等各种调查方式所占的比例。由于样本找得准，所以能够以“小”见“大”。《文学文摘》失败的原因正是抽样不科学，它的调查对象主要是其杂志的订户，虽然访问的对象多，但都集中在中上阶层，样本不均匀，造成了结果的偏差。

盖洛普这位数据大师还是一名精明的商人，他没有止步于美国的选举调查，而是很快就将抽样方法输出到其他有民主选举的国家。1938年，在盖洛普的帮助下，法国在巴黎建立了第一个民意调查机构；1945年，他又把分支机构开到了英国。这一年恰逢英国大选，因为“二战”刚刚结束，英国绝大部分政治评论员都认为，首相丘吉尔劳苦功高，必定连任，但盖洛普预测，工党领袖艾德礼（Clement Richard Attlee）将击败丘吉尔。结果，传奇再次上演，他又一语中的。盖洛普出尽了风头，民意调查也被越来越多的国家接受。到20世纪50年代，全世界大部分民主国家都出现了类似的机构，民意调查也逐渐发展成为一个独立的产业。

在这个不断发展壮大的产业中，“政治选票”是它最早的驱动力量。出人意料的是，下一个接棒的居然是“电影票”。通过电影票，盖洛普迅速把自己在政治领域获得的成功推广到了商业领域，开启了一个市场调查的崭新时代。

《乱世佳人》电影海报

《乱世佳人》是美国历史上迄今为止最成功的电影，其电影版权以5万美元成交，因为影片的成功，后来作者又拿到了5万美元的分红。电影获得了1940年最佳影片、最佳女主角等10项奥斯卡大奖。这部小说也因为注重史实，获得了1937年的普利策小说奖。（图片来源：维基百科）

还是1936年，就在罗斯福和兰登选战正酣的时候，一本名叫《乱世佳人》（*Gone With the Wind*，又译为《飘》）的美国小说闯进了大众的视野。作者米切尔（Margaret Mitchell）此前名不见经传，但凭借此书，她一夜成名。米切尔以南北战争中谢尔曼发动的数据远征“向大海进军”为背景，描写了亚特兰大一名富家千金思嘉丽在战争中的辗转命运。思嘉丽在农场主家庭中长大，从小备受娇宠，养成了任性、敢作敢为的性格。“向大海进军”摧毁了她生活的农庄，在颠沛流离的境遇中，她的爱情生活也遭受了一系列的波折和打击。思嘉丽不断否定自己，又不断鼓励自己，用乐观、坚强的态度去重建自己的家园和爱情。

1936 年 6 月，新书上市，首发 1 万册，但迅速售罄，接下来几个月不断加印，一时洛阳纸贵。这本书的成功引起了好莱坞的关注。有的导演大声叫好，有的却嗤之以鼻。意见之所以不统一，是因为在此之前，好莱坞出品的以南北战争为题材的电影部部亏本，没有任何一部赚钱。

这又将是一部以南北战争为题材的电影，好莱坞的大佬们当然都擦亮了眼睛，格外小心，但在影片版权的谈判中，对方竟喊出了高价。他们认为，虽然书的印量只有几万册，但通过借阅式流通，实际的读者数量已经达到了印量的 10~20 倍，小说正风行全国。

但这毕竟只是单方面的估测，大佬们因此犹豫不决。很快，好莱坞的电话打到了盖洛普的公司，他们想请盖洛普做一个调查，用数据来证明《乱世佳人》到底有多流行。盖洛普一口答应，一周之后，他告诉对方，此书非常流行，每 10 个受访者中，就有 8 个表示听说过这本书。于是，新书上市后不久，好莱坞著名的制片人塞尔兹尼克（David O. Selznick）就高价收购了《乱世佳人》的电影版权。此后，塞尔兹尼克又委托盖洛普调查，到底有多少人读过这本书。经过几轮调查，1937 年 1 月，盖洛普非常肯定地告诉他，《乱世佳人》已经成为美国有史以来最流行的小说，共有 1 400 万美国人读过这本书，其流行程度仅次于《圣经》。塞尔兹尼克当然信心大增。

但还没等到电影开机，制片人、剧组和发行商之间就爆发了争议。争议的问题林林总总，从电影时长、是否分为上下两集、黑白还是彩色，再到演员选取、广告设计，三方都各有一套看法和计划，吵成了一团。特别是塞尔兹尼克宣布选择英国女演员费雯·丽（Vivien Leigh）饰演思嘉丽之后，爆发了更大的争议。因为涉及美国独立、黑奴解放等重大历史事件，部分南方民众认为，邀请英国人担纲女主角有失国格，呼吁全国进行抵制。发行商因此也强烈反对制片人的这个决定。

塞尔兹尼克于是委托盖洛普调查争议问题的方方面面。盖洛普的调查一直持续了两年，其结果表明，大部分人不反对它分上下两集；60%的观众想看彩色电影；35%的受访者对女主角的人选表示满意，远远高于不满意的比率（16%）。塞尔兹尼克后来回忆说，这些数据不再是个人观点，而是实证支持，它们不仅帮助平息了三方的冲突，也使他挺起了腰杆，和发行商要价谈判。

1939 年 1 月，等到盖洛普的调查全部完成，电影才开机拍摄。拍摄方在重大问题的决策上，几乎全部听取了盖洛普的意见：影片分为上下两集，时长 238 分钟，彩色，由费雯·丽担任女主角。最后，盖洛普给片方的结论是，这部电影将有 5 650 万观众，其人数之多，将创有史以来的电影之最。

虽然剧组最后几乎采纳了盖洛普全部的建议，但对 5 650 万观众这个“大”数据，没有一个人当真，甚至包括塞尔兹尼克本人。1939 年 4 月 23 日，《纽约时报》报道了这个数据：“这是历史上第一次，好莱坞用科学的计算判断一部电影是否会成功。按照盖洛普的计算，已经有 5 650 万观众捏着钞票，在影院门口排队等候。”[2] 塞尔兹尼克捏着报纸，笑着鼓励剧组说，盖洛普至少能对一半吧，那我们就有 2 800 万观众，一张票 0.6 美元，票房将接近 1 700 万美元！这已经是天文数字了，足以让全体人员在梦中都笑出声来。

但盖洛普一直都郑重其事。在新片上市之前，他又向塞尔兹尼克建议说，这个巨大的潜在观众群体，主要是小说的粉丝，所以影片的广告要重点突出“书”。塞尔兹尼克也接受了这个建议，首轮电影广告的设计，从图形到字体，完全模仿了小说的封面。1939 年 12 月，电影上线，全国各地的影院都爆满。位于纽约时代广场的国会剧院（The Capitol Theatre），一天的观众就高达 11 000 人，创下了历史纪录。故事的发生地亚特兰大市甚至将首映日定为节日，举城欢庆，成为轰动性的文化盛事。

在接下来的 4 年内，《乱世佳人》的发行商一共推动了 4 轮上线，每次上线都根据盖洛普的最新调查结果调整广告策略和票价。1942 年 1 月，在第 3 轮上线时，盖洛普的调查结果是，全国已经有 4 025 万人看过了这部电影，其中 503 万人看了两遍、45.7 万人看了 3 遍，第 3 轮上线的潜在观众群体有 1 250 万，其中 66% 都还没有看过这部电影，而这 66% 大部分是 30 岁以下、收入较低的年轻人，盖洛普因此建议，不仅要调整票价和广告策略，还要设置适合这个群体观看的放映时间和放映地点。针对广告，盖洛普提出，因为这一轮观众中年轻人和低收入人群居多，广告的画面不要突出重大历史事件，而要突出人物的情感。于是，这一轮的广告删除了火烧亚特兰大、"向大海进军"等历史场景，取而代之的是男女离别、缠绵不舍的画面。对于可能重复观看这部电影的观众，盖洛普指出，其广告策略应该是强调"重复"行为背后的"理性"，而激起这种理性的方法，一是邀请看过多次的社会名流现身说法，二是随同广告发布一些关于电影情节的诠释以及类似于"你知道吗？"的剧情测试，以激发老观众发现这部电影的新亮点。

盖洛普提供的这些数据和建议让发行商连连点头称是，再次全盘接受。第 3 轮上线也取得了巨大的成功。1943 年 7 月，发行商准备推动《乱世佳人》的第 4 轮上线，这一次，这帮大佬也认为数据确实重要，但有人提出，盖洛普太贵了，类似的调查，我们可以自己搞。

塞尔兹尼克对此表示坚决反对，他在给剧组的信中写道："在电影首轮发布时，盖洛普预测的准确性简直到了出神入化的地步。而且，他对第 3 轮上线的调查也同样细致彻底，他指出我们广告中的战略错误，并以同样的精确度预测了结果，甚至告诉我们各个城市的票房和全国平均水平的差别……我个人也有评估一部电影是否成功的经验，但几十年的经验告诉我，业余爱好者对一部影片的评估以及电影公司附属机构做出的调查都有很大的局限性，无法和盖洛普公司这样的专业机构相比。"[3]

在他的反对下，发行商最后还是高价雇用了盖洛普。塞尔兹尼克关于市场调查"需要外部专家"的意见，也为后世好莱坞大部分电影制片人所接受。

最后，通过 4 轮上线，《乱世佳人》一共售出了 5 997 万张电影票，票房毛收入为 3 400 万美元，而 1940 年美国人口普查的结果为 1.3 亿人口，也就是说，全国近一半的人都观看了这部电影。

正如盖洛普所预测的，《乱世佳人》最终成为美国有史以来票房最高、最赚钱的电影，如果剔除通胀因素，直到今天，还保持着历史第一的票房纪录。特别是盖洛普关于 5 650 万观众的预测，和最终结果（5 997 万）相距不到 6%，好莱坞的大佬们个个都啧啧称奇，简直佩服得五体投地。

凭借这种精确度，盖洛普也彻底把数据带进了美国的电影行业。1940 年，盖洛普成立了观众调查研究所（ARI），专门为影视行业服务。除了好莱坞，迪士尼也成为其重要客户。1940 年之后，迪士尼每一部大片的开拍、每一个主要角色的设计，都要先经过盖洛普的市场调查和数据推演。毫不夸张地说，盖洛普的数据影响了无数演员的生涯和影片的命运。

这之后，越来越多的投资方利用市场调查来决定是否投拍一部电影，今天，这种由数据驱动的决策方法，已经成为美国电影制片人的常规武器。

2013 年，美国的网飞公司（Netflix）利用大数据的分析制作了风行世界的电视连续剧《纸牌屋》，把电影制作中的数据使用推到了登峰造极的地步，但要追溯当年的鼻祖，还是要数 1936 年的《乱世佳人》。

调查问卷：数据是怎样炼成的

盖洛普为《乱世佳人》开展的一系列调查，可谓煞费苦心。这个过程也说明，一个成功的调查，除了抽样，问题的设计也很重要。

关于有多少人读过这本书，盖洛普分别设计了以下三个问题：

- 你读过《乱世佳人》这本书吗？
- 你有阅读《乱世佳人》这本书的计划吗？
- 你最喜欢的书是哪一本？

之所以问三次，是因为第一个问题会引起数据失真：大众普遍存在自夸心理，问一个人有没有读过一本流行的书，极易得到夸大的结果。如果问阅读计划，结果会更加真实。而第三个问题属于开放式提问，可以从另一个侧面印证《乱世佳人》的流行程度。

关于电影是否会受欢迎，盖洛普也分别设计了三组问题。他发现，即使是同一个问题，如果给受访者提供的选项不同，调查结果就会不同。然而，通过提供不同的选项，可以更准确地把握观众意愿的强烈程度。

如果电影上市，你会去看吗？（5 个答案中有 3 个倾向否定）

- 肯定会 • 可能会 • 不好说 • 可能不会 • 不会

如果电影上市，你会去看吗？（在了解到观众有较强的观看欲望之后，肯定倾向的选项增加为 4 个）

- 肯定会 • 可能会 • 一半以上的可能 • 一半 • 低于一半 • 可能不会

如果电影上市，你有多大可能去看这部电影？（开放式提问）

关于电影的女主角人选，他设计了两个问题，试图通过不同的措辞，精确地掌握人们的反对程度：

- 你满意女主角的人选费雯·丽吗？
- 如果费雯·丽饰演女主角，你是否会看？

费雯·丽之所以引起争议，是因为她是英国人。但注意，这里盖洛普没有问："费雯·丽是英国人，如果她演这部电影，你是否会看？"如果这样问，则是一个诱导式提问，可能得出不客观的结论。这种诱导式提问也是调查人员试图操纵调查结果时常常使用的手段，例如，如果试图了解民众是否支持建设核电站，又想得到否定的回答，可以这样提问：苏联的切尔诺贝利核电站爆炸造成了几十万无辜人员死亡，你是否赞成我们修建核电站？

关于电影是否用彩色，他一共问了两次，每次四个问题，第一个问题充当分离器的作用，把不同的人筛选出来，因为经常看电影的人和不经常看电影的人，其要求和期待不一样，对是否用彩色的看法自然也不一样。

- 你最近一个月看过电影吗？（根据"看过"和"没有看过"把人分为两类，后继三个问题按类进行分析。）
- 你喜欢彩色电影吗？
- 你为什么喜欢彩色电影？
- 如果一部电影在甲影院是彩色版，在乙影院是黑白版，你会选择哪个影院？
- 你上次看电影是什么时候？（根据不同的回答，盖洛普把人分为50个类别，在这个细分的基础上，再对后续三个问题按类进行分析，以期准确地了解各种人群的观点。）
- 你喜欢彩色电影吗？
- 你为什么喜欢彩色电影？
- 如果一部电影在甲影院是彩色版，在乙影院是黑白版，你会选择哪个影院？

当然，也有人质疑，这种大规模的调查本身就有广告效应：通过发布“5 650万人上座”这种“大”数据，本身就增加了《乱世佳人》的噱头，引发了全社会的“从众效应”，拉动了电影的上座率。这个账，又该如何算呢？

换句话说，调查行为的介入将使被调查现象本身遭受扭曲。民意调查是不是存在这种副作用呢？从抽样技术一问世，人们就围绕这个话题争论不已。

1948年，共和党的杜威和民主党的杜鲁门竞选总统，盖洛普预测杜威将胜出，《纽约时报》《芝加哥论坛报》等报纸这时候已经奉盖洛普为神明，在开票前一晚，大家都提前印好了杜威获胜的头条新闻，最后却是民主党的杜鲁门胜出，印好的报纸被迫全部销毁。这也是在1936—2012年19次总统大选的预测中，盖洛普仅有的两次失败之一。

这次失败引发了对民意调查副作用的激烈讨论。共和党大倒苦水，他们解释说盖洛普的调查结果让他们认为稳操胜券，在最后关头“麻痹”了，放松了警惕，以致在投票的这一天，很多共和党人都去打高尔夫球了，而没有去投票，民主党人却同仇敌忾，争先恐后地来到投票箱前。民主党虽然最后获胜，但也有抱怨，他们指责说，盖洛普的调查本来就是错误的，他基于错误的判断大肆宣传共和党将胜出，已经在大众当中诱发了“光环效应”。这种“光环效应”令大众倾向于投票给声势较高的候选人，增加了杜威的选票。

双方各执一词。当然，对于这次失败，盖洛普也有自己的解释：选举初期，共和党的杜威确实一路领先，杜鲁门是在最后几周扭转了乾坤。盖洛普的苦衷在于，在最后几周里，其调查无法实时跟进。

这是因为，民意调查要经过问卷设计、信息收集、数据分析等多个步骤，这个流程需要时间，等到全部走完，投票的结果都出来了，所以他们的调查其实在投票前两周就停止了。而正是在这个时候，选情发生了翻盘。换句话说，这次失败是其调查方法本身的滞后性造成的。

此后，盖洛普想尽办法加强自己对民意的实时监测。研究人员也使出浑身解数，试图量化每次选举中“光环效应”和“麻痹效应”的大小。研究了几十年，学界的结论是，两种效应的作用力相似，在民意调查中被宣布领先的一方既享受了“光环”的正效应，也要承担“麻痹”的负效应，两种效应正好正负抵消，民意调查本身对选举结果并无太大影响。

当然，研究也证明，民意调查的数据在特定的情况下还是会对选举结果产生微妙的影响。例如，如果存在 3 位以上的候选人，民意调查若表明某一候选人大幅落后，不可能当选，大众得知这个结果之后，原来支持这一候选人的选民可能会转投到次佳的候选人身上，以避免其最讨厌的人当选。经过这样的调整，选举结果就可能大不一样。基于这个原因，部分民主国家立法禁止在投票前的最后几天发布、传播任何民意调查数据，例如，加拿大的选举法禁止在投票前 3 天发布任何民意调查的结果。

因为这些争议，美国社会也呼吁政府采取措施，加强对民意调查行业的管制。20 世纪 40 年代，国会有议员提出，民调机构应该公布自己的调查方法、抽样的大小，并将具体细节在国会图书馆备案，以防止调查公司操纵数据、制造新闻噱头、影响选举结果。1968 年，国会为此召开了正式的听证会，试图推出相应的管制法案。这当然遭到了调查行业的极力反对，理由主要有两个：一是调查方法是各个公司的核心竞争力，属于不能公开的商业机密；二是科学无止境，谁也无法保证自己的方法完全正确。

这个法案最终没有通过。但很快，调查行业自己也意识到，它们必须公开一些信息，例如谁出钱支持这次调查，样本的大小、来源，数据获得的时间、方式、地点等，否则调查结果也得不到全社会的信任。后来，在行业自治协会的主导下，美国陆续制定、推出了一些行业规定。

“二战”结束后，民意调查的重要性不断上升，关于总统的调查不仅集中在大选期间，新总统就任之后，也有各种各样的民意调查，向大众揭示其支持率的变化。1948 年杜鲁门当选之后，4 年期间其表现被民调了 15 次；1993 年，克林顿上台仅仅半年，就被民调了 36 次。在这些数据指标面前，总统们都很“低调”，很多民调专家甚至成为总统的座上宾，因为如果知道了各种民意调查的启动时间，总统们就可以踩准时机宣布一些新的政策或措施，以获得临门一脚的加分机会。第 41 任美国总统布什甚至被美国政治评论界认为是“唯民调是从”，他常常根据最新的民调结果调整自己的工作计划，有一次因为民调的反对，他临时取消了已经安排好的出国访问。1992 年，布什甚至任命民意调查专家蒂特（Robert Teeter）担任自己选举委员会的主席，全力仰仗他组织开展选举活动。毫不夸张地说，民意调查彻底改变了美国的政治生态。

对此，美国资深政治评论员贝利（Douglas Bailey）有过这么一段精辟的总结：“对于大众在想什么，候选人已经不用去猜，他可以从每天的民意跟踪调查中找到答案。我们现在的政治领袖，已经不再是

‘领导’，相反，他们必须‘追随’民意。”[4]

用数据跨界：质量大师是怎样炼成的

通过帮助好莱坞开展对《乱世佳人》的市场调查，盖洛普完成了从政治领域到商业领域的华丽转身，也开启了一个抽样技术广泛应用的时代。在《乱世佳人》持续6年的调查中，除了盖洛普，还有一个人功劳不小，他就是被后世誉为“质量管理之父”的爱德华兹·戴明。

戴明是盖洛普的朋友，盖洛普曾经就如何抽样、如何设计问题，不断向他征询意见。盖洛普是数学博士，但戴明是一名物理学博士，之所以和盖洛普有共同语言，是因为物理实验中会产生大量数据，处理这些数据使戴明对“实际偏差是如何产生的，又该如何控制”有了深刻的体会。因为数据的共通性，在和盖洛普的不断讨论中，戴明也逐渐偏离了原来的研究方向，进入了统计领域。几年之后，他成为美国首屈一指的抽样专家；接下来，他开始研究如何用统计方法进行质量控制；再后来，他又进入了管理领域，最终成为名扬世界的质量管理大师。

戴明先物理、后统计、再管理，用现在的话来说，就是“跨界”。跨界是指跨越不同的领域、行业甚至不同的文化，对其中的相关因素进行融合和嫁接，进而开创一片新领域、一种新风格或者一个新模式。戴明的跨界，开创了一个应用统计科学进行质量管理的新领域，其中的过程曲折起伏。他犹如汪洋中的一叶扁舟，曾经被冲到历史的边缘，又在不经意间被推到舞台中心，享受如日中天的盛誉。

1925年，戴明刚刚获得物理学硕士学位，这年的夏天，他在西电公司下属的霍桑工厂（Hawthorne Plant）工作。这段时期的观察，成了他日后许多重要思想的萌芽。

20世纪20年代，美国正在大规模普及电话，霍桑工厂有45 000多名工人，生产的就是电话。工厂的管理还完全遵循进步时代遗留的科学管理思想：计件制。在这种思想的主导下，戴明看到，车间内拥挤、沉闷，工人们一言不发、汗如雨下，如果有产品没有通过工头的检验，工头就会以扣发工资的方式进行惩罚。下班的铃声一响，工人们便如潮水般涌出大门。戴明后来强烈反对计件制，他认为，这降低了生产的积极性，有损人的尊严，不利于提高产品质量。

拓展话题：科学管理理论的核心思想

科学管理理论由美国人泰勒在1900年前后提出，他主张把复杂的生产过程分解为固定的步骤，并为每个步骤和环节设定标准。这样一来，工人的每个动作就都有标准可循，工人按经手产品的件数获得报酬。其核心思想，就是通过流程标准化和计件工资制提高工人的劳动生产率。科学管理理论又称为古典管理理论，在20世纪20年代开始受到现代管理理论的挑战。

这个时候，霍桑工厂正在进行著名的“霍桑实验”。这个实验开始于1924年，陆续进行了10年，最终的实验结果也印证了戴明的发现，即金钱不是提高工人积极性的唯一动力，人不仅仅是经济人，也是社会人，要调动每个人的积极性，还必须从社会、心理方面努力。

拓展话题：霍桑实验

霍桑实验是西方管理学发展史上的重要里程碑。该实验通过控制生产车间的各种环境条件，收集生产过程的数据，监测劳动生产率的变化。例如，研究小组在继电器车间选定了6名女工作为观察对象，不断改变温度、照明、工资、休息间隔、午餐配送等外部条件，希望发现这些因素和生产率之间的关系。但是不管外在因素怎么改变，实验组的生产效率一直没有提高。原因在于：实验者知道自己受到了观察和重视，其行为发生了改变，下意识地迎合实验，导致数据被扭曲。研究人员进而认识到，人的行为不仅受外在因素的刺激，更受主观因素的激励，这个发现引发了后来管理行为理论的诞生。

研究人员从另外一个实验中发现，在工厂这个正式组织中，也存在着非正式组织，这种组织限制了生产效率的提高。例如，根据泰勒的标准化分析，焊接车间的每个工人每天应该完成的标准定额为7 312个焊接点，但是大部分工人每天的工作量都集中在6 000~6 600个焊接点，即使还没有到下班时间，他们也会停止工作。原因在于，一个人的产量过高会给同事造成压力，也会促使厂方制定出更高的生产定额，因此具有生产积极性的工人会受到小团体和小帮派的非难，最终导致所有的工人都“适可而止”。

此后不久，戴明就拿到了耶鲁大学博士项目的录取通知书，但这位25岁的年轻人迟迟下不了离职的决心。之所以犹豫不决，是因为耶鲁大学的博士很难读，许多人进去了，却终其一生都毕不了业。这时候，一位上司给他打气，告诉他一旦毕业了，西电肯定还会雇用他，而且年薪会涨到5 000美元。作为一名硕士毕业生，戴明当时的年薪是1 200美元，5 000美元这个数字着实令他心动。但这位上司继续告诉他说，价值5 000美元的人并不少见，西电之所以雇用他们，是希望有一天，他们能够成为价值5万美元的人才，为公司创造更多的财富。

这段对话戴明终生铭记，他后来在回忆录中写道："我认识到，优秀的人才并不少见，公司最需要的，是能够不断学习、永远进步的人。"不断学习、永远进步，这正是他日后不断跨界的动力。

1927年，戴明顺利从耶鲁大学毕业，获得了物理学博士学位。西电公司确实想要他并给他提供了丰厚的薪水，但戴明最后选择了美国农业部固氮实验室，研究氮气对农作物生长的作用。此后近10年，他的学术论文都集中在这个领域。

1936年，当盖洛普屡屡向他征询意见时，戴明也意识到，统计领域将迎来一场巨大的变革。此时，美国的农业统计已经颇具规模，他们也想采用抽样方法，戴明便在农业部的研究院开设了统计课程，讲授最新的抽样技术。戴明不仅自己讲，也请其他专家来授课。1938年，戴明邀请著名统计学家休哈特（Walter Shewart）来院授课。休哈特当时在贝尔实验室工作，他主持设计了全美的公用电话系统，在这个过程中，他应用了大量的统计学，以提高电话系统的运营效率和服务质量，美国的电话业也因此以优质的服务闻名于世。戴明对他非常推崇，并于1939年将其讲稿编撰成一本书。这本书成为戴明再次跨界的契机，他开始关注如何把统计方法应用到质量管理领域。

而这个时候，1940年的全国人口普查即将到来，对于应不应该在普查中使用抽样技术，普查局发生了一场激烈的争论。争论的结果是，商务部部长亲自拍板，人口普查因为涉及分权，还是逐一清点更好，但专项普查可以使用抽样技术。因为已经名声在外，戴明很快就被聘为1940年人口普查抽样技术的首席顾问。

在戴明的参与下，1940年的普查工作，不仅很多专项普查采取了抽样技术，统计方法也被应用到提高数据质量的领域。我们知道，在普查完成之后，为了使用霍尔瑞斯发明的制表机，首先要把几千万张普查问卷转变为打孔卡片，在这个过程中，错误自然难以避免，普查局原来的做法是，在打完孔之后，指定专人对全部卡片进行检查和核对，以确保数据的准确性，但戴明认为，这种做法效果很差，原因在于：

1. 检查员的工资和经手的卡片数量挂钩，即计件制，这无形中鼓励了他们加快检查速度，而忽视检查质量；
2. 检查员和卡片打孔员是同事关系，为了避免打孔员陷入麻烦、感到尴尬和难堪，检查员会睁只眼闭只眼。

戴明改革了整个质量管理流程，他取消了核对全部卡片的做法，每天在每个打孔员完成的卡片当中抽取5%作为样本，再对这些样本进行检查，以检查结果评定哪些打孔员需要回炉培训。这种做法不仅提高了打孔员的工作质量，还大大加快了数据处理速度，节省了不少人力和经费。

1941年12月，举世震惊的日本偷袭珍珠港事件爆发，美国正式对日宣战，加入了“二战”。此后不久，戴明接受了美国国防部的邀请，在军工企业讲授他利用统计控制质量的方法。这给他提供了一个平台，能够不断完善其质量管理理论。戴明的方法也大受肯定，美国军工企业的废料率和返工率因此大幅降低。两年期间，戴明一共为国防部培训了约2 000名工程师和质检员，美国也因此产生了第一批有质量控制意识的工程师。1946年2月，在这批工程师的努力下，美国质量控制协会（ASQC）宣告成立。

1945年，当“二战”结束的时候，戴明已经在质量控制领域小有名气。此后不久，他就辞去了政府的工作，成了一名独立咨询师。

但谁知道，戴明一丢掉铁饭碗，就坐上了冷板凳。

战后的美国，迎来了一个空前繁荣的时代，汽车、洗衣机、电冰箱、吸尘器、烤箱、割草机、地毯等大宗产品一一流入普通家庭，国内需求非常旺盛；另一方面，大多数工业国家都在战争中伤了元气，但美国的生产能力毫发未伤，面对国内、国际市场的供不应求，美国的企业可谓内外逢源，订单应接不暇。这时候，企业界最关心的事就是扩大生产、做大蛋糕，企业管理层对质量的理解，就是事后的控制，即通过检查，把质量不合格的产品剔除出来，而这部分产品导致的损失，将完全由利润覆盖。

戴明主张在生产中进行质量控制的做法，完全淹没在这股大潮之中，他突然发现自己没有了用武之地。他后来回忆说，“二战”期间他在国防部门的种种努力全都烟消云散，没有在美国留下一丝痕迹。他在失落之中也逐渐认识到，之所以挫败，除了时势大变，还因为他的理论在美国仅仅影响了一线的工程师及质检人员，没有触动企业的高级管理人员，而好的质量管理体系，需要从上到下的共识和制度建设。要推广贯彻质量控制的主张，他还需要跨界，他必须用管理学家的声音，去警醒企业的掌舵人。

道不行，乘桴浮于海。恰恰在这个时候，一个东方小国因为战败而百业凋敝、濒临崩溃，戴明的学说让他们觉得如获至宝，他们以谦卑、勤奋、决绝的态度在工业管理中贯彻戴明的理论。很快，他们就在国际竞争中崭露头角，最终以优质的产品驰名世界，甚至在市场竞争中击败美国，创造了举世瞩目的经济奇迹。

这个国家，就是日本。

旋转质量的飞轮：日本崛起

“二战”后的日本一片废墟，由于战败，日本甚至一度失去了主权国家的地位：在1945—1952年，整个日本的最高治理权由美国军队接管。但出人意料的是，日本很快就摆脱了军事失败的困境，仅仅在15年之后的1960年，日本就超越了联邦德国，一跃成为全球第二大经济体。

日本的浴火重生是世界经济史上的奇迹。1894年，美国超越英国，成为全球第一大经济体，这对很多人来说，很容易理解、接受，毕竟就国土面积、自然资源而言，美国本身就是“庞然大物”，但日本，这个面积不到美国5%的弹丸之地，“二战”之后一片废墟，何以在极短的时间内崛起为世界经济舞台上的巨人并和美国并驾齐驱？

今天回头看，日本的秘密其实没有其他，就是承认自己的不足，诚意地向西方国家学习，不断引进、不断消化、不断建设，最终在器物、制度、文化三个方面都和西方文明接轨，成为先进文明的一部分。

在这个过程中，日本也从美国获得了极大的帮助。盟军总司令麦克阿瑟（Douglas MacArthur）接管日本之后，对日本的政治、经济和文化领域进行了大刀阔斧的改革。他在三年之内，就帮助日本制定了新的宪法，完成了三权分立的政治体制改造，把日本从一个专制国家转变为一个民主国家，并实现了新闻自由、妇女平权、教育普及等社会改革，其速度和效果也向后世证明，一个国家完全可能在短时间内脱胎换骨。

麦克阿瑟的改革，为日本打造了一个文明的政治制度，但直到戴明出现，日本才找到其经济起飞的“教父”，而其中的机缘，竟然又是人口普查。

1947 年，在麦克阿瑟的邀请下，戴明搭乘军用飞机抵达日本。戴明的主要任务，就是利用抽样的技术，帮助日本开展战后的第一次人口普查，通过普查对战争给日本社会造成的破坏程度进行评估，为其经济规划提供数据支持，例如每年应该营建多少新房屋来满足人们的需要、每个地区的公共资源又该如何根据人口数量进行配置等。

戴明并不懂日语，但普查给他提供了大量在各地走访的机会。他发现，战争给日本造成了严重的破坏，物资匮乏、粮食紧张，大部分人都填不饱肚子，但整个日本社会异常镇静，到处干净整洁。这种强烈的对比给戴明留下了极为深刻的印象，令他对日本民族刮目相看。戴明在日记中写道：“虽然整个日本都在饥饿中挣扎，但日本人仍然乐观、开心，到处都很干净，他们期待着新一天的来临。”[5]

因为对日本文化的尊敬，戴明结识了不少日本朋友，也被日本统计协会聘为首位外籍荣誉会员。但这次旅程只是一个序幕，就像他在美国的职业生涯一样，意外还将发生，主题还要转换。

随着经济建设的铺开，日本的工商界认识到，日本的粮食不能自给，若能扩大工业出口，就可以用外汇换取粮食，而要扩大出口，唯有改善产品质量、增强竞争力，但日本商品在国际上恰恰以“山寨”“低劣”而闻名。于是，在麦克阿瑟的支持下，日本的通信设备制造行业召开了第一次高级管理人员会议，探讨如何提高产品质量。在这次会议上，美国电话行业的经验被作为重点进行了介绍，自然，休哈特的书、戴明的名字又被提及。

就这样，1950 年 6 月，戴明又收到日本科学与工程联盟（JUSE，以下简称“日工盟”）的邀请，这次，他作为日本的老朋友、质量管理专家，搭乘军用飞机再次飞赴日本。

日工盟是在“二战”期间由日本的科技工作者、工程师组建的一个社会团体，其目标是帮助国家进行经济重建，但在邀请戴明加入之前，这个组织和其他大多数社会团体一样，成员聚在一起，无非就是聚会、清谈、吃饭，对于如何开展战后重建，根本拿不出具体的方法和明确的意见。

戴明给他们带来了一整套运用统计提高产品质量的方法。1950 年 6 月 16 日，戴明在东京大学举办了第一个讲座。虽然天气炎热，也没有空调，但当时座无虚席，过道上也站满了听众，一个教室里挤了 500 多人，其中有教授、政府官员，也有企业的工程师和管理人员。一堂课下来，戴明满头大汗，但其视线所及之处，听众的脸上都是专注的眼神、推崇的表情。戴明后来回忆说，在日本，他见到了最好的、最认真的学生。

图 5–1 戴明在日本举办讲座的情景

戴明每次去日本，都会在各地演讲，这是他 1965 年在日本大阪举办讲座的照片，现场 450 个座位，还有 100 多人站在旁边。（图片来源：Cecelia S. Kilian，*The World of W. Edwards Deming*）

在日工盟的安排下，戴明从南到北在日本巡讲。但戴明没有忘记他在美国的经验，他知道，如果要改变日本，就必须从日本的最高管理层入手，只有这样，质量管理体系才能真正扎根，而不是昙花一现。他向日工盟的主席石川一郎提出，他希望见到日本企业的最高管理层，而不仅仅是一线的工程师。巧的是，石川一郎除了担任日工盟主席，还在当时日本最大的商业组织“日本经济团体联合会”（Nihon Keidanren）任职。

戴明质量奖奖章是一枚银质奖章，中间绘有戴明的头像。其肖像下面镌刻着戴明的一句话：“良好的质量和稳定性是商业繁荣与和平的基础。”[7] 1951 年以来，日本每年都评选戴明质量奖，每年的颁奖典礼国家电视台都现场直播，视其为年度盛事。

1950 年 7 月 13 日，在他的安排下，戴明见到了日本的 21 位行业巨头，戴明和他们一起坐榻榻米、喝清酒、看艺伎表演。这 21 位行业巨头管理着日本近 80%的财富。在晚餐会上，戴明直接告诉他们：“日本可以用高质量的产品换回粮食，这种做法并不少见，美国的芝加哥是这样，瑞士、英国也是这样！”戴明继而向他们承诺说：“如果按照我倡导的原则去做，你们就可以生产出高质量的产品。5 年内，日本的产品将占领整个国际市场。”

5 年？！

当时晚餐会上所有的人都认为这匪夷所思，不仅这 21 人，当时整个日本工商界都认为，其产品要和欧美的产品相提并论简直是痴人说梦。但戴明反复告诉他们，只要掌握方法，从上到下严格落实，日本产品就能迅速洗刷过去糟糕的名声。多年后，不少人问戴明为什么对日本这么有信心。戴明解释说，他亲眼看到日本人对新知识非常渴求，对工作非常投入，管理层也积极上进、恪守职责，而且愿意拿出信心推广、普及其质量控制理论。

这次晚餐成为日本工商界的转折点。这年夏天，戴明和日本企业的最高管理层频频会面，向他们讲述如何在企业中建立完整的质量管理体系。这些企业家回去之后，又层层召开会议，商讨如何落实。为了在全国推广，1950 年底，日工盟又把戴明的讲义编成了一本小册子[6]，配发全国的企业和工厂。这也给戴明带来了一笔收入，但他随后将其全部捐给了日工盟。日工盟最终投桃报李，用这笔钱设立了“戴明质量奖”，从 1951 年开始，每年评选并颁发给那些成功应用统计方法改善产品质量的机构和个人。

15 年后，全世界都目睹了日本开创的经济奇迹，研究者问的更多的是，戴明是一名远渡重洋的外国人，日本人为什么会对他言听计从？

最直接的原因是，日本的工商界确实在试图破壁，他们迫切希望改善“日本制造”的不良形象，扩大产品出口，打进国际市场。同时，由于在“二战”中惨败，日本人的自尊心受到极大打击，整个社会士气低落，而戴明作为一名外国人，对日本人表现出了极大的尊重，对日本文化表现出了浓厚兴趣，对他们百般鼓励，日本人感受到了温暖、看到了希望。

当然，日本对戴明的信奉，还有更深刻的心理基础和历史原因。这就是其明治维新以来“脱亚入欧”的目标和梦想。明治维新，是在

1860—1890年日本发生的一场改革运动。这场运动主张不仅要学习欧美的技术，开启工业化的浪潮，还要在文化上放弃儒家思想的主导地位，推行多元和开放，建立新的政府体系，以求进入强国之林。1885年，日本的思想家、教育家福泽谕吉在《时事新报》上发表了《脱亚论》一文。这篇文章在日本引起了极大的反响，获得了朝野的共识，从此成为日本努力的航标和方向。经过了明治维新的种种变革，日本逐渐成为亚洲第一强国。20世纪30年代，日本发动了侵华战争，其部队所向披靡，中国则无力抵抗，大片国土沦陷。1941年，日本发动了珍珠港袭击之后，美国正式参加“二战”，导致了日本最后彻底失败，特别是1945年美国在广岛引爆了第一颗原子弹，更让日本人深刻地体认到西方现代文明的先进和强大。因此，“二战”之后麦克阿瑟对日本的改造，几乎得到了全体日本人的支持和配合。

福泽谕吉（1835—1901），日本著名的思想家、教育家，庆应大学的创始人。他在19世纪60年代先后出使欧美多个国家，看到了东西方之间的文化差异以及由此导致的巨大的文明差距，并为此感到震撼，此后终其一生都致力于在日本弘扬西方文明，介绍西方的政治制度以及相应的价值观。作为日本最杰出的思想家之一，他的头像被印在1万日元的纸币上。

在这种背景之下，戴明出现，加上其友善的态度，日本的工商界于是心悦诚服地把他当作“先知”对待，全心全意地贯彻他的主张。

戴明的成功，还有另外一个重要的原因，

即戴明的主张契合了日本文化注重细节的特点。

戴明认为，85%以上的质量问题源于管理不当，而生产过程中之所以产生质量偏差（或者叫变异），原因可以分为两种：一是特殊原因，二是共同原因。特殊原因源于某一特定人员、机器或者特定环境的影响，本质上是局部的，一旦一线生产人员采取合适的行动，就可消除；而共同原因源于制度的缺失或整个系统的不精确，要由管理人员采取行动才可能缩小和纠正过来。

要控制质量，首先要确定每次偏差产生的原因，这就必须在生产过程中收集数据。例如，“50%羊毛”的毛毯是指在它的材料中，必须含有50%的羊毛，但每次生产出来的成品都会有偏差，即使是在同一张毛毯上随机剪下10个直径为一厘米的圆形，交给化学师检验，10个检验结果可能是50.1%、48.3%、51.2%、49.9%……很可能没有一块毛毯的羊毛含量为准确的“50%”，但偏差为什么产生？每次是大是小？究竟是特殊原因还是共同原因造成的？一旦有了数据，管理人员就可以对此进行研究和分析，而研究的方法，戴明主张用图表来进行。

其中最重要的图表，就是偏差控制图和鱼骨图（见图5–2和图5–3）。戴明认为，无论是企业的管理者还是生产者，都要学会制作这两类图。偏差控制图为每个偏差定义了一个变化的上限和下限，一旦波动超出了这个限度，就说明可能发生了特殊原因。特殊原因应当首先消除，但这还不够，戴明认为，真正的质量控制，不仅要使偏差落在规定的范围之内，还要让偏差波动的范围越小越好，即在生产过程中也要全力消减共同原因，达到“稳定的一致性”。他认为，追不追求这种一致性，正是后来日本成功、美国失败的原因：美国的生产仅仅是简单地追求“符合规格”，而没有注重一致性，而日本产品之所以优质，就在于其不断缩小偏差的范围，提高一致性。发现了偏差，确定了偏差发生的类型，再接下来，就要对产生偏差的原因进行因果关系分析，而分析的工具，就是鱼骨图。

第一组　羊毛含量的10次检验结果（单位：%）

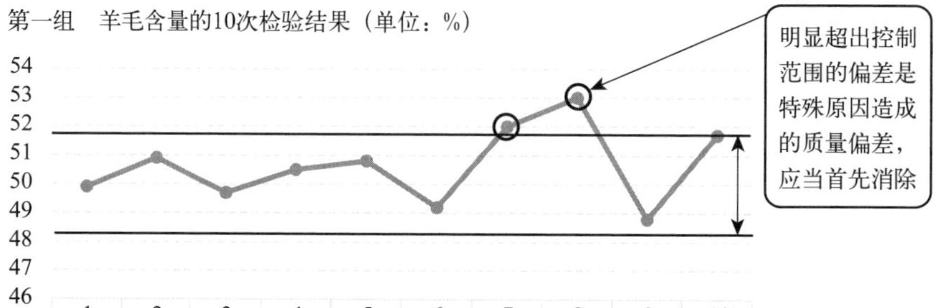

	1	2	3	4	5	6	7	8	9	10
羊毛含量	49.9	50.9	49.7	50.5	50.8	49.2	52.0	53.0	48.8	51.7

第二组　羊毛含量的10次检验结果（单位：%）

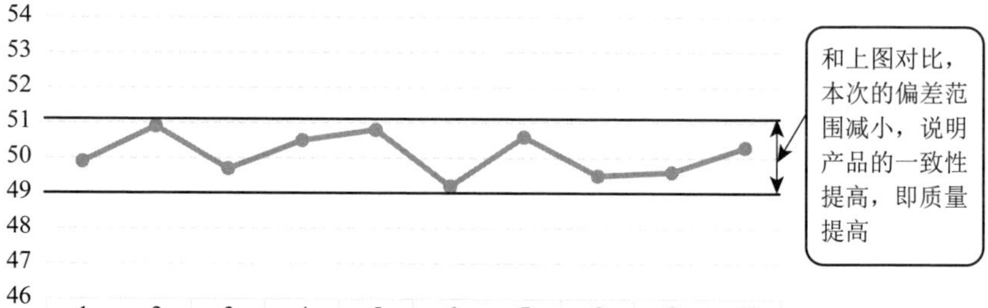

	1	2	3	4	5	6	7	8	9	10
羊毛含量	49.9	50.9	49.7	50.5	50.8	49.2	50.6	49.5	49.6	50.3

图 5–2　偏差控制图

偏差不可能被完全消除。在 10 次检验结果中，虽然没有一次正好是 50%，但只要其平均值大于或等于 50%，而且最大值和最小值之间的差距，即偏差的范围，小于某一特定的值，例如 2%，我们就认为这张毛毯是合格的。

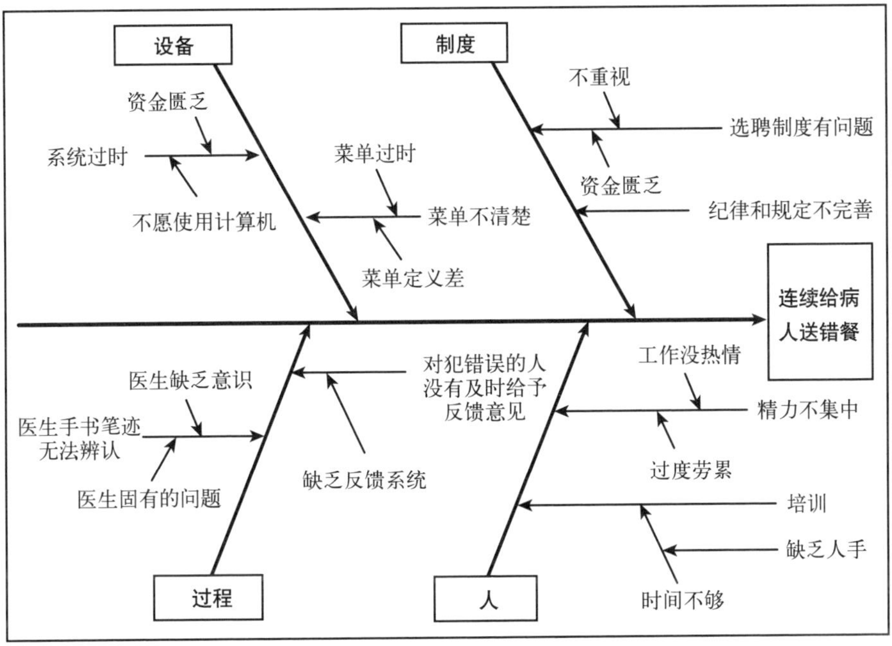

图 5–3 利用鱼骨图进行因果分析

上图为某医院发生“连续给病人送错餐”的错误之后绘制的因果分析图，错误可能有“设备、制度、过程及人”四大来源，每一个来源又分为若干小因素，每个箭头都表示一个因素。戴明主张通过一线生产小组的集体讨论，共同绘制出这种分析图，并通过这个过程，让生产者、管理者一起积极地确定问题产生的原因，增强大家对问题的理解并竭力避免。因为全图像鱼的骨头，故称为鱼骨图。（图片来源：*The Deming Management Method*, DODD , MEAD & Company , Mary Walton, 1979 ：101）

需要指出的是，鱼骨图的正式提出者，是日本的学者石川馨（Kaoru Ishikawa）。石川馨是日工盟主席石川一郎的儿子，在戴明访日期间，他担任过戴明的翻译。因为戴明的来访，他开始研究质量管理，后来在戴明理论的基础之上，提出了全面质量控制理论，成为日本本土的质量管理大师。他提出的鱼骨图不仅得到了戴明的肯定，而且从 20 世纪 60 年代起，也在全世界的企业管理领域风行。

1950年之后，戴明先后在1951年、1952年、1955年和1956年前往日本，为日本的质量管理提供咨询和指导。日工盟也全面发挥了自己的组织协调功能，坚持在全国开展培训，普及戴明的方法和理论。在1950—1970年，日工盟一共培训了14 700名工程师和上万名管理人员。

于是，数据和图表就像花朵一样，开始在日本的企业、工厂和车间的各个角落“绽放”。很快，戴明的方法就初见成效，各条战线捷报频传，日本的产品也开始在国际上崭露头角：

1951年1月，日本古河电力公司报告：其绝缘电缆的返工率下降了10%，利润随之提高。

1951年7月，《伦敦快报》(*London Express*)头版头条报道称：“日本尼龙大量来袭、品质优良。”

1952年，田边药业公司报告：通过强化质量控制，其氨基酸产量提高了三倍。

1952年，富士钢铁公司宣布生产一吨钢铁所需要的材料下降了29%。

……

除了应用统计方法进行质量控制，戴明还将抽样技术和盖洛普发明的消费者市场调

石川馨（1915—1989）

被称为日本的全面质量管理之父。戴明的理论传到日本之后，日本人并没有简单地照搬，而是在戴明的基础之上，发展出了自己的理论体系，石川馨就是其中的杰出代表。他认为，质量管理是企业经营管理的一次革命，其主要思想可以归纳为6条：一是质量第一；二是要面向消费者；三是下一道工序是顾客；四是要用数据、事实说话；五是企业的经营要尊重人；六是企业机能管理。从这6点内容中都不难发现戴明思想的影子。

查方法引入日本。1950 年之后，日本的企业开始派出代表，走街串巷进行问卷调查，根据消费者的观点和意见，打造市场最需要的产品。日工盟也成立了抽样委员会，对工厂和企业进行指导。在其指导下，1955 年，日本的八幡钢铁公司就取得了一个突出成果。

作为一家钢铁公司，八幡钢铁公司的原始矿砂主要经船运抵达码头。该公司必须首先检测矿砂的含铁量，确定其等级，然后给供应商付钱。当时公司的做法是，在船上随机挖几铲作为样本进行检验，而这几铲，一般都来自矿砂的最表层，这自然不科学。在日工盟抽样委员会的指导下，八幡钢铁公司设计了一套新的抽样方法：当输送带把矿砂由船上卸下传送到仓库时，随机停止传送、抽取样品进行检测。这样一来，整船的每一粒矿砂都有可能被选为样本。

使用新的抽样方法之后，八幡钢铁公司发现，来自各地的原材料的含铁量都有不同程度的下降，因此各种进货渠道的成本分别下降了 2%~10%（见表 5–1）。八幡钢铁公司发明的这个抽样方法，经过不断改进，后来成为大宗物资抽样的国际标准。

表 5–1　新旧两种抽样方法检测出的含铁量对比 [8]

矿产地	等级	旧抽样方法的检测结果	新抽样方法的检测结果	差距
登根	A	59.95%	55.33%	4.62%
拉纳	B	56.60%	55.30%	1.30%
	C	59.25%	58.06%	1.19%
萨玛	D	55.55%	50.42%	5.13%

到 1954 年，日本的产品已经开始大举进攻国际市场。事实上，从“山寨”“低劣”到“优质”的改变，日本只用了 4 年，比戴明当初预料的 5 年还快了 1 年。

1960年，日本天皇授予戴明二等珍宝勋章，这是外国人在日本能够获得的最高荣誉。日本时任首相岸信介亲自将奖章别到了戴明的胸前，并在颁奖词中说，日本人民认为，日本的录音机、收音机、照相机、望远镜、缝纫机等一系列产品在国际市场上取得的成功都要归功于戴明，日本工业的重生和崛起，就是因为贯彻了戴明的学说和理论。

应该说，戴明、休哈特等一批美国学者，是质量管理领域的开拓者。戴明在日本点燃了薪火，启动了质量管理的飞轮。这台飞轮一旦开始旋转，日本人不仅再也没有让它停下来，而且让它转得又快又好。20世纪60年代，针对如何在生产过程中收集数据、整理数据和解释数据，日本学者提出了系统的“质量管理七大手法”，这些手法主要包括核查表、数据分层法、控制图、鱼骨图、柏拉图、直方图和散布图，每一种手法都不需要高深的计算，普通的管理人员也能学会；到20世纪70年代，日本人又总结出“质量管理七大新工具”，其中包括树图、矩阵图、亲和图等，这些理论和工具都成为世界质量管理史上的经典和宝藏。到这个时候，世界质量管理的前沿和中心，已经毫无疑问地转移到了日本。

1965年，戴明第7次访问日本，参加了第15届戴明奖的颁奖典礼，并受到了日本天皇裕仁的接见。这一年，日本最大的汽车制造商丰田公司获得了戴明奖。

这个时候，美国大众几乎都没有听过丰田这一品牌，他们做梦也没想到，仅仅10年之后，这个来自日本的品牌就成为美国汽车市场的搅局者，并成功击败所有的美国对手、横扫美国市场，摘取了世界汽车生产质量第一、数量第一的双重桂冠。

世纪之问：日本行，为什么我们不行？

丰田是戴明质量控制理论最早、最大的受益者。在1950年夏天的那次晚餐会上，丰田公司的总裁就赫然在座。到1961年，丰田公司已经在石川馨等日本学者的指导下，开创了一套完整的全面质量控制体系（TQC）。该公司不仅在生产过程中全力缩小偏差范围，还完全吸纳了消费者调查方法。在进入一个新市场的时候，丰田公司甚至会派人去测量当地人的身高、腿长，以调整变速杆的高度和乘客腿部空间的大小。1980年，丰田总裁丰田章一男又获得了戴明个人奖。他在接受记者采访时说："我没有一天不在思考，戴明博士于我们的意义何在——戴明是我们整个管理思想的核心。"

而这时候的戴明博士，一直在纽约大学教书。一回到美国，这位"教父"头顶的光环就消失了，在这里，他只是一位普普通通的教授，很少有人知道他在日本的影响力。

除了教书上课，戴明也为企业做咨询，但客户寥寥。直到1979年，戴明才在美国获得了首个比较大的客户：纳舒厄公司（Nashua）。这是一家位于新罕布什尔州的造纸公司，因为和日本的理光公司（Ricoh）有业务往来，公司的老板康韦先生（William Convey）经常去日本出差，在日本频频听到戴明这个名字，而且每次提到的时候，康韦都能感受到周围一片肃然起敬的气场。1979年3月7日，他忍不住拨通了戴明的电话，并把他请到公司座谈。寂寥已久的戴明虽然年事已高，但一口气给公司的管理人员讲了4个小时，当然是强调统计方法的重要性。在戴明起身如厕的时候，康韦转身向公司的管理团队宣布说："我要聘他担任公司的质量管理顾问。""请一个80岁的老头儿来教我们如何提高产品质量？”与会人员一阵错愕，大多数人都表示反对或者不屑一顾，但康韦力排众议，最终给戴明下了聘书。

在这前后，国际汽车行业正在发生翻天覆地的变化。1975年，丰田超过德国大众，成为美国最大的汽车进口商；1981年，日本已经主导了整个国际汽车市场，成为全球最大的汽车生产国和出口国，其出口量是美、德、法三国轿车出口量之和；1983年，丰田推出佳美车型，更是进入了如日中天、独步天下的状态。此后10年，佳美连续9年都是美国市场最畅销的车型，唯一一年屈居第二，输给的还是一个日本品牌——本田雅阁。2008年，丰田超越美国通用，一度成为全球汽车产量最大的公司。

随着日本汽车的步步紧逼，美国的汽车巨头如通用、福特、克莱斯勒的经营业绩不断下滑：福特公司1979年亏损10亿美元，1980年的亏损额扩大到15亿美元；克莱斯勒1979年亏损11亿美元，1980年高达17亿美元；通用也在亏损的边缘挣扎度日。更要命的是，除了汽车，电视机、摩托车、录音机、复印机等日本商品都在美国大行其道，获得了越来越多的市场份额。在日本制造的对比之下，“美国制造”黯然失色。

屋漏偏逢连夜雨。1980年初，世界能源危机爆发，石油价格飞涨，这使得美国的消费者更注重产品的质量，以汽车为代表的各种日本产品开始横扫美国市场，美日两国的贸易逆差不断攀升并开创新的历史高点，美国的企业叫苦连天。在一次又一次的消费者调查中，美国的工商界都得到了相同的答案：消费者之所以青睐日本产品，就是因为其质量过硬。在这种情形下，美国社会开始全面反省。工业界、知识界和新闻界都开始探讨美国为什么会在产品质量上输给日本。

但即便到这个时候，还是没有人注意到戴明。最后发现戴明的，是美国国家广播公司（NBC）的制片人梅森（Clare Crawford-Mason）。梅森也在思考美国正在经历的重大挫折，她筹划拍摄一部专题纪录片，但她知道，除了市场占有率、贸易逆差、顾客满意率等枯燥的数据，要制作一部好影片，引发大众的关注和思考，她还需要一个好故事，只有故事才能激起人们情感上的共鸣，但她迟迟没有找到满意的故事。直到有一天，她在华盛顿的一次采访中，听到一位教授说："就在这附近，住着一位叫戴明的老人，他扭转了日本经济。"

梅森眼睛一亮，第二天就找到了戴明，在戴明寓所的地下室，开始了她的采访。这个时候，距离戴明初次到日本传道授业，已经整整30年了。戴明打开了话匣子，采访一连进行了几天。

随着戴明故事的展开，梅森完全怔住了，她无法相信，一个如此杰出的人物，却在美国默默无闻几十年，全美国都在谈论日本，经济学家都不知所措、无以应对，但改变日本的这个人，就住在距离美国白宫6英里的地方，却完全不为人所知！

梅森反复追问，为什么会这样？为什么人们都不知道他？

戴明则反复强调，他试过，但在美国，没有人听他的。

梅森先是犹疑，她把电话打到了美国驻日本大使馆，经他们确认，戴明确实应麦克阿瑟的邀请去过日本、日本确实设有戴明奖、戴明确实获得过二等珍宝勋章并受过天皇接见；她又把电话打到白宫，先后联系了好几个总统的经济顾问，但没有一个人听说过戴明这个名字。

"我的上帝！"梅森一遍一遍地在心里惊呼，作为一名职业制片人，她知道自己可能已经找到了绝佳的新闻素材。她既兴奋不已，又犹豫不决，始终下不了决心：真的要做这期节目吗？她发现，一讲到数据，讲到通过数据发现新思想、得出新结论，这位80岁的老人就极度兴奋，而这部分内容，因为太专业，梅森完全听不明白。

梅森之所以最后下定决心，是她从戴明的口中获知了纳舒厄公司。她立即飞赴新罕布什尔州，走访了戴明这个唯一的客户。康韦先生则兴奋地告诉她，他如何听说戴明、如何慧眼识人，经过一年的实施，戴明的方法成效卓著，已经为公司节省了几百万美元。

听到这里，梅森几乎屏住了呼吸，她确定自己发现的就是“金矿”。她迫不及待地回到了制片室，一连几天足不出户，完成了影片的剪辑。最后，这部长达一个小时的纪录片被定名为《日本行，为什么我们不行？》，于1980年6月24日晚黄金时段在全美播出。这部纪录片详尽地分析了日本产品之所以能够崛起的原因，并以振聋发聩的形式发问：日本行，为什么我们美国不行？

在最后15分钟，主持人现场采访了戴明。

主持人问：“日本人和美国人对质量的看法有什么不同？”

戴明解释说：“日本人用统计方法提高质量。就像他们从其他文化中学习好

爱德华兹·戴明
（1900—1993）

美国统计学家，被后世誉为“质量管理之父”。戴明是名虔诚的基督徒，业余热爱音乐，对于名利则比较淡泊。1993年12月20日，他临死前一刻对自己最后的评价是“上帝的孩子、他人的朋友、虔诚的基督信徒”，而完全没有提到自己在统计和质量管理领域的贡献。

的东西一样，他们不仅学习，而且真正吸收了这种方法，然后，他们用前所未有的优质产品回馈世界。”

主持人又问：“那这种统计方法在美国可行吗？我们美国能否取得同样的成功？”

戴明肯定地说：“当然可行，美国可以取得同样的成功。”

主持人再追问：“那为什么美国没能做到？”

戴明果断地回答说：“那是因为美国人没有这样的决心，我们不知道该做什么，我们没有目标。”

这部纪录片瞬间轰动了全国。这之后，各种关于戴明的新闻报道排山倒海般汹涌而来。美国的媒体甚至派出记者深入日本，这些记者在丰田公司的总部发现，其大堂的走廊上挂着三幅肖像画，其中两幅小的，一幅是丰田的创始人，另一幅是现任董事局主席，而中间最大的一幅，则是戴明。

于是，在80岁这年，戴明在美国一夜成名，成了家喻户晓的人物。纪录片播出的第二天，戴明家里的电话就像受到了轰炸，铃声响个不停，全国各地的公司都打来电话，他们都希望能立刻见到戴明。

如果说，1950年戴明和21位日本巨头的会晤是日本的转折点，那么30年后，《日本行，为什么我们不行？》这部纪录片的播出就是美国的转折点。

美国的企业从此开始追求质量，戴明也很快成为通用、宝洁、福特、亨氏等一系列美国大公司的座上宾。这个时候，福特公司正因为平托风波饱受质量问题的煎熬，从1983年起，戴明正式成为福特公司的顾问。他给全体高管开课，讲授他的质量控制方法。戴明的方法很快奏效：1986年，福特公司在一次详尽市场调查的基础上推出了一款新车型——金牛（Taurus），这款车战胜了日本丰田，连续 6 年蝉联美国质量冠军，也正是在 1986 年，福特汽车的赢利首次超过通用和克莱斯勒。这些成功后来都被福特公司总裁彼得森（Donald Petersen）归为戴明的功劳："福特正在建立一种质量文化，公司正在发生很多变化，这些变化都根植于戴明的思想。"

从 1982 年起，戴明先后出版了《质量、生产力和竞争地位》（*Quality, Productivity, and Competitive Position*，1982）、《转危为安》（*Out of Crisis*，1986）、《新经济观》（*The New Economics*，1993）三本专著，系统地阐述了如何用统计方法进行质量控制、如何在企业中建立质量管理体系，他还提出了管理 14 点、企业的 7 个病症、渊博知识体系等，指出要用合作代替竞争，谋求多赢，并强调要通过教育打破现代管理的桎梏。这时候的戴明，已经成为一名公认的管理学家。为表彰他对美国的贡献，1987 年，里根总统授予其国家技术奖章。同年，美国也设立了类似于日本戴明奖的国家质量奖。

《日本行，为什么我们不行？》这部纪录片也给戴明带来了世界性的声誉，这之后，这位 80 多岁的老人开始以美国为中心，在全世界奔波，英国、南非、新西兰等许多国家都留下了他的足迹。

但他已经时日不多。在他生命的最后几年，戴明总是向身边的朋友抱怨说美国觉醒得太晚了，他的时间不够用。1993 年，93 岁的戴明还举办了 30 场讲座，可谓"发愤忘食，乐以忘忧，不知老之将至"。这年的 12 月，他坐在轮椅上，在加州举办了最后一场讲座。几周后，他因胰腺癌在华盛顿的寓所辞世。

两天后，消息传到了日本，《日本时报》（*The Japan Times*）以"质量控制之神：戴明逝世"为题报道了这个消息。

直到今天，日本的戴明奖还在继续评选、颁发，很多日本企业都将戴明视为其再生父母。

今天回顾戴明的故事，我们还能看到，戴明对日本的贡献并不仅仅在于质量控制，戴明更大的遗泽，在于推进了日本社会对于统计和数据的普及和重视：因为产品质量的崛起，日本的企业、政府甚至全社会都体认到了统计和数据的重要性。1973 年 7 月 3 日，日本内阁经会议讨论决定，将每年的 10 月 18 日定为“统计日”，帮助国民理解统计的重要性，鼓励他们形成对统计的兴趣，并在国家进行各项普查时予以最大限度的配合。日本政府内务部负责每年统计日的宣传、组织和实施，包括印制海报、组织知识竞赛、成果展览等。除了国家统计日，日本每年还在中小学教师中组织“统计讲习会”，在中小学生之间开展统计图表大赛，入选作品在东京的统计资料博览会上展出，最佳作品将获得总务大臣特别奖。此外，日本政府还在全国各地建设统计广场、统计资料馆、统计图书馆，以生动活泼的形式向大众介绍、展示统计的历史及最新的图书资料，在全民中推广数据的概念和知识。

每年的国家统计日，日本都公开向社会征召标语和口号：2009 年的口号为“去调查，了解日本现状”，他们当年共印制 6 万张海报，在全国各地张贴分发；2010 年的口号为“以统计为依据，做出正确决策”。

图 5–4　日本占领台湾地区时期出版的各种统计报告

图片来源：台湾大学台湾法实证研究资料库网站。

拓展话题：中文的“统计”一词来源于日本

中文的“统计”一词，就来源于日本。在明治维新时期，日本向西方国家学习，成立了国家统计局，1872 年进行了第一次全国人口普查，1882 年出版了第一本统计年鉴。1903 年，中国学者翻译了日本人横山雅南所著的《统计讲义录》一书，把“统计”一词引入中国。其实，当时的日本已经被很多中国的知识分子视为榜样，与“统计”类似的、从日文传入中文的词汇还有很多。

日本社会对统计的重视还可以在台湾地区找到证明。1894 年，中日两国之间爆发了甲午战争，中国号称装备精良的北洋舰队几乎全军覆没，此后被迫割让台湾岛。日本在占领台湾地区的 50 年间，进行了多项大规模的、全面的、不间断的社会统计调查活动，例如人口普查、经济普查、犯罪调查等，这些调查范围广泛、数据丰富。2006 年，台湾当局意识到这是一笔宝贵的资料，于是专门建立了“台湾日治时期统计资料库”，共收录日治时期的统计出版物 681 册。

“日本行，为什么我们不行？”这一世纪之问，引发了美国人对日本崛起的反省和自我改进。其实，面对日本的崛起，我们中国人更应该这样问一问自己："日本行，为什么我们不行？！"同是东方国家，都曾经受到儒家文明的熏陶和主导，但100多年来，中日两国在现代化进程中已经走上了完全不同的道路，形成了巨大的差距。今天的中国虽然拥有"世界工厂"的声誉，也超越日本成为全球第二大经济体，但中国的国土面积是日本的20多倍，人口是日本的10多倍，我们的超越究竟是以质取胜，还是以量取胜？我们的产品，在全世界是不是还顶着"山寨、劣质、廉价"的帽子？我们也在崛起，但对于世界文明，我们做出了多少原创性的贡献？

重读戴明的故事，不难发现，中日差距形成的历史原因，关键在于两个国家的国民对待先进文明的不同态度。日本人认识到自己的不足，坦荡地面对自己的失败，真心诚意地向西方学习，因为善于学习，1936年这轮起源于西方国家的统计革命，却成了一个亚洲国家崛起的契机；因为善于学习，这个小小的国家爆发出了惊人的能量，仅仅用了15年，就从残垣断壁的一败涂地中崛起，并与全世界最强大的国家并驾齐驱；因为善于学习，日本不仅成功地融入了先进文明，还为这个文明的丰富和发展做出了巨大的贡献。

子沛认为，用数据来改善、控制产品质量，毕竟只是一种方法和手段，中国人最需要学习的，应该是日本人对待先进文明的胸怀和态度。

注释

1 *Out of the Crisis*, Edwards Deming, MIT Press, 1986: 490.

2 *George Gallup in Hollywood*, Susan Ohmer, Columbia University Press, 2006: 173.

3 *George Gallup in Hollywood,* Susan Ohmer, Columbia University Press, 2006: 189.

4 英语原文为："It's no longer necessary for a political candidate to guess what an audience thinks. He can find out with a nightly tracking poll. So it's no longer likely that political leaders are going to lead. Instead, they're going to follow. " — David S. Broder, "The best political reporter of his time" , Robert G Kaiser, *The Washington Post*, March 10, 2011

5 *The Man Who Discovered Quality: How W. Edwards Deming Brought the Quality Revolution to America*, Andrea Gabor, 1990: 76.

6 即《应用统计方法进行质量控制的基本原则》(*Elementary Principles of the Statistical Control of Quality*)。

7 英 语 原 文 为："The right quality and uniformity are foundations of commence, prosperity and peace." — W. Edwards Deming

8 *The New Economics* , W. Edwards Deming, MIT Press, Second Edition, 1994: 168.

Big Data
History, Reality and Future

第二部分　大数据的崛起

未来已经来到我们中间，只是还没有均匀地分布到生活的各个角落。[1]

——威廉·吉布森，加拿大科幻作家

人们会把自己视野的极限，当作世界的极限。[2]

——叔本华（1788—1860），德国哲学家

注释

1 英语原文为："The future is here. It's just not evenly distributed yet." — William Gibson

2 英语原文为："Everyone takes the limits of his own vision for the limits of the world." — Arthur Schopenhauer

第六章 开放时代：内开放的历程

每个国家都在追求一条自己的道路，这条道路，根植于这个国家人民的文化当中，但是经验告诉我们，历史的发展最终是站在自由这一边的。开放的经济、开放的社会和开放的政府，是人类社会之所以能够进步最深厚、最强大的基础。[1]

——奥巴马，在联合国大会上的演讲，2010 年 9 月 23 日

20 世纪 30 年代出现的抽样调查技术极大地推动了统计科学在各个领域的应用。伴随着民意调查、市场调查的普及，数据分析开始成为一个独立的产业。数据既是该产业的生产资料，也是其最终产品，这个产业开始累积数据。更重要的是，随着 1951 年电子计算机走出象牙塔和美国军方的实验室，这些数据不再是保存在纸上，而是以“0”和“1”的电子化形式保存在磁带上和硬盘中。随后几十年，硬盘在全世界不断普及，这为海量数据的永久保存提供了可能。今天回头看，这种电子化的数据累积就是人类迈进大数据时代的起点。[2]

20 世纪 80 年代，互联网开始在美国普及，人类拥有了保存数据的新方式——网络服务器。这时候的数据，除了电子化，还有了一个新的特点：在线（见图6–1）。这意味着数据24小时可得，其复制、传播、整合更加方便，相同的一份数据，可以在不同的服务器上快速流转、重复使用，不同的数据可以互相整合、产生新效用，数据的价值越来越凸显，但其保存成本、分享成本越来越低，下降到边际成本几乎为零的地步。在线数据的这些特点，最终引发了公共领域的“数据开放”运动。数据开放，就是让数据自由流动，彻底分享数据的所有权。

图6–1　人类数据保存方式的演进

开放主要是指信息的自由流动，广义的开放，还包括人、财、物的自由流动。一提到“开放”，我们中国人耳熟能详的是“对外开放”，似乎只有打开国门，让外部的信息和人、财、物进来，才是“开放”。其实不然，一个国家的开放，应该首先指向它的内部，而且就开放的程度而言，一个健康的国家，对内开放的程度应该远远高于对外开放的程度，也就是说，和外来的“人、财、物、信息”相比，内部的“人、财、物、信息”应该享有更高的自由度。这其实不难理解，国际社会由不同的国家组成，它们遵从各自的风俗、法律和规定，这些都是自由流动和开放的壁垒。

就美国的数据开放而言，其最早的表现形式是信息自由、数据公开，这是一种典型的对内开放，即内开放。

内开放的作用何在？对外开放，可以引进外部先进的思想、人才、技术和产品，这也正是中国持续30多年的改革开放之所以成功的重要原因，但毫不夸张地说，和对外开放相比，内开放更加重要，它决定了一个国家长期的发展和命运。随着本章故事的展开，你可以看到，内开放不仅关系到公民的自由、权利，还是政府管理社会、调控市场、服务经济发展的有效手段。更重要的是，随着大数据时代的到来，数据将像传统的“人、财、物”一样，成为重要的生产资料和创新资源，内开放的程度，将决定一个国家发展的动力、一个社会创新的活力。

在半个多世纪的历程中，美国的内开放制度经历了三个截然不同的阶段。第一阶段可以追溯到20世纪60年代发生的信息自由运动，准确地说是1966年，伴随着《信息自由法》（FOIA）的诞生和执行，美国拉开了内开放1.0的大幕。

内开放1.0：数据承载知情权[3]

美国的信息自由运动起源于民间对政治知情权（Right to Know）的争取。1945年，美联社执行主编库珀（Kent Cooper）在历史上第一次对何为“知情权”及其意义进行了阐述。他认为，人民有权知道政府的运作情况，政府如果封锁信息，那除了选举权，公民的其他各项政治自由其实都没有保障，所以知情权是一项基本的公民权利。美国的信息自由运动也是在这个时候由新闻记者发起的。1953年，在新闻界的强烈要求下，国会开始草拟《信息自由法》，要求在不危害国家安全和个人隐私的情况下，政府应该公开其一切信息和文件。其后，国会召开了数百场听证会，撰写了几十卷调查报告，《信息自由法》也数易其稿，但历经十多年，其立法总是通不过。

通不过的原因，还是政府部门的强力反对。20 世纪 60 年代，联邦政府只有 27 个部门，但无一例外，全部都在听证会上对《信息自由法》大声说“不”，认为信息公开会给政府的行动造成极大的阻挠和负担。当时的约翰逊总统（Lyndon Johnson）甚至直接跟议员“打招呼”：即使国会通过了这个法案，他也会行使总统否决权。多年以后，约翰逊总统的新闻秘书莫耶斯在回忆录中说，约翰逊听到这个法案的第一反应是：国会要干什么？是不是想搞砸我这届政府？

由于新闻界和民间团体长达十多年的不懈抗争，1966 年，国会参众两院终于以压倒性多数通过了《信息自由法》，社会舆情也一致支持，约翰逊总统自知无力回天，才在极不情愿的情况下签署了这个法案。

立法是通过了，但执行起来还是困难重重。《信息自由法》刚刚实施的时候，政府部门消极应对，效果并不理想。对于查阅公共记录的要求，政府部门或收取高昂费用，或拖延不予答复，或以国家安全为由进行搪塞，使人望而却步又无可奈何。当时的报纸形容说，知情权虽然有法可依了，却还是一张“空头支票”。又是在公民团体、新闻记者的批评声音和抗议浪潮中，国会在 1972 年提出了《信息自由法修正案》。该修正案规定，如果政府拒绝民间关于信息公开的要求，任何公民都有权提起司法诉讼，而法院才拥有信息是否公开的最终裁判权。这个规定直接掐到了政府的“七寸”。当时是福特（Gerald Ford）担任总统，当《信息自由法》于 1966 年在国会投票的时候，他还是一名议员，并且投了赞成票。但时过境迁、位转人移，这时候的福特也是屁股指挥脑袋，他立刻给国会发函，明确表示反对这个修正案。最后，在参众两院高票通过的情况下，他还断然行使了总统否决权，拒绝签署这个修正案。但由于三权分立的相互制衡机制，他的否决再度被国会以 2/3 以上的绝对多数推翻，历史这才真正翻开了新的一页。

这之后，美国政府的信息公开工作驶上快车道。从 20 世纪 70 年代后期起，美国的联邦政府每年都会收到来自民间的数十万条关于信息公开的申请，并依法向申请人公开这些文件和数据。1976 年，美国国会又通过了《阳光政府法》，规定除静态的文件要公开外，动态的决策过程也要公开，美国公民自此获得了旁听政府会议的权利。1996 年，美国又通过了《电子信息自由法》，明确除有形的文件外，保存在计算机内的电子记录也属于信息公开的范围。此外，2007 年制定的《开放政府法》规定，联邦政府信息公开的范围不仅仅是其本身收集的信息，还包括政府委托私营机构、非营利组织收集的信息。

这些层层叠加的法规，迫使信息公开的主体不断扩大，从最早的纸面文件到会议，再到电子记录，这种信息公开实际上已经是现代意义上的数据公开。从传统的意义上来说，数据指的是有根据的“数字”，但从 1946 年第一台计算机诞生开始，“数据”这个概念的内涵就扩大了：“数据”如今已经不仅仅指代传统意义上的“数字”了，而是统指一切电子化的记录。一个视频、一段音频，这在今天都被称为数据，但其本身也是信息。也就是说，进入信息时代之后，数据即信息，信息就是数据。

从这个角度理解，美国的《信息自由法》就是一部“数据自由法”，其建立和完善，为内开放 1.0 时代奠定了制度性的框架。但在这个阶段，公开信息和数据的主要目的还仅仅是保护公民的知情权，直到 20 世纪 80 年代，美国的内开放才出现第二个重要的转折点，进而呈现大相径庭的格局，迈进了 2.0 时代。

内开放 2.0：用数据制衡

这个新转折点的出现，要归功于美国 20 世纪 70 年代兴起的环境保护运动。

说起美国的环境保护运动，又必须提到一位女性作家雷切尔·卡森（Rachel Carson）。她早年是一位生物学家，为美国联邦政府工作，后来辞去公职，成为一名专职作家。1962 年，卡森出版了《寂静的春天》一书，引发了大众对环境污染问题的关注。卡森所谓的“寂静”，不是诗意的寂静，而是因为人类无节制地使用农药等化工用品，在春天到来的时候，再也听不到鸟儿的歌声了。而且，这些致命的微量毒素残存在水、空气和土壤当中，并通过生物链层层传递，最后到达人体。卡森认为，人类发明农药等化工用品，本意是为了创造美好的生活，但这些东西对环境的污染、对人类长期的负面影响，无异于慢性自杀。

卡森在书中第一次明确提出人类必须保护环境。这个时候，各种因为环境污染触发的危机也开始影响普通大众的生活，频频引发各种抗议和社会运动。1970 年，美国人甚至把环保问题排到了越南战争和民权运动的前面，认为这是国家必须面对的首要问题。这一年，美国诞生了第一个地球日，组建了国家环保局。此后，环保运动轰轰烈烈、如火如荼。

但即使大众参与、国家重视，美国的环保运动依然困难重重，原因在于，要采取措施保护环境，就意味着现有利益格局的调整、个别领域发展的停滞、行业利润的下降，部分人员甚至会失去工作。如前文提到的，当 20 世纪 90 年代美国政府决心提高饮用水标准和空气质量标准时，都遭到了强烈反对，这些反对可能来源于一些行业协会和公司，也可能直接来源于地方政府和平民大众。20 世纪 80 年代，美国的《伐木卡车司机》杂志登载过这样一则广告："伐木界正在遭受攻击。如果我们不团结起来，我们就会被消灭，成为激进环保主义者的牺牲品。他们将封锁森林，工厂将关闭，勤劳的人们将失去工作。"

这正是环保运动的复杂之处：环保主义者高举正义的大旗，其他群体，尤其是利益受损的群体会认为其过于激进；而且，任何群众运动和社会运动都免不了鱼龙混杂，在美国的环保运动中，也曾出现一些企业，借环保之名打击商业竞争对手。在各种组织和势力的对抗中，政府就像是三明治中的火腿，被夹在中间，政策的制定者常常里外不是人、进退都为难，但在 20 世纪 80 年代，由于信息公开带来的政策创新，美国政府开始摆脱这种困境。

1984 年，印度发生了一起恶性环境污染事故，位于博帕尔的一家农药厂发生了氰化物泄漏，致命的气体喷出工厂，周边地区 3 787 人立即死亡，在接下来的几周内，又有上万人死亡，共有 50 多万人因此受伤，史称博帕尔之灾（Bhopal Disaster）。其伤亡之惨烈震惊世界，这在美国激起了新一轮的环保运动。1986 年，美国国会通过立法，要求相关企业必须每年公开其排放到空气、水源或土壤中的有毒化学物品的数量。

工业界当然极力反对。在立法过程中，它们就进行了大量游说，并且成功地缩小了公开的范围和下降的程度。例如，为了使公开的数据不至于令人立即联想到严重的化学污染，工业界要求减少需要公开的化学品项目和种类，并成功地将公开的范围缩小到最终排放的化学物品，而不包括其使用的有毒化学物品的多少。此外，工业界还要求企业能够自主测定其排放量，其中的原因，当然是通过控制测量和计算的方式，尽量让“数据”好看一些。

这也是人类控制数据最重要的手段，即控制数据的产生方式以及对数据的解释方式。

因为这些妥协，当时没有人看好这部法律，甚至连负责执行的美国国家环保局也认为这只是走走过场，不会产生很大的作用，相反，核实、汇总、发布这些数据将极大地增加其工作负担。

但出人意料的是，这部法律获得了极大的成功，并且成为美国信息公开的转折点。在该法律颁布的第一年，一些大公司的头头脑脑就先后主动站出来表态，声称企业负有保护环境的社会责任，应该控制、减少这些有毒物质的排放。有的企业领导甚至向新闻界公开承诺，要将现有的排放量减少 90%。此后，全国的排放量每年都在下降，同时经济发展并没有停滞，到了 1998 年，全国各种有毒化学物质的排放量较 1986 年减少了一半。美国国家环保局事后总结，这是近 30 年来最成功的环境政策。

虽然向社会公开的这些数据，其实仍属于“知情权”的一部分，但通过公开数据，把企业置于全社会的舆论和监督之下，使其自觉、自愿降低污染物质的排放量，矛盾得到转移，问题得到解决。通过这项法律，美国政府真真切切地领会到数据公开的制衡作用，意识到开放本身就是一种有效的管理手段。此后，环境数据的披露，成为美国环境政策的主流措施，数据公开，成为美国政府一种全新的调控手段。对政府而言，原来被动的公开开始变为主动，这是一个质的改变，美国的内开放由此进入了 2.0 时代。

在内开放 2.0 时代，美国政府把“公开”的手段运用得越来越娴熟，把内开放的社会管理功能、市场调控功能发挥得淋漓尽致，除了环境污染，在产品质量、食品卫生、药物安全等棘手的社会领域，政府都主动且大量地采用公开的方法。

例如，1993年，威斯康星州最大的城市密尔沃基市（Milwaukee）爆发了大规模的自来水中毒事件。由于位于密歇根湖的水源遭到污染，该市共有104人死亡、40多万人生病入院。这是美国历史上最严重的一起饮用水危机事件。除了勒令各地的饮用水处理工厂进行相应的技术改造，1996年，美国国会修订了《联邦安全饮用水法》，要求自来水的供应商必须为客户提供年度污染报告，报告中要列明水源的各项指标、在水源中发现的污染物多少，以及是否超出了国家规定的限度。这种数据公开无异于向自来水公司施压，使其提高警惕、改善技术，最大限度地减少污染，同时也让消费者可以在不同的公司之间自主选择，强化了市场竞争。

再回到我们前文曾经提到的一个重要话题：汽车安全。2000年，有新闻记者注意到，各地的SUV（运动型功能车）发生了很多起侧翻事故，其中又以福特的SUV最多。记者在新闻报道中分析说，虽然翻车的比例还不到所有车祸总数的4%，但翻车导致的死亡人数占了全部车祸死亡人数的近1/3。在1991—2001年，美国交通事故致死的人数上升了4%，但翻车导致的死亡人数上升了10%。美国交通管理部门进一步分析数据后发现，侧翻的事故总数确实在上升，其中轻型卡车、SUV的侧翻尤其明显，其导致的死亡人数上升了43%，其他车型因为侧翻而导致的死亡人数却下降了15%。[4]这些数据证明，SUV确实容易侧翻。

这些数据和报道立即引起了大众和立法机构的关注。按照传统的做法，美国国会将会同国家公路交通安全管理局，针对SUV，出台一个防止侧翻的最低安全标准。然而如前文所述，这种做法无疑将引起汽车行业的反对、游说和博弈，其立法过程将耗费几年甚至数十年的时间。

这个时候，美国的立法者对于如何利用公开数据已经轻车熟路。国会的做法是，通过了《交通运输工具召回强化、责任归属与文件管理法案》[5]，该法案要求汽车销售商在卖车的时候，必须明确告知消费者车辆侧翻的可能性，这个可能性的大小，在新车型上市的时候，由政府监管部门测试评定。该评定系统由5颗星组成，1颗星很差，代表侧翻风险高达40%以上；5颗星则最好，代表侧翻风险低于10%。2005年，国会进一步要求，汽车的侧翻评级结果必须张贴在新车的展示厅里，让消费者一眼就可以看到。

结果又证明，这种公开措施非常有效，获得了5颗星的汽车制造商把这作为自己品牌宣传的一个重点，在电视中广而告之，无形中刺激了市场竞争。2005年，在所有25款新上市的车型当中，有24款获得了4颗星以上的评定，只有福特的一款SUV获得了2颗星。更具戏剧性的是，这个时候，国家公路交通安全管理局提出要立法，设定防止汽车侧翻的最低安全标准，所有汽车制造商竟然无一反对，当年国会轻松地通过了相应的最低标准。美国国会最后总结说，这种公开“鼓励了汽车厂商生产更为安全的车辆，并给消费者提供了充足的信息，非常成功”。[6]

当然，也并不是所有的数据公开都一帆风顺且取得了理想效果，近20年来，也有数据公开难产甚至夭折的例子。1999年，美国医学研究院（IOM）发布报告称，美国每年有4.4万~9.8万名患者死于医疗事故，还有93.8万名患者因为医疗事故而受伤。这造成了巨大的损失，也导致医院的公信力下降，但这些事故大部分都处于不公开或者半公开状态。医学研究院因此号召建立一个全国医疗事故的公开数据库，即以医院为单位，向大众全面公开每一起医疗事故的数据明细。美国医学研究院认为，正是因为不公开，医疗事故才居高不下，如果有一个公开的体系，大众的监督将会转化为激励，全国的医疗事故将减少一半以上。

这个提议得到了时任总统克林顿的支持，但可以想象，一到立法的层面，以医院为中心的各种利益团体立即形成了泾渭分明的两大阵营：一个阵营是以病人、公益组织、政府官员、律师团体以及个别医院为中心的群体，它们支持这样的数据公开；另外一个阵营则以美国医药协会、美国医院协会和保险公司为主，它们虽然肯定这种公开的价值，但明确反对以医院为单位的公开方法。在所有的反对声中，又以保险公司为甚，因为公开的数据可能成为诉讼中的证据，导致高额的索赔，但这对律师来说，是个利好消息，因此律师协会大力支持。

这种对立在立法层面造成了久拖不决的僵局。直到今天，全国性的医疗事故公开系统在美国也没有建立起来。虽然在国家的层面上卡壳，但也有地方单位先行一步，例如明尼苏达州就全面公开了医疗事故的数据，一些医院的个别科室，如纽约州的心脏外科也自行建立了类似的公开制度。

除了在经济、社会事务领域发挥作用，数据公开的这种制衡作用，还可以在美国的民主体制中得到应用。例如，有一个问题在美国的历史上纠结已久，那就是，国会议员是否应当享有自由买卖股票的权利？国会的立法、重大事务的表决往往会引起股价的波动甚至震荡，如果允许议员自由买卖股票，议员就可能利用自己掌握的信息闷声发大财，也可能在表决重大问题时顾及个人私利，投出不公正的一票。

一个最简单的方法，就是回避。美国的法院和行政机关都有回避原则，例如，一名法官如果拥有涉案公司的股票，他或者回避，或者在介入审判前转让自己的股票，行政官员在类似情况下也不例外。但回避的原则不适用于议员，这是因为，和法官、行政官员等职位相比，议员的性质有本质的区别。前文提到，美国实行的是代议民主制，议员是选民利益的受托人，如果议员在投票时被勒令回避，部分选民便无人代表，其权益就会受到侵害。因此在美国的历史上，议员的投票权没有被剥夺的先例。此外，作为立法讨论机关，国会涉及的话题极其广泛，如果要求议员必须转让与每个话题都相关的股票，这在操作层面上难以落实，对议员的个人自由也是一种极大的限制。

美国社会曾经为这个问题展开过多次讨论。争来争去，发现最好的办法就是财产公开，国会的议员必须每年公开自己的财产情况，包括各类股票的数量和交易明细。通过公开这些数据，把这个问题交给选民去监督，无数只眼睛会让所有的猫儿腻都无所遁形。如果议员拥有大量股票，并在关键的时间点上频频买进卖出，那就有嫌疑置个人利益于选民利益之上，下次选举中就可能被拉下马。想当选的议员就必须洁身自好。当然，这种监督可能会沦为“马后炮”：在这一年的时间里，议员可能已经发了一笔大财了。针对这个漏洞，2000 年以来，已经有人不断提出，一年一度的财产公开周期太长，不利于监督，财产数据应该每半年甚至每个季度公开一次，而且，原来的公开是通过文本文件进行的，未来的公开应该是在互联网上公开其财务明细的数据，利用现有的信息技术，这完全不是难事。

财产公开的这种诉求，其实就是后来“数据开放”的原型。2000 年之后，数据公开的要求在美国社会逐渐转变为“数据开放”的呼吁，随着数据开放浪潮的到来，美国的内开放被赋予了新的目的和浓厚的技术色彩，并且上升到了崭新的高度。但谁也没想到，进入21世纪后不久，美国就发生了“9·11”事件，这个新时代的拐点，竟然在这场震惊世界的悲剧中浮现。

悲剧现场的第一个问题：普查局的数据之痛

2001年9月11日。

早晨7点59分，波士顿机场。美国航空公司第11号航班准时起飞，这架波音767大型飞机载着87名乘客和机组人员，将飞往洛杉矶。这是一次长达6个多小时的飞行，飞机满载着燃油。

8点32分，美国航空管理局（FAA）突然接到报告，美航第11号航班被劫持，航向改变，航空管理局立即向美国防空司令部（NORAD）求助。在呼啸声中，两架F15战斗机在8点53分从马萨诸塞州奥蒂斯空军基地起飞，赶往出事地点，试图阻止事态的恶化。

他们并不知道，其实7分钟之前，悲剧就已经发生了。

8点46分，纽约曼哈顿，世贸中心双子塔。这正是上午开始上班的时间，这个高达110层的商务中心刚刚开始一天的忙碌，大堂内“叮叮”声此起彼伏，90多部电梯正上下穿行。双子塔曾经是全世界最高的建筑，自1973年启用以来，一直是纽约的地标，也是美国经济繁荣的象征，但在这天早晨，一切都开始凝固为记忆：一架飞机突然从天而降，撞在了其北塔楼92~99层。

一时间，爆炸声、尖叫声、烈火、浓烟、四散的残骸和灰尘笼罩了这个刚刚从清晨中苏醒的社区。

10多分钟之后才确定，这架飞机就是从波士顿起飞的美航第11号航班。

之所以反应如此迟滞，是因为美国航空管理局及相关部门已经完全乱了阵脚。从8点32分接报美航第11号航班被劫到8点46分世贸中心北塔楼被撞的短短14分钟内，航空管理局的电话响个不停，在波士顿、纽瓦克和华盛顿又陆续确认有三架飞机被劫。

在他们还没来得及做出更多反应之前，9点零3分，又一架飞机撞向了世贸中心南塔楼第77~85层。33分钟之后的9点36分，第三架飞机撞向了美国国防部的五角大楼。

23分钟后的9点59分，燃烧中的南塔楼结构崩溃、轰然倒塌；10点28分，北塔楼也随之崩塌。在两楼倒塌之前，为了求生，部分被困于高层火海的人员甚至纵身跳下。据调查组后来的统计，至少有111人从高空坠落。

很快，世贸中心南北双塔火势熊熊、浓烟滚滚、轰然倒塌的消息和照片便充斥了世界各地的电波和屏幕。报纸、电台、电视台都把镜头对准了世贸中心。在现场报道的第一时间，全世界的记者都开始估计死亡人数。准确的死亡人数当然还无法统计，但他们知道，随着大楼的倒塌，楼内的人员可能全部都会遇难。于是问题演变为：在这个时间点上，世贸中心双子塔内究竟有多少人？在组织救援的过程当中，从在一线指挥的消防局局长到纽约市市长，再到高层的决策者如国防部部长、副总统，每个人都禁不住在第一时间发问：双子塔中究竟有多少人？

双子塔中究竟有多少人？这立刻成为危机现场人人关心的焦点，但面对这个问题，当时没人能够回答。直到南北两塔双双坍塌后几个小时，电话打到国家人口普查局，其统计学家也拿不出可靠的数据。

前文提到，美国的人口普查是围绕个人住址，通过登门入户的调查展开的，其最后的结果是一个地区的居民数量，但居民，顾名思义，是晚上居住在这个地方的人，一到清晨，居民就如飞鸟需要离巢觅食一般，要出门上班、参加各种社会活动，不同的人群因为不同的目的在不同的社区流动，在白天的某一时刻，城市的某一个特定区域到底有多少人，是无法一一统计的，也是难以估算的。

因此普查局也回答不了这个问题。

但人们都知道，世贸中心的人口密度极大，因为其庞大的建筑体积和人群流量，世贸中心甚至有自己独立的邮政编码：10048。当时唯一的线索，是美国作家达顿在1999年出版的一本介绍世贸中心的专著。他在这本书中估计，在世贸中心上班的人员大概有5万，双子塔一天接待的游客数量约为20万，[7]但这两个数字是否准确，并没有人认真统计过。

而这个时候，美国总统、三军总司令乔治·布什正在美国南部的佛罗里达州进行亲民之旅，按计划，他正在访问当地的一所小学。9点零2分，就在他正要迈进一间教室的时候，电话响了，他获知一架飞机撞上了世贸中心的北塔楼。

布什的第一反应是，这可能是一场意外事故。他仍然走进了教室，和几十位二年级的小朋友一起朗读课文。9点零6分，白宫办公厅主任卡德（Andrew Card）匆匆走进教室，低头耳语告诉布什，第二架飞机撞上了世贸中心的南塔楼，已经确定，美国正在遭受有组织的袭击！

布什后来在回忆录里记录了当时的心情和教室里的情形："看着面前孩子们那一张张天真的脸庞，我知道，上百万的孩子需要我保护，不能让他们失望。我抬头看到，教室的后边，记者们正在用手机和寻呼机翻看新闻。本能告诉我，我的一切反应都会被记录下来，并传播到世界的各个角落。整个美国可以陷入震惊，但总统不能。这时候，我的新闻秘书弗莱彻站在教室的中间，他举起了一个牌子，上面写着：什么都不要说。我并没打算要说什么，我已经想好了怎么做，下课后，我会平静地离开教室，我需要了解更多的事实，之后向全国人民发表讲话。”[8]

布什按计划完成了学校的活动。9点33分，他的车队匆匆离开学校、赶赴机场。在起飞之前，他又接到国务卿赖斯的电话，获知又一架飞机撞向了五角大楼。

在空军一号的专机上，电视节目播出了南北双塔轰然倒塌的画面，看到有人身悬窗外、有人纵身跳楼的镜头，布什的双手抓紧了沙发的扶手，他感到“无能为力”，不由自主地问出了同样的问题：双子塔中到底有多少人？但身边的随从没人能给他一个答案，随后找到的，也是达顿的估计——“5万职员、20万游客”。布什相信，他可能已经成为“美国历史上亲眼见到民众死亡人数最多的总统”。他继续追问准确的数据，即有多少家公司在双子塔内办公，它们又各雇有多少职员。面对总统的追问，有人面露难色，解释说类似的统计可以做，但需要时间。

究竟有多少人在双子塔内上班？当天死亡人数到底是多少？这是政府、新闻界和社会大众最关心的数据。“9·11”事件发生之后的一两个星期，各家媒体的专家和记者都在自己的新闻版面上做出估计，一时间，各种数据、传言满天飞，其跨度从几千到10万不等。直到12月中旬，双子塔废墟之上的大火全部熄灭，死亡人数才基本统计完毕。当时的结果是，包括劫机犯在内，事件中的死亡人数为3 040人。12月20日，美国发行量最大的报纸《今日美国》（*USA Today*）根据这个结果做了一个估计，认为当时是大清早，很多人还没有到办公室，也没有旅游观光者，因此南北双塔每幢大楼中各有5 000~7 000人。[9]这个数字，一度被认为是权威。

但美国政府并不满足于这个估计，打算对这个数据穷追到底。经过数年的统计、调查和现场勘查，美国国家标准与技术研究院在其 2005 年发布的最终报告中认定，当时的南北双塔中大约共有工作人员 17 500 人，其中南塔楼约 8 600 人、北塔楼约 8 900 人。通过细致的访谈和取证，这份报告甚至列出了各个重要时间节点上两座大楼内各有多少人，详见表 6–1、表 6–2。[10]

表 6–1　北塔楼在各个时间点的人数以及疏散、死亡情况

时刻表	大堂到 91 层的人数	92~110 层的人数	成功疏散的人数
8：46（北塔楼被撞）	7 545	1 355	0
9：03（南塔楼被撞）	6 300	1 355	1 250
9：59（南塔楼倒塌）	850	1 355	6 700
10：28（北塔楼倒塌）	107	1 355	7 950

北塔楼最后的死亡人数：1 462 人　　身处北塔楼高层的 1 355 人无一幸免

表 6–2　南塔楼在各个时间点的人数以及疏散、死亡情况

时刻表	大堂到 76 层的人数	77~110 层的人数	成功疏散的人数
8：46（北塔楼被撞）	5 700	2 900	0
9：03（南塔楼被撞）	4 800	637	3 200
9：36（五角大楼被撞）	1 050	619	6 950
9：59（南塔楼倒塌）	11	619	8 000

76 层以下共死亡 11 人，占当时总人数（5 700）的比例不到 1%，说明当时的疏散非常有效　　南塔楼最后的死亡人数：630 人

因为双子塔中的人数（北塔楼 8 900 人和南塔楼 8 600 人）是基于不完全统计之上的数据，所以以上两表各行相加之后的总数并不相等。

在悲剧现场的第一时间，国家的统计部门无法为最高的决策者提供准确的数据，这自然又成了普查部门的“数据”之痛。就像100多年前统计部门无法回答罗斯福总统棉花的实时产量一样，这次布什总统要的，是在一个时间点上一个地区的人数，这也是实时的。毫无疑问，这个问题比当年棉花产量的统计问题还要困难，因为人是活的，在不断移动。普查局认为，这个数据无法完全准确统计，也根本没有必要完全准确地统计，但可以科学地估计。而且，这个挑战，美国的普查部门早在“9·11”事件之前就意识到了，并将其概括为“白日人口”（Daytime Population）的统计问题。

拓展话题：白日人口

白日人口指一个地区在8小时的上班时间内，其人口的多少，这是相对于居民人口而言的。居民人口是指一个地区居住有多少人口，而白日人口，除了白天还在家的人，还包括在此期间从其他地区流入本地区的人口，例如上班的人、上学的人、就医的人、旅游的人、购物的人，这个人口数量处于不断的流动和变化中。对白日人口的科学估算，能为城市的交通运输、土地使用、应急救灾等运营管理问题提供非常重要的参考。

美国人口普查局在2000年的人口普查完成之后，才第一次正式发布对全国各大城市白日人口的估算结果。

普查局认为，白日人口的统计挑战完全可以克服，双子塔的大楼中有多少雇员，也应该在几分钟之内就能统计完毕，其中的困难并不在于统计的方法和技术，而源于不同政府部门之间的合作障碍。

LEHD项目：开放数据的使用权

普查局的困难在于，在美国，这些数据是分散的。中央政府的普查部门几乎掌握了全国每一个人的年龄、种族、住址等个人信息，但他们在哪里工作的相关信息，普查局并没有直接掌握。其工作单位的名称，可以从失业保险、纳税记录当中找到，但这部分数据掌握在州政府手里，有了单位的名称，还必须到另外一个数据库中去确定每一个单位的地址。换句话说，要完成这项统计，就要对联邦政府和州政府多个部门的数据进行整合，因为涉及面大，而且美国是联邦制国家，各州自有其数据管理的法律体系，联邦政府还不能“霸王硬上弓”，所以数据整合难度相当大。也正是因为实施过程中的重重困难，项目一直没有进展。

但“9·11”事件悲剧现场的数据之痛有力地推动了这个项目的进程。这个项目被命名为LEHD（工作单位和家庭住址的纵向动态系统），因为要用到个人申领失业补贴的数据，而这又涉及个人隐私，每个州都有劳工法对其进行保护，所以人口普查局必须和全国50个州逐一谈判。这花了几年的时间，直到2007年初，该局才和44个州达成了数据共享及合作协议，例如，世贸中心所在的纽约州，在2006年6月，其州议会通过了修改本州劳动法的议案之后，其数据才和国家普查局共享。

要把人口普查的数据和全国公司的数据联通起来，这是一个真正的大数据项目。美国有3.1亿人口，其中工作人口约1.5亿，还有近2 000万家公司和组织，这个公司可能明天招人，那个公司可能后天宣布解散，其雇员可能是今天就业的大学生，也可能是明天就要退休的老人，也就是说，个人和公司都在不断“新陈代谢”，再加上个人申请失业保险、申请补贴以及纳税的记录，整个系统一开始就有60多亿条记录。

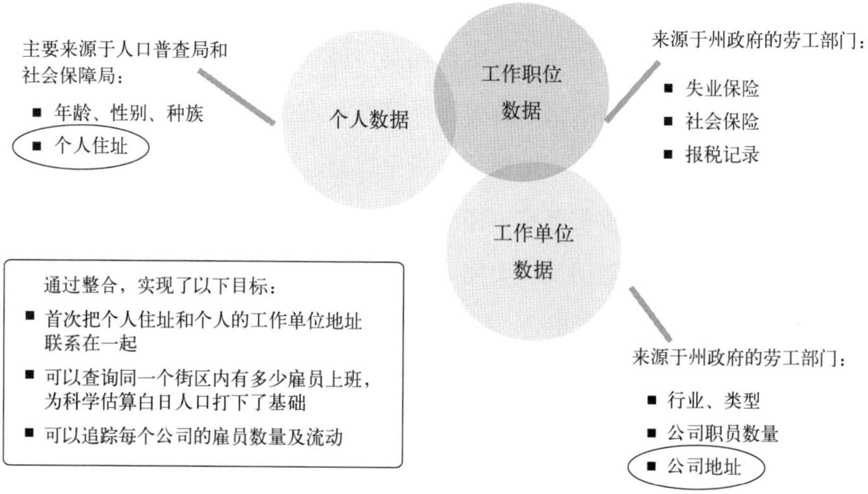

图6–2　LEHD项目的数据来源和三级政府的数据整合框架

三个主要的数据源用圆圈表示，圆圈相交意味着其拥有共同的数据项，数据库可以通过它们搭桥联通。

数据整合联通之后的效果如何？以本书曾经提到的成功转型城市匹兹堡为例，在LEHD的主页OnTheMap（意为“在地图上”）的系统界面输入“匹兹堡”的城市名称之后，可以对城市的工作人口和居住人口进行各种各样的查询和分析。图6–3的箭头和圆圈表明，2011年，有199 942人居住在匹兹堡的市区之外，但每天都要进城上班；有51 460人居住在匹兹堡，但每天都要出城上班；住在匹兹堡市区并在市区上班的人只有66 991人。由于工作是全社会最主要、最日常的活动，对工作人口和居住人口的这种分析，也表明了该市城区内外每天人口流动的基本情况（见表6–3和表6–4）。

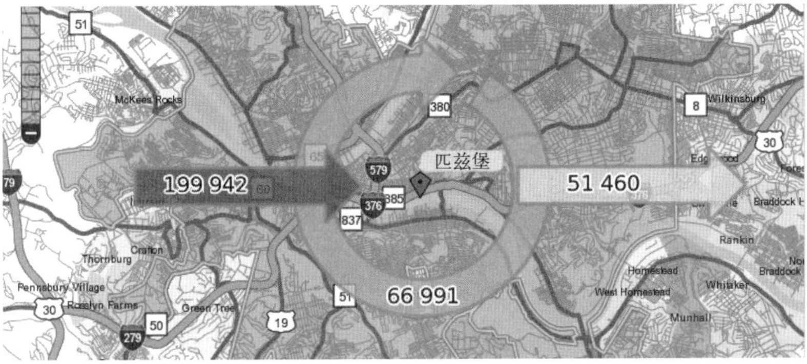

图 6–3　匹兹堡城区内外的人口流动图

图 6–3 至图 6–8 均为 LEHD 系统查询界面的截图。

当然，针对 11 万多城市居民、26 万多来匹兹堡上班的工作人口，还可以做更详尽的分析。不妨以 2011 年为例，对这两部分人口的年龄、性别、种族、教育程度、收入高低、行业分布、居住地分布做一个较全面的分析，表 6–5 是部分结果明细。

表 6–3　匹兹堡工作人口的居住情况

分类	数量（人）	比重
在匹兹堡工作的总人口	266 933	100%
在匹兹堡工作但不居住在匹兹堡的人口	199 942	74.9%
在匹兹堡工作且居住在匹兹堡的人口	66 991	25.1%

表 6–3 至表 6–5 中的数据均源自 LEHD 系统。

表 6–4　匹兹堡居住人口的工作情况

分类	数量（人）	比重
居住在匹兹堡的总人口	118 451	100%
居住在匹兹堡但不在匹兹堡工作的人口	51 460	43.4%
居住在匹兹堡且在匹兹堡工作的人口	66 991	56.6%

表 6–5 匹兹堡工作人口和居住人口分析（2011 年）

	匹兹堡的工作人口		匹兹堡的居住人口	
	数量（人）	比重	数量（人）	比重
总数	266 933	100%	118 451	100%
按性别划分				
男	123 861	46.4%	57 915	48.9%
女	143 072	53.6%	60 536	51.1%
按年龄划分				
29 岁以下（含 29 岁）	54 397	20.4%	32 280	27.3%
30~64 岁	153 554	57.5%	61 476	51.9%
65 岁以上（含 65 岁）	58 982	22.1%	24 695	20.8%
按种族划分				
白人	225 575	84.5%	88 631	74.8%
黑人	31 830	11.9%	24 987	21.1%
印第安人或阿拉斯加人	415	0.2%	252	0.2%
亚裔	7 006	2.6%	3 281	2.8%
夏威夷人或其他太平洋岛国居民	103	0	51	0
混血	2 004	0.8%	1 249	1.1%
按收入划分				
月薪不高于 1 250 美元	37 189	13.9%	25 451	21.5%
月薪 1 251~3 332 美元	88 338	33.1%	45 925	38.8%
月薪高于 3 332 美元	141 406	53.0%	47 075	39.7%
按行业划分				
农业、林业、渔业和狩猎业	7	0	45	0
采矿、石油和天然气开采	553	0.2%	324	0.3%
水、电、气等公用事业	2 101	0.8%	656	0.6%
建筑业	4 543	1.7%	2 826	2.4%
制造业	7 100	2.7%	4 668	3.9%
批发业	6 430	2.4%	3 389	2.9%
零售业	11 158	4.2%	10 857	9.2%
交通和仓储业	5 020	1.9%	3 230	2.7%
信息业	6 573	2.5%	2 189	1.8%
金融和保险业	35 280	13.2%	8 824	7.4%

（续表）

	匹兹堡的工作人口		匹兹堡的居住人口	
	数量（人）	比重	数量（人）	比重
房地产和租赁业	3 602	1.3%	1 642	1.4%
科学研究和技术服务业	22 551	8.4%	8 250	7.0%
企业管理类	15 347	5.7%	4 480	3.8%
行政支持类、废物处理和修复类	9 874	3.7%	7 026	5.9%
教育业	36 854	13.8%	14 656	12.4%
医疗和社会救济	61 392	23.0%	24 223	20.4%
艺术与娱乐业	6 353	2.4%	1 994	1.7%
餐饮住宿业	15 206	5.7%	10 115	8.5%
其他服务（公共行政除外）	7 516	2.8%	3 890	3.3%
公共行政	9 473	3.5%	5 167	4.4%

由于采用四舍五入法，部分比重为0，且各项比重之和可能小于或大于100%。

我们上面看到的，是以城市为单位进行的分析。城市，毕竟是一个国家最重要的组织单元，这个层面的数据，可能很多国家都有。LEHD的真正强大之处，还在于其数据分析的粒度，它可以按地区、邮编、选区、学区、人口普查的片区等各层级单位对数据进行层层下钻，甚至连一个居民街区（block）的人口情况都能分析出来。[11] 有了这种分析的粒度，就为科学估算“9 · 11”事件当天世贸大厦内究竟有多少人提供了根据和基础。（世贸大厦的几栋大楼因为占地面积大，已经形成了一个独立的街区，并有独立的邮编，如果当时有这个系统，可以按街区分析，也可以按邮编分析。）

例如，最近我去过一家苹果店，它位于硅谷的心脏地带帕洛阿尔托（Palo Alto），其地址为：圣何塞帕洛阿尔托大学大道340号（340 University Ave, Palo Alto, CA）。在地图上定位其所在的街区之后，可以查询这家店所在街区的情况，图6–4至图6–6反映了这个街区的主要特点。

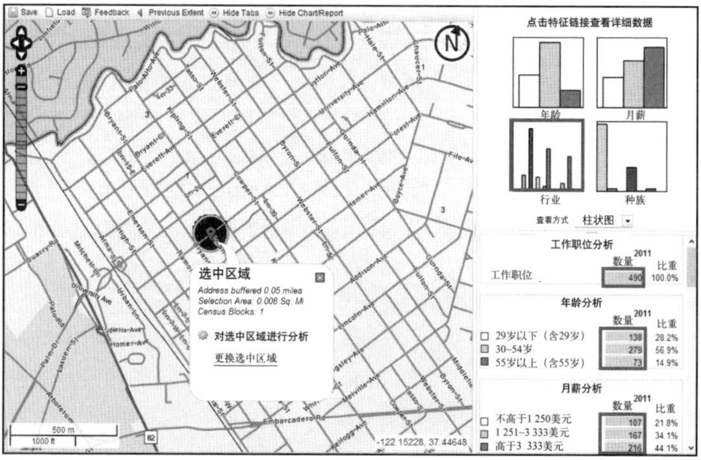

图 6–4　帕洛阿尔托苹果店所在街区的工作人口情况（2011 年）

上图表明，这家苹果店所在的街区共有 490 个工作职位，其中，21.8%的工作月薪不高于 1 250 美元，34.1%的工作月薪为 1 251~3 333 美元，44.1%的工作月薪高于 3 333 美元。这 490 个工作职位，主要分布在零售业（161 个）、科学研究和技术服务业（110 个）、餐饮住宿业（90 个）。这些数据表明，这个街区是一个较高端的商务区，并且拥有相当数量的餐馆酒店，消费人群可观。因截屏局限，“行业”相关的分析未能在图中体现。

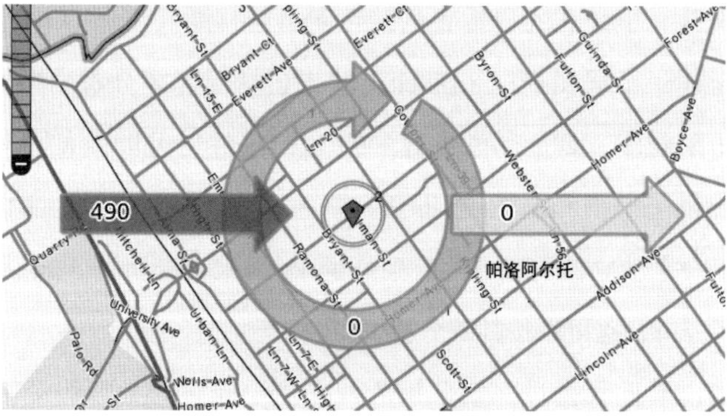

图 6–5　本街区的人口流动情况分析

图中的人口流动情况分析表明，这 490 个人虽然在这个街区上班，但都不住在这个街区。图中的两个“0”表示这个街区没有居民，即这是个纯商业区。

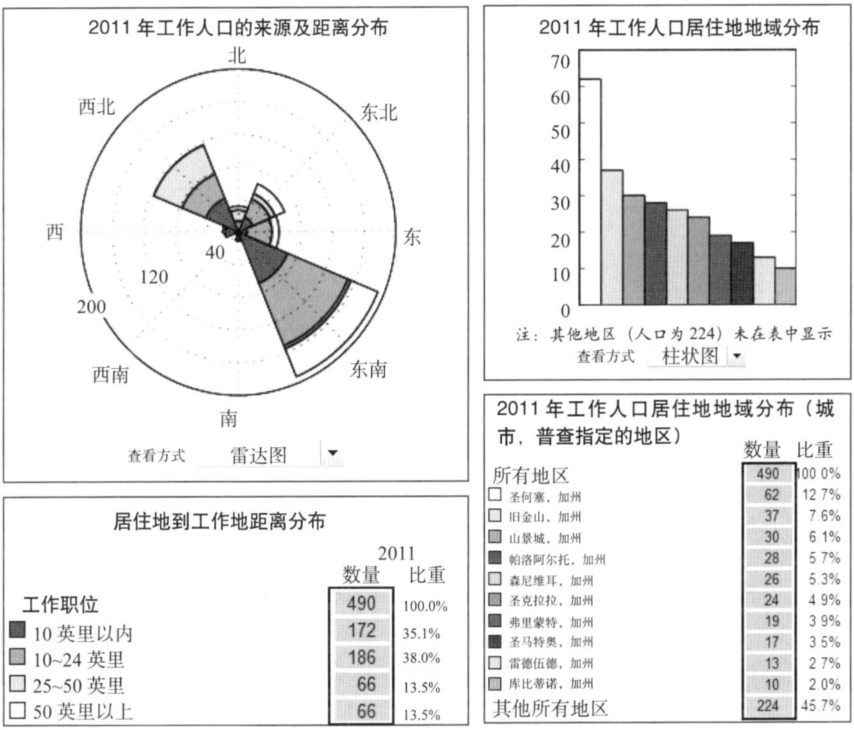

居住地到工作地距离分布

工作职位	2011 数量	比重
	490	100.0%
10 英里以内	172	35.1%
10~24 英里	186	38.0%
25~50 英里	66	13.5%
50 英里以上	66	13.5%

2011 年工作人口居住地地域分布（城市，普查指定的地区）

	数量	比重
所有地区	490	100.0%
圣何塞，加州	62	12.7%
旧金山，加州	37	7.6%
山景城，加州	30	6.1%
帕洛阿尔托，加州	28	5.7%
森尼维耳，加州	26	5.3%
圣克拉拉，加州	24	4.9%
弗里蒙特，加州	19	3.9%
圣马特奥，加州	17	3.5%
雷德伍德，加州	13	2.7%
库比蒂诺，加州	10	2.0%
其他所有地区	224	45.7%

图 6–6　本街区工作人口来源的方位和距离分布

左侧为 490 人的居住地到工作地的方位和距离分布，左上图为雷达图，显示这 490 个人的居住地在城市各个方位上的分布，左下图为居住地距离工作地的远近分布（本距离为居住地和工作地之间的直线距离），例如距离工作单位 10 英里以内的有 172 人、10~24 英里的有 186 人、24~50 英里的有 66 人，50 英里以上的有 66 人；右上图为这 490 个人的居住地地域分布，右下图列出了这 490 人来源最多的 10 个地区，例如来源地最多的为圣何塞，为 62 人。

当然，除了该店所在的街区本身就是拥有相当大人流量的商业区，苹果公司之所以把店址设在这里，肯定还要考虑周边的人气和商业氛围，我们不妨再对其周边环境做个分析（见图 6–7 和图 6–8）。

图 6–7　苹果店周边 20 个街区的商业环境分析

上图选中了 20 个街区，20 个小块即代表 20 个街区，其中每个小块的不同灰度代表工作职位的密度（每平方英里工作职位的多少），灰度越高的地方表示工作职位的密度越高；小块内每个圆点的大小代表这个街区内工作职位的多少，圆点越大，工作职位越多。该分析表明，这 20 个街区内共有 4 890 份工作，其中 61.7%的工作月薪高于 3 333 美元，表明这是个高级商业区。继续对这 4 890 份工作的种类进行分析，其中有保险业的工作 597 份、信息业的工作 232 份、科学研究和技术服务业的工作 1 045 份，这三大类工作已经占了 1/3 以上，毫无疑问拉升了平均工资的水平，这部分人口同时也是苹果店潜在的高端客户；另外有 1 057 个职位从属于餐饮住宿业，这又证明，这个地区拥有较多的流动消费人群。因截屏局限，“行业”相关的分析未能在图中体现。

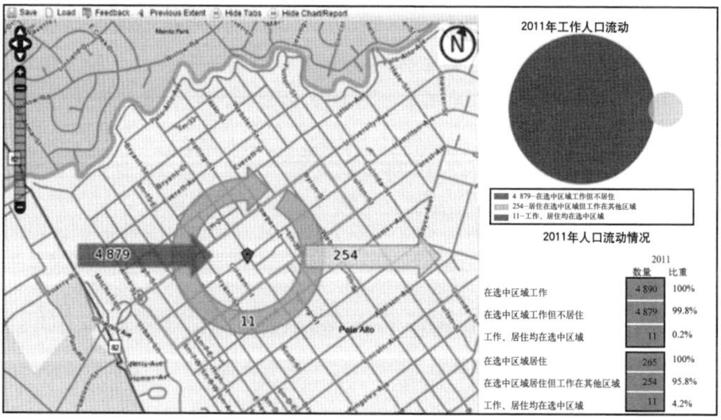

图 6–8　苹果店周边 20 个街区的人口流动情况

这 20 个街区内只有 265 位居民（254+11），其中有 11 位在该街区上班，另有 4 879 位工作人员居住在这 20 个街区之外，这又说明，这一块都是纯商业区。

除了这些分析，LEHD系统还有一个最大的特点，即提供以时间为跨度的纵向数据分析，这也是该系统被称为“纵向动态”的原因。例如，如果你是这20个小区的管理者或者研究者，你一定有兴趣了解甚至监测这个地区工作职位和居民人口的变化，LEHD系统可以轻松地完成类似的分析。图6–9的分析表明了帕洛阿尔托这家苹果店周边20个街区在2002—2011年这10年间工作职位多少的变化情况。

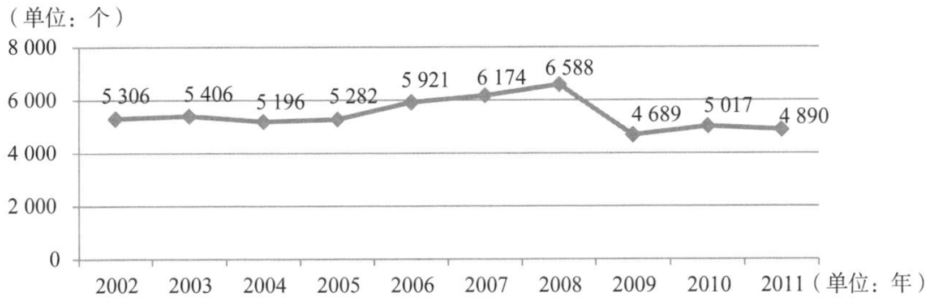

图6–9　周边社区的10年兴衰：工作职位的变化趋势（2002—2011年）

从上图可以看出，在2002—2008年，这个地区的工作职位基本处于小幅攀升状态，在2008年到达顶峰6 588个，2009年锐减到4 689个，其中的原因，显然是2008年爆发的经济危机。（数据来源：LEHD系统）

这些数据，相信已经成为苹果公司设店选址时的重要参考，也可以想象，无论要开的是一个苹果店还是一个面包店，抑或是一个理发店、百货店，其实任何一个服务机构，大到一所医院，小到一个银行自动存取款机（ATM），如果有类似的数据分析，就可以确定其选点的最佳位置。此外，如果要修路、建桥，具体的地点要选在哪儿？该地区会有多少人流量、车流量？公路需要几个车道，大桥需要多大的承载力？这些都需要做类似的分析。再如，如今倡导宜居城市、宜居社区，鼓励大家步行或搭乘公交车上下班，但一个城市、一个社区内到底有多少人可能步行上下班？又有多少人能搭乘公交车上下班？现有的公交路线是否应该调整？政府的廉租房应该建在哪里？城市的管理者、规划者和研究者都可以从这些数据当中获得启发和决策支持。

还有，在美国这样一个发达国家，大部分人都拥有私家车，地铁、轻轨、公交车等公共交通设施很大程度上是为没有车的低收入群体服务的，也就是说，发展公共交通还涉及社会公平。要通过交通设施促进社会公平，在规划一条线路时就要知道，低收入群体集中在哪里，人数有多少，他们距离上班地点到底有多远等信息。LEHD系统的数据也可以帮助公共交通的规划者和研究者解决这些问题。

LEHD系统的整合和开发，起初完全是为了供政府部门使用，但当数据整合完毕时，大家都意识到了这些数据的价值，那么该系统应不应该向大众开放？对于这个问题，美国政府内部曾经有过争议：一部分人认为，这些数据具备巨大的商业价值和研究价值，应该开放给全社会使用；另一部分人认为，如果把这部分数据公开，会让恐怖分子找点找得更准，轻点几下鼠标，就可以知道美国哪个街区的人口最密集，岂不是可以轻易瞄准下一个“世贸大厦”？争到最后，还是“数据应该服务于民”的观点占了上风，于是从2006年起，普查局为LEHD开发了一个基于地图的互动式界面——OnTheMap，无偿提供给大众使用。只要有一根网线，无论你在世界的哪一个角落，也无论你是哪国人民，甚至无须注册，你随时都可以登录OnTheMap，查询这些数据。本书以上的所有分析，都是通过OnTheMap这个公开的在线应用程序完成的。

争议的另外一个焦点，就是个人和商业的隐私问题。可以想象，如果一个街区只有一两个人居住，或者只有一两家公司，那他们究竟是谁，其姓名、工资水平就很容易被“人肉”出来。这种情况又与100年前人口普查局通过轧棉机数量统计棉花产量类似，对于一个只有两三台轧棉机的小县，公布其总数，则意味着各台轧棉机的机主就能推算出其他轧棉机的产量，这是商业机密的变相泄露，当时普查局的对策，是将小县的数据合并在邻县中一并发布。100年后，OnTheMap的项目又面临类似的问题，这一次，普查局除对个别的小街区进行限制外，还使用了新的数据技术，即“人工合成数据”（Synthetic Data）。

拓展话题：人工合成数据的两种方式

人工合成数据是开放数据使用同时保护数据隐私的重要方法，其主要方式有两种。一是完全合成数据（Fully Synthetic Data），即通过随机抽样和填补等一系列统计方法产生多个版本的模拟数据，用来完全代替真实数据。一个较优的统计模型，既能很好地保留原始数据的关联特性和统计测度，又能保证个体样本的隐私潜形遁迹。然而，由于这个过程相当复杂，完全合成数据的方法一直停留在学术界，没有在工业界得到广泛应用。

二是部分合成数据（Partially Synthetic Data），即使用原始的数据样本，但利用多重填补的统计方法取代敏感和关键的字段，从而降低泄露个体样本敏感数据的可能性。美联储每三年就会进行消费者财务状况调查（SCF），该调查报告中的金额数值因为涉及个人隐私，就利用了多重填补操作进行了部分合成，美国人口普查局也大量使用部分合成数据来保护很多监测数据库中的敏感变量。

人工合成数据的目的，类似于合成机油。合成机油是用来取代传统矿物润滑油的，合成数据则是用来代替原始数据的。其合成方法是，在掌握了全体数据的统计特征的基础上，利用人为手段，产生一些统计特征和原始数据一样的人工数据，但在个体信息层面，其敏感的数据字段都被虚拟的数值取代了，个体信息因此不会泄露。可以想象，就像制作合成机油要分析传统矿物油的分子结构一样，生成合成数据需要从提取原始数据的统计学属性开始。

OnTheMap是美国政府第一次应用人工合成数据技术向社会发布的在线查询系统，这是普查部门在保护数据隐私方面的一个重大创新。此外，这个系统也是一个以地图为基础，大规模使用可视化技术的软件产品。从以上图表也可以看出，数据展示简单直观，非常方便大众理解和使用。

事实上，对于任何一个地区而言，它有多少个职位、多少个居民，每个季度、每年是否新增了工作机会，有多少人搬进搬出，这些变化的数据本身就是相当重要的经济发展指标。由于LEHD系统的出现，研究人员甚至开创了一个新的经济发展指标——QWI（地区季度工作职位指标），凭借这个指标，可以对一个地区的工作职位做360度的分析。美国的硅谷以创业创新闻名于世，上面谈到的苹果店所在地圣克拉拉县（Santa Clara），正是硅谷重镇，我们不妨再以该地区为例，考察一下该地区的创新创业情况。

在LEHD项目QWI的网页[12]上选择“圣克拉拉县”，选取“2012年第一季度、信息产业、初创不到一年的企业”，轻点几下鼠标之后，将得到以下结果（见表6–6）。

表 6-6　2012 年第一季度新创企业的情况（圣克拉拉县：信息产业）

（单位：个，人，美元）

指　标	圣克拉拉县		加州	
	本季度	前三个季度平均值	本季度	前三个季度平均值
和上季度相同的职位总数	294	377	9 096	9 285
和上季度相比净增加的职位数（老企业）	108	98	2 256	1 159
新增工作职位数（包括老企业和新企业）	133	130	2 772	2 001
新人雇用数	163	161	4 800	5 125
离职数	55	68	2 865	4 516
流动率	29.6%	22.8%	12.5%	19.3%
平均月薪	6 330.00	7 143.75	6 820.00	6 400.00
平均月薪（新雇人员）	6 282.00	6 674.25	4 819.00	4 919.00

在表 6-6 中，最重要的数据是“新增工作职位数（包括老企业和新企业）”133 个，这表明这个地区有 133 个人在这个季度加入了初创企业，其中加入已经存在的初创公司（即老企业）的为 108 人，开办新公司的为 25 人。如果要继续了解这 133 人的人口特点，还可以继续分析，例如表 6-7 列出了这 133 人中有亚裔 41 人，约占 31%，这表明亚裔是硅谷非常活跃的一支力量。

表 6-7　加入初创公司的 133 人的种族分布（2012 年第一季度）

种族	本季度	前三个季度平均值
白人	87	80
亚裔	41	42
黑人	5	5

我们再来看看汽车行业。2008 年左右，美国的汽车业不景气，其产量降至 1967 年以来的最低水平，通用、克莱斯勒两大汽车公司濒临

破产，致使大量的产业工人失业。于是，奥巴马签署命令，在白宫成立了汽车行业和工人咨询委员会（WHCACW），专门帮助解决失业工人的安置问题。来自人口普查局LEHD项目的数据派上了大用场，它们不仅能够追踪各个地区减少的职位数，还能清楚地掌握这个失业群体的人口特点。此外，它们还能追踪到有多少人找到了新工作，例如，在失业情况最严重的4个州，伊利诺伊、肯塔基、密歇根和威斯康星，一个季度之后，有14.6%的失业工人找到了新工作；两个季度之后，该比例上升为43.8%；四个季度之后，这一数字又攀升到44.1%（见图6-10）。这些失业工人最终去了哪里，被哪些行业雇用了？2008年10月9日，总统经济咨询委员会的经济学家提出了这样的问题，LEHD的数据也能回答，这当然给政策制定者提供了很大的参考作用。

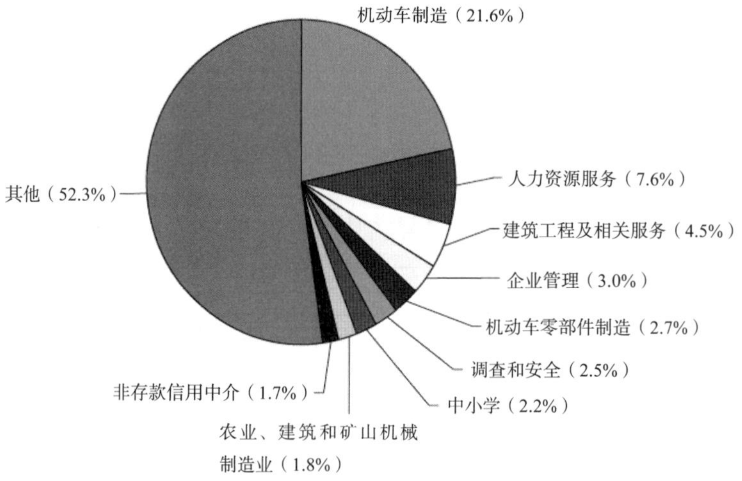

图6-10 失业工人去哪儿了（失业一年后）[13]

有了如此丰富的数据，社会大众当然还可以做一些更深入、更有趣的分析，例如，对于年轻的大学毕业生来说，他们都关心什么样的公司薪酬最高，图 6–11 的分析综合了美国 28 个州十多年的数据，它表明，越大越老的企业，其平均工资越高，而且就公司大小和成立年限两个因素而言，大小比年限更重要。

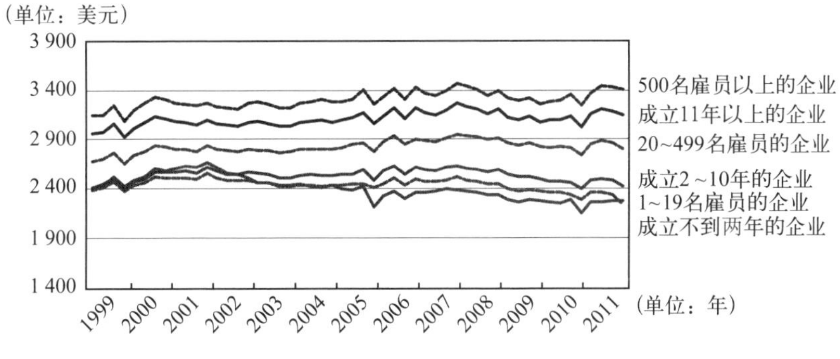

图 6–11　各类公司的薪酬水平 [14]

又如，近几十年来，女权主义兴起，一个重要的关注点，就是工作机会的男女平等问题。图 6–12 是人口普查局的首席经济学家福斯特（Lucia Foster）利用QWI的相关数据在 2013 年 12 月做出的研究，她以全美所有私营公司为样本，在对近十年来的数据进行分析之后，她发

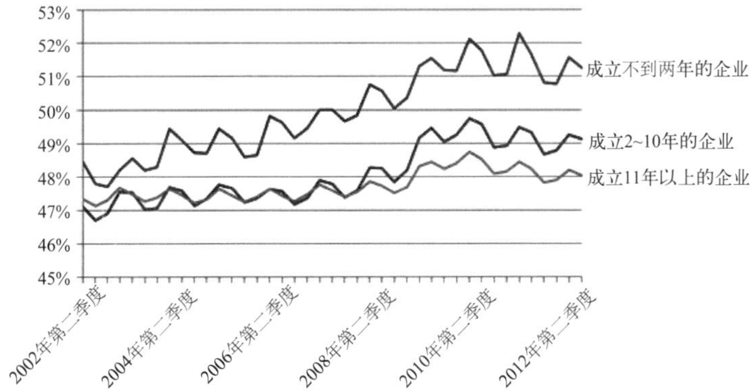

图 6–12　不同类型公司中女性雇员的比例变化（2002 年第二季度至 2012 年第二季度）

现，女性雇员的比例确实呈上升趋势，但雇用女性员工比例最高的是成立不到2年的新创企业，其女性雇员的比例最高超过52%；其次是成立2~10年的企业；而成立年限在11年以上的老企业，其女性员工的比例最高时也不过49%，半边天不到。也就是说，成立年限越长的公司，其女性雇员的比例越低。如此精细的数据发现，当然给女权主义者和性别平等的倡导者带来了新的启发和思考。

创新还在继续。2010年，LEHD项目又推出了一项新应用：公共应急管理。该应用整合了关于飓风、热带风暴、暴雨、洪水、暴雪、火山等恶劣天气和自然灾害及其他人为灾害的实时数据，这些数据来源于国家气象局（National Weather Service，NWS）、农业部、内务部、联邦应急管理局（Federal Emergency Management Agency，FEMA）4个单位，数据定时更新，个别数据每4个小时更新一次。在大规模的天灾人祸发生时，系统可快速评估受到灾害影响的居民多少和人口特征，例如男女老少的多少、收入的高低等，以便对灾区的疏散、撤离、补偿以及需要提供的各种公共服务进行规划。因为数据中还记录了这些人的工作地点、职位和行业，这个系统还可以用来评估灾害发生地周边地区有哪些行业会受到影响。例如2012年10月29日，超级飓风“桑迪”在纽约市登陆，导致交通大面积瘫痪，但住在纽约市的人可能在新泽西上班，新泽西的部分地区虽然没有受灾，但很可能这些人都因交通瘫痪而无法上班。这些人有多少、分布在哪些行业，受灾地区的周边政府如果掌握了这些数据，就可能对灾害的影响做出准确的评估，对当地的经济生产做出更好的规划。

LEHD项目受到了美国社会的欢迎，其成功证明，数据对经济发展和社会生活具有巨大的服务作用。回顾1.0和2.0时代，内开放强调的是数据公开，这种公开或以书面文件为载体，或通过报刊、广播、电视来传播。这种公开形式有很大的局限性，只能公开某些特定的数据，但LEHD项目是一个互联网上的应用程序，通过它，用户可以自由地查询政府的多个数据库，获得各种各样的数据明细，这相当于把数据的使用权开放给了全社会。

但历史很快证明，LEHD项目的开放方式只是一个过渡，随着信息技术的快速进步，2004年之后，美国民间兴起了数据开放运动。这个时候，其开放的不仅仅是数据的使用权，还包括数据的所有权，即把原始数据以数据库的形式原原本本地交给社会，供全社会免费下载、使用。伴随着这一股新浪潮，美国的内开放进入了真正的3.0时代（见图6–13）。

图6–13　美国公共数据开放的编年里程碑 [15]

内开放3.0：用数据推动创新

2009年1月，奥巴马就任美国第四十四任总统，从上任的第一天起，他就在全国范围内推动数据开放运动。该年5月，美国政府率先在全世界建立了第一个数据开放的门户网站Data.gov，奥巴马命令联邦政府的各个部门都必须定时、定量在这个网站上开放数据。时至今日，美国政府已经开放了数十万项数据，这些数据，大到全国的地理特征、天气变化、交通情况、社会福利项目的执行明细，小到某一地区犯罪案件的多少、学区学位的变化以及公共场所的租用情况等。

拓展话题：数据开放≠数据公开

数据开放是指将原始数据及其相关元数据以电子格式形式放在互联网上，供其他方自由下载、使用。其本质上是开放数据的所有权，允许他方拥有原始数据。

数据公开是信息层面的，是一条一条的；数据开放是数据库层面的，是一片一片的，因此数据公开并不等同于数据开放。要准确理解开放，还要注意：开放并不一定代表免费，企业的数据可以以收费的形式开放；开放也是有层次的，可以对某个群体、某个组织开放，也可以对整个社会开放。对大部分公共数据而言，其开放应该是面向全社会的免费开放。

但开放的过程也不是一帆风顺的，除了政府内部存在诸多争议和担忧，社会上也不乏各种风波。一谈到透明和开放，大部分人都会认可这是正确的价值观，但一旦要自己透明、要自己开放，那开放和透明就立刻变成了一种威胁。

2010 年 10 月，《纽约时报》的记者以《信息自由法》为依据，要求纽约市教育局开放该市所有教师的教学效果数据，理由是公立学校花的是纳税人的钱，教师的教学效果应该让全社会知道。这个要求引起了纽约教师联合工会（United Federation of Teachers，UFT）的极力反对，为了阻止数据的开放，该工会提起了法律诉讼，官司一直打到纽约州的最高法院。纽约教师联合工会反对的理由是，教育部门收集的数据并不完整，存在错漏，将会误导社会错误地评价教师。在案件审理期间，教师联合工会还在纽约市发起街头抗议活动，打出的标语是：世界上没有任何一种方法可以准确地评估一位教师！

但教师联合工会最终败诉，纽约州最高法院认为，数据的不完美不能成为不开放的理由，因此判令公开。2012 年 2 月，纽约市教育局首次开放了全市 18 000 名教师近 5 年的教学数据。这些数据以近 5 年全市每个学生每一次主要科目的考试成绩为依据，评估每位教师的教学质量并进行排名。数据分析的结果表明：有 521 名教师连续 5 年都排在最后 900 名，同时有 696 位教师连续 5 年都排在前 900 名。这些数据受到了家长们的欢迎，虽然教师的教学效果确实难以评估，一年的数据也可能带有偶然性，但大家都明白，几年的数据叠加，就很能说明问题。

纽约市并不是孤例。也是在 2010 年，洛杉矶教育局经历了几乎同样的风波，它也在当地教师联合工会的强力反对下，开放了教师的教学效果数据。

林林总总近几十万数据的开放，极大地推动了数据在全社会的使用、流动和基于信息技术的创新。近几年来，美国社会基于开放数据产生的新软件、新应用可谓层出不穷。本书在最后一章会介绍开放数据对城市建设的积极影响。

2013 年 5 月 9 日，奥巴马签署行政命令《政府信息的默认形式就是开放并且机器可读》[16]，把数据开放上升到了法规层面。他命令美国联邦政府全面开放数据，而且明确规定：未来的政府信息一经产生，其默认的形式就应该是开放的、机器可读的。也就是说，数据一“出生”就要开放，不开放必须要有特殊的原因；所谓机器可读，就是以数据库的格式开放数据，使计算机可以自动读取、直接使用这些数据。他在命令中解释说，公共数据的开放其实就是政府的开放，这种开放

“巩固了民主制度，提升了公共服务的效率和效果，并促进了经济增长”。美国近几十年的发展证明，数据开放“以数不胜数的方式改善了人民的生活、引领了经济增长、创造了就业机会”。

这份命令的发布，标志着美国的内开放又上了一个新的台阶，迈进了3.0时代。在这个新时代，数据开放是为了改善人民生活、引领经济发展、推动社会创新。除了奥巴马领导的联邦政府，美国50个州中有39个州政府、44个地方政府都在近年内建立了数据开放的专门网站。[17] 2009年8月，旧金山市政府的数据开放网站DataSF.org上线，该市市长在开幕词中，首先强调的是，数据开放的目的是“提升当地的经济活力、增加就业，提高一个城市适宜工作、居住的吸引力”，然后才提到加大政府的透明度、保障公民的知情权。

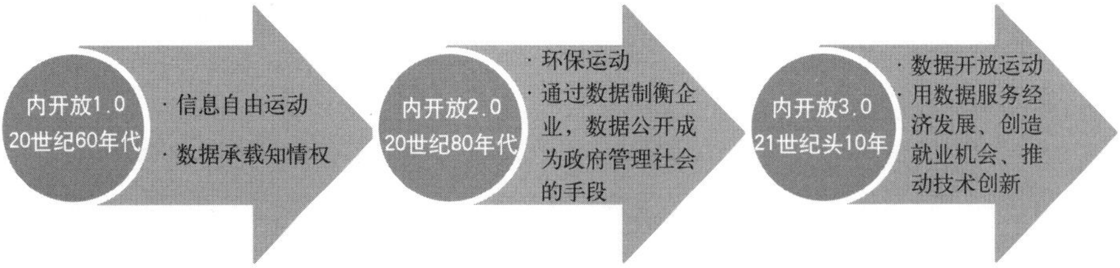

图6–14　美国社会经历的内开放三部曲

从1.0时代到2.0时代，主要是公开的目的发生了改变；从2.0时代到3.0时代，则是公开的手段发生了变化；在3.0时代，借助于信息技术，原始数据被放在了互联网上并供全社会自由下载，这意味着政府和社会共同分享数据的所有权。

美国开创的数据开放运动，很快就在全世界受到欢迎，形成了一股世界性的浪潮。2011年9月，美国、英国、挪威、墨西哥、印度尼西亚、菲律宾、南非等8个国家共同发起了一个新的国际组织——开放政府联盟（OGP），该组织承诺要通过互相监督、共同努力来推动世界各国政府的信息公开和数据开放工作。在其纲领性文件《开放政府宣言》中，该组织的第一条承诺就是：向本国社会公开更多的信息。宣言中还特别强调："各成员国要致力于用系统的方法收集、开放关于各种公共服务和公共活动的数据，承诺主动及时地向社会提供高价值的信息（包括原始数据），开放数据要采用便于人民大众查找、理解和重复使用的格式。"[18]

行政命令（第13642号）

政府信息的默认形式就是开放并且机器可读

2013年5月9日

根据宪法和相关法律授予总统的权力，我现在发布如下命令：

第一条　总原则

政府的开放巩固了民主制度，提升了公共服务的效率和效果，并促进了经济增长。让信息资源更容易查找、获取和使用，这是开放政府给我们带来的一个重大利好，这些举措能够塑造企业家精神、推进创新、催生新的科学发现，这将改善美国人民的生活，并创造工作机会。

几十年前，美国政府开放了天气和全球定位的数据，从那时起，美国的企业家和创新者就利用这些资源建设了全球导航系统、天气信息的播报和预警系统、以地理位置为基础的应用、精细化农业耕种的方法等新的系统和工具，以数不胜数的方式改善了人民的生活、引领了经济增长、创造了就业机会。近年来，我们在Data.gov的网站上以免费的、机器可读的格式向公众发布了成千上万条关于医疗、教育、公共安全、全球发展以及财政的数据。利用这些公共数据，企业家和创新者又开发了一大批卓有成效的产品，同时增加了就业机会。

为了继续促进就业，提升政府效率，扩大通过开放政府数据获得的社会利好，新的政府信息的默认形式就应该是开放并且机器可读。在其整个生命周期之内，我们要把政府信息当作资产来管理，只要可能，只要不违犯法律，我们就要确保数据以易于查找、获取和使用的方式发布，在这个过程中，各个部门应该切实保障个人隐私、国家机密及安全。

第二条 开放数据的政策

A.预算管理办公室（OMB）主任必须和首席信息官（CIO）、首席技术官（CTO）以及信息及管制办公室（OIRA）主任协商，共同发布关于开放数据的具体政策，推动政府把信息当作一种资产来管理，新的政策要和我在2009年1月21日发布的《透明和开放的政府》总统备忘案、开放政府的指令（M–10–16）、政府记录管理规定（M–12–18）、增加科研结果的获取（2013–2–13）以及《数字政府：构建一个21世纪的平台以更好地服务美国人民》等文件的主要精神保持一致。开放数据的政策也应该与时俱进。

B.各部委要执行开放数据政策的规定，在以下明确的期限内完成指定的任务。在执行过程中，各部委要详尽地分析个人隐私、国家机密和安全风险，以确定哪些信息可以发布。这个过程应该在部门主要领导的监督下进行，确保在发布信息的过程中不违犯其他的政策和法规、不侵害个人隐私和国家安全，这是此项工作的关键环节。

第三条 执行

为了推动开放数据政策的执行，我命令：

A.在开放数据政策发布后的30天之内，首席信息官和首席技术官必须在互联网上建立一个公开的资源库，在里面发布相应的工具和最有效的措施，以帮助各个部门把开放数据的政策整合进其日常运营及部门使命当中。首席信息官和首席技术官应该经常更新这个资源库，确保这个数据库成为贯彻开放数据政策的支持资源。

B.在开放数据政策发布后的90天之内，联邦政府采购政策主任、联邦财务管理主任、首席信息官、信息及管制办公室主任以及相应的各咨询委员会要制订方案和措施，把开放数据的政策和国家采购以及各项资金的拨放程序进行整合。这些措施可以包括为从事采购、资金分配、信息管理和专业技术的人员建立标准语言的范本、下拨资金和合同的标准用语以及工具。

C. 在本命令发布后的 90 天之内，首席绩效官（CPO）必须和总统管理咨询委员会一起确定一个跨部门的指标和各项任务的优先次序，进而追踪数据开放政策的执行情况。首席绩效官要和有关部委一起制定循序渐进的目标，确保跨部门的指标有阶段性的目标、在相应时间点上的效果可以监督衡量。各部委的领导应该以 2010 年的《政府绩效法》（111–352）为指导，分析、总结这项工作的进度。

D. 在本命令发布后的 180 天之内，各部委必须向首席绩效官报告跨部门目标的执行进度，此后，各部委按季度进行报告，也可以在适当的时候报告。

第四条　一般规定

A. 关于本命令的解释不应该损害：

（i）法律赋予各部门及其领导的权力；

（ii）预算管理办公室主任制定预算、行政管理、立法建议相关的职能。

B. 本命令的执行不应该和其他相关的法律冲突，并有相应的拨款保证。

C. 本命令不创设任何实质或程序上的、在法律或衡平法下对美国及政府部门、机构、其他实体以及其官员、职员、代理人或其他人予以执行的权利或利益。

D. 本命令不授权公开法律特许的信息、法律执行的信息、国家安全信息、个人信息以及其他法律禁止公开的信息。

E. 各独立的委、办、署也要执行本命令。

巴拉克·奥巴马

开放政府联盟的呼吁，得到了很多国家的肯定和响应。自其成立以来，意大利、希腊、韩国、肯尼亚、秘鲁、阿根廷、蒙古等 50 多个国家陆续加盟。截至 2013 年底，该联盟从 8 个会员国扩大到 63 个会员国，其中有不少发展中国家，例如肯尼亚、爱沙尼亚、东帝汶等，都建立了政府数据开放的网站。2013 年，美国政府又和印度政府合作，向全世界推出了开放数据的开源平台，这意味着，其开放数据的平台本身也向全世界开放，有意愿开放数据的国家，不花一分钱，就可以获得美国政府现有开放平台的源代码，用于本国数据的开放工作。

此外，美国引领的数据开放运动，正在从公共领域向商业领域渗透和推进。开放政府联盟、英国的开放知识基金会（OKF）正在向世界各国呼吁开放各类公司的数据，第一个便是公司的注册数据。2010 年 4 月，BP（英国石油）公司所属的一个钻油平台在墨西哥湾发生爆炸，导致每天几万桶原油泄漏，严重污染了海洋。事发之后，大众议论纷纷，但批评了半天，还是没能搞清楚BP公司到底是美国的石油公司还是英国的石油公司。更重要的是，开放公司的注册数据，有利于减少各种跨境商业欺诈、洗钱等犯罪行为。此外，还有越来越多的人主张，数据已经关系到大众生活，由商业机构出资收集的顾客行为数据也应该向顾客开放，这是企业社会责任的一部分，例如，信用卡公司应该向其客户开放其消费记录。消费者自己或者第三方专业机构可以对这些记录进行分析，以确定一个人的饮食结构是否健康、消费行为是否经济合理。医院、学校、超市、电话公司、电子购物平台记录的一切和用户相关的数据明细都各有各的价值，商家都应该通过开放和用户共享。

又如，在所有的商场，所有商品的价格都是公开的，但这些数据并不是开放的。如果每个商场都能将自己的价格数据以电子化的形式开放，那么就会有各种各样的商品比价系统被开发出来，在购物的时候，只需用智能手机扫描商品的二维码或者条形码，手机立刻就可以告诉我们，这件商品及类似的商品在其他商场的价格以及购买者的评价。利用这些实时的分析和对比，消费者可以做出更经济、更理性的决定。

商业领域的数据开放，将减少市场运行中的信息不对称，鼓励正面的市场竞争，优化社会资源配置，降低社会运行成本。归根结底，在大数据时代，数据就是最重要的生产资料，数据在全社会的自由流动，就代表着生产资料的盘活、知识和创新的自由和流动，内开放 3.0 将催生人类历史上前所未有的开放社会。

2012 年：来自中国的组织创新

2012 年 12 月，广东省宣布将启动大数据战略，还将“在政府各部门开展数据开放试点，并通过部门网站向社会开放可供下载和分析使用的数据，进一步推进政务公开”[19]。此后不久，广东又宣布，根据《广东省实施大数据战略工作方案》，为保证大数据战略的有效实施，广东省将组建大数据管理局。这个新的政府部门定编为副厅级单位，按照当时广东省领导人的解释，它“不是临时性的，而是一个战略性的、有行政职权的机构”[20]。

作为改革开放的先行者，广东这次又领时代之先，成为全国率先推行大数据战略的省份。其姿态和举措表明，中国的地方政府正在积极应对大数据时代的挑战。2008 年奥巴马当选总统之后，率先在美国联邦政府设立了首席信息官、首席技术官的职位。此后，在大数据浪潮的冲击之下，世界上很多国家的政府、企业都纷纷设立了首席数据官的职位，但成立专司大数据管理的政府部门，不仅在中国，即使在全世界，也堪称开风气之先的组织创新。

本章中，我们分析了美国联邦政府的大数据项目LEHD，从中我们可以获得的启示是，政府用好数据、开放数据，可以服务于经济发展，推动社会创新。其实，不仅地方政府，作为一个国家的信息中枢，中央政府更应该有一个大数据战略。2010年，美国总统科学技术顾问委员会在写给奥巴马的报告中就说："美国政府的每一个部门，都需要制定一个大数据战略。"[21] 中国的中央政府应该审时度势，制订相应的规划和战略，今天的中国经济，正面临增长方式由粗放型向精细型之转型，今天的中国社会，正在谋求由中国制造向中国创造的改变，就此而言，大数据战略正是当下推动时代变革的一个重要抓手！

LEHD项目给我们的另外一点启示就是，政府的大数据战略除了要广泛地收集数据，其核心就是对已有数据的整合和利用。通过整合，老"数"可以新用，具体来说，就是要以国家的人口普查数据为基础，对多种来源的数据进行整合，例如各级部门、各个机关保存的行政记录，各种以抽样技术开展的民意调查数据、社情研究数据，此外，还有互联网上广泛存在的各种数据。

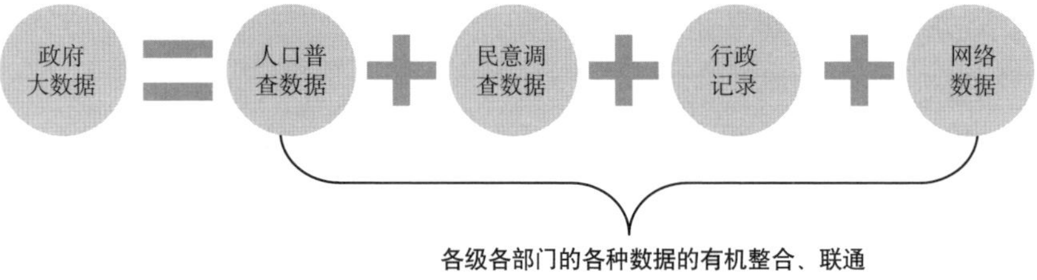

图 6–15　政府大数据战略的核心：整合、联通全社会的数据资源

广东省的战略和举措已经抓住了时代的脉搏，但要注意，政府成立大数据管理局，并不是要用行政力量对全社会的数据进行管控，而是要想方设法用好大数据这种资源，为全社会服务。例如，数据增值的关键在于整合，但数据有效整合的前提是数据标准的统一，这就需要在各行各业建立统一的元数据定义，这个任务不仅是中国，也是世界其他国家当下都在面临的挑战。作为政府的数据治理机构，大数据管理局就应该积极领导、推动全社会的数据标准制定工作。中国政府的行政执行能力强，这正是制定、推行统一数据标准的优势。各个领域和行业的数据标准如果制定得好，将会对数据在全社会的使用起到事半功倍的效果。又如，数据的价值在于使用，目前，中国的地方政府并不是完全没有数据，而是数据的整合能力、分析能力过于薄弱，我建议在大数据管理局内设置“首席数据分析官”的职位，专司跨部门的数据整合和分析，为省政府的日常决策提供强有力的数据支持。

作为全社会的数据治理部门，大数据管理局还要大力推动中国社会用数据创新，这将是当下推动知识经济和网络经济发展的关键。政府推动技术创新的传统方法，可能是以政府为主导建立大数据产业园，为大数据相关的企业提供办公场所等便利条件或者现金支持，这固然有效，但更有效的方式是调动全社会的力量。例如，支持大数据开源社区、数据科学家协会等民间组织的发展，通过扶持类似的民间团体，快速推进新技术、新理念在全社会的传播和普及。再如，以开放的数据为基础，举办应用程序开发大赛，向全社会征询数据使用、创新的意见，主办方可以是政府，也可以是企业，拿出一定的资金，奖励最优秀的应用程序，以激发民间蕴藏的创新力量。

最后，要提高全社会、全民族的竞争力。作为政府的数据治理机构，大数据管理局还要思考如何在中国社会弘扬数据文化。国家之间的一切竞争，归根结底，都是国民文化和素质的竞争。从本书第一部分的种种故事中，我们可以得出结论：数据文化，是尊重事实、强调精确、推崇理性和逻辑的文化。要承认，回望历史，中国是个数据文化匮乏的国家；就现状而言，中国数据的公信力弱、质量低，数据定义的一致性差也是不争的事实。在这方面，政府应该发挥主导作用，首先在公共领域推行数据治国的理念。政府要认识到，在大数据时代，公共决策最重要的依据将是系统的数据，而不是个人经验和长官意志。过去深入群众、实地考察的工作方法虽然仍然有效，但对决策而言，系统采集的数据、科学分析的结果更为重要。政府应加大数据治国的舆论宣传，将数据的知识纳入公务员的常规培训体系，力争在全社会形成“用数据说话、用数据管理、用数据决策、用数据创新”的文化氛围和时代特点。

注释

1 英语原文为："Each country will pursue a path rooted in the culture of its own people. Yet experi-ence shows us that history is on the side of liberty; that the strongest foundation for human progress lies in open economies, open societies, and open governments." — Remarks to the United Nations General Assembly, Obama, September 23, 2010

2 限于篇幅和全书的章节安排，本书将在第七章详细阐述大数据时代形成的技术原因。

3 《信息自由法》的立法过程及意义，我在《大数据》一书的第一章曾做过详细阐述，本书因此只做简要介绍。

4 Government Accountability Office, Vehicle Safety, GAO–05–370, 2005: 31.

5 该法案又被称作"TREAD法案"，其英文全称为Transportation Recall Enhancement, Accou-ntability and Documentation Act。

6 Government Accountability Office, Vehicle Safety, GAO–05–370, 2005: 2.

7 *Divided We Stand: A Biography of New York's World Trade Center*, Eric Darton, Basic Books 1999.

8 *Decision Points*, George W. Bush, Crown 2010.

9 "For many on Sept. 11, survival was no accident", Dennis Cauchon, *USA Today*, 2001–12–20.

10 Final Reports on the Collapse of World trade Center Towers, NIST, September 2005.

11 LEHD系统中最小的单位是人口普查的片区，这个片区大部分情况下就是一个街区，全美共分为820余万个这样的片区。

12 http://lehd.ces.census.gov/applications/qwi_online/.

13 Census Bureau Presentation to Council of Economic Advisors, John Haltiwanger and Ron Jarmin, October 9, 2008.

14 Business Dynamics Statistics Briefing: Job Creation, Worker Churning, and Wages at Yong Businesses, John Haltiwanger and Henry Hyatt, November 2012.

15 对数据开放运动的兴起过程及它如何推动美国社会的创新，请参阅我在《大数据》一书中的详细分析和阐述，在此不再赘述。

16 Making Open and Machine Readable the New Default for Government Information, Executive Order 13642.

17 39 个州政府、44 个地方政府这两个数据是截至 2013 年 12 月的统计结果。

18 Open Government Declaration, Open Government Partnership, September 2011.

19 谢思佳，唐柳雯:《我省率先启动大数据战略》，载《南方日报》，2012–12–6，A02 版。

20 这是中国国务院副总理汪洋同志在担任广东省委书记期间对组建大数据管理局发表的意见和指示。

21 Designing a Digital Future, P. XVII, The President's Council of Advisors on Science and Technology, Dec 2010.

第七章　大数据时代：通往计算型的智能社会

大数据是人类文明新的土壤，在这片土壤之上，人类将开始建设一个智能社会。

——本书作者，2014 年

世上本没有数：正解大数据

传统意义上的“数据”，是指“有根据的数字”，数字之所以产生，是因为人类在实践中发现，仅仅用语言、文字和图形来描述这个世界是不精确的，也是远远不够的。例如，有人问“姚明有多高”，如果回答说“很高”“非常高”“最高”，别人听了，只能得到一个抽象的印象，因为每个人对“很”“非常”有不同的理解，“最”也是相对的，但如果回答说“2.26 米”，就一清二楚。除了描述世界，数据还是我们改造世界的重要工具。人类的一切生产、交换活动，可以说都是以数据为基础展开的，例如度量衡、货币的背后都是数据，它们的发明和出现，都极大地推动了人类文明的进步。

数据最早来源于测量，所谓“有根据的数字”，是指数据是对客观世界测量结果的记录，而不是随意产生的。测量是从古至今科学研究最主要的手段，可以说，没有测量，就没有科学；也可以说，一切科学的本质都是测量。就此而言，数据之于科学的重要性，就像语言之于文学、音符之于音乐、形色之于美术一样，离开数据，就没有科学可言。

除了测量，新数据还可以由老数据经计算衍生而来。测量和计算都是人为的，也就是说，世上本没有数，一切数据都是人为的产物。我们说的“原始数据”，并不是“原始森林”这个意义上的“原始”，原始森林是指天然就存在的，而原始数据仅仅是指第一手的、没有经过人为修改的数据。

传统意义上的数据，和信息、知识也是完全不同的概念：数据是信息的载体，信息是有背景的数据，而知识是经过人类的归纳和整理，最终呈现规律的信息（见图 7–1）。

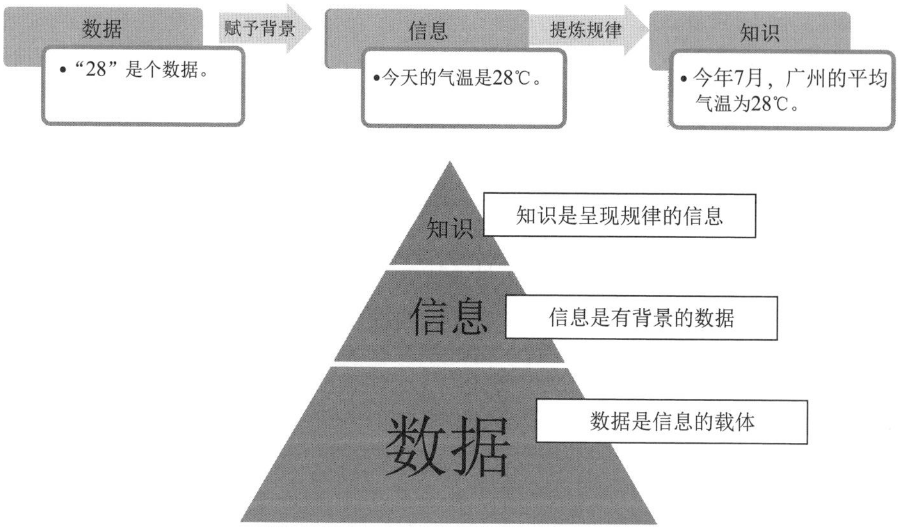

图 7–1　传统意义上的数据和信息的区别

但进入信息时代之后，“数据”二字的内涵开始扩大：不仅指代“有根据的数字”，还统指一切保存在电脑中的信息，包括文本、图片、视频等。其中的原因是，20 世纪 60 年代软件科学取得了巨大进步、发明了数据库，此后，数字、文本、图片都不加区分地保存在电脑的数据库中，数据也逐渐成为数字、文本、图片、视频等的统称，也即“信息”的代名词（见图 7–2）。

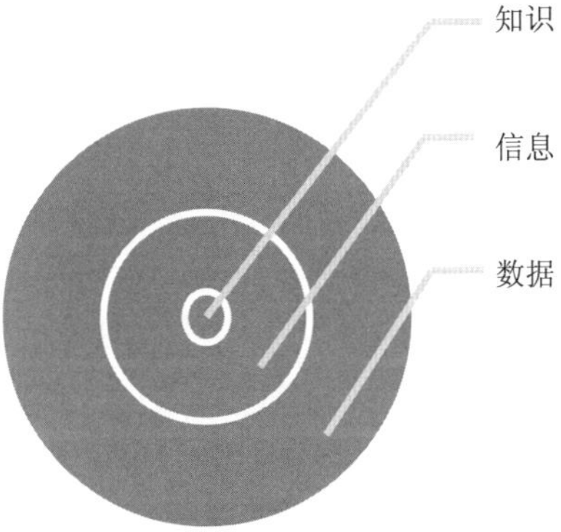

图 7–2　现代意义上的“数据”：范畴比信息还要大

进入信息时代之后，数据成为信息的代名词，两者可以交替使用。一封邮件虽然包含很多条信息，但从技术的角度出发，可能还是“一个数据”，就此而言，现代意义上的数据的范畴，其实比信息还大。

文本、音频、视频本身就已经是信息，而且其来源也不是对世界的测量，而是对世界的一种记录，所以信息时代的数据又多了一个来源：记录（见图 7–3）。

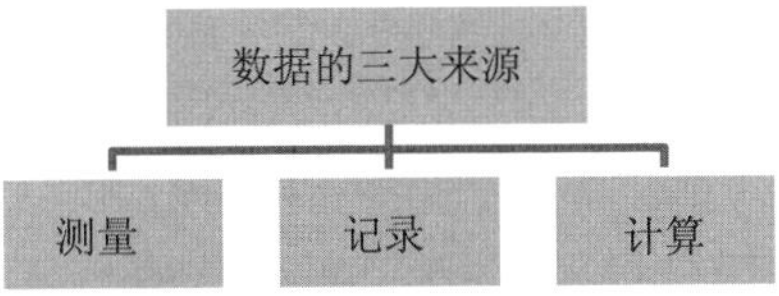

图 7–3　数据的三大来源

除了内涵的扩大，数据库发明之后，还出现了另外一个重要现象，那就是数据的总量在不断增加，而且增加的速度不断加快。

20世纪80年代，美国就有人提出了“大数据”的概念。这个时候，其实还没有进入数据大爆炸的时代，但有人预见到，随着信息技术的进步，软件的重要性将下降，数据的重要性将上升，因此提出“大数据”的概念。这时候的“大”，如“大人物”和“大转折”之“大”，主要指价值上的重要性；到21世纪的第一个10年，尤其是2004年社交媒体产生之后，数据开始爆炸，大数据的提法又重新进入大众的视野并获得了更大的关注。这个时候的“大”，含义也更加丰富了：一是指容量大，二是指价值大。

从这个角度出发，大数据可以首先理解为传统的小数据加上现代的“大记录”，这种大记录的主要表现形式是文本、图片、音频、视频等，和传统的测量完全是两回事。而且大数据之所以“大”，主要是“大记录”的增长，基于信息技术的进步，人类记录的范围在不断扩大：

大数据 = 传统的小数据 + 现代的大记录

（源于测量）　　（源于记录）

但到底多大才算大呢？针对这一问题，十多年来争议颇多。这首先涉及衡量数据大小的单位，2000年的时候，一般认为，“太”（T）级别的数据就是大数据了，当时拥有“太”级别数据的企业并不多，但自此之后，互联网企业开始崛起，这些企业拥有各种各样的数据，其中大部分都是文本、图片和视频，其数据量之大，传统企业根本无法望其项背。

拓展话题：理解几个主要的存储单位

一首音乐≈4兆（M）

一部电影≈ 1吉（G，1吉=1 024兆，相当于250首歌曲的大小）

一个普通图书馆的藏书≈1太（1太=1 024吉，相当于1 024部电影的大小）

我认为，不仅仅是互联网行业，其实各行各业的数据都在爆炸，只是规模不同。如果仅仅把大数据的标准限定在互联网企业，认为只有互联网企业才拥有大数据，那就严重窄化了大数据的意义。毕竟容量只是表象，价值才是本质，而且大容量并不一定代表大价值，大数据的真正意义还是在于大价值，价值主要通过数据的整合、分析和开放而获得。大数据是指人类以前所未有的能力来使用海量的数据，在其中发现新知识、创造新价值，从而为社会带来“大知识”、“大科技”、“大利润”和“大智能”等发展机遇。

以上论述，是从概念上分析“数据”和“大数据”的区别，而掌握一个概念最好的方法，还是从动态上了解其成因。大数据的成因，还是人类信息技术的进步，而且是信息技术领域不同时期多个进步交互作用的结果，其中最重要的原因，当数摩尔定律。

改变世界的三股力量：大数据的成因

1965年，英特尔的创始人之一戈登·摩尔（Gordon Moore）在考察了计算机硬件的发展规律之后，提出了著名的摩尔定律。该定律认为，同一面积芯片上可容纳的晶体管数量，一到两年将增加一倍。[1]

要理解这种增加的意义，并不简单。摩尔的本意是，由于单位面积芯片上晶体管的密度增加了，计算机硬件的处理速度、存储能力，即其主要性能一到两年将提升一倍。本来性能提升了，价格也应该上升才对，但现实很诡异：半个多世纪以来，硬件的性能不断提高，价格却持续下降。之所以这样，竟然还是因为晶体管越做越小，这种体积的缩小也导致其成本下降，再加上人类对晶体管的需求越来越大，大规模的生产也导致价格不断下降。

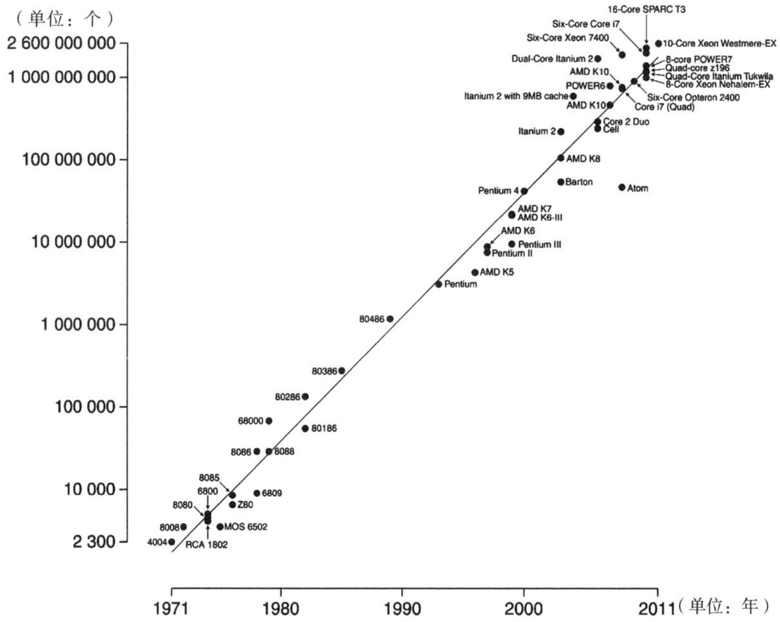

图 7-4　1971—2011 年中央处理器上的晶体管数量和摩尔定律

上图纵坐标为晶体管数量，横坐标为年份。该曲线表明，在 1971—2011 年，大概每两年相同面积的中央处理器集成电路上的晶体管数量就增加一倍。需要注意的是，纵坐标从 2 300 到 10 000 再到 100 000，其实不成比例，如果严格按比例制图，这将是一条非常陡峭的曲线，页面将无法容纳。（资料来源：维基百科）

回顾这半个多世纪的历史，硬件的发展基本符合摩尔定律。以物理存储器为例，其性能确实不断上升，与此同时，价格不断下降。1955年，IBM推出了第一款商用硬盘存储器，1兆字节的存储量需要6 000多美元，此后，其价格不断下降：1960年，1兆字节下降到3 600美元；1993年，下降到大概1美元；2000年，再降至1美分左右；到2010年，每兆价格约为0.005美分。半个多世纪前的价格是目前的1亿多倍，这种变化的速度既巨大又剧烈，令人瞠目结舌。事实上，考察人类全部的历史，没有其他任何一种产品的价格下降空间能够如此巨大！

摩尔定律发展到今天，一根头发尖大小的地方，就能放上万个晶体管。当然，晶体管不可能无限缩小，所以十几年来，业界曾围绕以下问题展开激烈争论：摩尔定律所揭示的现象还会不会持续，即单位面积上的晶体管还能不能继续增加甚至翻番？如果能，又能持续多久？

拓展话题：晶体管的产量多过全世界的大米颗粒

晶体管由硅构成，相当于一个开关，通电的时候表示“1”，不通电时候表示“0”，是电子产品最小的组织单元。一台笔记本电脑大概有400亿个晶体管，一部智能手机约有10亿个晶体管。晶体管行业（即半导体行业）堪称人类历史上最高产的行业。现在一年生产的晶体管比全球一年消耗的大米颗粒还要多：2002年，人类生产的晶体管数量大概是大米颗粒的40倍，买1粒米的钱可以购买100个晶体管；[2] 2009年，晶体管的产量上升到大米颗粒的250倍，1粒大米的价钱可以购买10万个晶体管。[3]

作为摩尔定律的发现者，2003 年，戈登·摩尔也被问到这个问题。他认为:“创新无止境，下一个 10 年摩尔定律可能还将有效。”

事实证明，摩尔是对的。2011 年，英特尔公司宣布发明了 22 纳米的 3D（三维）晶体管，这使争论暂时画上了句号。此前的晶体管为 31 纳米，22 纳米的晶体管小了大约 1/3，因为小，新的晶体管更便宜、更节能。2012 年，英特尔又宣布将投资 50 亿美元在美国亚利桑那州建厂，计划 2014 年投产 14 纳米的晶体管，这又将比 21 纳米的尺寸缩小 1/3。

英特尔的发明使大部分科学家相信，摩尔定律的生命将延续到 2020 年。预计到 2020 年，1 太硬盘的价格将下降到 3 美元，这相当于一杯咖啡的价格。前面我们提到，美国的国会图书馆是全世界最大的图书馆，其印刷品馆藏量约为 15 太；一所普通大学的图书馆，其馆藏量可能也就一两个太。也就是说，到 2020 年，只需花上一杯咖啡的钱，就可以把一个图书馆的全部信息拷进一个小小的硬盘。信息保存的过程如此方便、成本如此低廉，历史上从来没有过。

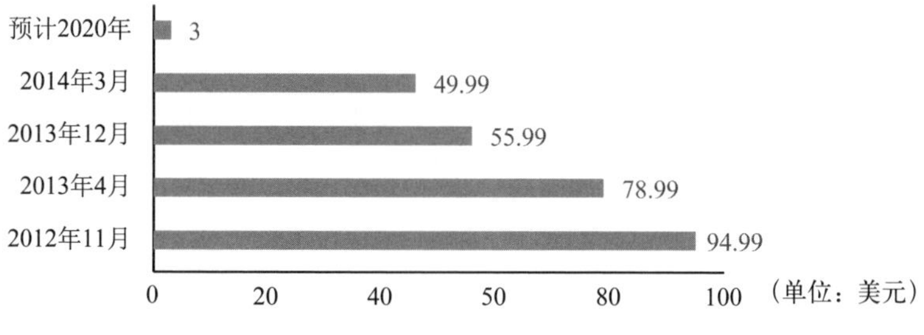

图 7–5　1 太容量的硬盘价格变化

1 太容量的硬盘价格正在持续下降，已经从 2012 年 11 月的 94.99 美元下降到 2014 年 3 月的 49.99 美元。以上数据是作者在亚马逊网站上跟踪的希捷硬盘在不同时段的报价。

摩尔定律已经成为描述一切呈指数级增长事物的代名词，它给人类社会带来的影响非常深远。正是因为存储器的价格在半个世纪之内经历了空前绝后的下降，人类才可能以非常低廉的成本保存海量的数据，这为大数据时代的到来铺平了硬件道路。这相当于物质基础，没有它，大数据无异于水中月、镜中花。

拓展话题：摩尔定律促使硬件成为大众消费品

摩尔定律导致的硬件价格大幅下降，最终使曾经昂贵的硬件成为大众消费品，原来“高大上”的产品，如激光打印机、服务器、智能手机，已经逐渐从科研机构、大型企业进入普通家庭。由于这些设备的普及，美国的一些公司甚至出现了一种新趋势：鼓励员工自己带设备来上班（BYOD），公司只提供网络和办公场地，成为“轻”公司。

除了便宜、功能强大，摩尔定律也导致各种计算设备变得越来越小。这个现象在1988年被美国科学家马克·韦泽（Mark Weiser）概括为“普适计算”。普适计算理论认为，计算机发明以后，将经历三个主要阶段：一是主机型阶段，指的是很多人共享一台大型机，一台机器就占据半个房间；二是个人电脑阶段，计算机变小，人手一机，韦泽当时就处于这个时代，这似乎已经是很理想的状态，但韦泽天才般地预见到，人手一机不是时代的终结；在第三个阶段，计算机将变得很小，小得将从人们的视线中消失，人们可以在日常环境中广泛部署各种各样微小的计算设备，在任何时间、地点都能获取并处理数据，计算最终将和环境融为一体，这个阶段，被称为普适计算阶段。

今天，第三股浪潮正向我们奔涌而来，小小的智能手机，其功能已经毫不逊色于一台计算机，各种传感器正越做越小，RFID（射频识别）

标签方兴未艾，可穿戴式设备又向我们走来。

RFID标签已经在零售、医疗、动物饲养等领域得到了广泛应用。近几年，美国费城等城市在垃圾桶内安装RFID传感器，垃圾装满或者因为腐烂而散发异味时，传感器就会发出信号，这可以优化垃圾车的巡回路线，减少城市管理人员收集垃圾的次数。

可穿戴式设备是指可以穿戴在身上、不影响个人活动的微型电子设备，这些设备可以记录佩戴者的物理位置、热量消耗、体温、心跳、睡眠模式、步伐多少以及健身目标等数据。2013 年，德国霍芬海姆足球俱乐部（TSG 1899 Hoffenheim）已经把传感器装到了足球和每个球员的护膝或衣服上。这些传感器可以实时记录运动员的活动轨迹、奔跑速度、加速过程、控球时间，一场比赛打下来，系统可以收集 6 000 万条记录，球员、教练都可以对这些数据做出分析，并借此提高训练质量、制定最佳组合、减小运动员受伤的概率。

除了足球，传感器还进入了网球场。法国的运动器材制造商Babolat把传感器安装在了网球拍的手柄上，它可以记录球员击球时的状态，例如正反拍、击球点、击球的力量、球速、球的旋转方向等参数。这些数据以几乎实时的速度传到现场的智能手机和平板电脑上，运动员和教练可以随时查看。2014 年在澳网封后的中国网球一姐李娜，用的就是这个品牌的球拍。为了配合这种球拍的使用，2013 年，国际网球联合会（International Tennis Federation，ITF）已经修改了章程，从 2014 年 1 月起，允许运动员在国际比赛中使用带有传感器的球拍，以记录、分析自己的数据。在未来的比赛中，如果运动员同意，这些数据甚至可以实时出现在比赛场地的大屏幕上，供观众分析参考。

除了足球、网球，传感器也在快速进入棒球、橄榄球等领域。美国的一些研究机构认为，美国运动产业的营收，近年内会有大幅增长，主要原因就是，基于传感器的数据收集和分析技术将改写整个领域的生态。

除了运动，可穿戴式设备还有很多。2014 年 2 月，日本东京大学的研究人员发明了一种比羽毛还轻的传感器，把它放置在纸尿片内，纸尿片一湿就会发出信号，看护就会知道并及时更换。这种传感器的成本只有几美分，不仅适用于婴儿，还适用于老人、病人。此外，作为可穿戴式设备最经典的产品，风靡一时的谷歌眼镜也在娱乐之外得到了更广泛的应用：美国纽约市的警察准备在日常巡逻中佩戴谷歌眼镜，以快速记录事故现场的情形，并通过网络和同事共享数据。

普适计算的根本，是在人类生活的物理环境中广泛部署微小的计算设备，实现无处不在的数据自动采集，这意味着人类数据收集能力的增强。在此之前，电子化的数据主要由各种信息系统产生，这些信息系统记录的主要是商业过程的数据，而传感器的出现及其技术的成熟，使人类开始有能力大规模记录物理世界的状态，这种进步推动了大数据时代的到来。

但人类数据的真正爆炸发生在社交媒体时代。

从 2004 年起，以脸谱网（Facebook）、推特（Twitter）为代表的社交媒体相继问世，这拉开了一个互联网的崭新时代——Web 2.0。在此之前，互联网的主要作用是信息的传播和分享，其最主要的组织形式是建立网站，但网站是静态的；进入 Web 2.0 时代之后，互联网开始成为人们实时互动、交流协同的载体。2011 年 8 月 23 日，美国弗吉尼亚州发生 5.9 级地震，纽约市居民首先在推特上看到这个消息，几秒钟之后，才感觉到地震波从震中传过来的震感，社交媒体把人类信息传播的速度，带到了比地震波还快的时代！

除了把交流和协同的功能推到了一个登峰造极的高度，社交媒体的另外一层重要意义就是，给全世界无数的网民提供了一个平台，使其随时随地都可以记录自己的行为、想法，这种记录其实就是贡献数据。我们谈到过，所有的数据都是人为产生的，所有的数据都是对世界的测量和记录。从 1946 年人类发明第一台计算机并进入信息时代算起，到社交媒体产生之前，主要是信息系统、传感器在产生和收集数据，但由于社交媒体的横空出世，人类自己也开始在互联网上生产数据，例如发推特、微博和微信，记录各自的活动和行为，这部分数据也因此被称为“行为数据”。

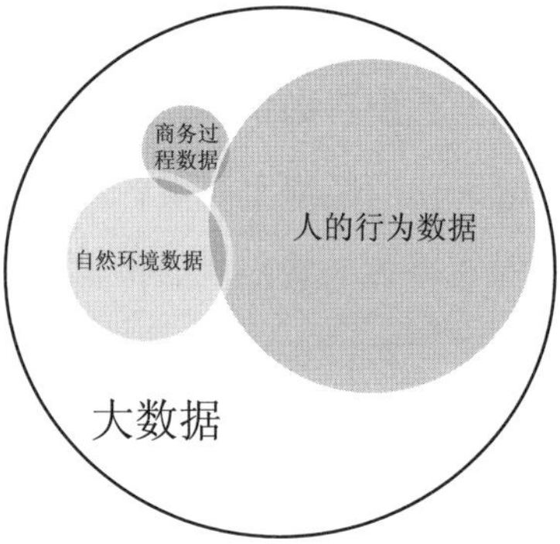

图 7–6　各种数据类型和大小

数据是对人类生活和客观世界的测量和记录。过去，是我们选择什么东西需要记录，才对它进行记录；在大数据时代，是选择什么东西不需要记录，才取消对它的记录。随着记录范围的不断扩大，可以肯定，人类的数据总量还将呈滚雪球式扩大。

由于社交媒体的出现，全世界的网民都开始成为数据的生产者，每个网民都犹如一个信息系统、一个传感器，不断地制造数据，这引发了人类历史上迄今为止最庞大的数据爆炸。除了数据总量骤然增加，社交媒体还使人类的数据世界更为复杂：在大家发的微博中，你的带图片、他的带视频，大小、结构完全不一样。因为没有严整的结构，在社交媒体上产生的数据，也被称为非结构化数据。这部分数据的处理，远比结构严整的数据困难。

在这种前所未有的数据生产速度下，社交媒体的出现虽然才十多年，目前全世界的数据大约75%都是非结构化数据。今天回头看，社交媒体的出现，才是让大数据一锤定音的力量。基于以上分析，我们也可以这样认为：

大数据＝结构化数据＋非结构化数据

但我们前面谈到，大数据之大，不仅在于其大容量，更在于其大价值。价值在于使用，如同埋在地底下的石油，远古即已有之，人类进入石油时代，是因为掌握了开采、冶炼石油的技术，现在进入大数据时代，最根本的原因，也是人类使用数据的能力取得了重大突破和进展。

这种突破集中表现在数据挖掘上，数据挖掘是指通过特定的算法对大量的数据进行自动分析，从而揭示数据中隐藏的规律和趋势，即在大量的数据中发现新知识，为决策者提供参考。数据挖掘进步的根本原因是人类能够不断设计出更强大的模式识别算法[4]，这其实是软件的进步，其中最重要的里程碑，是1989年美国计算机协会（ACM）下属的数据挖掘及知识发现专委会（SIGKDD）举办了第一届数据挖掘学术年会，出版了专门期刊，此后数据挖掘得到了如火如荼的发展。

正是通过数据挖掘，近几十年来，各大商家谱写了不少点“数”成金的传奇故事，例如沃尔玛通过捆绑“啤酒和尿布”提高销量。又如，网飞公司利用客户的网上点击记录，预测其喜欢观看的内容，实现精准营销。再如，阿里巴巴等互联网公司凭借长期以来积累的用户资金流水记录，涉足金融领域，在几分钟之内就能判断用户的信用资质，决定是否为其发放贷款……

近年来，数据挖掘在企业的应用还在不断推陈出新，有望到达一个新高度。例如，2014年1月，美国的电子零售巨头亚马逊宣布了一项新的专利："预判发货"（Anticipatory Shipping），即在网购时，顾客还没有下单，亚马逊就将包裹寄出。这种顾客未动、包裹先行的做法听起来有些不可思议，中国的新闻媒体甚至惊呼："亚马逊这是要逆天吗？"[5]

在商言商，亚马逊当然不会做赔本生意，预判发货的核心技术还是数据挖掘。其本质是，通过预测，把发货这个过程"外包"给算法，让算法自动发货，实现智能化！亚马逊解释说，发货的根据是顾客以前的消费记录、搜索记录以及顾客的心愿单，甚至包括用户的鼠标在某个商品页面上停留的时间。根据这些数据，亚马逊如果判断某位顾客对一件新商品有购买意愿，就会直接将商品寄给他，或者将该商品发送到离他最近的仓库，顾客一旦下单，那收货时间就将以"小时"计，而不是以"天"计。亚马逊认为，正是从下单到收货之间的物流延迟，导致人们购买意愿降低，如果能够缩短物流时间，将极大地改善客户体验。

亚马逊还提到，并不是所有的商品都会采用预判发货的形式，这种形式比较适合在上市之初就容易吸引大量买家的商品，例如畅销书。为了降低预判发货的风险，亚马逊还有一些配套技巧，例如模糊填写用户的收货地址，只将商品配送到离他最近的仓库，如果在配送过程中收到订单，再将地址信息补充完整，在这个等待的过程中，亚马逊还会向这位潜在顾客推送信息，以提升这笔交易成功的可能性。

但这些都不是其算法的关键，预判发货这种模式之所以有商业价值，是因为亚马逊会锁定其适用的群体，例如年收入较高的家庭，这些家庭对某些消费有固定的预算；又如某一领域的狂热粉丝，他们愿意为最新的时尚一掷千金。这批高端用户更注重购物体验，如果把发货流程外包给算法，顾客就不用操心自己想买什么，这相当于节省了他的时间；流行物品在第一时间就送上门，这是急顾客之所急。可以想象，当这些家庭拆开邮包时，更多的可能是欣喜，这种欣喜将强化顾客的忠诚度。当然，假如顾客真的坚持退货，亚马逊还有解决办法：一是打折销售，二是作为礼物免费赠送，这也有利于亚马逊在高端客户中提升口碑。

亚马逊有 1 亿客户，这些人的消费记录日积月累，可以说是海量数据，数据虽然多，却没有人会直接将自己的收入高低和兴趣爱好告诉亚马逊，所有的预判，亚马逊都必须靠数据挖掘来完成。

2013 年 5 月，加拿大蒙特利尔交通局（Société de Transport de Montréal, STM）宣布，将利用SAP（思爱普）公司的大数据处理平台，对所有顾客的消费历史和个人信息进行分析，然后按照其偏好、习惯和需要，为每位顾客定制专门的消费计划和个性化票价。蒙特利尔交通局共有 120 万名顾客，这意味着这 120 万人都将得到不同的票价，其目的是优化公共交通的运营，提高顾客的忠诚度。

蒙特利尔交通局之所以能够这么做，还是因为其掌握了大量顾客的数据。在信息时代之前，受限于记录手段，商家对自己产品及服务的销售和流向，只有一个粗略的记录，但现在的信息技术已经可以把一件产品的流向、每位消费者的情况都记录下来，再通过数据挖掘，为客户量身定制，把消费和服务推向一个高度个性化的时代。

数据挖掘技术的不断成熟也在挑战现有的统计体系。在第五章我们谈到，20 世纪 30 年代，由于抽样技术的出现，统计科学发生了一场革命，即社会调查可以通过选取有代表性的样本来完成，而不必像人口普查一样，把全社会的人都问一遍。但前文也谈到，即使是抽样技术，也有其缺陷。1948 年，杜鲁门和杜威竞选，盖洛普通过抽样调查预测杜威将当选，但结果让所有人都大跌眼镜。其失败的原因在于，抽样调查需要经过问卷设计、信息收集、数据分析等多个步骤，这导致它掌握的数据滞后于真实的情况，在最后两周里，盖洛普不得不停止调查，而杜鲁门恰恰在最后的关头扭转了乾坤。在大数据时代，对谁将当选总统的预测已经出现了新方法：在投票前后，对社交媒体上的数据进行观点的挖掘，可以较为准确地预测出谁能当选。最近几次美国总统的选举，都有人通过挖掘推特、脸谱网上的数据，准确预测总统的当选。

这种基于网络数据的挖掘，不需要制定问卷，也不需要逐一调查，成本低廉。更重要的是，这种分析是实时的，没有滞后性，所以有越来越多的科学家相信，因为大数据的出现，统计科学将再次发生革命，进入统计 2.0 时代。在这个新的时代，数据挖掘将成为越来越重要的分析预测工具，抽样技术将下降为辅助工具。

表 7-1　数据挖掘和统计抽样的区别

	数据样本	数据来源	数据时效	数据成本
数据挖掘	用的是已经存在的大数据，样本偏差可能很大，但如果数据量足够大，偏差又可能缩小	多个源头	实时	基本免费
统计抽样	根据设计好的问卷，收集自己需要的数据，如果设计科学，那样本会比较均匀、偏差小	比较单一	滞后	比较昂贵

数据挖掘的优越性，也集中反映了大数据“量大、多源、实时”三个特点。

虽然数据挖掘正如日中天，但在一定程度上，数据挖掘已经不是大数据的前沿和热点，取而代之的是机器学习。当下兴起的机器学习凭借的也是计算机算法，但和数据挖掘相比，其算法并不是固定的，而是带有自调适参数的，也就是说，它能够随着计算、挖掘次数的增多，不断自动调整自己算法的参数，使挖掘和预测的结果更为准确，即通过给机器“喂取”大量的数据，让机器可以像人一样通过学习逐步自我改善、提高，这也是该技术被命名为机器学习的原因。

除了数据挖掘和机器学习，数据的分析、使用技术已经非常成熟，并且形成了一个谱系，例如数据仓库、多维联机分析处理（Multidimension OLAP）、数据可视化、内存分析（In-memory Analytics）都是其体系的重要组成部分，在人类数据技术的进步过程中，都扮演过重要的角色。[6]

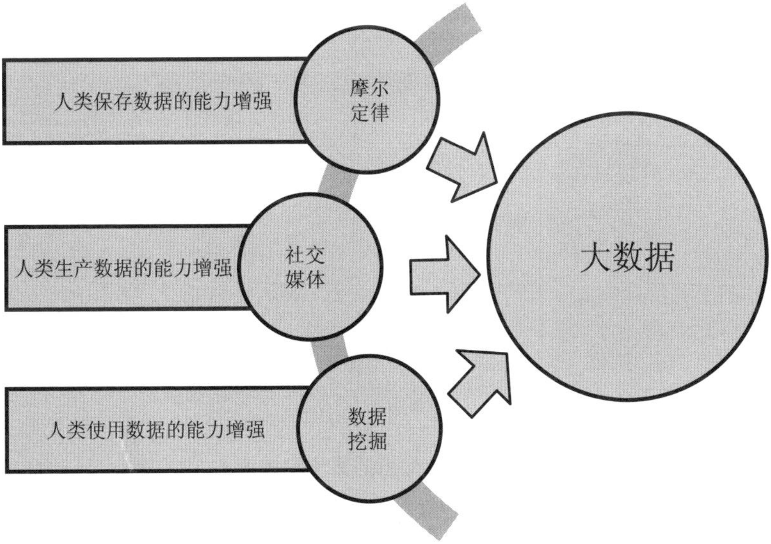

图 7–7　大数据的三大成因

回顾半个多世纪人类信息社会的历史，正是因为 1966 年提出的摩尔定律，晶体管越做越小、成本越来越低，才形成了大数据现象的物理基础，这相当于铸器，人类有能力制造巨鼎盛载海量的数据；1989 年兴起的数据挖掘，则相当于把原油炼成石油的技术，是让大数据产生“大价值”的关键，因为如果没有技术，石油再多，我们也只能“望油兴叹”；2004 年出现的社交媒体，则把全世界每个人都变成了潜在的数据生成器，每个人都向摩尔定律铸成的巨鼎中贡献数据，这是“大容量”形成的主要原因。

分析了大数据的静态概念和动态成因，我们更清楚地理解了大数据的特点，现在可以从以下角度来理解、定义大数据：

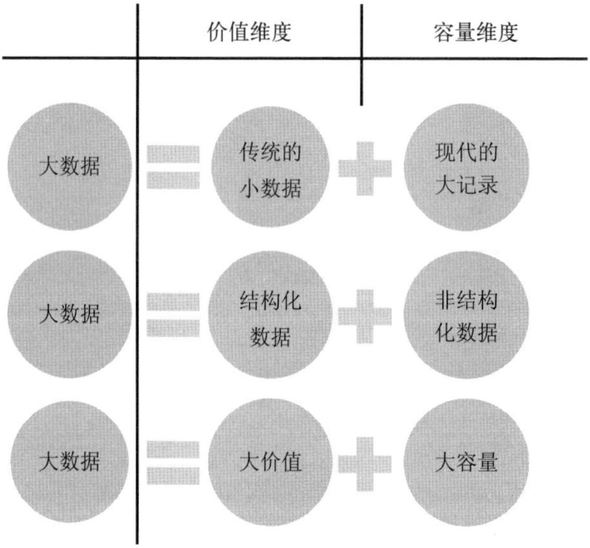

图 7–8 大数据的概念和维度

正如前文讨论的，当前人类的数据约 75% 都是非结构化数据，大记录的表现形式主要就是非结构化数据，而大记录、非结构化数据要体现出价值，当前主要的处理方法，还是把它们转化为有严整结构的数据，即传统的小数据，因此我认为，大数据的价值维度主要体现在传统的小数据和结构化数据之上，而大数据的容量维度主要体现在现代的大记录和非结构化数据两个方面。

大数据产生之后，全世界的科学家都在预测和展望。这股由信息技术掀起的新浪潮将对人类社会产生何种影响，将带领我们的世界走向何方？我认为，有更多的数据，就必定会有更多的使用，而使用数据最根本的方法就是计算，大数据时代就是大计算的时代，无处不在的计算标志着一个计算型社会的兴起。

有数据，还要有计算：计算型社会的兴起

前文谈到，进入信息时代之后，“数据”这个概念的内涵扩大了，它不仅仅指代传统的数字，还包括文字、图片甚至音频、视频等。

由于数据的内涵扩大，可以想象，计算的内涵也应该发生相应的变化。计算是以数据为基础的，其本质是对输入的数据，经过一定规则的处理，例如加、减、乘、除，再输出一个新数据，从这个意义上说，计算就是对数据进行有规则的转换。

传统的计算自然以传统的“数字”为基础，例如：$8 \times 8 = 64$，而在大数据时代，文本是数据，视频是数据，这些数据是否也能计算？例如，输入一段文本，经过一定规则的处理，得出另外一段文本或者一张图片，甚至一个视频，那是不是也应该算作“计算”？

这个新型的数据转换过程，其实就是我们熟悉的搜索和数据挖掘。

按照我们对计算的定义：计算是按照一定的规则对数据进行转换的过程，而文本、图片、音频和视频都是大数据时代的数据，那以上的过程就应该是计算。换句话说，在大数据时代，计算的内涵也扩大了，搜索就是计算，数据挖掘也是计算！它们依照的规则，并不是简单的加、减、乘、除，而是特定的、更为复杂的算法。

我们的世界主要由物理环境、人和社会构成，如果按此划分，人类的计算也可以分为两大类：物理环境的计算、人和社会的计算。社会领域的计算主要是研究个人和群体的行为，包括过去和现在的行为，也包括有组织的群体行为和无组织的群体行为，传统学科如经济学、政治学、社会学、历史学等都属于这个范畴；物理环境领域的计算主要研究人类生活环境的状态，传统学科如物理、化学、天文学、地理学、动物学、植物学等都属于这个范畴。

在大数据时代，人和社会、物理环境这两大领域的计算都将蓬勃兴起。物理环境领域的计算由来已久，大数据时代最大的亮点就是人和社会的计算，越来越多的社会问题都将通过计算得到解决。换句话说，由于大数据的出现，社会正逐渐变得可以计算！

可以计算的原因是，个人在真实世界的活动和社会状态被前所未有地记录下来，这种记录的粒度很高，频度也在不断增加，为社会领域的计算提供了极为丰富的数据。

2011 年 10 月，美国佛罗里达州劳德代尔堡市（Fort Lauderdale）发生了一起恶性交通事故，事故原因是一名退休警察超速行驶。佛罗里达州《太阳哨兵报》的记者克斯汀（Sally Kestin）在查阅历年的数据后发现：从 2004 年起，整个佛罗里达州发生过 320 起警察超速造成的交通事故，并且导致 19 人丧生，而最后的结果是，只有一名警察入狱服刑。克斯汀意识到，这可能是一个非常值得关注的社会问题，她甚至怀疑这个数据只是冰山一角，类似的警察很多，开快车可能是其经常性的行为。

但怀疑只能是怀疑，克斯汀知道，要证明它，无异于要证明警察这个群体知法犯法、凌驾于法律之上，这是个很大的挑战，最大的困难就在于取证。

为了取证，克斯汀尝试过跟踪警车，获取其超速的第一手记录。她抱着测速雷达，一连几天守在高速公路边，一看见有超速的黑点，就驱车直追，但她很快发现，这无异于守株待兔，难度太大：一是路上车辆太多，难以确定目标，追来追去，常常发现不是警车，一到晚上，目标更是难以辨认；二是就算运气好、碰上的恰好就是警车，克斯汀也无权截停，仅仅通过照片或录像，证据还是不够充分，事后也无法服人。

克斯汀最后想出的办法，是根据美国内开放 1.0 时代制定的《信息自由法》，向当地的交通管理部门申请数据开放，因为警车是公务用车，公民有权了解其使用状态，她因此获得了 110 万条当地警车通过不同高速路口收费站的原始记录。在专业数据分析人员的帮助下，克斯汀用了三个月的时间对这些记录进行了整合和分析。

克斯汀的分析方法是：选取两个特定的收费站并测算两点之间的距离，再在 110 万条记录中找到每一辆警车通过这两个不同收费站的时间点，两点之间的距离除以其时间差，即为该警车在这段路程中的平均行驶速度。

克斯汀的分析得到了令人震惊的结果。她发现，在 13 个月内，当地的 3 900 辆警车一共发生了 5 100 宗超速事件，也就是说，警车超速的行为几乎每天都在发生；96% 的超速在 144 公里/小时至 176 公里/小时之间，当地 1/5 的警车都有时速超过 144 公里的“劣迹”，而且，时间记录表明，绝大部分超速行为发生在上下班时间和上下班的途中。这意味着，他们开快车并不是为了执行公务。

克斯汀的怀疑终于得到了证实，2012 年 2 月，她利用这些数据分析的结果，在《太阳哨兵报》上发表了一系列报道，头篇报道的标题为《他们凌驾于法律之上》[7]。在大量数据和调查访谈的基础上，克斯汀得出结论说，因为工作需要和警察身份的特权意识，开快车成了警察群体的普遍习惯，即使下班之后身着便服，其驾驶速度也没能降下来，而路上值勤的警察也警警相护，互相理解并纵容这种行为。

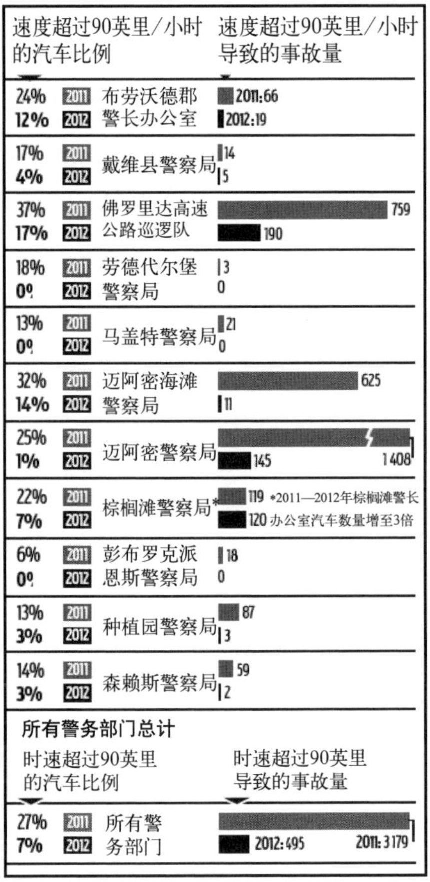

图 7–9 哪些部门的警察还在开快车？

（2012 年 2 月至 10 月与 2011 年的同期对比）

铁数如山。可以想象，克斯汀的报道一见报，舆论一片哗然。接下来一个月，《太阳哨兵报》的电话响个不停。全国各地的读者纷纷打来电话，有的表示感谢，有的要来取经。当地警务部门则发生了一场"大地震"，5 100 宗超速案件涉及 12 个部门近 800 名警察，一些被"坐实"的警察陆续受到处理：48 名州高速公路巡警被处以警告处分或者被勒令纪律反省；44 名地方刑警被剥夺开车上下班的权利并回炉参加安全驾驶培训；迈阿密市的 38 名警察被处理，其中 1 名开除、10 名停发工资；各地还有 33 名基层警察也受到警告、剥夺驾驶权利等不同程度的处罚。

故事到这里，还没有完。警务部门的整顿是否有效呢？ 2012 年 12 月，克斯汀又向交通管理部门申请开放了最新的原始数据。她对新的数据又做了分析，并和 2011 年的同期数据进行了对比。数据表明，从 2012 年 2 月到 10 月，警察超速的个案已经从 2011 年同期的 3 179 宗下降为 495 宗，下降幅度高达 84%。克斯汀又在《太阳哨兵报》上发表了一篇新报道——《警察猛踩刹车！》[8]。在这篇报道中，她甚至把数据分解到了各个警务部门，详细地列出了每一个部门的改进水平。

《太阳哨兵报》只是美国一个县的地方报纸，总发行量不足 23 万份，但因为克斯汀的报道，该报名声大振，并于 2013 年 4 月获得了 2013 年度的普利策新闻奖，其获奖理由是："克斯汀的报道以无可辩驳的技术调查，记录了警察在非公务期间开快车、危及市民生命的事实，这种致命的威胁在报道引发的讨论和整顿中得到消减。"

可以想象，如果不是通过使用数据，如果没有上百万条充沛的数据记录以及成熟的数据分析手段，类似于"警察群体普遍开快车"这样的社会问题，可能永远都无法在法庭上得到证实，这种知法犯法的特权行为，也永远得不到有效的治理和纠正。

通过计算解决社会问题，正变得越来越普遍。2013 年，美国肯塔基大学利用大数据平台，对学生的各种行为数据进行整合，例如各门课程的成绩、出勤率、在线学习平台的活跃度、使用图书馆等各种设施的记录，再通过数据挖掘，快速确认可能存在问题的学生，对他们开展专门的辅导，以减少学生流失。其实，国内也有类似的应用。2013 年 7 月，有报道称，华东师范大学的一位女生收到校方的短信："同学你好，发现你上个月餐饮消费较少，不知是否有经济困难？"[9]这条温暖的短信也要归功于数据挖掘：校方通过挖掘校园饭卡的消费数据，发现其每顿的餐费都偏低，于是发出了关心的询问，但随后发现这是一个美丽的错误——该女生其实是在减肥。可以想象，误会之所以发生，还是因为数据不够大，大数据的特点除了"量大"，还有"多源"，如果除了饭卡，还有其他来源的数据作为辅助，判断就可能更加准确。

社会领域的计算，也被很多学者称为"社会计算"（social computing），这个概念的提出已经有 20 多年的历史。20 世纪 90 年代，美国的学者最早提出这个概念之时，是从"社会软件"（social software）这个角度出发的，最早的社会软件是指支持群体交流的软件，如 MSN（微软网络服务）、QQ（腾讯公司的一款即时通信软件）等。社会软件也是相对于"商业软件"的一个概念，两种软件的目的不同：传统的信息系统降低的是商业交易的费用，但社会软件降低的主要是人际交往的成本，它使大规模的合作成为可能。

2004 年，社交媒体产生之后，社会软件的功能被发挥得淋漓尽致，个人的行为和思想通过脸谱网、推特、微博等工具被广泛记录，有学者进一步明确主张，将基于社交媒体的行为分析称作“社会计算”。近年来，随着大数据的崛起，越来越多的学者认为，关于人和社会本身的数据现在已经极为丰富，而且这类数据还在快速增长，未来一切的社会现象、社会过程和社会问题，都可以而且应该通过以计算为特点的定量方法分析解决，这样更加精确、更加科学。

虽然“社会计算”的定义正在演进当中，国际共识也还未形成，但这并不妨碍相关研究的开展。近年来，美国的国家人文研究基金会（National Endowment for the Humanities，NEH）甚至大力鼓励利用基于历史的大数据来研究、解决社会问题。2012年，美国的乔治·梅森大学联合英国的两所大学，将英国伦敦市240年的罪犯庭审记录输入电脑，然后对这些数据加以分析和挖掘，以研究各种案件的发展趋势、触发原因以及和社会背景的关系。另外一个研究更有意思，1918年，美国曾经发生一起大流感，死亡上百万人，历史学家认为，大部分死亡其实都可以避免，但问题究竟出在哪里呢？美国弗吉尼亚技术大学的一个课题组着手收集了当年各个地区的死亡人数，并将这个时期全国各地所有的新闻报道都电子化，他们试图研究信息传播的时序、路线和死亡人数的关系，例如，什么样的报道方式、新闻措辞最有效，什么样的传播渠道最有可能减少死亡人数。

又如，文艺复兴期间，欧洲的思想界群星璀璨，出现了一大批思想先驱，但历史研究的一个困难在于，某一特定新思想的首倡者往往难以被确定。随着新证据的出现，早年历史学家认定的事实，常常被发现是张冠李戴。美国大学的一个课题组提供了一个新的方法和思路，他们把文艺复兴时期几千封名人之间的通信电子化，然后进行文本挖掘和分析，追踪确定一个新思想、新概念的首倡者，同时研究这些新思想和新概念又是怎样在人们的交流和互动中发展成形的。

就此而言，通过社会计算，一些精细的、微妙的、在人类历史上曾经难以捕捉的关系和知识，现在都可以捕捉到，并被上升为显性知识。对此，麻省理工学院的教授布莱恩约弗森（Erik Brynjolfsson）比喻说，大数据的影响，就像4个世纪之前人类发明的显微镜一样：显微镜把人类对物理环境的观察和测量水平推进到了“细胞”的级别，为人类社会带来了历史性的进步和革命，而大数据，将成为我们下一个观察人类自身行为以及社会行为的“显微镜”。

当然，社会领域的计算、对类似知识和关系的捕捉，不仅能够有效推动社会治理，还能产生商业价值。

2012年6月欧洲杯足球赛期间，中国国内出现了多篇“男人一看球，女人就网购”的相关报道[10]。报道称，根据淘宝网的销售数据，欧洲杯开赛以来，女性网购的成交量明显上升，而且“网购的高峰期延时两个小时，变成了23点到24点”，此外，在“凌晨1点45分第一场球结束到凌晨2点45分第二场球开始前”，出现了一个新的网购高峰，这个新的高峰和赛前的同时段相比，成交量“增长超过260%”。

这个现象背后的逻辑不难理解。球赛期间，男性沉迷于球赛，冷落了妻子（女朋友）和孩子，女性，特别是已婚女性会觉得沮丧、恼火、失落。每天晚上球赛开始的时候，在个体层面，每位女性都有很多选择，她可以做家务、辅导孩子、跟闺密聊天、和母亲通电话以及逛街购物，也就是说，其行为具有不确定性，她究竟会做什么，难以预测。但是，当我们把几个电子商务平台的交易数据一汇总、一分析，就会发现，群体的行为有规可循。随着球赛的开始，女性在网上购物的成交量就开始增加，其中的高档物品也较平时明显增多，也就是说，对平时舍不得买的东西，她们这时候终于出手了。在小数据时代，“男人一看球，女人就网购”永远是一个猜测，无法得到证实，但在大数据时代，很容易就能证实，甚至连成交的商品有什么特点，都可以进行分析。等到明年球赛再开始的时候，商家的广告就可以更有的放矢，不仅可以把广告对象瞄得更准，推广的商品也会更有针对性，猜测上升为知识，知识将创造利润。

关于个人行为和社会状态的数据已经无处不在，这些数据是多源的、即时的、分散的、多形式的、碎片化的，同时又是海量的。高明的商家通过大数据的整合和挖掘，可以从这些海量的、零散的数据中找到规律，发现大众行为背后的心理机制。这些心理机制，在个人层面，可能是隐性的需要、无意识的诉求或者无法言说的欲望，但通过整理大量的数据，商家就可以理清大众生活中这些无意识的原型，掌握消费者真正的心理动机，从而提供创造性、突破性的产品和服务，获得更多的消费者和更大的市场份额。事实上，这也正是将大数据用于精准营销的最高境界。为什么当年沃尔玛“啤酒和尿布”的故事能让全世界津津乐道几十年？原因就在于，即使是在购买尿布时喜欢顺便购买啤酒来犒劳自己的年轻父亲，可能也不清楚这个行为背后的心理动机，但沃尔玛通过数据，捕捉到了这个无意识的原型，并通过数据分析的验证，将其提升为知识。

普适计算：即将到来的超级数据爆炸

除了社会领域的计算正在兴起，物理环境领域的计算也在面临一场革命，其中的原因，就是上文中提到的普适计算。传感器、可穿戴式设备等微小的计算设备将进一步普及，装备到全世界的各种物体之上，包括机器、电器、人体、其他动物、植物等需要监测的目标，真正形成“万物皆联网、无处不计算”的状态。

随着这场革命的到来，人类的数据总量还要爆炸，这场爆炸将达到史无前例的规模。

其中，机器将是第一梯队。人类在进入机器大生产的时代之初，机器的效率在不断提高，但到达一个临界点之后，机器的效率就很难再优化了。当机器和机器相连、形成一个系统的时候，其效率问题就更为显著，一台机器的效率可能成为系统的瓶颈，一台机器的故障可能导致整个系统瘫痪，系统的复杂性使工程师常常顾此失彼，难以优化系统的效率。如果能通过传感器监测机器的运行状态，通过计算确认各类设备的良好程度，算准时间进行设备优化和维修更新，就能控制生产过程中的不确定性，减少意外情况带来的损失。

全球最大的工业制造商通用电气将这种运营效率的提高总结为“1%现象”。该公司经过估算指出，如果全世界的飞机引擎维护效率提升 1%，每年全世界就可以节省 2.5 亿美元；能源行业的发电设备每提高 1%的效率，就可为全球经济贡献 40 亿美元；医疗器械的效率如果提升 1%，则可以帮助全球医疗行业节约 630 亿美元。也就是说，所有机器只要提高 1%的效率，就能为全世界带来非常可观的收入。

目前，全世界大概有 300 万个重要的、巨大的、日夜运行的机器，这些机器都在一定的温度、湿度、压力、振动、旋转状态下工作，这些参数都是重要的监测指标。此外，全世界还有上百亿台带有微处理器的机器或者电器，未来都可以装上传感器，全球人口共有60多亿，当社交媒体被发明的时候，每个网民都成了一个数据生成器，这就已经引起了一次数据大爆炸，而机器远比人多，而且日夜不停地旋转、工作，可以想象，这次即将到来的数据爆炸，远非上次可比，它将是超级大爆炸。

通用电气公司为此发布了专门的研究报告、制订了相应的规划，并且计划在旗下大至飞机、小至激光手术刀等数万种产品上都安装传感器，通过网络将设备运行状态数据实时传至平台，并将该计划称为“工业互联网”。2012年7月，通用电气公司投资1.7亿美元在纽约州斯克内克塔迪市（Schenectdy）开设了一家电池工厂，1.6万平方米的厂房内安装了一万个传感器。这些传感器分布在各条生产线上，监控、记录生产过程中的温度、气压、湿度、生产配料、能源消耗等数据，工厂的管理人员则通过随身携带的iPad（苹果平板电脑）获取这些数据，以便在第一时间发现问题，对生产进行监督和调整。

通过传感器监测生产过程，还只是通用电气“工业互联网”计划的一部分，通用电气的目标是“让每件产品产生记忆”：未来，产品在出厂前就被植入了传感器，记录了它的生产过程，在产品抵达顾客、进入服务状态之后，传感器将每时每刻都记录产品的运行情况，一旦出现问题和故障，通用电气可以快速地整合生产记录、销售记录、产品运行记录这三种数据进行分析。

除了通用电气高调突进的“工业互联网”，还出现了一种生活物联网，即生活电器入网。2014年1月，谷歌以32亿美元的现金收购了智能家居设备商Nest。业界纷纷认为，生活物联网的脚步越来越临近，我们即将迈进一个智能家居的时代：你坐在办公室里，就可以调节家里电冰箱的温度；你在下班的路上，就可以控制电饭煲的开关，并关上窗户、打开空调。

但智能家居的作用可能还远远不仅是自动化这么简单。例如，大部分美国家庭都有自己的车库，每个车库都有一个电动卷帘门，电动门利用一个小感应器来监测电动门伸缩期间的震动情况。现在有人提出来，北美大地上有几百万个这样的车库门，传感器都是现成的，如果把它们全部连接到互联网上，房主可以监控自家的大门不说，美国大地上每平方米的面积上震动一下，互联网都知道，这种网络对地震监测是不是有辅助作用？这启发人们思考，机器、电器入网可能在功能上还会产生外部性，起到意想不到的作用，因为世界的万事万物都是普遍联系、高度相关的。

物理环境领域计算的崛起将给全世界带来巨大的机遇。新一代的机器是能够记录自己行为以及与其他机器交换数据的智能机器，在机器“出生”的时候，传感器就已经和机器一体化了。面对机器产生的海量数据，各行各业都需要制定很多数据标准，使同一类别的机器、同一品牌的机器产生的数据能够自由整合、对比和分析。我们还需要新的分析平台和工具，同时，因为生产过程中机器工作过程中实时数据的获得，我们需要制定新的生产流程和商业规范，以提高各种决策的效率，在这个过程中，全世界会需要一大批数字机械工程师、软件工程师、数据科学家和人机交互界面专家。

此外，因为这种超级大爆炸，全世界的数据中心将大量增加，这将拉动硬件产业的发展。通用电气公司估计，数据中心的需求将每两年翻一番。2015 年，对数据中心的投资将增长到 1 000 亿美元；到

2020年，数据中心的数量会增长40倍；到2025年，这一数字将达到2 000亿美元。数据中心是耗电大户，据统计，美国所有数据中心每年的耗电量是整个纽约城居民用电量的两倍。建设清洁、高效、具有弹性的数据中心将是未来的一个重大挑战。此外，数据中心的增加还将推动宽带网、光纤网的建设，使各种数据中心能够跨地区、跨产业相连。

数据和计算：第三次工业革命的CPU

2012年以来，第三次工业革命、新工业革命、数字工业革命等各种工业革命论的提法频频在全球激起讨论、见诸报端，虽然这些提法各异，但其中心思想是一致的，即全球的制造业正在面临一场挑战和变革，未来的工业制造将呈现数字化、智能化、定制化、互联化以及绿色化等特点。而且，无论哪种提法，都离不开对3D打印机的关注和讨论。学界的共识是，3D打印已经成为第三次工业革命中最活跃的因素之一，它将终结人类大规模工业生产的历史，引发商业组织和管理形态的重大变革。

前文我们谈到物理环境领域的计算即将爆炸，讨论了工业互联网如何引导未来的工业制造进入一个智能化、互联化的时代，而3D打印将实现的是生产制造过程的数字化和定制化。随着下文讨论的展开，我们将看到，3D打印对未来设计、生产、流通和消费等各个环节产生的影响，离不开数据的驱动和协同。也就是说，第三次工业革命离不开数据！

拓展话题：3D打印是一种加式制造

3D打印是一种以数字文件为基础，运用粉末状金属或塑料等可黏合材料，通过逐层打印的方式构造物体的技术。传统的制造方式是“减式制造”，即通过模具，利用机器外力对原始材料进行“压、切、割、冲”等机械加工，将原材料转化成产品，在这个过程中，原材料缩减了，因此叫作减式制造。而3D打印是通过逐层叠加、不断增加材料的方式，一次性完成生产过程，所以被称为“加式制造”。

首先，3D打印是以“数据包”为基础的生产，只要这个数据包在打印机上运行，并且具备打印的原材料，生产就可以完成。2013年5月，美国有人把制造枪支各种零部件的数据包上传到了互联网上，在美国政府做出反应、发布禁令之前，该数据包被下载了数十万次，民间就有人利用这些数据包打印出了可以发射子弹的塑料手枪。半年后，美国的科技工程公司Solid Concepts（固体概念）公司又用3D打印机打印了一支真正的金属手枪，并试射了几十发子弹。除枪支这种高危管控物品外，近几年以来，在世界各国科学家的努力下，可以打印的物品种类迅速增多，大到飞机的零部件、房子的建筑材料，小到下颚骨、心脏瓣膜、电路板等，不断刷新人们的想象力。可以肯定，随着数字化生产的扩大，未来任何可见的物理实体的背后都会有一个数据包与其对应存在。从这个意义上来看，3D打印为大数据时代贡献了一种新的数据种类：物理实体数据。

除了可以打印的物品越来越多，更重要的改变是，由于摩尔定律的持续作用，3D打印机的价格也在不断下降。不少3D打印机只需要一两千美元，可以预计，就像其他曾经“高大上”的硬件设备一样，3D打印机也将快速走进普通家庭。

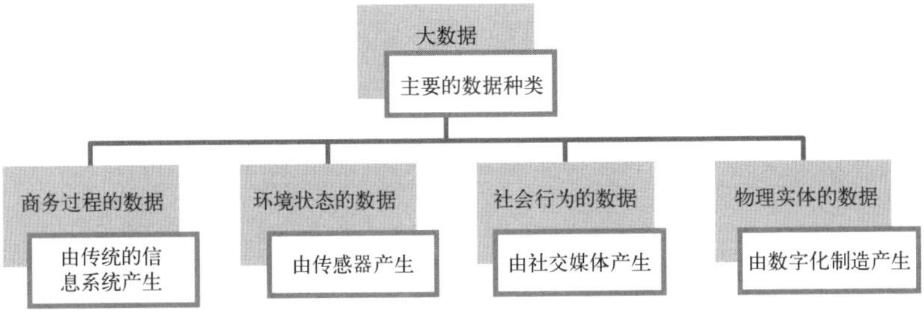

图 7–10 数字工业革命将丰富大数据时代的数据类型

3D打印机的普及对人类的意义非同小可。在全面畅想其对未来社会带来的冲击和改变之前，我们还必须了解一个重要的概念："众包"。

"众包"是美国的两位记者在2005年发明的新词，意思是利用互联网将工作打包分配出去，其关键在于，分包时并不知道接包人是谁，这正是"众包"区别于"外包"的地方。更有意思的是，接包人的目的可能并不是为了报酬，而是为了公益、兴趣，或者寻求一种帮助他人的满足感，甚至在一些情况下，连接包人自己也没意识到，就在不知不觉中帮助发包人把任务完成了。

众包最经典的例子是维基百科。这个人类社会最大的知识分享网站、最重要的"百科全书"成立于2001年，仅英文词条就有近450万个，全部由志愿者完成。2011年3月11日下午2点46分，日本发生了有观测记录以来规模最大的地震，其后引发了大海啸，导致了核泄漏和火灾，日本东北部分地区因此遭受到毁灭性的破坏。地震发生后的半小时不到，3点18分，维基百科上就建立了相应的词条"2011 Tōhoku earthquake and tsunami"（2011年日本东北地区近海地震），这之后，该英文词条经过了全世界2 122人共计6 781次的修改和完善，形成了一个图文并茂、带有352条引用、2万多字、非常复杂和完善的词条，在英文词条的基础上，还衍生出近80种不同语言的翻译和补充。[11]

图 7-11 “2011 年日本东北地区近海地震”英文词条的变化

左上为该词条在 2011 年 3 月 11 日日本时间下午 3 点 18 分建立时的历史记录，只有短短一句话；右下为该词条在 2014 年 2 月的截屏，词条已经分为十几个部分，有 2 万多字的介绍。（图片来源：网络截屏）

对于众包中蕴藏的巨大社会能量，我也有亲身体会。2012 年的一个下午，我决定为华人历史学家许倬云先生在维基百科建立一个英文词条。为了证明资料的真实性，维基百科规定新建的词条必须至少有三个引用。词条建好之后，系统提示我还缺一个引用，我于是回头去找资料。仅仅一分钟之后，我一刷屏，发现第三个引用竟然已经被人加上了！我的心头如过电般涌起一股惊讶和欣喜之情：在世界的另一个角落，竟有人在协同我的工作！短短几十秒的时间，在这个广袤的大千世界，就有人看到了我在互联网上搭建的这个新页面，而且，他和我一样关心许先生的词条，并且帮助我补充了最后需要的一个引用。

除了基于兴趣和公益的志愿贡献，众包也已经成为一种可以创造价值和利润的商业模式，验证码（CAPTCHA）的应用就是另外一个经典例子。2002 年，卡内基-梅隆大学的博士生路易斯（Luis von Ahn）发明了我们熟悉的验证码，即用一排人为扭曲、奇形怪状的字符判断当下程序的使用者是“人”还是“机器”。因为机器无法自动识别这些变形的字符，所以验证码可以用来防止互联网上广泛存在的恶意机器注册。恰恰在这个时候，《纽约时报》正面临一个令人头痛的任务：他们试图把 100 多年的历史报纸全部电子化，当时最可行的方法就是通过扫描进行光学字符识别（OCR），但因为旧报纸上油墨的痕迹、折叠的印记和发黄变色，加上几十年前的字体与现在的也不一样，因此识别率很低。当然，还有一个最笨的方法就是逐字敲打，再找人校对，但这样不仅速度慢，效果也不好。这时候，路易斯想到了一个天才的办法：全世界每一天都有几亿个验证码在被校验，他把《纽约时报》的文章切成小片，把它当作验证码发给全世界的人，这些人在使用验证码的时候，在不知不觉中就帮助《纽约时报》完成了输入和校对。对于难以识别的字符，系统可以发给多个校验者，当几个人返回的结果一致的时候，就说明识别的结果是正确的，然后这个结果再被返回系统进行整合。2007 年，路易斯成立了验证码公司 reCAPTCHA，该公司利用这个办法把《纽约时报》几十年的报纸都电子化了。2009 年，该公司被谷歌收购。

类似的例子还有很多，例如 Airbnb（爱彼迎）网站，通过它，个人可以将多余的房间临时出租给旅游者；又如将翻译任务打包发给其他国家的外语学习者作为练习素材，以较低的成本，甚至免费的形式就可以完成大量翻译；再如中国的知乎、大众点评网等问答型网站，都成功地应用了众包这种商业模式。说到底，众包是通过互联网，在全球范围内利用和整合分散的、闲置的、廉价的劳动力以及技能和兴趣等资源，为软件业和服务业提供一种新的劳动力组织方式。

随着 3D 打印机的普及，众包这种新的商业模式，将从服务业进入制造业，改变整个社会的生产制造方式。

今天的制造是以大规模的减式制造为基础的，对每种产品而言，制造商只能就若干款式，对流水线进行定制，然后进行大规模生产。例如，今年的女式高跟鞋可能流行立体的鞋面花饰，制造商在市场调研的基础上，认为牡丹花和山茶花的花形可能最受欢迎，于是就生产这两种花形的鞋子，而玫瑰花、百合花、菊花等其他花形，因为市场需求过小，生产商限于成本，就无法生产。

事实上，一双鞋子的样式可以千变万化。类似于立体花形的改变还有很多，例如鞋跟的形状、鞋面的花纹、纹理的线形等。每个顾客都可能有不同的喜好和需求，这些需求之间可能就是一个微小的区别，所以需求的种类虽多，但每一种需求的消费者群体都不大。也正因如此，制造商如果投产，将无利可图。这部分需求被形象地称为长尾需求，对于长尾需求，制造商无法一一满足，即传统制造业无法满足所有消费者的要求（见图 7–12）。

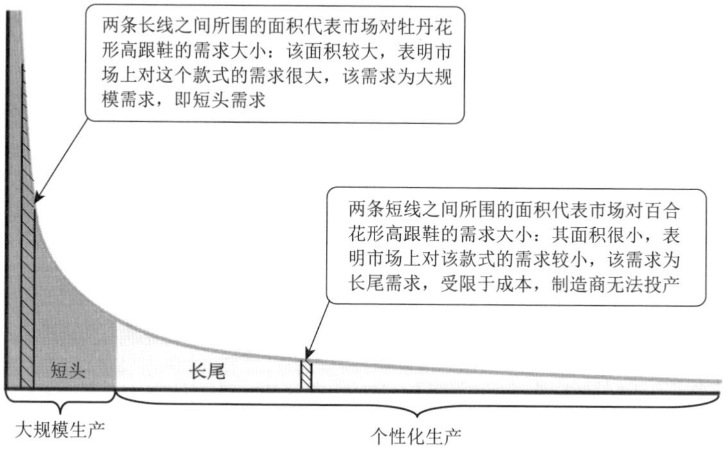

图 7–12　传统的制造商无法满足市场上的长尾需求

此图为消费市场上的长尾现象，短头区代表着为数不多的大规模需求；在长尾区，有很多不同的需求，但每种需求的消费者群体都不多，如果投产，制造商将无法获得利润。

但以数据包为基础的3D打印将有能力解决这个难题。数字化制造不需要在流水线上定制，只需要找到数据包，对其中的代码和数据进行修改，一个花形、线形的区别可能只是几个参数值的大小不同，在对它们做出修改和调整之后，在3D打印机上再运行一次，一款新的鞋子就生产出来了（见图7–13）。

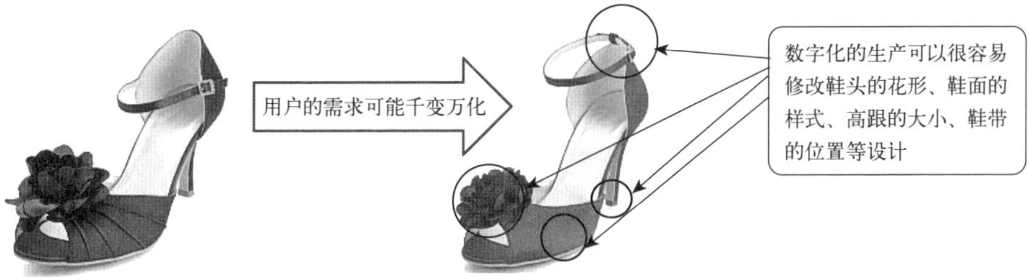

图7–13　个性化的需求可以通过修改数据包来实现

3D打印技术为满足消费者个性化的长尾需求提供了契机，将开启一个制造业的新时代。在这个新时代，因为3D打印机正在走进家庭，生产活动可能在工厂之外的地方进行。更复杂的情况是，每款3D打印机的打印范围可能不同，你的能打印鞋子、我的能打印杯子、他的能打印玩具……为了找到合适的3D打印机，必须进行搜索。

不妨假设一位女性消费者心仪的高跟鞋是这个样子：玫瑰花的立体花形；5.5厘米的高跟，后跟为圆形，圆形面积为0.8平方厘米；鞋面有细条纹，条纹间隔为1.5厘米……其要求可能无比细致且千奇百怪，传统制造业绝对无法实现，但在3D打印时代，“想法即产品”，一个完整的设计、生产、消费流程在很短的时间内就能完成：首先上网搜索类似产品的数据包，或者搜索懂得修改这个数据包的设计师，再委托他按照新的要求进行修改，一个有经验的设计师可能在几分钟之内就能够完成修改；这之后，进入生产环节，消费者要寻找愿意给她提供打印服务的3D打印机，这又需要搜索，当然，她最后可能就在自己居住的小区附近找到了合适的打印机，双方达成协议之后，就可以委托生产。

这个搜索的过程，就是计算。我们前面谈到过，搜索就是一种计算，而且是一种典型的基于大数据的计算。在这里，通过搜索，社会需求和生产资料将实现动态的、实时的、最经济的对接；搜索完成之后，委托、授权对方进行设计、生产的过程就是众包。

当然，未来可能出现一个互联网平台，拥有3D打印机的生产方也可以在这个平台上通过搜索主动寻找其潜在客户，提前感知并且响应用户的个性化需求。这个平台将不仅仅是现在的"电商"平台，还将是"互联网制造"的平台！生产方和消费方在平台上通过搜索对接，完成整个设计、生产和消费流程。也就是说，通过搜索和计算，全社会的生产需求和社会资源将在最短的时间内，以最经济的方式实现对接，数据和计算将是未来生产制造的CPU（中央处理器）！

2012年，中国科学院的研究员王飞跃先生率队考察了美国的加式制造产业。他认为，这场新的产业革命已经触手可及，未来的新型制造模式可以称为"社会制造"。所谓社会制造，"就是利用3D打印、网络技术和社会媒体，通过众包等方式让社会民众充分参与产品的全生命制造过程，实现个性化、实时化、经济化的生产和消费模式。在社会制造的环境中，大批3D打印机形成制造网络，并与互联网、物联网和物流网无缝连接，形成复杂的社会制造网络系统，实时地满足人们的各种需求"（见图7–14）。[12]

图 7–14　大数据：社会制造的CPU

对于社会制造这种新的生产模式，虽然还有诸多细节有待想象和商榷，但可以肯定的是，人类社会对个性化产品的需求，犹如隐藏在海底的冰山，非常巨大，只不过受制于上百年传统减式制造的局限，它一直被静静地抑制在海水之下。随着3D打印机的普及，个性化消费的需求将会大规模爆发。未来的任何一件产品，在传统减式制造和现代加式制造之间，都可能存在一个“平衡点”，对生产的规划，就是要通过计算找到这个平衡点，即确定哪些款式仍然是大规模的短头需求，哪些需求是长尾需求。前者因为量大，在工厂的流水线上生产仍然可以获得大规模的经济效应；而后者无法形成规模效应，必须留给社会上的3D打印机去生产制造。每种产品的平衡点当然都各不相同，而且随着制造能力的变迁，这个点还会移动（见图 7–15）。

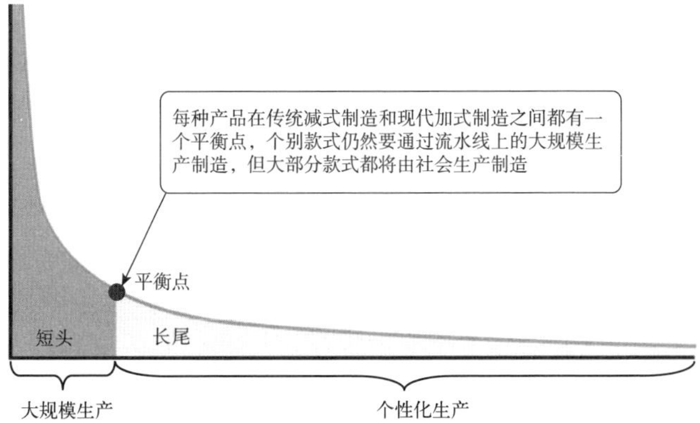

图 7–15　未来的生产制造：首先通过计算，确定两种制造模式之间的平衡点

美国政府对3D打印、社会制造非常重视。2011年以来，美国总统科技顾问委员会（President's Council of Advisors on Science and Technology，PCAST）连续发布两份报告[13]，向总统和国会提出建议，必须确保美国在这场制造业革命中的领导地位。在连续几年的国情咨文中，奥巴马都专门提出要把3D打印作为创新重点，强调通过这种社会化的制造，使制造业回归美国。奥巴马还在2012年前后相继成立了白宫高级制造办公室、高级制造联合委员会，并批准投资10亿美元，在全国成立15个加式制造创新中心。截至2013年底，已经投建了5个。2013年7月，奥巴马又要求国会追加拨款，将建设15个加式制造创新中心的计划扩大到45个。

数据之巅：通向智能型社会的挑战

2012年8月，谷歌宣布，其旗下十多辆无人驾驶汽车已经完成了50多万公里的安全行车测试。在整个过程中，车队只发生过两起轻微的交通事故，事后的判定还证明，责任并不在无人驾驶汽车。

无人驾驶，是指汽车自动行驶、完全不需要人的干预，其本质是把驾驶的任务“外包”给算法。一个好的算法固然重要，但对谷歌无人驾驶汽车而言，其价值最为昂贵的部分并不是算法，而是其全身上下装备的激光雷达、摄像头、红外相机、GPS（全球定位系统）和一系列传感器等感应设备，仅激光雷达一项就7万美元，约占其全部装备价值的一半。正是通过这些感应设备，无人驾驶汽车不断地收集路面的情况、汽车的地理位置、前后车辆精确的相对距离、车流的移动速度、道路两旁出现的交通标识和前方的交通信号等数据。

可以想象，这些实时收集的数据就相当于人类的眼睛，对无人驾驶汽车非常重要，但这还远远不够。在汽车上路之前，谷歌必须派出大量工程师亲自驾车在所有的道路上行驶，以收集各个路段的物理特点数据，然后把这些数据添加到一个高度详尽的立体地图上。当无人驾驶汽车在路上行驶时，它通过从传感器和摄像头上收集来的数据，首先与系统已有的数据进行对比和分析，以快速识别自己的方位和环境。这种对比分析，每秒钟进行上百万次。根据这些分析结果，算法在极短的时间内，判断是应该减速、加速、换道还是拐弯。例如，系统在对两种数据进行对比之后，会提示汽车前方一公里处有一个交通灯，准备识别信号的颜色；如果没有这种提示，临近现场时才开始识别，难度就会大大增加。又如，通过和原来收集的数据对比，无人驾驶汽车才能识别路边的物体是原来就有的路灯杆还是其他障碍物，或者是正在移动的行人。

可见，无人驾驶汽车完全是个大数据项目，而且其成功的关键，首先在于数据的收集，就此而言，谷歌也还不是完全的胜者，无人驾驶汽车目前最大的技术瓶颈还是数据。例如，道路、地形等原始数据的收集工作可能是在天气良好的情况下进行的，如果天降大雨或者路面被积雪覆盖，整个世界的面貌发生了改变，和原来收集的数据进行对比可能就不管用了，这样无人驾驶汽车就无法精确地确定方位，大数据的自动导航也就宣告失败。而且，没有事先收集数据的地方，无人驾驶汽车根本就不能去。例如，中、印、韩等国不允许谷歌在自己国家为其地图收集数据，这也就意味着，谷歌的无人驾驶汽车未来根本不可能进入这些国家，因为没有数据！

全世界的汽车巨头，如通用、丰田、奥迪、福特都在加大对无人驾驶汽车的研发和测试，各大汽车公司都同意，其中最重要的任务，就是大数据的采集。为了解决这个问题，欧洲的汽车巨头沃尔沃甚至提出了一个“公路列车”的新理论：公路上的车队犹如一辆辆汽车组成的一列火车，火车只需要车头的正确带领，整个车厢就都可以前进，如果公路上的汽车也有个“头车”，大部分车辆就能跟着走。换句话说，大数据的实时分析和处理只需要头车做好就行了，其他车可以跟着头车走，这意味着，未来的无人驾驶汽车并不是辆辆都要具备大数据的实时导航处理功能，只要能在公路上找到头车就行。按照这种设计思想，2012 年 5 月，沃尔沃组织了一个 5 辆车的车队，只有头车有人驾驶，这 5 辆车在西班牙巴塞罗那的公路上顺利完成了 200 公里的测试。2013 年 12 月，沃尔沃公司宣布，它已经取得了瑞典国家交通管理部门的同意，于 2017 年在瑞典的第二大城市哥德堡投放 100 辆无人驾驶汽车，由普通的市民自由陪驾测试。

拓展话题：无人驾驶汽车将引起一系列社会变化

无人驾驶汽车对人类社会将要产生的影响，并不仅仅局限于汽车行业。随着人类从驾驶中解放出来，未来的汽车不仅是交通工具，还是移动的娱乐中心、工作间和休息室。因为是由软件控制的，没有人驾驶，无人驾驶汽车将减少一批传统汽车必须装备的操控设备，例如油门踏板、刹车踏板和方向盘，这意味着车重减轻、耗油量下降，将为全世界节省不少能源。此外，研究表明，90% 的交通事故都是人为原因造成的，例如情绪不佳、酒后驾车、疲劳驾驶等，但把驾驶的任务交给算法，算法没有情绪，也永远不会疲劳，据保守估计，人为原因导致的交通事故将下降 80%，这不仅能够减少社会损失、提高人类的生命安全，也将重构未来的保险行业。

谷歌和沃尔沃的努力，无疑将推动无人驾驶汽车的市场化，至于何时才能市场化，这也是全世界都在讨论的话题。汽车是工业时代兴起的标志，大数据是信息时代半个多世纪结出的硕果，通过无人驾驶汽车，两者正在融合对接。这种融合对接标志着人类正在进入一个全新的时代：智能化时代。

而且，和谷歌无人驾驶汽车一样，这个智能时代也是由数据驱动的。

这是因为，无论是信息、知识，还是机器智能，在大数据时代，都是以数据为载体存在的。数据是对客观世界的记录，当我们赋予数据背景时，它就成为信息；信息是知识的来源，当把信息提炼出规律的时候，它就上升为知识；知识是智能的基础，当电脑、网络、机器能够利用某种知识进行自动判别并采取行动为人类服务的时候，机器智能就产生了（见图 7–16）。

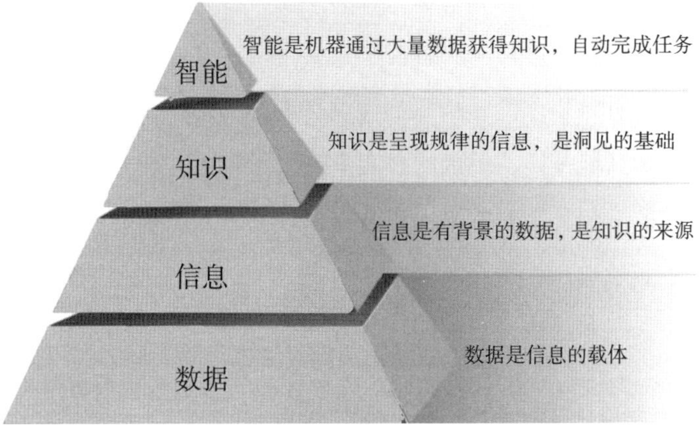

图 7–16　数据之巅：用数据训练机器，使机器获得智能，为人类提供自动化的服务

大数据的出现，是人类大量记录世界的结果。大数据可以推进科学研究、改善社会治理、提高企业的运营效率和赢利能力，但归根结底，相比于小数据，大数据新的效用可以概括为两个方面：一是通过大规模的数据整合和挖掘，发现新知识，实现“1+1 ＞ 2”的数据增值效果；二是通过大量的数据训练机器学习，实现自动化，这相当于赋予机器智能，使机器自动完成曾经种种必须由人类亲力亲为的工作，推动人类向智能型社会迈进，而这堪称人类使用数据的巅峰状态。

类似于无人驾驶汽车，由大数据驱动的智能化的例子正在大量涌现。

也是在 2012 年，一种新型的智能学习平台在美国兴起，成为高科技领域创新和投资的重点，其中不少公司已经获得了初步成功。这种智能平台可以实现全球几十万人同步学习，在同一时间听取同一位老师授课，做同样的作业，接受同样的评分标准和考试。这意味着你即使身处非洲，也能和哈佛大学的学生一起学习、听哈佛的教授讲课。更关键的是，这是一个智能平台，可以对学习者的学习行为进行自动提示、引导和评价，从而弥补没有老师面对面交流指导的不足。

和谷歌汽车一样，平台的智能来自大量数据。单个个体学习行为的数据似乎是杂乱无章的，但当数据累积到一定程度时，群体行为就会在数据上呈现一种秩序和规律。通过收集、分析大量数据，就能总结出这种秩序和规律，然后把这种规律变成不同的算法，和新的学习者的学习行为进行对比，为他们达成最佳的学习效果进行提示和导航，每个学习者都可能得到个性化、有针对性的辅导。

可见，数据还是关键。为了收集更多的数据，各个公司、大学的在线学习平台几乎都向全世界免费开放。有更多的学习者，才能收集更多的数据；有了数据，它们才能研究世界各国男女老少等不同学习者的行为模式，进而打造更好的智能学习算法。

就此而言，大数据就是大智能。数据好比人类的新土壤，正是依托于这片土壤，智能型的文明才得以滋生繁衍，土壤越广袤，其孕育的新文明才越有生机和活力。

对于数据的重要性，谷歌的首席科学家诺维格（Peter Norvig）曾感叹说："我们没有更好的算法，谷歌有的，只是更多的数据。"[14] 这种说法虽然略有夸张，但揭示出信息技术的一个发展方向：数据正逐渐成为当下竞争的关键、发展的瓶颈。

由于摩尔定律催生的硬件技术飞速进步，存储能力、计算速度已经不是信息技术发展的瓶颈，硬件算得再快、变得再小，我们人类可能已经感觉不到，这是因为，计算机的能力并不仅仅取决于计算的速度和存储器的容量，两者完全不成正比。就像在公路上，一辆车能开多快并不仅仅取决于这辆车的马力，还有车流的速度、公路的质量、红绿灯的多少，这些因素都限制了车速，它们才是真实世界中提高车速的瓶颈。对计算机而言，瓶颈在不断发生转移，曾经从硬件转到软件、算法，但现在正在向数据转移（见图 7–17）。

图 7–17　人类信息技术瓶颈的转移过程

拓展话题：硬件的发展不是当下技术的瓶颈

英特尔 22 纳米的晶体管已经于 2012 年 4 月上市，该公司占据了全世界 80% 以上的个人电脑芯片市场，2013 年，它还宣布要进军智能手机市场。随着晶体管变小，可以预计，手机的功能还将增强，同时体积将变小。强大的计算能力意味着更多的云端计算可以转往本地，速度会更快。但即使转往本地，我们作为终端用户，很多时候已经感觉不到这种计算速度的提高了。而且，正是因为计算能力太过强大，机身的散热和继电问题成为手机制造过程中的新挑战。

因为机器学习的长足进步，现在算法的好坏也和数据紧密相关。算法是运用数学和统计学的方法和技巧，解决某一类问题的特定步骤，其核心是建立模型。但建模首先需要的就是数据，在过去很长一段时间内，由于数据不足，人类只能设计一些小的模型或者浅的模型。十几年来，数据逐渐变得充沛，才可以构建更大、更深度的模型。前文还提到，通过向计算机“喂取”数据，算法可以自动调适自己的参数，喂的数据越多，算法就可能越好、越完善。换句话说，拥有了更多数据，算法就可能更强大，软件的性能就可能更好（见图 7–18）。

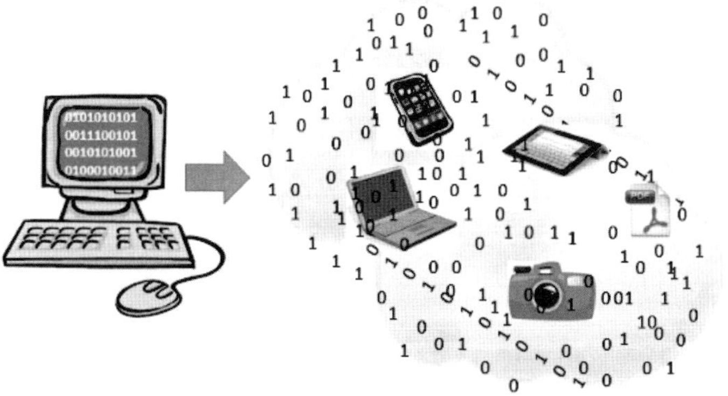

图 7–18　软件：从包含数据到被数据包围

在信息时代的早期，信息系统（即软件）是收集数据的主要手段。那个时候，数据可以说是被软件包含；在今天的大数据时代，数据无处不在，软件可以说已经被数据包围了。这种被包围的态势，也推动了软件的升级。

智能时代的到来，还表现在人机交互的形式上。

人机交互，即人类如何控制电脑，如何与电脑交流。第一次人机交互革命发生在1984年，苹果电脑的操作系统采用了简称为WIMP的图形界面，而在此之前，人类必须通过代码和计算机交流，这就意味着，只有通过专业的培训才能操控计算机，非常不方便。WIMP的图形界面，就是我们非常熟悉的、今天还在使用的视窗系统，即以窗口（Window）、图标（Icon）、菜单（Menu）以及鼠标（Pointer）这四大要素为组件的图形化界面。通过这个界面，用户可以借助鼠标的点击完成电脑操作，达到“所见即所得”的目的。它因美观、友好、快捷而大受欢迎，事实上，作为第一次人机交互革命的成果，图形化界面是促使计算机成为大众消费品的重要原因之一。

而当前，我们正在见证人机交互的界面再次发生深刻的革命，这一次，我们将把图形变为声音，即通过声音控制电脑，实现智能交互，最终把“人机交流”变得像“人人交流”一样简单、直接。

由于智能手机的普及，手机将成为全世界最中心的计算设备。屏幕变得越来越小，即使图形再简洁，也不方便我们用手点击。智能交互势在必行！

智能交互的形式也已经出现，例如谷歌提供的语音搜索、苹果手机提供的智能语音助手Siri等。苹果的Siri已经可以理解用户的生活语言，帮助用户完成一些简单的日常事务，例如发送信息、安排会议、拨打电话等。未来，类似的“个人助理”可以完成更多事务。不过，它的成功也取决于数据：“个人助理”必须收集大量的用户行为数据，在分析这些数据的基础上，才能为个人提供智能服务。例如，你想写封邮件，可以和手机展开以下对话。

你：我想发封邮件给韩寒。

手机：你想跟他说什么？

你：2015 年 1 月 1 日，我们在北京见面。

手机：你在 1 月 1 日上午已经有一个约会了。

你：那就安排在下午两点。

手机：是上海的那个韩寒吗？（你的联系人当中可能还有一个叫“韩涵”的同音的名字。）

你：对。

手机：邮件准备好了，是保存还是发送？

……

拓展话题：统计语言模型

下一代人机交互界面的核心技术是自然语言处理、语音识别、声音合成等，即实现文本和声音这两种数据之间的转换，使计算机不仅听得懂人类的语言，还可以开口说话。人类的语言其实极为复杂，计算机并不是真的像人一样聪明，可以理解人类，而是通过大量数据建立语言模式，进而“理解”人究竟说的是什么，这种技术被称为“统计语言模型”（Statistical Language Models, SLM）。

未来的这种人机交流，在一定程度上，甚至比人人交流还要简单，因为面对机器，你不用说“请”“对不起”，可以省去人际交往中的一切繁文缛节。人机交互的这种革命将改变我们对计算机的认识和态度甚至感情，人类将更加仰仗计算机，人与计算机进入一种更为亲密的人机共生状态。这种以声音为载体的人机交互形式，也将拉动下一轮的软件创新和增长，蕴藏着无尽的商机。

通过人机交互，我们也可以更好地理解何为智能时代以及这个时代和以前的区别。在前智能时代，是人努力向机器靠拢，通过掌握使用机器的技能，让机器为自己服务；在智能时代，是机器开始向人靠拢，主动理解人、为人服务。

前智能时代：人通过学习，掌握机器的使用方法，本质是人去适应机器。

智能时代：机器通过“理解”人的语言来适应人、为人服务。

除了用声音和机器交流，大部分科学家都相信，未来人类将可以用眼睛和脑电波直接与计算机交流，事实上，这些技术的雏形都已经出现（见图 7–19）。

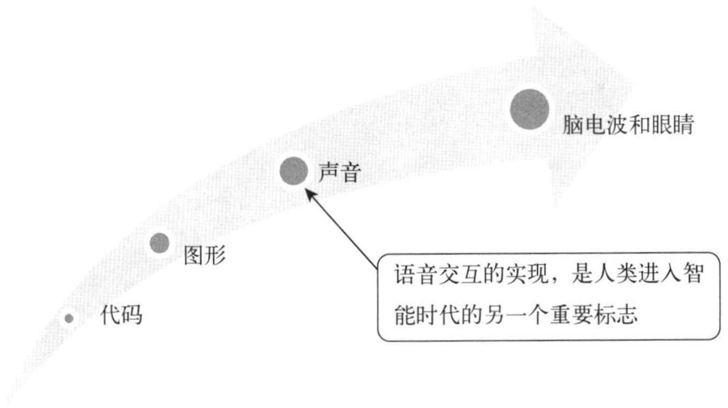

图 7–19　人类和计算机交互方式的变迁

机器向人靠拢，主动理解人、适应人，其终极形式莫过于机器人。近几年，在大数据的驱动下，机器人产业也有了巨大发展，IBM设计的机器人“沃森”就是其中的突出代表。之所以命名为“沃森”，正是为了纪念我们前文提到的IBM创始人托马斯·沃森。2011 年 2 月，“沃森”参加美国的电视综艺节目《危险边缘》（*Jeopardy!*）。该节目采取智力竞赛的形式，由主持人自由提问，两边是节目海选出来的两位堪称全美最博学的人，中间是机器人“沃森”，问题可以涉及天文地理，也可以涉及明星八卦。“沃森”在接收到问题之后，会同时运用不同的算法，在两亿个文档中计算答案。如果由不同的算法找到了相同的答案，就证明答案的正确率很高，“沃森”就会按下抢答器，再用语音合成技术读出答案。“沃森”在和人类打了两轮平手之后，最终在第三轮胜出，赢得了100万美元的奖金。唯一不足的是，受限于我们上文讨论的人机交互界面，“沃森”以文本的形式接收问题，而不是声音（见图7–20）。

图 7–20 《危险边缘》的节目现场：“沃森”和其他两位参赛者

中间位置上的标志代表“沃森”，当时“沃森”的体积其实很大，可以占小半个房间，因此放在幕后。2014年1月，IBM把“沃森”的体积缩小到三个比萨盒一般的大小，人可以提着走，这再次证明了人类硬件技术的快速进步。“沃森”每秒可处理500吉的数据，这相当于100万本书。在比赛时，为了提高运算速度，IBM还把所有的数据放置在内存而不是硬盘里，即我们前文提到的“内存分析”技术。（图片来源：电视截屏）

在 20 世纪 90 年代，也有一台机器因为具有智能而名噪一时，它就是“深蓝”。“深蓝”在国际象棋比赛中击败了世界冠军卡斯帕罗夫。当年的“深蓝”，可以说是算法驱动的，随着算法的完善，卡斯帕罗夫其实是必输无疑，原因我们在上文也提过：人是有情绪的，情绪的波动就可能导致错误，而机器永远在冷酷地计算，只要有了完备的算法，就不会出现任何失手。但和“沃森”相比，“深蓝”只会做一件事——下棋。今天的“沃森”是大数据驱动的，你无论问它什么，它都可能回答得比人还要准确、还要快。2013 年 2 月，参加过比赛的“沃森”又找到了新工作：在纽约的一所癌症专科医院“坐诊”，辅助医生诊断病人。

未来已经来到我们中间，只是还没有均匀地分布到生活的各个角落！从无人驾驶汽车、智能学习平台、个人语音助理以及机器人领域取得的进步中，我们可以看到这个智能型社会的种种端倪。这将是一个由数据驱动、由算法定义的世界，自动化将接管越来越多的工作。毫无疑问，这是人类的福祉，人类将从中获得更大的解放，但同时，这个新的社会形态也将给人类带来空前的挑战。

2012 年 9 月，美国重思机器人公司（Rethink Robotics）推出了一款名为 Baxter（巴克斯特）的商用机器人，这款机器人具有基本的“学习”能力，通过一小时的培训，它就可以在流水线上独立完成装货卸货、打包拆箱、检查和装配零件等重复性的工作，一台 Baxter 的售价仅为 22 000 美元，这远远低于一名普通美国工人的年薪。更重要的是，机器人不需要公司购买医疗保险、不会请假、不会抱怨、不会要求涨工资，可以保持同样的工作状态 5 年、10 年甚至几十年！

这款机器人的出现，引起了美国社会的热烈讨论。大部分科学家、经济学家都相信，随着智能时代的到来，那些重复性的、日常性的工作将逐渐被机器人接手。在这些岗位上，计算机甚至比人还可靠，它们能把工作做得更好。2013 年 9 月，英国牛津大学马丁学院的科研人员研究了自动化对人类就业市场的影响，他们在报告中总结说，在未来 20 年内，今天美国社会 45% 的工作，都可能被自动化和机器人接手。[15]

45%！这是任何社会都无法承受的失业率。

2014 年 1 月，在达沃斯世界经济论坛上，谷歌的董事局主席施密特（Eric Schmidt）也表达了类似的忧虑。他讲到，由于信息技术的进步，越来越多的工作将从人类的手中流失，失业将引发各种严重的社会危机，发达国家现在就必须思考如何应对这些挑战。

有经济学家甚至建议要开征计算机税，使用计算机和自动化越多的公司，必须缴纳越多的税收，国家可以用这部分钱补贴失业群体。

这种情况会不会出现，我们首先可以以史为鉴。今天美国社会的转型，和 100 多年前从农业社会向工业社会的转型颇有相似的地方。当时，工作机会从农业大规模地向工业转移。100 年前，每 3 个美国人当中就有 1 个农民，而今天的美国，只有 2% 左右的农民，即每 50 个人中有 1 个农民，但生产的粮食不仅能够自给，美国还是世界上最大的农产品出口国，也就是说，其产量远比 100 年前还多。当时，机器广泛地代替了人力，失业问题也曾令当时的建设者困扰万分。1884 年，当赖特成为美国第一任劳工统计局局长时，他在全国反复调查统计的一个问题就是：机器的出现到底是增加了还是减少了就业机会？赖特最后的发现是，机器虽然取代了人力，但机器的出现还是增加了就业机会。其中的原因是，工业产品极大地刺激了全社会的需求，最终，工作机会的蛋糕变大了，而且变得很大，和它相比，机器对人力的取代只是很小的一部分。

但向智能社会转型的挑战又有不同的地方，形势更为严峻。首先问题是，我们的蛋糕是不是还会变大？

Instagram（照片墙），一款基于互联网的照片分享应用程序，拥有3 000多万用户，直到2012年4月被脸谱网用10亿美元的高价收购时，整个公司只有13个人。WhatsApp（瓦次普），一个基于智能手机的社交媒体软件，在全球拥有4亿用户，在2014年2月被脸谱网以190亿美元的天价收购时，整个公司只有53个人。而脸谱网本身，在全世界拥有10多亿用户，全公司不足2 000人。相比之下，几乎在全世界都拥有用户的推特公司更小，只有300余人。但在2013年被数字化技术击垮、宣布破产的柯达公司，其雇员最多时高达15万人，堪称工业时代的行业巨人。今天的企业，首先在基因上就完全不同于工业时代的劳动力密集型企业。未来智能社会的主流企业，一定是知识密集型企业，就企业的大小而言，它将变小，而绝不是变大。此外，无人驾驶汽车、智能学习平台的出现，都会削减原来存在的工作机会，例如，随着无人驾驶汽车的普及，司机这个行业可能会彻底消失。前文在介绍普适计算时提到，美国费城把RFID标签安装在垃圾桶里，以优化垃圾收集的路线和频率，这个措施导致当地垃圾收集人员的队伍缩减了1/3。除了自动化，新的商业模式也会消减工作机会，前面在介绍众包时提到的Airbnb住房分享网站，通过它可以把个人的余房出租给有需要的游客，这毫无疑问也将冲击一些低端的酒店，其工作人员就极有可能失业。

美国之类的发达国家将首先遭遇这些挑战，但这场智能化的革命，将像旋风一样，逐步席卷整个世界。中国也将面临这些挑战，这仅仅是个时间问题。

可以肯定，由于各国文化以及应对战略的差异，信息技术的进步将给每个国家带来不同的影响。但在全球化大背景下的今天，向智能型社会的迈进其实也是一场世界范围内的竞争，中国政府如何应对，值得认真思考，特别是在变化发生的早期阶段，有效的战略部署将对未来的发展起到决定性的作用。

摆在中国政府面前的选择有很多，个中头绪可谓千丝万缕。但我相信，有一点一定是关键，这就是教育：通过教育提高全民素质，让民众具备应对这种转型和挑战的技能，适应新时代的需求。回望工业革命时的情景，欧美等国家和地区都建立了大量学校，用来培养产业工人。今天，我们需要学校培养更多的知识工作者，例如软件工程师和数据科学家，这将显著提高中国在这场全球转型中的竞争力。

这是工作机会的大规模转移，它对教育的需求也是海量的、多样的。中国做得好，还可以在世界范围内输出人才、输出知识，帮助其他国家和地区应对这些挑战。但依靠现有的教育系统，每一个国家，包括美国，都不可能完成这个挑战。前路何在？回到我们刚刚讨论过的智能学习平台，只要有根网线，就可以使用世界一流的教育资源，一名老师可以同步为几十万人授课，这将为无数的普通人提供免费学习、终身学习和随时随地学习的机会。这种智能学习平台的推广和普及，可能是全世界应对向智能型社会转型最有效的工具。

正所谓，技术的发展给我们带来了难题，同时又给我们开出了处方。大数据给人类带来了挑战，也带来了新时代的曙光。人类终将受益于技术的发展和进步，在即将到来的智能时代获得更大的自由和解放。

注释

1 摩尔 1965 年发表该定律时，认为这个周期是一年；1975 年，他修订为两年。也有人认为，这个周期是 18 个月。

2 Long-Term Productivity Mechanisms of the Semiconductor Industry, R. Goodall, D. Fandel, H. Huff. International Sematech, 2002.

3 The Staggering Pace of Technology, Geoff Colvin, CNN, August 31, 2010.

4 算法是运用数学和统计学的方法和技巧，解决某类问题的特定步骤。

5 《亚马逊是要逆天了吗？“预判发货”专利，顾客未动包裹先行！》，www.yixieshi.com，2014–01–19。

6 关于人类数据分析技术的演进，有兴趣的读者请参阅我在《大数据》一书第四章“商务智能的前世今生”中的阐述。

7 “Above the Law?”, *Sun Sentinel*, February 11, 2012.

8 “Cops Hitting the Brakes”, *Sun Sentinel*, December 30, 2012.

9 《拥抱大数据时代 华师大校园饭卡显关爱》，载《经济观察报》，2013–07–22。

10 袁建彰：《男人一看球，女人就购物？》，载《信息时报》，2012–06–22。另外，《武汉晨报》《中国经济周刊》以及多个地方电视台都有类似的报道。

11 查阅和截屏的日期为 2014 年 2 月 7 日。

12 王飞跃：《从社会计算到社会制造：一场即将来临的产业革命》，载《中国科学院院刊》2012，27（6）。

13 两份报告的英文名称分别为：（1）Ensuring American Leadership in Advanced Manufacturing,（2）Capturing Domestic Competitive Advantage in Advanced Manufacturing。

14 英语原文为：“We don’t have better algorithms. We just have more data.” — Peter Norvig, Chief Scientist, Google

15 The Future of Employment: How susceptible are jobs to computerisation? Working Paper, Oxford Martin Programme on the Impacts of Future Technology, 19 Sep 2013.

第八章　智慧城市：正在拍打世界的浪潮

未来十年，最重要的政策制定，将发生在信息技术与社会变化的交会之处。

——本书作者，2014 年

第七章谈到，大数据浪潮源于人类记录范围的不断扩大。随着数据量的激增，人类可以从数据中发现更多的知识，但使用数据的巅峰形式，是训练机器从大量的数据中获得智能，从而自动为人类完成越来越多的工作，最终，大数据将引导人类进入一个“无处不计算”的智能时代。

在这个新的时代，机器智能将体现在人类生活、工作的方方面面，例如交通、医疗、教育、家电、公共安全、工业制造等，每个领域都会出现大量的自动化现象，但几乎所有这些领域，最后都要在一个点上交叉会合。

这个交点，就是城市。

西方和东方：聪明和智慧

城市，是人类社会大量人群聚集的区域，因为人的高度聚集，人类的最高文明也在城市滋生繁衍。人类的文明史，一定程度上，就是城市的进化史，特别是近半个世纪以来，对城市的研究和探索，就是人类对未来生活的美好想象。2008 年 11 月，IBM的董事长彭明盛在美国对外关系委员会的演讲中，对未来全球的任务进行了前瞻性的展望，提出了智慧地球和智慧城市的理念。[1] 这个时候，这家于 1911 年从打孔机、制表机起家的小企业，已经成为全世界信息技术领域的百年老店和行业领袖。IBM认为，人类的信息技术发展已经进入了新阶段，通过“全面感知、充分整合、激励创新、协同运作”，城市管理可以迈向智慧的新时代，实现高效、智能的发展。

智慧城市理念的提出，一定程度上，可以视为人类向智能时代迈进的先声。准确地说，彭明盛 2008 年提出的是“Smart City”（智慧城市），“smart”在英文中有“聪明”“敏捷”“灵巧”的意思，所以“Smart City”对应的中文翻译应该是“聪明城市”。“Smart City”的提法，在英文世界很早就有，并不是IBM的首创，但通过IBM的阐释，“Smart City”在全世界范围内获得了更高的认可度（见图 8–1）。

这个概念当然也传到了中文世界，但中国人翻译的时候，因为语言习惯等原因，“Smart City”被译成了“智慧城市”。严格地说，“智慧”一词对应的英文单词应该是“wisdom”，“聪明城市”的所指，主要停留在物理和硬件层面，而“智慧城市”的译法，则把文化的软因素带进了城市建设当中，当然更加“高大上”，但要建设智慧城市，标准和要求也无疑更高（见图 8–2 和图 8–3）。

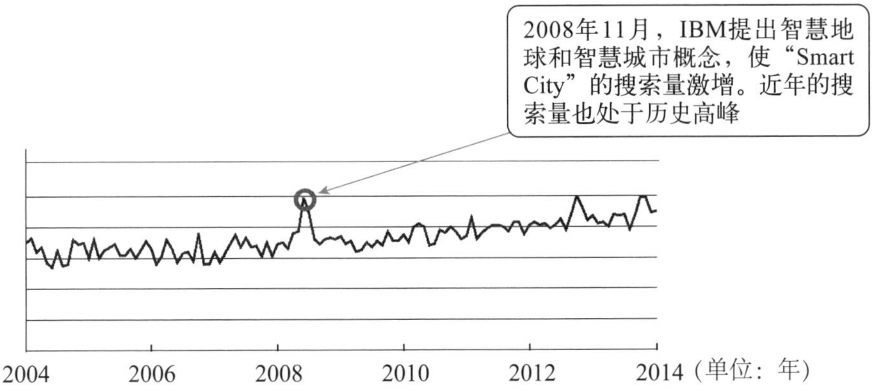

图 8-1　“Smart City”英文世界搜索量的变化趋势

（2004 年 1 月至 2014 年 1 月）

谷歌的搜索就是典型的大数据应用，每个单词的搜索量在不同时段的变化，反映了人们当下的需要，也反映了一个单词在全社会的认可度和流行度。上图说明，早在2004年，英文世界就有了“Smart City”的提法，IBM的阐述只是让它变得更加流行。[图 8-1 至图 8-3 的数据均来源于Google Trends（谷歌趋势）。]

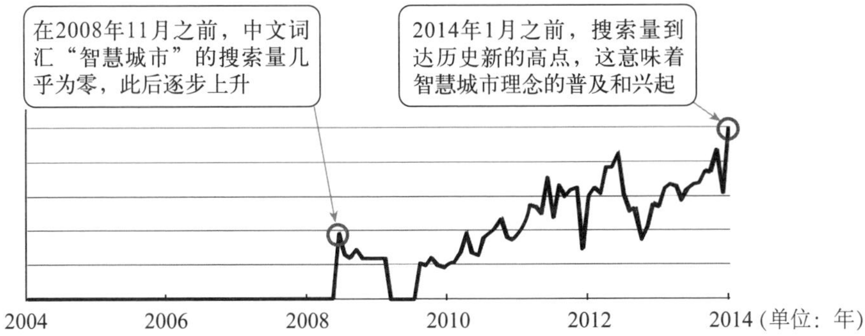

图 8-2　中文词汇“智慧城市”搜索量的变化趋势

（2004 年 1 月至 2014 年 1 月）

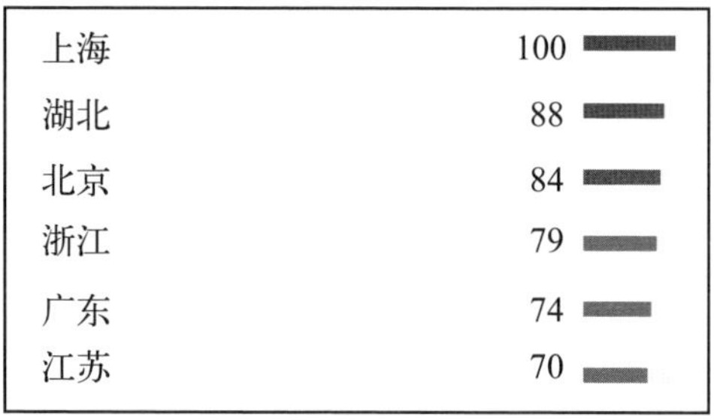

图 8–3 中国“智慧城市”搜索排行榜：上海的“智慧”意识最强

（2004 年 1 月至 2014 年 1 月）

上图表明，排名第六位的江苏，其对“智慧城市”这个词汇的搜索总量约为上海的 70%。

诚如彭明盛所言，IBM之所以能够提出这个理念，还是因为信息技术的进步。最早的信息系统或者说软件，专注于个人应用，例如Word等办公软件；到了 20 世纪 90 年代，以企业为单位的大型信息管理系统开始出现并遍地开花，例如ERP（企业资源计划）等企业资源管理系统，这个时候，信息技术解决的问题不再是针对个人，而是跃升到了组织；到 2008 年IBM提出“智慧城市”，它又从“组织”跃升到了“城市”，单位再次扩大（见图 8–4）。IBM的雄心，是要在城市这个人类社会各项功能的交点上设计一套大型的、复杂的管理系统，或者说，是要让不同组织之间的信息系统建立数据连接。对IBM而言，智慧城市战略的提出，标志着这个信息领域的巨人开始向大型的复杂信息系统的服务和集成转型，近几年来，它不断切割自己曾经辉煌的个人电脑业务、服务器业务，正是这个战略的表现。

但智慧城市的提出，也和城市发展模式本身在不断遭遇挑战有很大的关系。

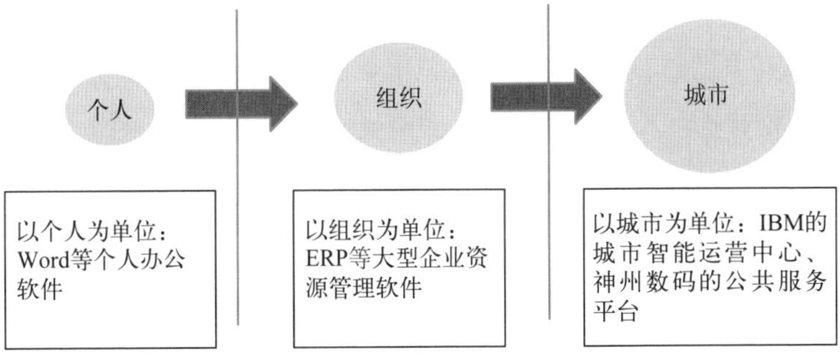

图 8–4　信息系统解决问题的单位不断扩大

2009 年，联合国秘书长潘基文宣布，全球有一半以上的人口都已经居住在城市，联合国还预计，到 2030 年，将有近 50 亿人口居住在城市。[2] 快速的城市化，是近百年来的世界性浪潮。1790 年，美国立国之初，仅有 5.1%的美国人口居住在城市，到 2000 年，这个比例已经超过了 75%，其中，镀金时代、进步时代两个阶段见证了美国高速城市化的过程。如今，这一幕又在一些发展中国家上演。以中国为例，30 多年来，中国城市化的速度大概是世界平均水平的两倍。根据中国第六次人口普查的结果，截至 2010 年 11 月 1 日，中国的城镇人口占总人口的 49.68%，和 2000 年之前相比，城市人口占比上升了 13.46%，这意味着 10 年间有近两亿人从农村涌入城市。[3]

快速的城市化，意味着城市区域及其人口规模的扩大，这使得城市的管理越来越复杂，也给城市的能源供应和环境保护带来了巨大挑战。近半个世纪以来，从东方到西方，从发展中国家到发达国家，世界各地大大小小的城市，都纷纷遭遇空气污染、交通拥堵、资源短缺、基础设施不足或者老化等严峻的问题。

智慧城市意味着高效发展、智能进步，这个提法触到了全世界政府官员、城市管理者的痛点，也因此被各国政府广泛接受。近几年来，世界各地有大量的城市在开展智慧城市建设，也有不少学者在研究这个现象，但作为一个新兴的概念，智慧城市目前尚无统一的定义与标准，在不同的阶段、不同的国家和地区以及不同的视角之下，其目标、内容、措施都有不同的界定。

虽然是一个理念，各自解读，但从表 8–1 世界各国对智慧城市的定义中，我们可以提炼出一些共同的元素：信息技术确实是核心的推动力量，但智慧城市的服务对象还是城市居民，他们才是城市生活的主体，市民的参与和使用，才能让技术真正释放出能量。此外，政府也是智慧城市建设中的重要一极，唯有通过其政策支持，才能使智慧城市变为现实。可以说，任何一项智慧城市的工程，都少不了技术支持、市民参与、政策配套这三个要素，也正是这三个要素之间的互相作用，让智慧城市的建设变得更加复杂（见图 8–5）。本章的论述，也将围绕这三个方面逐一展开。

表 8–1　世界各国对智慧城市的不同定义

代表人物及组织	年份	智慧城市的定义
Hall（美国能源部）[4]	2000	城市通过**监测和整合**各种重要基础设施的运营情况，包括公路、桥梁、隧道、铁路、地铁、机场、港口、通信、水电以及主要建筑物等，优化其资源配置，规划其维护措施，监督城市安全，同时最大化地服务城市居民
Giffinger等（奥地利）[5]	2007	在城市的智慧型努力和**独立公民**的自我决定活动这两个因素相结合的基础之上，城市在经济、人文、流动性、环境以及生活方面实施前瞻性管理
Harrison等（IBM）[6]	2010	通过物理基础设施、信息技术基础设施、社会基础设施和商业基础设施整合**群体智慧**（Collective Intelligence）的城市
Toppeta（意大利）[7]	2010	为提高城市的可持续发展性和宜居性，通过信息通信技术和Web 2.0 技术的结合，辅以其他组织、设计和规划努力，实现其管理的虚拟化，提高行政机关的办事速度，创新复杂性城市管理问题的解决方案

代表人物及组织	年份	智慧城市的定义
Washburn 等（美国）[8]	2010	采用**智慧运算**（Smart Computing）技术，使城市的重要基础设施和服务，如行政管理、教育、医疗卫生、公共安全、房地产、交通和公用事业等，实现更智能、更交互、更高效的管理
毛光烈（中国浙江）[9]	2012	建设智慧城市就是建设**信息化与城市化、工业化、市场化深度融合**的城市；就是智慧地利用云计算、互联网、物联网等新一代信息与网络技术，加快实现科学发展的城市；就是大力发展具有现代网络经济、现代网络社会、现代网络文化、现代网络生活、现代为民服务政府的城市
联合国国际电信联盟[10]	2013	智慧城市被定义为“**知识化、数字化、虚拟化和生态化**”的城市，根据城市规划者的不同目标，有不同的解释。我们认为，智慧城市是以信息和信息技术为基础设施，对当今城市功能和结构的一个改善
欧盟委员会[11]	2013	智慧城市被认为具有**可持续发展、经济型发展和高质量生活**等特点，这些可以通过物理性的基础设施、人力资本、社会资本和信息技术的基础设施获得
神州数码（中国）	2014	智慧城市是**信息时代的城市新形态**，是将信息技术广泛应用到城市的规划、服务和管理过程中，通过市民、企业、政府、第三方组织的积极互动，对城市各类资源进行科学配置，提升城市的竞争力、吸引力和可持续发展能力，实现创新低碳的产业经济、绿色友好的城市环境、高效科学的政府治理，最终实现高品质的市民生活

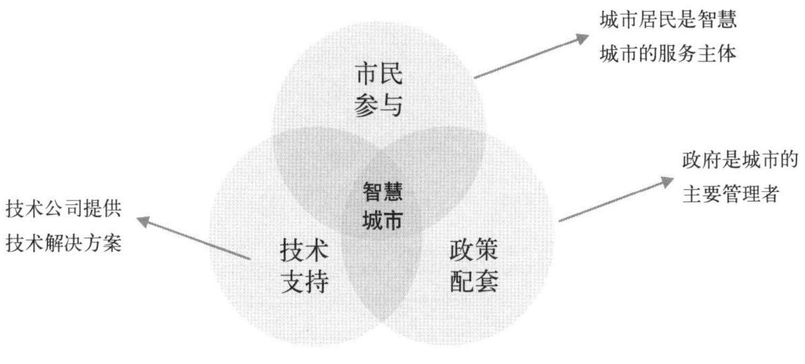

图 8–5　智慧城市建设的三个要素

为了进一步巩固自己的市场领袖地位，2010年，IBM宣布将投入5亿美元，无偿向世界各地的政府派出顾问团队，免费为全世界100个城市提供营建智慧城市的咨询服务，这当然又是一个“聪明”的计划。通过派驻工程师深入世界各地城市管理的一线，了解问题、发现痛点、制订解决方案，IBM很快宣布，公司已经在智慧城市方面建立了2 000个知识库，可以为城市打造“智能运营中心”，装备“精确收集、分析和反馈所有信息”的大型系统。从南美的里约热内卢到北美的波特兰、欧洲的荷兰，IBM活跃在世界各国智慧城市建设的一线，完成了一个又一个大型项目的建设。

作为全世界城市化最快的国家，中国也不例外。在这片拥有14亿国民、近700个城市的广袤大地上，智慧城市建设也方兴未艾。

目标锁定“城市平台”：神州数码对话录

2012年12月，北京上地9街9号。

这是中国最大的IT（信息技术）整合服务提供商神州数码公司的总部。

2010年，神州数码全面提出了智慧城市战略，成为中国本土智慧城市建设最重要的一支力量，堪称中国智慧城市建设的航空母舰。

面前坐着的，是这艘航空母舰的掌舵人：郭为。

起头的话题略带尖锐：“神州数码为什么在2010年提出智慧城市的战略？是不是跟在IBM后面亦步亦趋？”

“神州数码自成立以来，一直在提数字化中国和数字化城市，数字化是智慧化的前提，2010年的新战略是受到IBM的启示，但我们认为，中国到时候了，经过多年的数字化努力和积累，部分城市可以进行，也需要进行智慧城市的建设。”

“在IBM提出智慧城市之前，我们也一直在思考，希望找到战略的制高点。”在郭为回答的基础上，神州数码的首席执行官林杨做了补充。

作为首席执行官，林杨是这个大公司的当家人，这位浓眉大眼的北方汉子并不讳言自己当时的感受：“2008年11月，当听到IBM提出智慧城市的时候，‘咯噔’一下，我的心就落了下来。”

“为什么？”

我心里也一紧。

“我在心里喊了一声，糟了，制高点又被抢占了。”

林杨的这种感觉，相信这一代中国的本土企业家都很熟悉：我们还在追赶世界。通过十多年的努力，在信息技术这个新兴领域，中国和世界发达国家的距离在急速缩小，挺立在中国潮头的企业家在密切地关注世界、积极地思考，他们试图领先、试图超越、试图在国际竞争中不落于人后，有的时候只有几步之遥，但最终还是被发达国家占了先机。

我更关心的是，在智慧城市建设的世界性浪潮中，和其他国家相比，中国智慧城市建设的特点以及独特性究竟在什么地方？在美国，一谈到智慧城市，普通的美国人首先会想到城市交通，大量的智慧项目也集中在交通上。

拓展话题：从数字化城市到智慧城市

1998 年 1 月，美国副总统戈尔（Al Gore）首先提出了“数字地球”的概念，在全世界引起了很大的反响，此后，数字化国家、数字化城市等提法风行一时。数字化，是指对一切声音、文字、图像和数据等信息进行处理，将其转化为“0”和“1”的二进制代码，从而可以在计算机内部进行统一处理。2000 年，神州数码从原联想集团分拆成立之后，一直以“数字化中国”为使命，直到 2010 年才将智慧城市定位为公司最大的战略。

“交通拥堵是城市面临的重大挑战，这种拥堵表面上是车辆过多造成的，但出行的决定是人做出的。在 1.0 时代，城市的道路是平面的，到了 2.0 时代，出现了立体交叉的道路，但车辆增长得更快，公路还是不够用，就交通论交通是没有出路的。城市管理者要转变思路，不能一味地修路，而是要通过信息技术，通过计算，对城市的状态进行实时分析和预测，优化现有资源的使用情况，开创 3.0 时代。

“这个 3.0 时代，就是智慧城市的时代。神州数码的智慧路径是跳出车和道路，从数据和计算出发，通过打造一个平台——一个和城市生活息息相关、可以预测和分析的大数据平台，通过预测和分析来改变人的动机、优化人的行为！”

跳出车和道路、借助数据分析来改变人的行为和决定，郭为的话，令我想起了美国学者前几年做过的一项知名研究。加州大学洛杉矶分校（UCLA）的舒普（Donald Shoup）教授研究了洛杉矶 70 年来关于城市停车的历史数据[12]，他随后发现，该市有 8%~74% 的交通拥堵源于驾驶员在兜圈找停车位。他还用解剖麻雀的方法，聚焦研究了洛杉矶一个拥有 15 个路口的区域，发现因为兜圈寻找车位，这些车一年所产生的兜圈里程高达 93 万英里，这意味着 18 万升的汽油消耗以及 730 吨的二氧化碳排放。类似的研究纽约市也做过，他们也发现，在曼哈顿区一个拥有 15 个路口的区域，驾驶员平均要花 15 分钟绕 7 个路口、约 0.37 英里才能找到一个停车位，在高峰时期，会达到 14 个路口、约 0.7 英里。因为绕路找车位，该区域每年累计的不必要行程高达 30 多万英里，产生了 325 吨二氧化碳排放，城市居民因此浪费了 800 多个小时、13 万美元的汽油。可见，虽然只是小小的兜圈，但一旦在全社会加总，其浪费也是惊人的！针对这些问题，这几年，美国出现了多款基于手机平台的停车指示系统，例如美国创新型公司 Streetline 开发的手机应用程序 Parker，它可以给驾驶员提供动态的城市停车状况和收费情况等信息，帮助人们规划出行的时间、路线，并且通过 GPS 导航为驾驶员找到最方便的停车位，还可以用手机直接支付停车费，大大减少不必要的时间浪费、汽油消耗和环境污染。

但郭为的想法，比这还要大，交通情况的预测和分析只是其中的一部分，他想为城市的整个公共服务、市民的公共生活打造一个平台（见图 8–6 和图 8–7）。

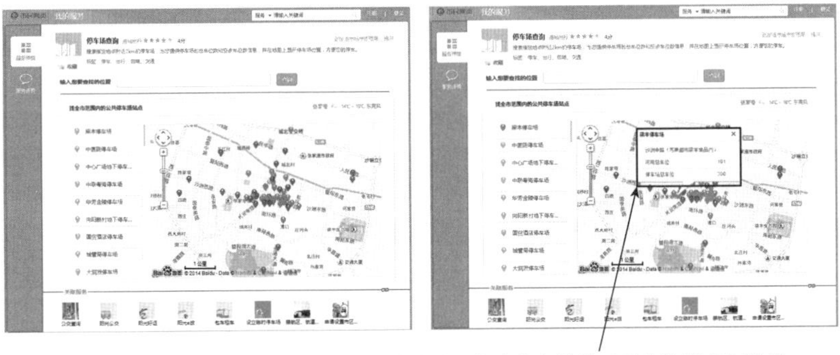

通过网络可以查看城市停车场的位置、大小以及每个停车场此时剩余的停车位数量

图 8–6　神州数码为江苏省张家港市打造的公共服务平台

图 8–6 至图 8–9 为神州数码公司提供的网络截屏。

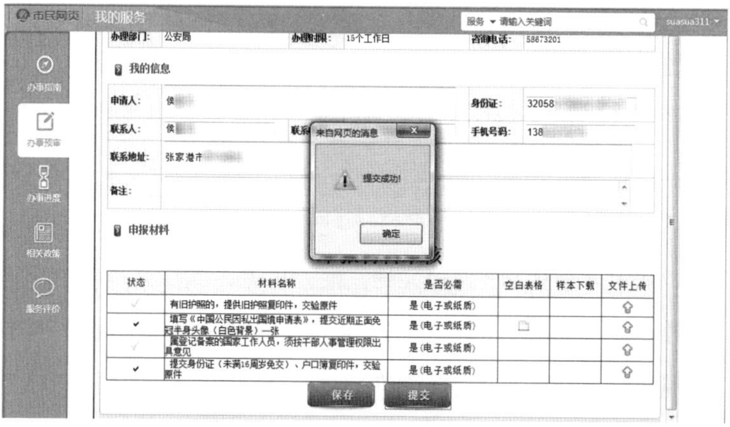

图 8–7　神州数码为张家港市打造的公共服务平台：

通过网络可以提交办理护照的资料

“中国已经有了不少电子商务的平台，但还没有一个城市生活、公共服务的平台。”

在这方面，神州数码想做第一。郭为继续解释说，平台才有巨大的效应和生命力，通过这个平台，可以使人们在城市生活的选择和决定上更加智慧，例如，“以后办证不用出门，这也将减少交通拥堵，节省时间和汽油”，但他更大的目标，是要让以前通过排队才能获得的公共服务，通过网络或者云获得。

郭为认为，发展中的中国资源紧缺，农村人口大量涌入城市，但并不是每个人都能享受到同等的公共服务，这是中国智慧城市建设要面对的一个突出问题。

“神州数码的公共服务平台，将保障快速城市化进程中从农村进入城市的每一个人都获得同等的公共服务，同时，这个平台可以成为政府的管理工具，传统的户籍和身份证是一个‘死’的东西，对公民的活动没有任何记录，而这个平台会累积大量的市民行为数据，这是一个‘活’的大数据平台，这个平台在将来甚至可以突破传统户籍制度的桎梏和限制，这是大数据带来的管理革命！”

郭为接着说：“过去大家谈没有网络人可以生活，但没有电不行，但我想，随着互联网的快速普及，人人都需要终端，不久的将来，就会出现没有网络就无法生存的现实，这种状态是信息革命必然到达的阶段。”

我同意这种预测并且认为，未来网络服务于人类的主要形式就是云。就像每个家庭都需要水、电、气一样，在通往智能时代的道路上，每个家庭都需要计算的能力，未来的家庭生活不能缺少云：“云，应该成为除水、电、气之外的第四公共部门。”

“对，第四公共部门，未来的云将和水、电、气一样，成为家家都必须有的公用事业，而且，和云相比，水、电、气提供的功能较为单一，‘云’这个公共部门将可以提供更多元的生活便利和公共服务。

“神州数码的努力，就是要通过互联网为每一个市民都提供一个城市公共服务的云平台，而且，大部分应用都要做到手机上，云要随身而行，这也是云和水、电、气的区别。”

换句话说，神州数码的目标，是要为城市生活打造一个数字化的界面，让人们通过这种界面去触摸城市的脉搏、享受城市的服务（见图 8–8）。郭为还认为，不仅要让市民通过云获得公共服务，还要通过云参与公共生活。他认为，未来将是一个人人相连的时代，普通市民也可以介入城市管理。

“所谓城市，城是载体，人才是城市的主体。真正的智慧城市，必须要让人融入城市生活的建设，要通过信息技术，把人的智慧放大，城市中的人可以成为一个个神经元，进而形成‘群体智慧’，使得原本枯竭的城市资源得到激发或者重新配置。

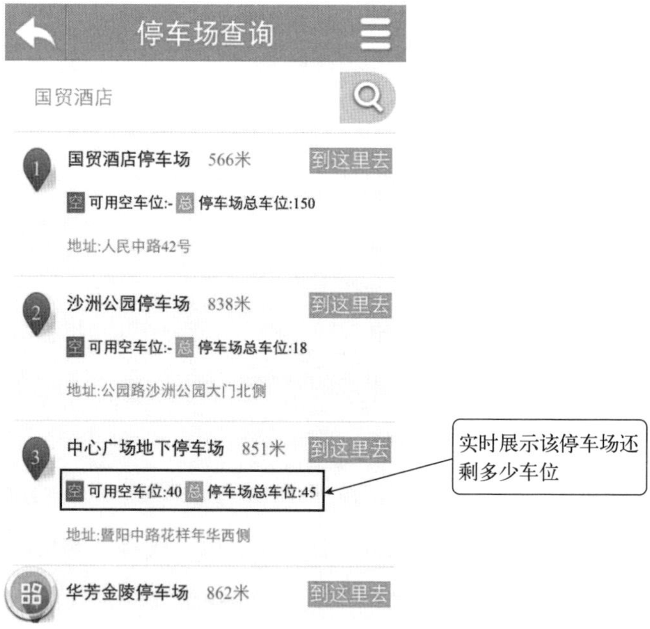

图 8–8　张家港市停车场实时查询：公共服务平台的手机端

神州数码公司的建设速度还在提升，据其公司反映，目前张家港市通过手机可查询的停车场有 62 个，其中可查询实时数据的停车场已经达到 25 个，其实时数据从当地城管部门获得。

“我还在思考，智慧城市还不够，要全面发挥、调动居民在城市生活中的作用，还要建设智慧社区。”

“以市民为中心的城市公共服务平台仅仅是第一步。”工程院院长谢耘补充说。这位神州数码的首席技术官更像一位儒雅的学者，他认为，这个平台的服务对象虽然是市民，但随着数据量的积累，这些数据将对政府的决策起到重要的参考作用：“利用这部分数据，再整合其他数据，神州数码还可以为城市的管理者打造一个决策支持平台，这已经在我们公共服务平台的规划之内。”

谢耘的这番解释激起了我更大的兴趣，这也成为我后来再次造访神州数码的契机。

“这种平台向不向市民收费？”我接着问。

针对这个问题，谢耘回答说，大部分功能都是免费的，但少数高端的功能未来可能收费。郭为认为，企业必须赢利，智慧城市的建设不仅有社会效益、环境效益，还有经济效益，这三种效益互相交织、难以量化，这给智慧城市的商业模式带来了挑战。

“最大的阻力和困难是什么？”

“观念和文化！”郭为答道，“只有城市管理的文化真正发生改变的时候，大数据、云计算的真正潜能才能发挥出来。”

“中国文化强调的是写意和系统思维，而西方文化则更多地强调细节和数据。在中国，说用数据来管理并没有人反对，但我发现，这只是叶公好龙，真正落实到细节的时候，各种畏难情绪和反对的声音就都上来了，很难落实！”郭为继续强调说，中国要补课，从个人到企业、从国家到社会都要用数据说话，“这是不需要讨论的，一定要这么走，中国的城市管理需要一种数据驱动的新文化”。

在谈话中我还发现，作为一名企业家，郭为对智慧城市的理解，更多是从经济角度出发的。他认为，随着土地、人工、能源成本的不断提高，中国现有的城市发展模式已经难以为继。建设智慧城市的种种努力，将聚集一批信息服务企业，改变中国的经济结构，这其实是在打造中国的新经济以及未来理想城市的模型。

众包、众智和众创：让大众解决大众的问题

2013 年 12 月，当我再次来到神州数码的时候，郭为的目标已经在更大程度上变成了现实。这一年，神州数码的城市生活平台、公共服务平台已经在佛山、福州、张家港等几个城市上线并投入使用。

郭为认为，信息技术是推动智慧城市建设最重要的力量，但城市归根结底是为了人们的生活而存在的，因此这个平台应该围绕市民这个主体来打造。我在佛山、张家港等城市看到，该平台由“我的生活、我的政府、我的声音、我的支付”4 个板块构成。特别是“我的声音”板块，市民通过它可以参与城市管理，在平台上反映城市生活中发现的各种各样的问题，这给我留下了深刻的印象。

以佛山市公共服务平台为例。2013 年 7 月 29 日，网名为“CSC999”的佛山市民在平台上发帖反映：在禅城区祖庙路华辉大厦前有个防护石墩倒了，该地段属于繁华的商业区，损坏的石墩影响行人出行，如果滚到马路上，更容易引起交通事故。8 月 14 日，禅城区交通运输局在平台上回复称该石墩已经修好。又如，2013 年 11 月 4 日，网名为“qiusibo”的市民在平台上反映说，禅城区鲤鱼新村公交站旁边，因为工地施工，水管裸露在外。

佛山市的“我的声音”，就相当于一个网络时代的市民热线（见图 8–9）。在美国，各地政府的市民热线也在向网络平台和智能手机转移。市民通过手机的自动定位功能，可以随时标记在城市各个角落遭遇和发现的问题，而城市的管理者打开地图，就可以看到问题发生的准确位置，点击相应的问题点，就可以看到具体的细节。例如，美国第四大城市旧金山，其市民电话热线为 311[13]，近年来，311 热线就已

经在向智能手机转移，市民可以通过手机实时拍照，用图文并茂、自动定位的方式，向城市的管理者提交在城市生活中发现的问题（见图 8–10 和图 8–11）。对政府而言，这个以地图为基础的可视化平台还可以辅助决策，例如，它可以分析一个城市在某个时段之内出现的问题

图 8–9　神州数码为佛山市打造的“我的声音”

针对第一张图中的问题，2013 年 7 月 30 日，即问题反映的第二天，佛山 12345 热线受理了这个问题；第三天，8 月 1 日，禅城区交通运输局承担了这个任务；8 月 14 日，该局回复：该防护石墩已经修复。针对第二张图中的问题，在问题提交的次日，佛山 12345 热线回复说，该工地属于水业集团，此问题不属于政府可以解决的公共问题，因此没有受理。

图 8–10　旧金山的 311 应用程序手机界面截屏

上图为某市民在某地发现一堆废弃的轮胎，他可以通过手机定位直接在地图上打一个点，向市政府提交这个“乱扔东西”的问题。

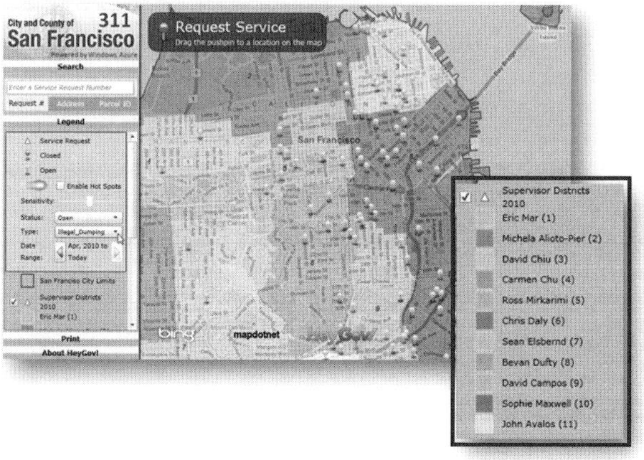

图 8–11　城市绩效灯：当天城市存在的问题和投诉一目了然

上图为 2010 年某个时段内，旧金山出现的关于乱扔垃圾、废弃物品的投诉。每个点代表一个投诉，不同的地区用不同的灰度表示，方框处为管理人员的姓名以及他们各自辖区内此类问题出现的数量。（图片来源：系统截屏）

和投诉的种类、多少、地理分布，这些问题按类别以不同颜色的圆点出现在不同的地区，市政官员一眼看去，就能发现这段时间城市生活中的主要问题是什么、集中在哪里。一定程度上，这些圆点的多少、解决问题的快慢，也可以代表城市内某个地区行政管理和公共服务的水平。这种思路，正是神州数码谢耘提到过的，市民的行为数据最终可以服务于公共决策平台。

311应用程序是政府出资搭建的平台，美国民间还有类似的公益平台，其中最知名的是SeeClickFix。从字面上看，“SeeClickFix”的意思是“看见、点击、搞定”，即通过鼠标的点击解决问题。SeeClickFix成立于2008年，到2014年已经有25 000个城镇的居民在上面提交问题和投诉，而且所有的问题对所有的人都透明，即你可以看到全国哪个地方的投诉、抱怨或者求助最多。

例如，2014年1月23日，有人在SeeClickFix上发帖抱怨，在纽黑文市艾德街（Eld St.）上停车吃了罚单，但根本找不到“禁止停车”的标志。这个帖子引起了近30名司机跟帖，他们讲述了相同的遭遇。当天，纽黑文市的警方就跟帖回应，承认贴在树干上的“禁止停车”的标志太少且不显眼，宣布取消这些罚单，并重新设置这条街上的禁停标志。

又如，2014年2月8日，新泽西州天降大雪，一对老人在SeeClickFix上发帖，说两人皆行动不便，唯一的儿子在空军服役，门前积雪已经堵住了出路。住在同一个小区的7位居民看到这个帖子后，先后来到这对夫妇的家门口，共同把积雪清理干净。

据统计，仅仅2013年，就有519 666个类似问题在SeeClickFix的网站上得到了圆满解决，当然，提出的问题远远不止50多万个。目前，全美已经有 170 个地方政府利用这个公益平台和市民互动，解决市民反映的问题和投诉，休斯敦、费城、奥克兰、图森、纽黑文等城市的政府甚至直接采用该系统为政府工作人员分派任务。SeeClickFix 则根据每个地方出现问题的多少、解决问题的多少和速度的快慢，在网上为各个城市打分排名，定时评选绩效最好的城市。

网络无国界，因为好用、管用，美国的邻国墨西哥也有市民开始使用SeeClickFix，在这个平台上反映墨西哥城市生活中的种种问题。

SeeClickFix 是一个公益网站，美国还有类似的商业网站，Nextdoor 就是其中的佼佼者。“Nextdoor”意为“隔壁邻居”，是一个以社区为基础的社交网站，加入者必须为住在同一个社区的居民。该网站成立于 2010 年，目前已经覆盖了美国的 29 000 个小区。在我居住的城市圣何塞，有一个小区叫贝莱尔–山石（BelAire-Hillstone），2013 年 1 月，有人在平台上反映说家里丢了邮包。（若没人在家，美国的送件人一般是将邮包放在门口，无须签收。）很快有人跟帖说也在近期丢了邮包。有人在帖子中建议说，在门口设置一个加锁邮箱；还有人出主意说，放个装有狗屎的假邮包，恶心这位窃贼，下次他就不来了。接着，有人在跟帖中锁定了邮包丢失的具体时间：下午 4 点。这使整个小区的人都在这个时候提高了警惕。没过两天，有人又发帖称，看到一辆保时捷卡宴车在小区边开边“捡”邮包，并描述了这辆车的颜色和其他一些特点。1 月 30 日，有人贴了一张照片出来，说看到一辆这样的车从自家门口经过，虽然没有拍到车牌号，但很快就有人在互联网上对这辆车的特点进行比对，断言这张照片就是那辆“捡”邮包的车。接下来的两天，又有人说在街上看到这辆车，车牌是“5GVV × × ×”（为保护隐私，此处隐去后三位）（见图 8–12）。这则帖子发出的当天，这位车主就接到朋友的询问电话："×××，网站贴出来的那辆车不是你的吗？"第二天，这位车主就选择了投案自首。

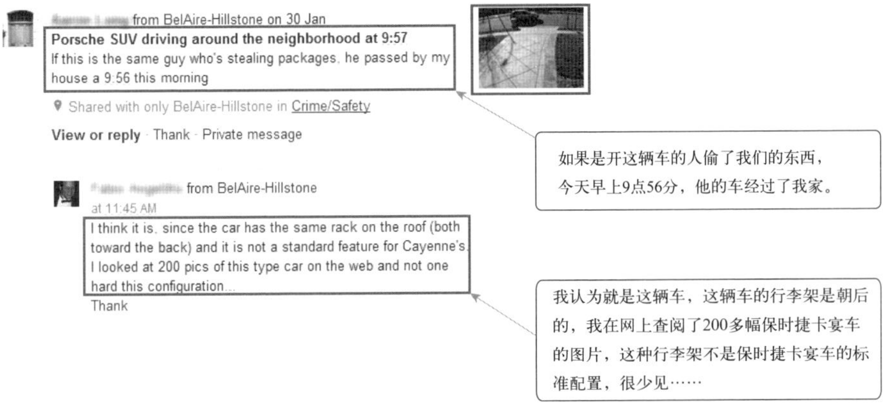

图 8–12　Nextdoor：搭建智慧社区，通过众包破案

图片来源：系统截屏，为保护发帖人隐私，对其姓名做了处理。

这个社区，不正是郭为先生正在倡导的智慧社区吗？

无论是佛山市的"我的声音"，还是旧金山市政府的311手机应用、民间运营的SeeClickFix公益网站、社交媒体Nextdoor，其运行机制，都是让大众来发现并解决城市生活中的问题；其本质，就是我们在前文中讨论过的众包。前文谈到，通过众包，在即将到来的智能时代，生产和制造将由工厂转向社会，整个社会将出现无数个微制造中心，和工厂并行分担原来工厂承担的制造任务。通过社会化的制造和协作，人们的个性化需求将得到更及时、更经济、更全面的满足，智慧城市将给城市生活带来类似的影响。就像工厂曾经是全社会唯一的制造中心一样，政府也曾经是全社会唯一的治理中心，无数的公民都是长尾，他们对社会的影响力曾经很小，但在智慧城市时代，这无数长尾就可能成为郭为所说的“神经元”，成为城市的“微治理”中心，协同政府共同处理公共生活中的问题，全社会的需要将更快、更好地得到满足（见图 8–13）。

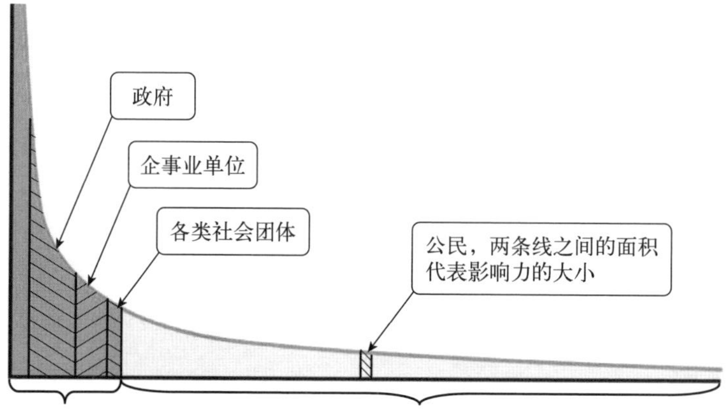

图 8–13　智慧城市需要调动公民这个长尾

这种众包，其实就是利用、调动大众的智慧，在智慧城市的背景下，这也可以称为“众智”，即大众智慧。大众智慧自古就有，但在智慧城市时代，它能发挥前所未有的作用，这还是因为信息技术的进步。利用以互联网为核心的信息技术，大规模的、大范围的个人对个人的信息可以在一个平台上自由流动，分散的信息可以在较短的时间内有效集中，例如上面众包破案的例子，每个人贡献一点点，大数据就可能还原事件的真相，这是人类历史上从来没有发生过的现象。毕竟，一个城市最高智慧的来源，还是人。换句话说，在城市中生活的人，就是移动的、最好的、最聪明的传感器。一个真正智慧的城市，首先要调动其城市生活的主体——市民，来贡献智慧。一定程度上，技术创新也是为了方便、推动市民参与城市的生活和建设，贡献自己的智慧。

美国政府和社会已经注意到这种众包和众智中蕴藏的社会能量，这种能量，归根结底，就是大众的能量。我在前文反复提到的数据开放，也可以视为对众包、众智的一种深化：数据是知识生产和创新的资源，通过互联网开放数据，就是将原来由部分社会精英垄断的知识和创新资源，开放给大众，进一步调动大众智慧，推动大众创新，也就是“众创”。

再回到上文提到的311热线。2010年3月，美国联邦政府的首席信息官昆德拉（Vivek Kundra）在全国号召开放311的原始数据，随后旧金山、纽约等城市响应号召，陆续开放了这部分数据。在311的记录中，大部分是信息咨询和求助，小部分是投诉。其中最有价值的部分，当然就是投诉的数据，以纽约市为例，该市开放了2010年以来的690多万条投诉记录，已经做到了第二天就开放前一天的投诉数据。数据开放之后，民间做了各种各样的分析，图8–14表明了一天之内不同的时间点，各种投诉的数量变化，这种分析对城市管理的价值不言而喻。

再举一个例子，老鼠是众所周知的城市公害，其繁殖能力极强，老鼠的多少，反映了一个城市的卫生水平和条件。2004年1月，纽约市卫生厅开放了全市餐厅历次卫生检查和受理投诉的数据。民间就有数据爱好者利用这些数据做了一个可视化应用，放在网络上供大家使用，被称为纽约市的“地区老鼠指数”（见图8–15）。他把卫生厅的开放数据中关于老鼠出没的数据加以整理，并以邮编为地域单位，用可视化的形式展现在地图上，颜色越深的地方表示鼠患越严重，其中深灰色表明当地的餐馆在2013年有一半以上被查实有老鼠。此外，他还

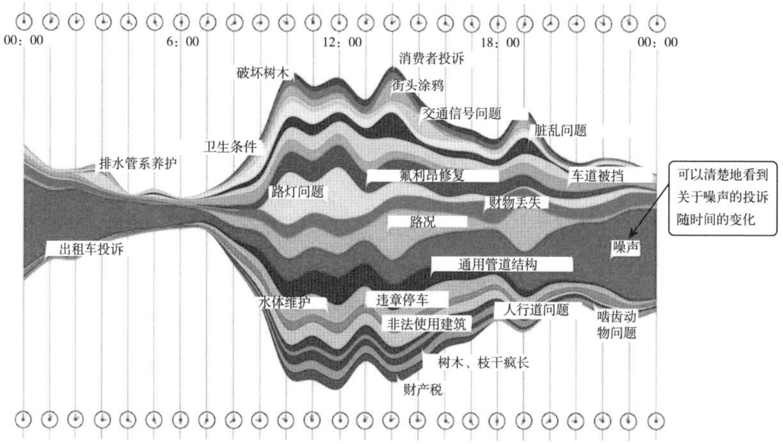

图 8-14　纽约市：不同的投诉在不同时间段的变化和分布

上图分析了纽约市2010年9月8日至9月15日的34 522宗投诉的特点和分布，各种灰度的线条表示不同的投诉种类，线条的宽度表示在一天之内，随着时间的不断变化，某类投诉的数量变化。（图片来源：Pitch Interactive）

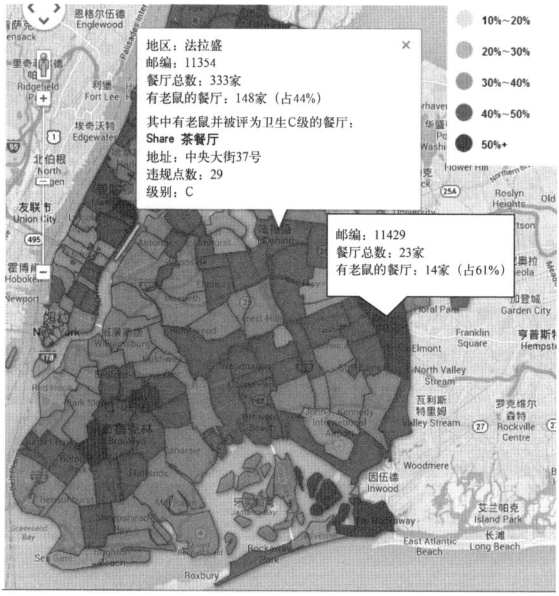

图 8-15　纽约市民开发的地区老鼠指数

图片来源：系统截屏。

列出了该邮编之内，卫生条件被评定为“最差”（即评级为“C”）的餐馆。点击地图中的区域，用户可以查阅纽约市每个地区的老鼠多少。在纽约市卫生厅的网站上，输入邮编或地址，还可以查阅城市内鼠患严重的大楼及其位置（见图 8–16）。

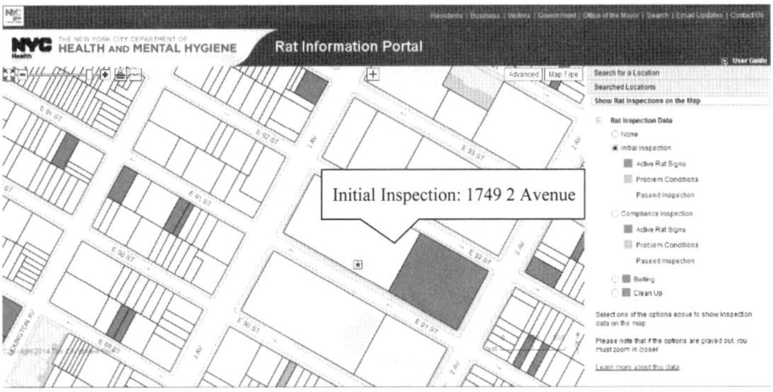

图 8–16　纽约市卫生厅追踪老鼠的信息端口

深灰色代表在首次检查中发现有老鼠的建筑物，方框内标明了该建筑物的地址。（图片来源：网站截屏）

这些都是社会大众基于开放数据进行的创新，也就是“众创”，可见开放数据对城市建设的促进是方方面面的。在美国和欧洲，已经有越来越多的学者将开放数据纳入智慧城市的范畴，有些社会活动家甚至将是否开放数据列为智慧城市建设的第一指标。我在前文也已经反复论述了开放数据的意义，现在可以做一个总结：如果说大数据是人类建设新型智能文明的土壤，那么开放数据就相当于土壤上的河流，其流经之处，必然滋生孕育最繁荣、最有生机的文明，正如人类文明之初，城市必须傍河而建，是河流孕育了城市文明，在大数据时代，开放数据将推动大众创新、快速滋生孕育新的数据文明！

回顾人类社会的整个历史，无论是君权神授的封建时代，还是大众投票的选举时代，人民大众对社会管理的参与都是相当有限的，因为即使在堪称民主典范的美国，也不可能天天投票、事事表决，大众真正当家做主的时机是极为有限的，但真正的民主，一定不是一年一次的投票和选举，而是每一天，公民都应该感觉他就是公共事务和城市治理的参与者。智慧城市的建设将迎来这样一个时代，在这个新时代，城市的治理结构将由"分层"转向"结网"，个人的作用和主体价值将被前所未有地放大，大众将和政府一起治理城市，这个新时代可以称为"共治时代"（见图 8–17）。

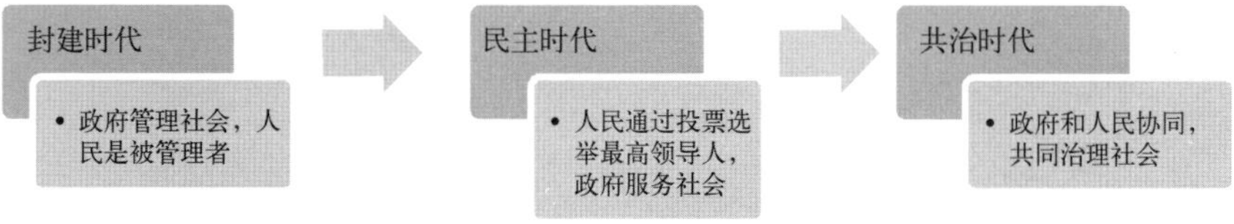

图 8–17　政府和人民角色的变迁

这个新的共治时代，西方也有学者将其称为参与式民主时代，即这个时代，人人都可以参与社会治理。

云、隐私和未来：中国和美国的不同挑战

对神州数码而言，佛山市公共服务平台的建设，还是其公司历史的重要里程碑。该项目的标志意义在于，这是神州数码签出的第一单政府购买云服务的合同。据神州数码的工作人员反映，该项目也极有可能是全国第一起成功落地的政府购买云服务项目。在这个项目中，佛山市政府为这个平台买单，但市政府并不拥有这个平台，平台的主要使用者也不是政府，而是市民，而对于市民，这个新平台还有一个逐步接受、使用的过程，也就是说，其用户数还是不确定的。这种云服务的购买合同

究竟应该如何定价、考核、管理？这在国内没有先例可循，神州数码会同佛山市政府的采购人员，进行了相当长时间的摸索和探讨，由于双方的诚意，最终成功达成了合作协议。

这当然是中国智慧城市建设领域值得研究和关注的重大进步。

云，如前文所述，将成为城市生活中排在水、电、气之后的第四公共部门，在智慧城市的建设中，当然占有重要位置。我认为，物联网（即普适计算）、云、大数据是智慧城市的三大核心技术：以普适计算为代表的各种传感器将是城市的数据触角，大数据堪称智慧城市的大脑，而云，则好比智慧城市的躯干。

但如果和欧美发达国家相比，佛山市的进步又恰恰凸显出中国在云计算的建设方面还相当落后。我在中国调研期间，也发现中国的云计算徘徊不前，严重滞后于欧美发达国家，其中的主要原因，还是可以用郭为先生的话来概括：文化和观念。

和英美等有深厚契约传统的国家相比，由于缺乏良好的法治传统和环境，中国社会的人和人之间、组织和组织之间的信任度较低，人人互相提防，而云是将软件和数据完全托管给服务商，这对于中国社会大部分个人、公司和组织而言，都是难以接受的。此外，我在中国各地的调研中还发现，中国社会还普遍低估了云计算的意义，这也是云在中国得不到大规模发展的重要原因。

由于摩尔定律的出现，人类存储信息的成本大幅下降，个人也可以轻松地保存海量的数据，但云的出现，给大数据提供了新的存储空间和访问渠道。通过云，全社会的数据存储和计算能力可以集中管理，通过这种集中，可以形成一个具有规模效应和专业效应的计算产业。也就是说，就像自来水管供水、电力网输电一样，云通过网络把“存储”和“计算”从有形的产品变成了无形的、可以配送的服务，客户需要的计算资源多，服务商就送得多；客户需求一下降，配送就可以立刻下调，存储和计算的消费变得可预见、可控制，透明简单，即买即用（见表 8–2）。这对小公司而言，意味着不用投入大量的资金购买服务器和软件，通过租用云，立刻就可以享受到以前只有大公司才能购买装备的软硬件能力。这将极大地降低创办企业的门槛，推动一个社会的创新和创业。而且，因为有专业化的安全管理措施，信息存放在云上，比存放在个人和单位还要安全。

表 8–2　云服务的种类

	种类	服务内容	实例
云计算	云软件服务（SaaS）	只通过网络配送应用程序，即软件	Salesforce，Google app
	云平台服务（PaaS）	通过网络配送应用程序和操作系统，用户可以在平台上部署自己的新软件和应用	Google engine，Windows azure
	云设施服务（IaaS）	不仅通过网络配送应用程序和操作系统，还提供硬件资源	Amazon EC2，Rackspace
云存储	云存储服务	就像到银行租用保险箱一样，租用存储空间	Google drive，Dropbox

除了可以把计算变成一个服务性的产业，云的重要意义还在于，云对于软件的发展和进步也是一场重要的革命。

软件产业的第一场革命，是模块化，通过把软件的不同部分封装成模块，各模块可以独立开发、优化，然后和其他模块对接、整合，并可以被不同的系统重复使用，软件的功能因此不断衍生、扩大。

软件业的第二次革命就是云，通过云，本地软件变成了互联网软件，实现了软件即服务的转变。在云之前，软件安装在用户本地，归用户所有，但如果更新软件，软件开发商必须来到用户的本地，或者把新的软件打包并刻成光盘，发送给用户，指导其自己更新。无论是哪一种形式，成本都很高，在这种态势下，软件开发商其实缺乏足够的动力去升级、更新自己的软件。云出现之后，软件是以互联网为基础的，软件的更新也是通过互联网进行的，这种更新随时都可以进行，甚至在用户不知情的时候，更新就完成了。说到底，云实现了软件所有权和使用权的分离，软件的更新不需要再登门造访，其成本大大下降，软件开发商这时候愿意去优化、更新自己的软件，软件和算法自然也就越做越好。

如果把软件比喻成一个物种，那在云出现之前，这个物种进化得很慢，云普及之后，因为可以频繁地升级换代，这个物种的进化速度就骤然加快。

这其实是当前美国之所以能生产优质软件的一个重要原因。

此外，以云为基础的软件可以形成一个用户社区，大家使用同一款产品，任何一个用户的合理意见如果被软件开发商采纳，整个社区都能受益，这也加速了软件的进步，这种社区效应也是上文提到的众智。

奥巴马就任总统之后，曾经在美国政府制定“云优先”战略，明令规定各个政府部门都必须有序推进，向社会购买云服务。云的本质，就是通过资源外包，在全社会创造一个计算产业并实现产业的规模效益。就此而言，规模庞大的政府正是最理想、最合适的消费用户。在奥巴马的全力推动下，云在美国获得了快速普及和发展。现在除了小公司，美国的大公司也纷纷租用云服务。大家都意识到，云不仅能降低成本，还能提高组织的灵活性。

在美国，云服务的购买已经形成了一个非常成熟的体系。根据不同的服务模式和内容，影响其定价的主要因素也各不相同，总的来说，软件功能的高低、计算能力的大小、使用时间的长短、用户的多少，是影响云服务定价最主要的因素（见表 8–3）。

神州数码和佛山市政府已经为政府部门如何使用云做了很好的探索。为推动云计算在中国尽快成为一个产业，我认为，在不涉及国家安全的情况下，中国政府的各级部门都不应该再营建自己的数据中心、开发本地软件，无论是存储还是计算，都应该以云的形式向社会购买服务。政府如果能带头，传统社会对发展云产业的限制就可能被快速打破，第四公共部门的建设将为未来的智慧城市打下牢固的基础。

表 8–3　美国云服务的收费方法

	收费方法	收费细则	实例
云计算	按软件功能和用户人数收费，主要用于SaaS模式	以月为单位，按用户收费，影响收费的因素有服务的等级（即软件功能的高低）和用户的多少等，即用户数和服务等级决定收费标准	Salesforce：按月收费，根据用户的不同需求划分为 5 个等级：5 美元、25 美元、65 美元、125 美元、300 美元。等级越高，软件功能越强大
	按使用时间和计算能力收费，主要用于PaaS 和IaaS模式	不同计算能力和网络流量的主机有不同的价位，乘以使用时间就是总费用。与租车类似，不同档次的车会有不同的单日价，乘以租用的天数就是总费用	Rackspace：把虚拟主机根据内存、处理速度、硬盘和网络流量分成不同档次，主要有每小时 0.04 美元、0.08 美元、0.16 美元和 0.32 美元 4 个档位，供用户按需选择
云存储	按空间大小和用户人数收费	以月为单位，按存储空间的大小收费，对于 2 吉以下的小容量个人用户一般免费，如需要更大空间，则需要付费。对企业用户，也会采取按人数收费的方式	Dropbox：2 吉以下的用户免费，月租费 10 美元的用户可以有 100 吉的云存储空间，商业用户则每月每个用户收取 15 美元

在智慧城市的建设过程中，中国政府有挑战，美国等发达国家也

同样面临挑战。身处信息时代的前沿，美国社会面临的问题更加具有挑战性，其中重要的一个，就是隐私保护。

例如，为了节约能源，英美两国都在推动智能电表的普及。据美国能源部统计，智能电表在美国居民以及工商业用户中的覆盖率已经从2007年的不足2%上升至2011年的23%，其中又以居民覆盖率为最高。[14]英国国家审计署（National Audit Office，NAO）于2011年6月发表报告预计说，2019年英国的智能电表覆盖率将达到80%以上，因为使用智能电表，每个消费者每年可节省23英镑。[15]

智能电表之所以有用，还是因为数据。区别于传统电表，智能电表可以以每小时甚至更高的频率记录每个用户的用电情况，并将这些数据在24小时之内反馈给用户，用户可以得到更直观、更准确、更细致的消费信息，还可以和社区的平均水平进行对比，从而做出更理性、更经济的消费决定。此外，越来越多国家的政府撤销了对电力价格的管制，电力公司要促进能源的供需平衡匹配，智能电表提供的数据就是重要的参考，电力公司可以根据这些数据，制定不同地区和时间段的分时定价体系，有效错峰。

拓展话题：用智能水表引导用户的节水行为

和电力能源一样宝贵的资源还有水，因为水在地球表面的不均匀分配以及城市的高密度人口，水资源的管理和保护也是智慧城市建设的重要内容。2011年，IBM为美国艾奥瓦州迪比克市（Dubuque）承建了一个智能水表项目，用户不仅可以通过可视化图表看到自己家里每天的用水量、水费，以及水的生产和使用过程中产生的二氧化碳排放量等数据，还可以和社区其他家庭的平均用水量进行实时对比，这给用户提供了节水动机，引导用户缩短沐浴时间、购买节水设备等。这个项目的研究结果表明，安装智能水表，节水量可高达 10%。[16] 同时，城市管理者通过实时数据监测城市的用水情况，可以更好地掌握城市用水的规律，并迅速发现水管泄漏问题，减少不必要的消费。

然而，智能电表的推广阻力重重。因为担心隐私泄露、家庭行为被监控，2012 年 7 月，得克萨斯州居民陶尔米纳（Thelma Taormina）拒绝安装智能电表。在反复告知电表安装工人离开未果的情况下，她掏出手枪，命令安装工人离开，这一度成为全国的热门新闻。除了个人，美国还有一些社会团体也公开反对智能电表的普及，争论一直存在。

可以想象，一个家庭的能源消费数据会暴露其家庭信息和行为习惯，智能电表数据读取间隔越短，越能够显示或推测用户的行为特征。以月度为单位的数据只能反映居民的平均能源使用量，或者显示该处所是否有人居住，而每日的数据可能揭示居民日常行为的一些规律，如出差、度假或者定期不在家等；随着数据收集时间间隔的缩短，更细节的消费者行为特征可能被推测出来，包括每天的生活习惯、家用电器的使用频率等（见图 8–18 和图 8–19）。2012 年，有学者的研究结果表明，粒度细到分钟的数据几乎可以监测家庭的每一项活动。[17]

不少学者对这些隐私泄露问题进行了研究，提出了数据经由第三方委托监管、数据读取匿名化等方法。当然，隐私问题不仅仅局限于智慧城市，它还是整个大数据时代的挑战。回到前文谈到的云，对个人来说，越多地使用云，就意味着越多的行为被记录；对全社会来说，则意味着更多的记录、更大的数据。美国已经有幼儿园通过手机平台和家长互动，孩子每换一片尿布、当天的表现、每一个进步或者异常行为都被记录在平台上，和其父母实时共享。这种记录的作用，可能暂时还体现不出来，但这意味着从摇篮到坟墓，人的一生都将被记录，这些数据一旦被整合，就会是对个人隐私的极大侵害。可以肯定，对我们未来的一代人来说，数据和隐私将成为伴随他们一生的话题，隐私教育从少儿就要开始，就像儿童的性教育一样重要。

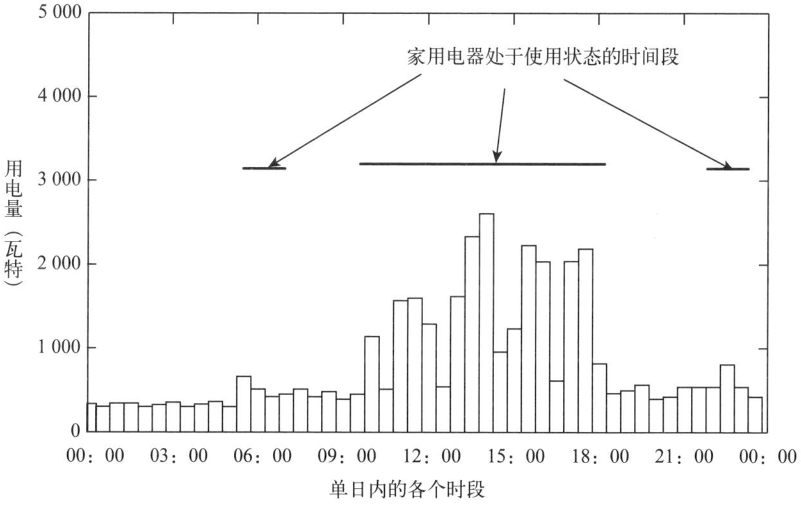

图 8–18　单日内半小时平均能源消费数据

从以上数据可以看出，该用户大概在早上 6 点钟起床，然后很可能在半小时之后出门并于 9 点半返回，此后一直保持活动状态，晚上 6 点半再次出门并于晚上 11 点返回休息。虽然上述行为描述只是推断，但如果将这些数据和智能水表的数据结合起来，居民用户的行为特征就可以得到更好的推断和印证。

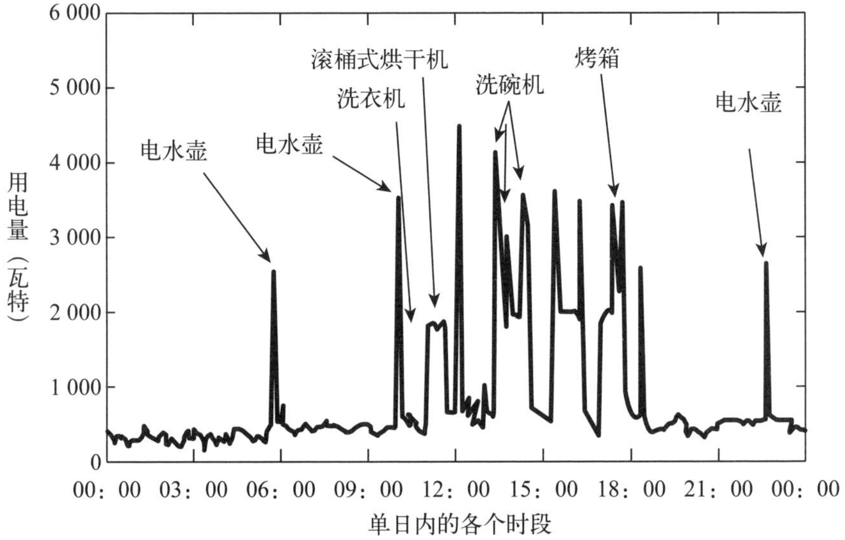

图 8–19　单日内每分钟平均能源消费数据

如果数据获取时间间隔缩短到一分钟，加上电器端接口检测信息，更多的用户行为可以被识别或推测出来，甚至包括在某一时刻哪种具体的家用电器处于使用状态，这可以推测用户家庭当时正在进行的活动。随着用户数据长年累月地积累，用户的行为特征可以更好地被掌握。

除了隐私，智慧城市的建设，美国社会还面临更大的挑战，例如第七章讨论过的，大量的自动化现象将引起大规模失业。回到谷歌无人驾驶汽车的例子，我们谈到过，其技术难题是一个大数据的问题，即需要更多的数据，以应对不断变化的天气和自然环境，但技术问题一定可以解决，更大的困难还是在于城市建设这一块。例如，为了配合无人驾驶汽车的普及，城市的道路必须进行大规模改造，原因在于，我们现在的城市道路是为“人”的驾驶行为而设计的，而不是为无人驾驶汽车而设计的，如果可以修建更适合机器运行的道路和建筑，以及在道路两旁装配一套更方便机器感应、识别的道路标识系统，无人驾驶汽车的安全性将会大大提高，但这意味着，人类必须重建城市的道路体系，就像 100 多年前汽车被发明、普及的时候，人类必须建设适合汽车行驶的公路来代替原来马和行人走的马路一样。再如，无人驾驶汽车要上路，人类必须修改所有和驾驶相关的法律，目前所有的法律都假定了一个前提，即汽车必定是由人驾驶的，这就意味着，在无人驾驶汽车正式上市之前，这些法律都需要做出相应的修改，这个过程将需要相当长的一段时间。

类似的挑战指向的不是市民，也不是技术提供方，而是建设智慧城市的第三个要素：政府。建设智慧城市，就是建设智能型社会。这些变化都将是历史的巨变，各个国家的政府如何应对这些挑战，将决定它们如何跃进到下一个社会形态。可以肯定，未来十余年，各国政府需要制定的最重要的政策，将出现在信息技术与社会变化的交会处。也可以说，因为信息技术的进步，城市的生活、生产、治理方式正在发生深刻的革命，建设智慧城市、智能型社会要求的不仅仅是技术创新，更是社会创新、社会治理模式的创新。智慧城市的建设，一定会是个技术、经济、文化和政治等各种现象交融的复杂问题，回头看，中国人把“Smart City”翻译成智慧城市，不仅恰到好处，而且富有远见。

注释

1 A Smarter Planet: The Next Leadership Agenda, Council on Foreign Relations, Sam Palmisano, IBM.

2 World Urbanization Prospects: The 2011 Revision. 2012, Department of Economic and Social Affairs, United Nations.

3 郭为:《智慧城市中国的新机遇》，载《瞭望》，2011（7）。

4 The Vision of A Smart City, in The 2nd International Life Extension Technology Workshop. Hall, R.E., 2000: Paris, France.

5 Giffinger, R., et al., Smart Cities: Ranking of European Medium-Sized Cities. 2007, Vienna University of Technology. 2010.

6 Foundations for Smart Cities. Harrison, C., et al., *IBM Journal of Research and Development*, 2010，54（4）.

7 The Smart City Vision: How Innovation and ICT Can Build Smart, "Livable", Sustainable Cities. Toppeta, D., *The Innovation Knowledge Foundation,* 2010.

8 Helping CIOs Understand "Smart City" Initiatives: Defining the Smart City, Its Drivers, and the Role of the CIO, Washburn, D., et al., 2010.

9 毛光烈:《智慧城市建设实务研究》，中信出版社，2012。

10 Smart Cities Seoul: a case study，ITU-T Technology Watch Report, February 2013.

11 http://ec.europa.eu/digital-agenda/en/content/defining-smart-cities, European Commissions, retrieved on Feb 26, 2014.

12 *The High Cost of Free Parking*. Shoup, D., APA Planners Press, 2005.

13 在美国各个城市，311 都是市民热线的号码。通过拨打 311，可以反映一些非紧急的投诉或者需要政府介入解决的公共问题。

14 EIA, Smart Grid Legislative and Regulatory Policies and Case Studies, S.A.I. Corporation, Editor. U.S. Energy Information Administration, 2011.

15 DECC, Preparations for the Roll-Out of Smart Meters. Department of Energy and Climate Change, United Kingdom, 2011.

16 IBM, Smart Water Pilot Study Report. IBM Research, 2011.

17 “Smart meter data: Balancing consumer privacy concerns with legitimate applications”, Eoghan McKenna, Ian Richardson, Murray Thomson, *Energy Policy*, 2012.

结语 把握后发优势：把科技符号变成文化符号

人类知识的唯一来源，是对过去经验的记录和整理，而数据，正是这种记录的载体，因此数据的价值首先在于它是知识的来源。如果说传统的数据是人类部分知识的来源，那随着人类记录范围的不断扩大，现代意义上的大数据将逐渐成为人类全部知识的来源。

前文反复谈到，数据是对客观世界的测量和记录，这种记录也是对历史和现实的记录。1869 年，当后来的美国总统加菲尔德在对美国的人口普查体系进行现代化改造之时，他就发现，数据中不仅蕴藏着社会发展的规律，它还提供了一种全新的历史书写方式："直到现在，历史学家还是以一种总体的形式来研究一个国家，他们只能给我们讲述帝王将相以及战争的历史，但关于人民本身——我们庞大社会中每个生命的成长，各种力量、细节及其规律，历史学家说不出太多的东西……而普查把我们的观察放大到民房、家庭、工厂、煤矿、田野、监狱、医院等集中展示人性之强大及脆弱的所有地方，这让新的历史记录成为可能。"

今天回头看，此话非常具有前瞻性。随着人类跃进到大数据时代，数据不仅是新知识的来源，还是记录历史最重要、最可靠、最好的方式。从今以后，人类所有的历史记录，无论是数字、文档、图片，还是音频和视频，都将以数据的形式存在，数据就是静态的历史，历史就是动态的数据。历史的碎片，就是游离的数据；历史的迷雾，就是模糊的数据；历史的盲点，就是缺失的数据。用数据构建的历史，因为精确的细节而永远鲜活，数据越丰富，后世的历史学家也就越能经由数据更好地再现当时的社会。

除了发现知识、记录历史，本书认为，人类使用数据的巅峰形式，是通过数据训练机器，让机器获得智能，在不远的将来，无处不在的计算设备和网络将像有智商的人一样，为人类工作和服务。这意味着我们在向智能型社会迈进，在这个新的社会形态，由于精准的计算和预测，整个社会的各个部分可以像无数个大大小小的轴承和齿轮一样，环环相扣，齿齿吻合，日常管理将通过数据得到优化，各种任务、合作可以无缝对接，社会运行的成本可大幅降低，更重要的是，越来越多的工作将被计算机或者机器人代替。这既是进步，又是挑战。回望农业时代和工业时代，人类不断地开发我们赖以生存的自然环境，从地表到地下，物理性的资源终有耗尽的一天，而大数据将成为人类取之不尽、用之不竭的新资源，在这片资源之上，再通过软件和算法，人类将建设一个智能型世界。

数据，正在成为这个世界最重要的土壤和基础。

在这个社会转型的紧要关头，中国，作为正在赶超发达国家的发展中国家，历史将赋予我们前所未有的机遇。例如，当年的美国用了几十年的努力，才建立了全民信用制度，今天，因为掌握了客户的交易流水数据，阿里巴巴在短短几分钟之内就可以决定是否发放一笔贷款。利用无处不在的充沛数据，中国的全民信用体系可能在较短的时间内、以较小的成本就可以建立起来。又如，随着网络的普及，信用卡将数据化、虚拟化，实体信用卡将大幅减少甚至消失，这意味着我们的银行不用再像美国银行那样建设那么多的物理网点和自动存取款机了。再如，因为智能在线教育平台的出现，未来的教育资源完全不会局限于钢筋水泥的学校，中国教育资源紧缺的问题可能得到快速的、大幅的缓解。此外，可穿戴式电脑设备、智能软件诊断系统、远程医疗等技术的出现，将缓解医疗资源、专业人才的紧缺。

种种机遇，可以概括为“后发优势”。

以银行的自动存取款机为例。从下表可以看出，近年来，中国拥有的自动存取款机在迅速增加。2012 年，中国平均每 10 万成年人拥有的自动存取款机数量为 37.51 台，但和英、美、日、加等发达国家相比，我们的差距还很大：加拿大平均每 10 万成年人拥有的自动存取款机为 204.77 台、美国为 173.43 台、日本为 127.78 台。如果要在数据上缩小、消除这个差距，中国肯定还需要很多年的努力。但由于大数据、互联网金融的出现和普及，大部分金融交易都可以通过虚拟账户来完成。可以预见，未来的社会一定不需要那么多实体存取款机了，如果我们现在就能立足长远、科学规划，就可以跨越建设这些存取款机的环节、省去相应的费用，这就是后发优势。

世界主要国家每 10 万成年人拥有的自动存取款机的台数

国别	2009 年	2010 年	2011 年	2012 年
加拿大	215.38	217.27	206.51	204.77
美国	173.43	—	—	—
日本	133.31	131.57	128.56	127.78
英国	121.81	122.78	124.28	—
中国	19.77	24.76	30.29	37.51

数据来源：世界银行，Automated teller machines（ATMs）(per 100 000 adults)，(http://data.worldbank.org/indicator/FB.ATM.TOTL.P5)，“—”表示没有获得当年的年度数据。

2001年前后，华裔经济学家杨小凯先生曾经提出，如果中国仅仅重视技术模仿，而忽视制度建设，后发优势就可能转化为后发劣势，但我认为，我们当下拥有的后发优势并不属于这个范畴。现在出现的后发优势，是因为人类正在从工业文明大步迈进信息文明，因为大数据的冲击、智能社会的到来，人类的地平线上出现了一些新方法来解决一些老问题，这些方法用的不是钢筋和水泥，而是软件和数据！

但要在全球竞争中把握住这种后发优势，并不容易。国与国之间的竞争，表面上是科技竞争、经济竞争，但归根结底，还是国民素质和文化的竞争。没有一个健康、理性、与时俱进的文化，一个国家就难以变得强大，本书的努力，就是试图在中国，把数据这个科技符号变成一个文化符号，将大数据这个高端精英的话题变成一个大众话题，使数据文化进入中国人的视野、融入中国人的意识和血液。

面对一轮又一轮的技术浪潮，世界各国的政府（包括欧美发达国家）的反应其实都很迟钝。信息技术发展到今天，它已经不是在“推动”社会的进步，而是在“拉动”社会的进步。如前文所述，如今社会的各种配套设施、管制规定已经滞后于信息技术的发展，技术的能量要全部释放，社会就必须重建自己的基础设施和管制体系。回头再看美国的镀金时代和进步时代，正是在从农业社会到工业社会的转型中，美国适时地抓住了机会，不仅成功化解了当时的社会危机，还实现了大国崛起。如今一个新的社会形态又在向我们靠近，在这个转折点上，对任何一个国家而言，战略选择都特别重要，其中面对最大责任和挑战的，莫过于政府。

但任何一个国家的建设和进步，又不能全盘系于政府。不调动全社会的力量，没有真正的公民参与，国家的进步就会缺乏长期的动力，其进步就只能依靠外部的刺激和外力的拖动，结果就是：跟在发达国家背后亦步亦趋。在中国社会几千年的封建王朝更替中，不乏这样的例子和教训。公民，无数的公民，才是推动一个社会不断进步的源源动力。对中国社会的决策者而言，关键是要意识到，新技术的能量将打破权力的平衡，在传统的界限之外，已经出现了一些新的、可调用的资源，必须要有新思路、新手段去整合、调用这些资源。

改变，并不一定代表进步，但进步，一定需要改变。我们期待中国更多的进步和改变。这系于政府，系于中国大众，更系于中国的文化革新。

后记　蝴蝶振翅

2013 年 5 月，我接到中信银行信用卡中心的邀请，希望我专程回国做一次大数据方面的培训。

从美国启程前，该中心发来了上百页资料，都是关于《大数据》一书的读后感和相关问题。他们还告诉我，这还仅仅是从员工提交的资料当中“精选”的一部分。

坐在电脑前，我逐页浏览着这些资料，心中像有一只蝴蝶，轻轻地扇动了一下翅膀。

记得在卡内基–梅隆大学读书时，不止一次听到老教授谈起 20 世纪 80 年代韩国崛起期间的旧事。作为世界计算机科学的首府，卡内基–梅隆大学每年都有很多学术会议。无论会议大小，韩国常常会派出比其他国家更多的代表来参加。他们来美国的目的，不是交流，而是学习。在会场上，一有人演讲，这群韩国人就一声不响、眼光齐刷刷地聚集在演示屏上，等到会上提问或是会下交流的时候，举手的、围拢的，又都是韩国人。你很容易感受到，整个会场都被他们的学习气场笼罩了。

这种气场，正是我在中信银行信用卡中心感受到的。专注的眼神、诚挚的表情、围拢的人群、接连不断的问题，我应接不暇，脑海中不断浮现韩国的场景，但这是在中国，在中信！

纵观世界各国的历史，我相信有一条真理颠扑不破，那就是学习改变命运。任何一个群体，无论是一个民族，还是一个公司，如果愿意学习、善于学习，就一定会崛起，最终令其竞争者难以望其项背！也正是基于这个原因，我在本书中用了大量笔墨来追溯“二战”之后戴明在日本进行数据布道、日本随后崛起的那段历史。

2013 年 4 月，我在中国银联演讲。其培训中心主任付伟是数字学习的知名专家。刚到上海，他就和我讨论数字学习的最新动态。恰时微信刚火，付伟拿出手机，向我介绍说，他如何用了不到三周的时间，就在微信的朋友圈为一个叫“真爱梦想”的基金会募集了 10 万元人民币，又如何把这笔钱投向贵州省偏远地区的一所小学，为乡村的孩子搭建了一间“梦想教室”。

付伟调出了微信上的数据，我看到 115 名捐款人的姓名，捐的都是 500~2 000 元的散款，然后是那间梦想教室，彩色的桌椅、整齐的书架、液晶投影仪、电脑……他又接着介绍说，真爱梦想就是上海的一个公益组织。

大数据的话题，好像走偏了，但我心底的那只蝴蝶，又轻轻地扇动了一下翅膀。

离开上海的那个早晨，是个周六。在去机场的路上，手机响了。付伟来电送别，我笑着问他为什么起这么早，他说不早，这会儿他和儿子付誉都已经在车上了。

“这么早去做什么？”我问道。

“送誉儿去做公益！”

“做公益？”

我不由得反问。付伟解释说，傅誉在真爱梦想做志愿者，这个 15 岁的小伙子在那里受到了感染，很有成就感，虽然学习忙，但每周都坚持要去。

握着手机，我突然有种穿越感，一瞬间以为自己身处美国。做公益，几乎是每一个美国孩子成长过程中的必修课。周末的时候，不少美国家长都驱车在路上奔波，送孩子去做公益。

几个月后，我再次应邀来到银联做大数据方面的交流和报告。在他们的座谈会上，我认识了真爱梦想的主要创始人潘江雪女士。江雪告诉我，真爱梦想的使命是推动中国的素质教育，他们认为，教育是要帮助孩子寻找到内心的热爱，而不是灌输，不是分数，更不是功利。类似于贵州的梦想教室，真爱梦想已经募款在全国各地建立1 000多个了，她希望在未来的梦想教室中能够引入更多的数据和科技元素。银联的副总裁柴洪峰先生也参加了这次座谈会，他听了大家的发言，颇有感触地说，在大数据时代，中国人需要讲述自己的故事。

等我回到美国，又收到柴先生的来信："你的演讲令人耳目一新，原来数据还能这么用！我们要努力多创造一些属于中国的故事，希望将来能写到你的书里。"

这期间，我还担任了上海承泰公司的首席数据科学家。该公司的创始人范释元先生对数据有非常深刻的理解，在半年多的任职时间内，这支团队的想象力、创新力常常感染我。

于细微点滴之处，我感受到了中国社会的深刻变化，这成了驱动我提笔写作第二本书的重要动力。

内心的那只蝴蝶，振翅而出。

这本书，我试图在历史的纵轴之上，写出数据时代的全景；在和美国的横向对比中，思考我们的现况和未来。虽然全书仍然以数据文化和科技在美国的发展为主线，但和我的第一本书一样，其重心和出发点，还是中国。

需要指出的是，我们研究美国、学习美国，并不是为了成为另一个美国。学习始于模仿，但好的学习，目的是超越。对中国而言，甚至“超越美国”也不是最终目的，我们的目的，是要为世界进步做出更多、更突出、更前沿的贡献，就像柴洪峰先生说的，要在人类的文明史中讲述自己的故事、重放民族的荣光。

本书的完成，首先要感谢大学同窗王怡河，他是本书的第一读者，给我反馈了许多宝贵意见。师妹林琳博士协助我整理了成本收益分析方法的部分资料，好友王玺博士为我收集、整理了智慧城市的部分资料，陈春蓉博士和我一起对美国财产公开制度做了专项研究，美国联邦政府的高级退休官员胡善庆博士（Jeremy Wu）帮助我审读了第六章，补充修正了我对于美国政府LEHD项目认识的不足。我在美国的同学，大数据专家肖尉先生、云技术专家吴建琳先生在若干技术问题上给予了我有力的支持。在长达半年多的艰苦写作中，陈心想博士常常和我聊天交流，给予了我许多鼓励；国家电网能源研究院的王广辉副院长、英特尔的首席工程师吴甘沙先生、点融网的首席执行官郭宇航先生、金蝶医疗软件的陈登坤总经理都对我的写作给予了不同程度的支持。我的新同事胡根泽博士，知识渊博、视野开阔，在本书收尾之时，给了我不少启发和提点。就中国历史上的数据使用问题，我还多次向许倬云先生请教。没有以上师友的支持，这本书几乎不可能完成。

此外，我还要向神州数码的管理层和相关工作人员致谢，谢耘院长、裘朝斌总经理等多位朋友与我交换了不少真知灼见，张睿女士陪同我开展了调研，因为有机会深入中国智慧城市建设的一线，采集到许许多多有价值的资料，我才完成了第八章的写作。

我还要感谢上海的昌言律师事务所，他们优秀的律师团队为我处理了大量的法律事务，我才能专心致志，在较短的时间内达成心愿、完成这部书稿。

最后，我要向中信出版社的李璐编辑、蒋永军主编和王斌社长等朋友致敬，他们高度肯定本书的价值，为其出版倾注了心血。尤其是李璐编辑，她的严谨、细致和辛勤工作，为本书增添了光彩。

除了种种感激，我的心里还有一份深深的愧疚。作为两个孩子的父亲，这大半年的时间，我陪孩子玩耍、学习的时间很有限，有时候虽然和孩子在一起，但脑子里想的还是数据的问题，类似“人在心不在”的情况每出现一次，我就自责一次，一定程度上，这种糟糕的体验贯穿了全书的写作过程。我意识到，要追求工作中的使命感，又要保持个人生活的平衡，我还需要修炼。

本书即将付印之时，我的心中却不时涌起遗憾，感觉“还有话没有说完”，但就像一部电影，终有谢幕之时，心中的遗憾，只能留待下一本书来填补了。路漫漫其修远，我提醒自己：写作的目的，是为他人提供思考的素材，如果本书能激发读者更多的思考和讨论，那它的使命，就完成了。

是为记。

涂子沛于美国硅谷

2014年3月18日

编后记

《数据之巅》是在2014年5月初版面世的，全书以美国为主体，横跨东西方文明，阐述数据文化的形成、发展和未来。

之所以在《大数据》之后会撰写《数据之巅》，这源于作者对数据文化始终不渝的情节。作者在这本书的题记中写道："数据文化是尊重事实、强调精确、推崇理性和逻辑的文化。数据文化的匮乏，是中国之所以落后的一个重要原因；建设这种文化，中华文明的面貌将焕然一新。"

这本书自出版以来，一直畅销不衰，也收获了很多读者的好评。有读者直言不讳地说："这本科普书籍比《大数据》好看不少，尤其是前半部讲美国历史上关于数据应用的内容，非常具体，大开眼界。"还有读者评论："这是一本在数据处理方面回顾过去、总结经验的历史书，这也是一本眺望远方、指引未来的方向书。"

还有一位读者颇有感触地写道："这本书的名字叫《数据之巅》，而读书的过程，确实让人有种俯视的感觉。它不仅把数据的本质讲清楚了，更是把历史的脉络理清楚了。了解历史，对科技人员特别重要，我国的学术界很容易犯盲目跟风的毛病。究其原因，就是割裂历史的逻辑，进而拔苗助长、理论脱离实际。《数据之巅》告诉我们，大数据是从小数据发展而来的。要想用好大数据，先要理解数据本身。作为发展中国家，我们对数据的理解还是不够的，该补的课必须要补。”

当然，除了很多读者对《数据之巅》正面的评论之外，对这本书也有一些批评之声。有些读者认为，书的前半部分完全是在讲美国的数据历史，和中国的关系并不大。其实，作者的意图是，通过梳理美国小数据的历史，再现历史长河中数据文化如何形成、数据技术如何兴起、数据治国的理念如何深入人心的宏伟画卷，进而为中国的数据文化建设提供一个可以参考的思路。就像罗辑思维创始人罗振宇所评论的那样：“这本书说的哪是历史？它是一种思维方式。”

这本书创作于2012—2013年，囿于当时的科技发展进程，对于一些最新发展的前沿科技没有过多涉猎。但正如一位读者所说的：“作为一本2014年出版的书，在当时深度学习驱动的人工智能浪潮还没有掀起时，能有这样的眼光和见地，相信也是基于数据分析的成果吧，还是很让人敬佩。”

这次再版，并没有对这本书做大的修订，这里原因有二：一是，从《大数据》写到《数据之巅》《数文明》，这一“大数据”系列作品是自成一个体系的，每本书的侧重点不同。在新书《数文明》的前言中，作者提到，其前两本书《大数据》《数据之巅》重点关注的是量数，尤其是《数据之巅》。《数文明》重点关注的是据数，从量数到据数，从大数据到数文明，你会发现大数据文化在中国翻开了新的一页。二是，作者写出来的东西是某个时期社会发展进程的见证，读者可以清晰地看到作者的研究脉络，也可以辨识出作者在书中所做出的预测和判断有多少变成了现实。

看过成龙拍摄的电影《十二生肖》的读者一定还记得，在这部电影中，成龙使用手套对兽首进行扫描，扫描得到的数据直接被存储在电脑内，然后经过3D建模、3D打印，最终一个完美的兽首复制品展现在观众眼前。虽然现在我们还无法达到那样的科技水平，但从作者撰写的《大数据》《数据之巅》，再到刚刚出版的《数文明》，我们看到了一条清晰可见的大数据发展链条，数据与科技的不断融合必将给我们带来一种焕然一新的社会面貌。

从互联网、物联网到数联网，大数据催生的商业应用在不断更新迭代。从人工智能、城市大脑到单粒度治理，大数据在推动国家治理现代化。相信在不远的将来，在大数据面前，我们当前的这个社会将更加公开、透明、可信。

索引

E

F

G

H

L

M

N

O

Q

R

S

T

U

W

X

译名表　本书涉及的组织机构和专业术语

ACM：Association of Computing Machinery计算机协会

ACS：American College of Surgeons美国外科医师协会

AGS：American Geographical Society美国地理协会

AIA：American Institute of Architects美国建筑研究院

AIPO：American Institute of Public Opinion美国舆论研究所

ARI：Audience Research Institute观众调查研究所

ASA：American Statistical Association 美国统计协会

ASQC：American Society for Quality Control美国质量控制协会

BEA：U.S. Bureau of Economic Analysis 美国经济分析局

BJS：United States Bureau of Justice Statistics美国司法统计局

BLS：U.S. Bureau of Labor Statistics美国劳工统计局

BOC：Bureau of Census普查局

BOR：Bureau of Reclamation农垦局

DCL：United States Department of Commerce and Labor 美国商务劳工部

DOI：United States Department of the Interior美国内务部

EIA：U.S. Energy Information Administration 美国能源信息中心

EPA：US Environmental Protection Agency美国国家环境保护局

FAA：Federal Aviation Administration 联邦航空管理局

IOM：Institute of Medicine 医学研究院

ISS：International Statistics Study国际统计研究所

JUSE：Japanese Union of Scientists and Engineers日本科学与工程联盟

NAADC：North American Air Defense Command北美防空联合司令部

NASS：National Agricultural Statistics Service国家农业统计局

NCES：National Center for Education Statistics 国家教育统计中心

NHTSA：National Highway Traffic Safety Administration美国国家公路交通安全管理局

NIST：National Institute of Standards and Technology国家标准与技术研究所

OIRA：Office of Information and Regulatory Affairs 信息及管制办公室

OKF：Open Knowledge Foundation开放知识基金会

OMB：Office of Management and Budget 美国预算管理办公室

RSS：Royal Statistical Society英国皇家统计协会

SIGKDD：Special Interest Group on Knowledge Discovery and Data Mining
数据挖掘及知识发现专委会

SSA：Social Security Administration美国国家社保局

TQC：Total Quality Control全面质量控制体系

USPHS：United States Public Health Service美国公共卫生署

关于本书数据、专有名词体例及图片版权的说明

1. 本书数据小数点之后一般保留两位，部分引用的数据遵从引用原文的位数，为方便读者阅读，从小数点起，向左和向右每三位数字一组，组间空 1/4 个汉字的位置来分节。
2. 为行文简洁，本书只对重点外国人物或在可能引起混淆的情况下，引用人物的全名。一般情况下，外国人名的翻译只包括姓，不包括名，但英文全名一律在后继括号内注明，以便读者查对。
3. 为方便读者阅读，涉及美国相关组织机构时，大多采用英文名称的首字母简称，要查阅全称，请参考本书附录“译名表”。
4. 本书未标明出处的图表，皆为作者自己设计绘制。
5. 本书引用的大部分图片和照片，已获得其作者的授权；少数未获授权的，欢迎其作者见书后，与本书作者或出版社联系。